정거장에서의 충고

정거장에서의 충고—기형도의 삶과 문학

초판 1쇄 발행 2009년 3월 3일
초판 6쇄 발행 2024년 2월 6일

엮은이 박해현 성석제 이광호
펴낸이 이광호
펴낸곳 ㈜문학과지성사
등록번호 제1993-000098호
주소 04034 서울 마포구 잔다리로7길 18 (서교동 377-20)
전화 02)338-7224
팩스 02)323-4180(편집) 02)338-7221(영업)
전자우편 moonji@moonji.com
홈페이지 www.moonji.com

ⓒ ㈜문학과지성사, 2009. Printed in Seoul, Korea

ISBN 978-89-320-1947-5

이 책의 판권은 ㈜문학과지성사에 있습니다.
서면 동의 없는 무단 전재 및 복제를 금합니다.

| 기형도의 삶과 문학 |
정거장에서의 충고

박해현
성석제
이광호
엮음

문학과지성사
2009

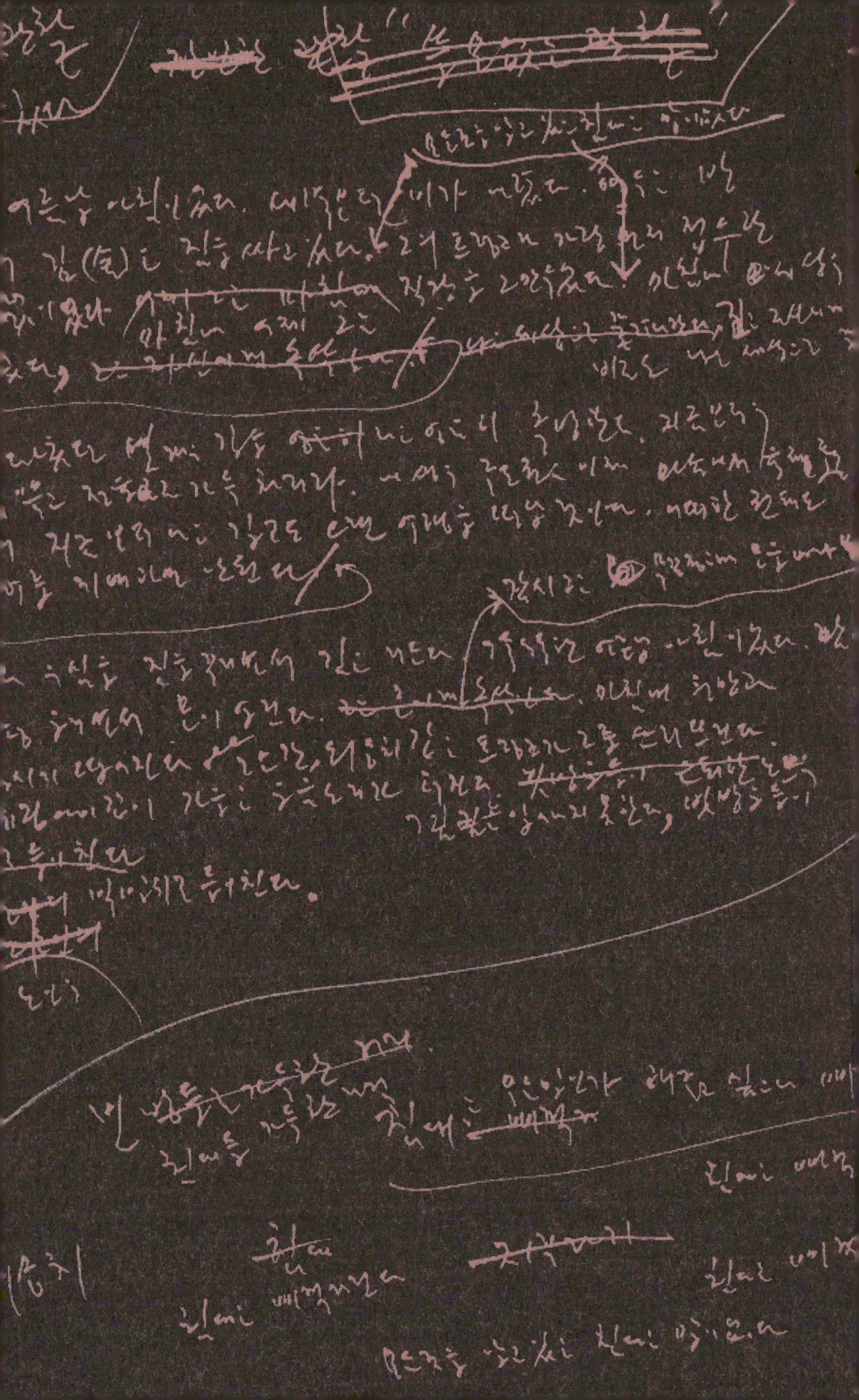

[illegible handwritten page]

기형도 20주기 문집을 엮으며

　기형도가 세상을 떠난 지 20년이 되었다. 그의 죽음 이후 벌써 청춘의 나이에 해당하는 시간이 지나갔다. 그 20년 동안 기형도는 한국 문학의 지울 수 없는 신화가 되었고, 한국 문화의 어떤 증상을 상징했으며, 젊은 문학도에게는 피할 수 없이 거쳐야 하는 통과의례의 질병이 되었다. 기형도의 문화적 상징성은 그의 정서적 감염력이 현대의 어떤 투명한 우울을 민감하게 건드리고 있는 이상 유지될 것이며, 그의 문학사적 기여는 그가 영원한 문학청년의 표상으로 우리 곁에 남아 있는 한 지속될 수밖에 없을 것이다.
　이 문집은 기형도의 삶과 문학을 추억하고자 만들어졌다. 하지만 이것은 또한 그의 죽음 이후 남겨진 우리들의 지난 20년을 기념하는 작업을 의미하는 것이기도 하다. 기형도라는 이름은 그의 죽음과 함께 시작된 어떤 시적 매혹, 어떤 문학적 성찰을 의미한다. 기형도의 죽음 이후에도 우리는 벌써 20년을 살았고, 그 20년 동안 우리는 그의 죽음을 끊임없이 되새김질해왔다. 이 문집은 그 되새김질을 한 결과물이다.

  이 책은 총 3부로 구성되어 있다. 1부에서는 기형도에 대한 현재적 의미를 밝히는 데 도움이 되는 글들을 모았다. 기형도를 통해 문학적 감수성을 키운 2000년대의 젊은 시인들의 좌담을 포함하여, 새롭게 구성한 기형도 시인의 문학적 연대기와 기형도 시의 문학사적 위치를 재조명해보는 글들을 실었다. 2부는 직접적 간접적으로 기형도와의 만남을 가졌던 분들의 산문을 모았다. 이 산문들은 기형도의 인간적인 면모와 문학적 향기를 따뜻하게 전해준다. 3부에는 지난 20년간 발표된 기형도에 대한 본격적인 비평문 가운데서 뽑은 글들을 실었다. 기형도론의 그동안의 집적과 행방을 살펴볼 수 있는 자료들이다. 문집의 제목 '정거장에서의 충고'는 기형도의 시 세계를 압축하고 있을 뿐만 아니라 생전의 기형도가 시집의 제목으로 생각했던 것으로 알려져 있다.

  이 책이 나오기까지 여러분의 노고가 있었다. 바쁜 일정 가운데 새로운 원고를 작성해준 필자들과 재수록을 허락해준 분들에게 감사한다. 그리고 기형도 20주기에 맞추기 위해 노심초사한 문학과지성사 관계자 여러분께도 고마움을 표한다. 이 문집이 기형도를 기억하는 모든 분들에게 작은 위로와 선물이 될 수 있기를 바란다.

2009년 3월
박해현·성석제·이광호

차례

기형도 20주기 문집을 엮으며 5

제1부 | 질투는 나의 힘—기형도를 읽는 시간

좌담 2000년대 젊은 시인들이 읽은 기형도 조강석 김행숙 심보선 하재연 김경주 11
함돈균 수상한 시대에 배달된 청춘의 비가—기형도의 문학적 연대기 64
이광호 기형도의 시간, 거리의 시간 83

제2부 | 기억할 만한 지나침—기형도와의 만남

김병익 검은 잎, 기형도, 그리고 김현 103 | **김 훈** 기형도 詩의 한 읽기 109
나희덕 얼음과 물의 경계 116 | **박해현** 추억의 빈집 120 | **이문재** 기형도에서 중얼거리다 125
이영준 형도야, 어두운 거리에서 미친 듯 사랑을 찾아 헤매었느냐 130
임우기 구름의 관음(觀音) 135 | **조병준** 질투는 나의 힘 149
성석제 기형도, 삶의 공간과 추억에 대한 경멸 154

제3부 | 먼지투성이의 푸른 종이—기형도 다시 읽기

김 현 영원히 닫힌 빈방의 체험 181 | **박철화** 집 없는 자의 길 찾기, 혹은 죽음 200
성민엽 부정성의 언어, 그 사회적 의미 228 | **원재길** 대화적(對話的) 울음과 극적(劇的) 울음 242
장석주 기형도 혹은 길 위에서의 중얼거림 250 | **정효구** 차가운 죽음의 상상력 270
남진우 숲으로 된 성벽 295 | **정과리** 죽음, 혹은 순수 텍스트로서의 시 342
오생근 삶의 어둠과 영원한 청춘의 죽음 381 | **이성혁** 경악의 얼굴 404
이아라 새로운 직유의 수사학과 기형도 직유의 겉과 속 437

| 자료

기형도 연보 477
발표 시 연도 및 출전 481
미발표 시 창작 연도 483
참고 문헌 485

제1부 ..질투는 나의 힘..
- 기형도를 읽는 시간

조강석
김행숙
심보선
하재연
김경주
함돈균
이광호

좌담
2000년대 젊은 시인들이 읽은 기형도

일시 2009년 1월 13일 오후 2시~5시
장소 문학과지성사 1층 회의실

'기형도 이후'라는 것의 의미

조강석 반갑습니다. 오늘은 좀 특별한 기억들에 대해 이야기를 들어보고자 자리를 마련했습니다. 저를 포함해서 오늘 오신 여러분의 연배를 보니 아마도 시를 읽고 문학 공부를 하면서 기형도라는 이름으로부터 결코 자유로울 수 없는, 또 기형도 독서 체험으로부터 자유로울 수 없는 세대인 것 같습니다. 기형도 시인은 시 읽기 체험 속에서 상당히 독특한 위치를 차지할 수밖에 없는 것 같아요. 우리는 이성복이나 황지우를 읽듯이 기형도를 읽을 수 없습니다. 또한, 아마도 기형도가 살아 있었더라면 활발히 시작 활동을 전개했을 1990년대의 작품들을 읽듯이 기형도를 읽을 수도 없습니다. 오늘 여기 모이신 분들의 경우 어떤 의미에서는 기형도의 텍스트를 텍스트 자체만으로 먼저 접했다기보다는, 다른 어떤 것들과 더불어서, 죽음의 후광 효과라든가 그에 얽힌 풍문들과 더불어서 혹은 그것에 거의 전면적으로 노출되면서 기형도와의 첫 만남을 시작한 세대가 아닌가 싶습니다. 어떤가요? 제일 처음 이런 것을 묻고 싶어요. 여러분이 처음 기형도를 접했을 때의 기억을 우선 좀 들려주시면 좋겠습니다.

김행숙 여기서 88학번인 심보선 시인은 경우가 다르겠지만 89학번(89년 5월에 시집이 나왔으니) 이하로는 대체로 대학 1학년 때 읽지 않았을까 싶네요. 자발적으로든 어떤 분위기에 휩쓸려서든. 물론 문학적으로 조숙했던 친구들은 중·고등학교 때로 거슬러가겠지만. 90학번인 제 경우를 생각해보면, 선물로 받아본 첫번째 시집이 기형도의 『입 속의 검은 잎』이었어요. 뭘 평계로 그랬는진 기억나지 않지만, 이성복도 황지우도 몰랐던 대학교 1학년 어느 날 한 동기로부터 느닷없이 선물로 받았던 시집이었죠. 선물을 주면서 '딱딱한 구름'이 있다고, 뭐 그런 이상한 소릴 했던 게 기억에 남아 있어요. 문학소녀(?) 시절을 겪지 않았던 저로선 동시대 시에 대한 첫 경험이 아니었을까, 따져보니 그럴 것 같네요. 딱히 제가 특별한 케이스는 아니겠죠. 대학생들이 가장 많이 읽는 시집 베스트에 기형도 시집이 꼽히는 걸 보아도, 문학에 관심 있을 것으로 추측되는 대학 신입생에게 선물하기에 왠지 안전할 것 같잖아요.(웃음) 어쨌든 90학번 이후는 현대시에 대한 첫 경험에 기형도가 놓이는 세대라고도 할 수 있겠죠. 그런 의미로 보자면, '포스트-기형도 세대'라는 말도 성립할 수 있겠고.

심보선 저 역시 후광 효과 없이 하나의 순수한 텍스트로, 시집에 대한 첫 경험으로서, 기형도를 접했습니다. 89년 5월에 시집이 나왔으니까 대학 2학년 때이겠네요. 사실 시를 쓰면서도, 열심히 시를 읽지 않았어요. 당시 관심을 갖고 있던 사람이 있었는데 오히려 그 친구가 저보다 시집을 많이 읽은 문학소녀였죠. 그 친구가 기형도 시집을 빌려주었어요. 그때 지하철 안에서 읽고 다녔죠. 꽤 여러 번 읽었어요. 그 이유가 뭐였냐 하면, 시집을 그 친구에게 돌려주면 바로 '안녕'을 고할까 봐 '완독'을 미루고 있었던 거죠. 물론 그러는 와중에 빨리 돌려달라는 그 친구의 독촉 전화는 계속됐지만.(웃음) 그래서 아직 다 못 읽었다고 미루고 미루고 하면서 몇 번이고 다시 읽었어요. 결국 돌려줬는데 그러고 나서 바로 퇴짜 맞았죠.(웃음) 이것이 첫번째 기형도의 경험이고. 두번째는, 군대를 갔는데 고참이 권하더라고요. 그때는 기형도 산문집이나 기형도에 관한 풍문 등으로 기형도 신화가 이미 만들어지고 있던 시기였죠. 시뿐만 아니라 소설, 산문, 자료까지 하나의 '세계'로 기형도를 접하게 되었죠. 저는 두번째보다 오히려 첫번째, 그러니까 후광 효과 없이 순수한 텍스트로서 기형도를 읽었을 때가 더 기억에 남아요. 어떤 시구에 매료가 되었는지, 그때 기형도 시를 읽던 지하철 안의 정황이라든지, 그런 기억들이 지금도 생생해요.

조강석 처음에 시집으로 읽었을 때와 뒤에 전집으로 읽었을 때의 느낌에 어떤 차이가 있었다고 하셨는데 이를테면……

심보선 사람이 그렇잖아요. 왠지 신화가 있으면 부정하고 싶잖아요. 전집으로 읽었을 때는 알고 보니 어리네, 알고 보니 나랑 다르지 않네, 그런 생각이 들었어요. 무의식적인 폄하가 아니었을까 싶어요.

조강석 그 뒤 이번 좌담을 위해 또 한 번 읽었을 때는 어땠나요?

심보선 지금 제가 들고 있는 시집을 보니 재판 40쇄네요. 이번 좌담 때문에 다시 샀어요. 거의 10년 만에 다시 봤는데, 사실 놀랐어요. 얼굴이 화끈거릴 정도로. 기형도가 내게 미친 영향이 지대했구나, 이거 너무 비슷하지 않아? 그런 생각이 들었어요. 아마도 시에 대한 원초적 경험이라서 무의식 수준에서 계속 내게 영향을 미친 것이 아니었을까 싶어요. 그럼에도 불구하고 무엇이 나와 다를까, 그때와 비교하면 지금은 무엇이 변했을까, 그런 생각도 들었죠. 저뿐만 아니라 기형도가 젊은 시인들에게 미친 영향, 기형도와의 단절, 기형도의 확장 그런 것들은 대체 무얼까, 이런저런 생각을 하면서 읽으니까 나름 재밌었어요. 처음에는 원초적 경험으로, 두번째는 후광 효과에 대한 반감으로, 세번째는 나와 기형도, 우리 세대와 기형도라는 관계성에 대해 생각하면서 다소 거리를 두고 담담하게 기형도 시집을 읽은 것 같아요.

하재연 제가 갖고 있는 시집의 판권을 보니 21쇄에 정가가 3,000원으로 나와 있어요. 저는 국문과였으니까 읽어야 할 하나의 텍스트로 자연스럽게 구입했던 기억이 나요. 대학 1학년 때 기형도 시집을 읽을 때는 황지우, 이성복, 최승자와 같이 다른 텍스트들과 동일한 질감으로 다가왔어요. 아마 80년대 학번들에게는 기형도 이전의 시들과 기형도가 차별성을 갖는 텍스트로 읽혔겠지만, 90년대 이후 학번인 제가 처음으로 기형도를 접할 당시에는 그 텍스트들 간의 차별성이 그리 크지 않게 느껴졌던 거지요. 그럼에도 기형도 시집이 특별했던 것은 사실이에요. 제가 시집들을 처음 접하게 된 경험은 고등학교 때 문예반 활동을 하면서

였는데, 그때는 학교 분위기가 답답하고 사회적으로는 전교조의 영향도 있고 해서 메시지가 직접적이고 이해하기 쉬운 시들을 읽었어요. 김지하나 신경림이나 김용택 같은 시들을 읽으면서 답답한 가슴이 풀리는 듯한 느낌이 들었다고 할까요. 그래서 대학 들어가서 한동안 88학번이란 얘길 들었어요.(일동 웃음) 그전까지 읽던 시들에 비해 기형도의 시는 더디 읽히는 시였어요. 그럼에도 매력적이었던 것 같아요. 더디 읽히면서도 거부할 수 없는, 일종의 새로운 경험이라고나 할까. 문학사에 대한 기초 지식이 그리 없었던 그 당시에는 기형도가 하나의 새로운 시적 개성으로, 원초적으로 다가왔죠. 이후에 문학회 활동을 하고 문학사의 커리큘럼을 짜면서 기형도를 다시 읽게 되었어요. 70년대에 김지하가 있다면, 80년대는 황지우, 이성복, 최승자, 김영승 그리고 90년대에는 기형도, 이런 식으로 꼭 들어가야 하는 커리큘럼의 하나로서 시적 계보 속에서 그 차별성을 의식하면서 다시 읽은 거죠. 그 커리큘럼 속에서 읽었을 때는 요절한 젊은 시인의 치기가 있다고 느끼기도 했던 것 같은데, 이후에 수업을 하면서 가르치는 텍스트로 다시 읽었을 때는 기형도의 시가 특별하구나, 하고 다시 생각했어요. 그러니까 저한테는 기형도가 이렇게 여러 가지 기억이 겹쳐지고 쌓여 적층이 있는 텍스트가 된 거고…… 이런 점이 재미있죠.

조강석 네, 제가 서두에 언급했던 것보다도 훨씬 더 강렬한 체험들이시군요. 대체 처음 읽은 시집이라거나 처음 선물 받은 시집이란 건 말이죠……, 참……

김행숙 작년 겨울에 있었던 이야길 하나 할게요. 제 연구실에서 졸업

하재연

"기형도가 일종의 증언처럼, 혹은 80년대를 지나온 고백처럼, 무겁고 커다란 사회적 타자에 맞부딪치며 괴로워한 흔적들을 90년대 세대들에게 넘겨주는 역할을 했다고 봐요."

을 앞둔 (시를 쓰는) 한 학생과 (길이 안 보이는 취업과 갈 길이 먼 듯한 시에 대한) 착잡한 얘길 나누다가 문득, 졸업선물이니 가지고 싶은 책 한 권을 골라보라고 했어요(절판된 책은 제외라는 소심한 단서를 달고서^^). 근데 그 친구가 기형도 시집을 달라는 거예요. 걔가 기형도 시를 좋아한다는 걸 알고 있었기 때문에 전 더 의아했죠. 갖고 있는 시집을 왜 한 권 더 가지려고 하는가, 하고서 말이죠. 근데 그 친구 말이, 89년 5월에 조금이라도 더 가까운 연대에 나온 '낡은' 시집을 갖고 싶다는 거예요. 제가 갖고 있던 게 초판본이 아닌데도 불구하고 말이죠. 그래서 선물로 주었죠. 1990년의 한 신입생이 선물로 받은 첫번째 시집이 2008년 졸업생에게 선물로 건네진 셈이죠. 2000년대 후반에도 여전히 기형도 '광팬'들이 태어나고 있는 거죠. 어쨌든 그래서 현재 저한텐 기형도 시집이 없어요. 좌담을 한대서 며칠 전에 『기형도 전집』(이하 『전집』)을 사보는 걸로 대신했지만.

하재연 그래도 문학과지성사 판본으로 나온 얇은 『입 속의 검은 잎』이 없으면 좀 아쉽지 않아요?

김행숙 그런 말 들으니까 아쉬움이 막 밀려오네.(일동 웃음)

김경주 저의 경우는 재수를 하던 시절, 그러니까 95년에 처음 접했던 것 같아요. 당시엔 소위 시적 질감이랄까? 그런 것과 전혀 닿아 있지 않은 삶을 살고 있었어요. 그런데 제게 공장에 다니는 친구가 한 명 있었어요. 그 친구는 꿈이 강변가요제에 나가는 것이었는데. 어느 날 그 친구 방에 놀러갔더니 2주를 남겨놓은 강변가요제를 위해 준비한 노래를 들려주더라구요. 가사가 좋아서 직접 쓴 거냐고 물었더니 그게 기형도 시집 속에 있는 「질투는 나의 힘」에서 영감을 받아서 만든 노래라고 하더군요. 그 시에 곡을 붙여 만든 거였어요. 느낌이 꽂혔던 모양이에요. 그 친구가 공고를 다니면서 독서모임과 클래식 기타모임을 좋아했었거든요. 그 후 친구 집에 갈 때마다 기형도의 『입 속의 검은 잎』을 한 편씩 한 편씩 떠들어보게 되었죠. 시라는 게 이런 거구나 하면서 건성건성으로요.^^ 그게 제 첫 만남이에요. 그러고 나서 대학에 들어와 소위 '기형도 월드'를 본격적으로 접하게 되었죠.

앞서 이야기가 나왔지만 저희 세대는 일종의 '포스트-기형도 세대'잖아요? 대학에 들어가서 문학서클을 기웃거리기 시작했을 때 기형도를 둘러싼 풍문으로 시달린 케이스가 바로 저예요. 그러다 보니 제게도 『입 속의 검은 잎』이 제가 가장 많이 사서 주변에 선물한 시집이 되었죠. 하지만 정작 전 지금 갖고 있지 않아요.(웃음) 예의 통과의례와 같은 과정을 뒤늦게 거친 셈이었는데, 시집을 살 때마다 늘 구입한 날짜를 앞에 기입하는 습관이 있는데 기형도 시집은 딱히 표기하지 않았던 것 같아요. 늘 구입하면 가까운 사람에게 줘버리곤 했던 것 같아요. 암튼 가장 많이 선물한 시집임은 분명해요. 그만큼 강렬했다는 거겠죠.

하재연 아까 좌담 시작 전에는 그다지 영향을 안 받았다면서요?(웃음)

김경주 그러니까 대학 들어가서는 피할 수 없었다는……(웃음)

조강석 네. 앞의 두 시인과는 달리 하재연 시인은 일종의 필독서목록 중의 하나로 처음 기형도를 접했고 그 충격은 조금 뒤에 온 경우군요. 어떤가요? 김경주 시인의 경우는 어느 쪽이었습니까? 아까 얘기로는 시를 본격적으로 읽게 되면서 처음 접한 시인이 기형도라고 할 수 있다고 했습니다만?

김경주 그렇죠. 시로서 접한 첫번째 시인이 기형도였던 것 같아요. 기형도 시를 놓고 후배들에게 이만큼은 써야 한다, 이건 반드시 독파해야 한다, 식의 폭력적인(!) 선배들도 꽤 있었어요. 그들 중엔 시인이 된 분들도 있고 안 된 분들도 있지만. 저는 문학의 진정성을 무섭도록 강요하는 분위기 자체를 싫어하는 성격이라서 자꾸 시 스터디 모임을 빠지곤 했는데, 한번은 한 선배가 기형도 시집을 필사를 해오는 것으로 용서해주겠다고 한 적도 있었어요.^^
기형도 자체에 대한 것이 아니라 기형도를 둘러싼 과도한 애정에 대한 반발심이 많이 작용했던 것 같아요. 그런 것 있잖아요.^^ 이게 예가 될지 모르겠지만, 그 무렵에 브레드 피트가 신인으로서 상당한 주가를 올리고 있었는데, 발견되기 전 진즉부터 내가 먼저 좋아했는데 주위에서 다 좋아하니까 오히려 멀리하고 싶은 심리가 생기더라구요…… 기형도도 그랬던 것 같아요. 전에는 혼자 좋아했던 대상이 그 진가가 사람들에게 알려지면서 오히려 혼자 멀어지게 되는…… 그런 분위기.^^ 일종의 애증 같은 거라고 할까…… 지방에서 올라와 시를 막 처음 쓰기 시작한 때인데, 선배들이 시에 목숨 거는 분위기가 너무 팽배했어요. 시가 아닌 다른 문학 장르에 대해선 천대시하고 경박하게 생각할 정도로. 시 외의 것에는 배타적인 태도가 강한 분위기의 서클이었죠. 분명히 시에 집중할 수 있었던 계기였고 도움이 된 것도 사실이지만 그 당시는 몹시 견디기 힘들었죠.

조강석 희한하게도 이 좌담에 모이신 분들이 마치 오늘의 좌담을 위해 약속이라도 한 것처럼, 본격적인 시 독서 체험의 첫머리에 기형도를 두고 있습니다. 여기에는 그 당시의 정황으로 미루어보아 그럴 수밖에 없는 어떤 자연스러움이 있는 거겠죠. 시인인 여러분의 본격적인 독서 체험과 시 쓰기 체험의 맨 앞에 기형도 시 읽기가 놓여 있다는 것은 여러 모로 각별한 의미를 지닐 수밖에 없을 것 같습니다. 그렇다면 본격적으로 기형도 시인의 시 세계를 들여다보기 전에 이런 것들을 좀더 물어보죠. 학생으로서나 교사로서, 시인으로서나 생활인으로서 여러분의 삶 속에서 시인 기형도 혹은 기형도의 작품들과 관련된 애증 관계나 에피소드를 조금 더 얘기해주실 수 있겠습니까?

하재연 제 경우에는 시적인 삶에 대한 저의 배타적인 무의식이랄까, 그런 것을 건드리는 시인이 기형도였어요. 전공이 국문학이고 시를 쓰고 싶다는 어렴풋한 욕망을 꽤 오래 갖고 있었는데, 시를 쓰기 위해서는 더 비범해야 할 것 같고, 짧고 강렬한 삶을 살다 간 사람들의 시적 세계 속에 맺혀 있는 비극성이 꼭 있어야만 할 것 같았죠. 그런 일종의 '시적인 삶'으로서 기형도의 삶이 갖는 비극성과 함께 저의 사회적인 의식을 자극하는 부분도 있었지요. 저는 말하자면 90년대 세대라고 할 수 있는데, 80년대를 지나온 세대가 경험했던 여러 가지 사회적 기제들이 있었잖아요. 그런 사회적 패러다임이 이동하고 변화하는 결절점에 기형도 시인이 존재한다고 느꼈어요. 기형도가 일종의 증언처럼, 혹은 80년대를 지나온 고백처럼, 무겁고 커다란 사회적 타자에 맞부딪치며 괴로워한 흔적들을 90년대 세대들에게 넘겨주는 역할을 했다고 봐요. 김수영 시인이 이승만 독재 시대에 닭을 기르면서 괴로워했듯, 기형도 시인은 김수영의 시대와 다르긴 하지만 80년대를 산 세대로서의 괴로움이 있는데, 나에게는 과연 그런 것이 있을 수 있는가, 하는 포스트-기형도 세대로서의 자의식에 붙들려 있었던 것 같아요. 기형도가 짧은 생애를 마치고 일종의 전설이 되었던 까닭에, 비극적이고 시적인 생애가 사회적 상징성과 절묘하게 결합된 시인의 파토스로 강력하게 이미지화되었던 거지요.

심보선 요절에 대한 이야기를 안 할 수 없을 것 같아요. 이성미 시인 시 중에, "서른다섯, 요절하기에도 늦은 나이" 식의 구절이 있던데. 우리가 지금 죽으면……

조강석 지금 죽으면 사망입니다. (일동 웃음)

심보선 요절 아니구……? (웃음)

김행숙 그냥 사망입니다. (일동 웃음)

심보선 요절이라는 게, 글 쓰는 사람이나 예술 하는 사람에게는 가장 치명적인 매혹 같은 거잖아요. 가장 순수할 때, 가장 절정에 이르렀을 때, 청춘일 때 생을 마감하는 것. 청춘 다음엔 타락밖에 없으니까요. 사실은 신화를 만들면서 요절한 시인이 최근에는 기형도 외에는 없는 것 같아요.

김행숙 식민지 시대라면 떠오르는 몇몇 이름들이 있잖아요?

하재연 당시에는 이상이었겠지요?

심보선 김수영이 몇 살에 죽었죠?

조강석 하긴 김수영의 경우는 우리 나이로 48세에 죽었으니까요…… 그런데도 요절 시인이라고 불렸죠.

김행숙 육체적인 나이가 요절의 결정적인 기준은 아닌 거죠. 한 시인의 작품 세계를 놓고 볼 때 그의 절정기가 지나기 전의 죽음에는 요절의 느낌이 스며들게 되는 것 같아요.

심보선 김수영의 죽음이 요절이라 불리는 데는 그 시대가 60년대인 탓도 있죠. 그 시대 자체가 청춘이었기 때문에. 사실 48세는 그 당시 평균수명으로 젊은 나이는 아니죠. 기형도의 경우는 80년대라는 시대적 배경이 있었고요. 60년대나 80년대 모두 진정성이라는 에토스가 작동하고 있던 시대였죠. 제가 90년대 이후를 어떤 지면에서 '포스트 진정성 체제'라고 언급한 적이 있어요. 지금은 어느 나이에 죽어도 요절은 불가능하다고 생각해요. 기형도 시인은 불가능한 것을 가능한 것으로 만든 마지막 인물이지 않았나 싶어요. 몰락하는 진정성 신화의 막차를 탄 셈이죠. 그럼에도, 아니 바로 진정성 신화의 끝물이라는 점에서 기형도에게는 뭔가 다른 점이 있다고 봐요. 조금 아까 재연 씨가 '결절점'이라고 한 바로 그 부분이죠. 기형도는 한 세계를 정리하면서 또 다른 한 세계를 열어준 것 같아요. 그런 의미에서 저는 기형도에게서 '시대'를 발견하는 독법에 의문을 제기하고 싶어요. 그건 이를테면 김수영이 닭을 키우는 장면에서 읽히는 '시대'와는 다른 풍경과 감수성이라는 말씀이죠.

조강석 기형도 시인의 경우, 자기 스스로도 「진눈깨비」라는 시에서 "나는 일생 몫의 경험을 다 했다"라는 표현을 썼잖아요. 뭐 이런 방식의 단언적 태도에도 양가적인 측면이 있겠습니다만, 여하튼 나이를 불문하고, 자기가 임하는 일에 대해서 기량이 성숙하고 만개하는 시점에서, 자기 세계가 갖춰지는 시점에서 꺾여야 하는 삶에 대해서는 이런저런 느낌을 가질 수밖에 없는 것이죠.

김행숙 기형도의 요절은 자살과는 다른 느닷없는 죽음이었잖아요. 선택하고 준비한 죽음은 아니라는 거예요. 이건 좀 엉뚱한 얘기 같은데 음, 모 시인이 어느 날 밤중에 눈을 떴는데 갑자기 심장이 멈출 것만 같은 죽음의 공포에 사로잡혀서 꼼짝할 수가 없었대요. 그때 가장 먼저 떠오른 생각이 어떻게든 몸을 일으켜 컴퓨터 앞으로 가야 한다는 거였대요. 완전 공감!

조강석 남겨지는 게 두려워서……?

김행숙 그렇죠. 컴퓨터 안에 저장돼 있는 원고들을 어떻게든 정리해야만 하지 않겠어요? 무방비 상태로 죽음 이후에 노출되고 싶진 않을 테니까. 모든 죽음이 느닷없는 것이겠지만, 그래도 죽음을 전제로 원고 정리를 할 시간쯤은 있어줘야 하지 않을까…… 기형도에게 그런 시간이 주어졌다면 이후의 독자들은 『전집』에서 읽을 수 없게 사라질 운명의 글들도 있었겠죠.

기형도의 선별이 개입할 수 없었던 『전집』을 통해서 추측해보는 바이지만, 기형도는 심하게 성실한 면을 가진 사람이었던 것 같아요. 완벽주의 같은 것도 느껴지고. 「짧은 여행의 기록」(1988. 8. 2~8. 5)에 보면 대구행 버스를 기다리다가 신문을 여섯 개 사서 그걸 다 읽고 쓰레기통에 버리는 장면이 나와요. 당시 신문기자였던 기형도는 문득 그런 자기 모습에 진저리를 치죠. 이 부분에 기형도는 "성실함이라는 것이 얼마나 통속적인 미덕인가"라는 문장을 썼어요. 여행을 떠나면서도, 그러니까 맘먹고 서울을 떠나서도 신문기자의 성실함이나 습관은 그를 떠나지 않았던 거죠. 더욱이 기형도의 일기를 보면 성실함과 꼼꼼함은 체질적인 것이지 싶어요. 블랑쇼 왈, "일기를 쓰는 자만큼 성실한 사람은 없다."

하재연 "희망을 목적에 두고 휴가를 간다"고 일기에 쓰기도 했지요.

김행숙 그의 시에서도 체질적인 성실함과 꼼꼼함 같은 것을 느낄 수 있어요. 기형도의 시를 읽어보면 흘러나온 언어 이후의 작업에서 유별나게 완벽을 추구했을 거란 생각이 들어요. 그는 단어 하나 조사 하나에 끝까지 매달리고 시달렸을 거예요. 기형도는 삶에도 시에도 완벽하려고 했던 인물이 아니었을까…… 기형도가 절망의 과잉을 보여주고 있다면 그 이면에는 그만큼 꿈의 과잉이 있었을 거예요. 여기서 '과잉'이란, 쉬운 게 아니라 어려운 걸 말해요. 말하자면, 쉬운 절망이 아니라 어려운 절망, 쉬운 희망이 아니라 어려운 희망. 보이지 않지만 찾아야 하는 미래가 깊숙한 절망의 다른 얼굴이겠죠. "미안하지만 나는 이제 희망을 노래하련다"(「정거장에서의 충고」)라는 구절이 있죠. 희망의 노래가 쉬우면 절망에게 미안하죠. 반대로 절망의 노래가 쉬우면 희망에게 정말 미안한 일이고.

하재연 시작 노트를 보면서 어떻게 이렇게 정서한 글씨를 쓸 수가 있을까 하는 생각이 들었어요. 제가 더 어릴 때는, 기형도 시인이 젊어서 죽었으니까 그의 글을 읽으면서 미성숙한 면이 있구나 하는 생각을 하기도 했었는데, 지금 다시 그의 글이나 시를 읽으면서는 참 치열했구나 하고 생각했어요. 자기가 말하고자 하는 바에 대해서 철저하게 끝까지 붙잡고 있다는 느낌도 받았구요.

심보선 그렇게 해본 적 있어요? 자기가 쓴 시를 다시 정서하면서 흐뭇해한 적?

하재연 컴퓨터 세대에겐 그런 경험이 없지 않아요?

김행숙 컴퓨터가 예쁘게 써주는데 구태여……

심보선 컴세대라도 맘만 먹으면 그런 건 할 수 있지 않을까요?

하재연 『전집』에 보면 시를 쓴 후 다시 타자로 치고 나서야 이제 좀 시 같다고 했다잖아요. 우리 세대라면 떠오르는 생각들을 컴퓨터로 치면서 정리하고 파일로 저장하고 나서 안심하는 기분이랄까.

심보선 함성호 선배가 자기의 시작 과정 자체를 작품으로 만들어서 전시한 적이 있었어요. 시작 메모라든지 단상이라든지, 그런 편린들로 시작해서 하나의 시가 완성되는 과정을 전시했죠. 물론 기형도보다는 악필이었지만(웃음) 자신의 시 쓰기 과정에 대한 시인 자신의 시선이 흥미로웠어요.

조강석 기형도의 대학 시절 노트에도 자신이 완벽 콤플렉스에 대한 공포를 지니고 있으며 심지어 자폐증 환자임을 확인했다는 대목도 있습니다. 또 1주기 즈음에 발간된 산문집 『짧은 여행의 기록』을 보면 누이가 기형도를 추모하는 글에서 "유난한 결벽증에 완벽주의자인 동생"이라고 언급하며, 그런 동생에게 허락도 받지 않고 남은 글들을 공개하는 것이 잘하는 일인지 모르겠다고 말하기도 했죠. 그 『짧은 여행의 기록』에 기형도의 노트 일부가 사진으로 실려 있는데, 노트에 촘촘하게 정서해놓은 그 사진을 보면 스스로의 진단이나 누이의 기억이 과장은 아니라는 생각을 갖게 합니다. 그 노트를 보면서 드는 생각은 아마 이런 꼼꼼함과 세심함 혹은 집요함이 시작의 과정에도 그대로 반영되었겠구나 하는 것입니다. 유장하게 진행되는 것 같지만 일필휘지의 흔적이 없는 기형도 시의 인상은 이런 것들과 관계되는 게 아닌가 싶습니다. 계속 얘기를 이어가볼까요, 김경주 시인은 어떤가요?

김경주 제 경우는 기형도의 텍스트보다 기형도 시인이 영향 받았던 지점들을 따라가면서, 오히려 기형도를 더 이해하고 느끼고 그랬던 것 같아요. 일테면 보리스 파스테르나크의 시를 좋아하게 된 결정적인 계기가 기형도였어요. 기형도가 했던 독서를 따라 읽고 좋아하게 된 경우거든요. 아, 기형도가 이런 이야기를 하려고 했구나, 이런 생각을 되게 많이 했던 것 같아요. 또 어떤 책에선가는 기형도의 지인이 기형도는 파스테르나크에 대해 자기동일화를 했다고 언급한 대목을 읽고, 저도 따라서 파스테르나크의 시집들을 읽어본 적도 있어요. 벤야민 책의 경우도 기형도의 산문을 보면서 좋아하게 되었거든요. 선배들 영향도 많이 받았죠. 시 못 쓰면 선배들이 심하게 면박 주고, 심지어 이상한 시를 써 왔다고 얻어터진 적도 있어요. (웃음)

하재연 세상에. 그러면 합평회 하면서 '이 시는 한 열 대짜리,' 이런 건가요? (일동 웃음)

김경주 합평회 할 때 시 못 쓰면 쓰레기통 옆에 앉아 있어야 했어요.

김행숙 그걸 누가 판단하지? (일동 웃음) 너무 무서운데.

김경주 아무튼 그것이 환멸스러워서 학교와 서클을 때려치우는 사람도 꽤 있었죠. 지금 생각해보면 그때 그런 문학적 분위기를 조성했던 지점에 기형도가 가지고 있던 영향력도 분명히 존재했던 것 같아요. 기형도의 풍문이랄지, 기형도의 죽음과 관련된 문학의 비극적 낭만성을 조장하는 문청의 분위기가 지방엔 많이 남아 있었어요. 아까 재연 누나도 말했지만, 처음엔 저도 그냥 문학적 열패감으로 다가왔던 것이, '기형도를 따라 죽을 수는 없었으므로,' 식의 태도에서 출발했던 것들이 계속 기형도의 느닷없는 죽음과 관련되어 일종의 과장된 비장미나 비극성으로 귀결되고 있다는 느낌이 들더라구요. 텍스트를 이해하는 데 뭔가가 가로막고 있다, 이런 생각이 들기 시작한 거죠. 그때부터 '기형도 월드'에 있는 제 주변의 사람들을 보면 기형도 시집을 이야기하거나 기형도를 표현할 때 모든 것이 콩트처럼 느껴지곤 했어요. 기형도처럼 죽고 싶다며 삼류극장을 찾아 같은 시각에 술 먹고 앉아 있었다는 사람들의 이야기도 심심치 않게 들리곤 했죠. 실제로 죽었다는 사람 이야기는 못 들었지만.(웃음)

　재밌는 에피소드로 이런 일도 있었어요. 학교 다닐 때 시화전을 하는데, 한 선배가 기형도가 죽었다는 파고다 극장이 사라졌다는 소식을 접하고 자기 집에다 간판을 거는 거예요. 파고다 극장이라고. 거기서 기형도의 시들을 걸어놓고 전시를 했어요. 그래서 후배들 초청하고…… 여하간 기형도의 죽음이라는 것이 저희들에겐 굉장히 추상적이잖아요. 그런데 그 죽음이 굉장히 다른 방식으로 구체화되면서 이상하게 그런 것들을 시적인 질감으로 생각하는 풍토가 있었던 것 같아요. 재밌는 건 그때부터 천천히 아, 시라는 것이 이런 거구나, 하는 생각이 들었던 것 같기도 하고. 때문에 대부분 문학을 하는 주변 친구들은 기형도에 대해 직접적인 체험을 할 수 없는 상황이었지만 개인적인 체험하고 닿아 있는 부분들은 되게 많은 것 같아요. 아까 보선이 형도 그랬지만 저도 짝사랑했던 친구의 방에 가면, 늘 기형도의 사진이 붙어 있었어요. 근데 그 사진이 그렇게 불편한 거예요. 뭔가 저 사진 속 사람한테 지고 있는 것 같다는 느낌이 되게 컸어요. 살아 있는 사람도 아닌데 말이죠. 아무튼 저는 무엇보다도 기형도가 가지고 있는 상황을 극복하기 위해 많이 애쓴 사람 중 하나였어요. 물론 그렇게 오래가지는 않았지만요.

사후적 해석과 텍스트 내적 논리의 충돌/길항

심보선 작년 『문학사상』 11월호에 김영승 씨가 쓴 글 읽어보셨나요? '기형도 신화'에 대한 노골적인 도전이었죠. 그 글에서 김영승 시인은 "기형도 시에서 죽음에 대한 집착"을 발견하거나 "텍스트 자체가 죽음을 예고하고 있다"라는 신화적인 독법에 문제를 제기하고 있어요. 김영승 시인은 기형도를 개인적으로 잘 알았던 것 같아요. 그래서 기형도에 대한 개인적인 경험들을 글에 투영해서 신화를 깨고 있어요. 그 글에서 이런 말을 해요. "죽음으로 가득한 청년이 대학은 뭐 하러 갔으며, 대학을 졸업하고서 신문사 기자로 왜 들어갔으며, 시는 왜 쓰고……"(모두 웃음) 특히 기형도가 심야극장에서 죽었기 때문에 더욱 신비로운 느낌이 있는데, 그에 대해서도 김영승 시인은 지금이라면 기형도는 찜질방에 갔을 거다, 라는 식의 얘기를 해요. 그러면서 자기가 아는 기형도는 죽음으로 가득 찬 인간이 아니라 지극히 합리적이고 이성적인 사유의 소유자였다, 라는 거죠. 실례로 기형도는 남 걱정을 많이 했대요. 김영승 시인이 술을 많이 마시니까, '형 그러다가 죽어요, 그러다가 죽어요,'라고 두 번씩 반복을 했대요. 결국은 그의 글도 기형도 신화로부터 벗어나

심보선

"저는 기형도가 세계를 사물들의 관계로, 알레고리로 바라보는 시선, 그래서 철저하게, 집요하게 가상으로 들어가서 거기서 삶과 죽음의 형태를 새롭게 결정하는 시선, 그래서 속된 것이 사라지고, 속된 것과 통할 길도 사라지게 된 바로 그 지점을 우리에게 열어줬다고 봐요."

서 기형도의 진실, 그저 놀랍도록 아름다운 시를 쓴 한 청년의 맨 얼굴을 바라보자, 라는 제언이겠죠. 저는 김영승 시인의 글을 읽고 두 가지 느낌을 받았어요. 먼저 통쾌한 느낌이 들었는데, 앞서 제가 이야기했던 기형도 신화에 대한 반감을 하나의 훌륭한 에세이로 정돈해준 느낌, 그래서 예의 그 반감이 정당하다는 느낌이 들었어요. 동시에, 그렇다면 시와 삶의 관계, 시인이 쓰는 시와 시인이 사는 삶의 관계는 어떠해야 되는가라는 질문을 던지게 됐어요. 김영승 시인은 기형도의 시에서 대단한 사유가 발견되지 않는다, 그 사유를 발견하려고 하는 것 자체가, 신화에 매몰된 독법이다, 라고 보는데, 저는 이런 식으로 시와 삶의 관계를 단순한 이분법으로 바라보는 태도에도 문제가 있다고 봐요. 시가 형상화하는 삶과 죽음은 실제적인 삶과 죽음과 동일할 수 없죠. 그렇다고 해서 시가 형상화하는 삶과 죽음이 가짜라는 게 아니에요. 그것은 실존을 압도하거나 실존에 압살되는 것이 아니라, 그 자체로 또 하나의 의미 있는 삶과 죽음의 양식이 아닐까 싶어요.

김행숙 시에서 '죽음'을 탐구할 수 있겠죠. 기형도는 누구보다도 시적으로 죽음에 접근했던 시인이라고 할 수 있을 거예요. 그렇지만 죽음에 대한 시인의 탐구가 자기의 실제 죽음에 대한 예감에 맞대응되는 건 아닐 테죠. 시가 예지몽은 아니니까.

조강석 일종의 사후적 독해?

김행숙 그렇죠. 요절 시인이 작품에서 자기 죽음을 감지하고 있었다거나, 그래서 작품의 진정성이 더욱 돋보인다거나,라고 얘기하는 건 일종의 샤머니즘적인(?) 독법일 수 있어요. 이런 낭만적인 접근에 어쩐지 끌리긴 하지만, 기형도의 빠른 죽음과 그가 시에서 천착했던 죽음의 문제는 따로 떼어놓고 봐야죠. 기형도가 시에서 탐구했던 죽음이라는 테마는 우리 문학사에서 '덜' 탐색된 것이었어요. 기형도는 '더' 나갔죠. 그는 집요했고 날카로웠고 깊었어요. 그 점이 중요하다고 생각해요.

하재연 기형도의 죽음이 문단에 사건화가 되면서 회자되는 방식으로 읽혔기 때문에 여러 가지 낭만적 풍문들이나 사후적인 독해들을 낳은 것 같아요. 제가 아까 기형도 시인에 대한 개인적 에피소드를 물으셨을 때, 무의식적으로 시인의 비극적인 파토스에 대한 콤플렉스 같은 것을 느꼈던 적이 있었던 것 같다고 했는데요. 또 한편으로는 그가 일찍 죽었다는 사실 때문에, 그가 비록 시집을 묶다가 죽긴 했지만 역시 좀 비완결적인 면이 있지 않는가 하는 생각을 가지면서 읽은 적도 있어요. 그런데 지금 다시 읽어보니까, 제가 그런 비완결성을 읽어냈던 것도, 문단에서의 기형도의 신화화라는 사실 또는 풍문으로서의 시 세계에 대한 반감이 작용했던 측면이 있어요. 이번에 읽으면서는 완결성에 대한 자각이 많이 느껴졌어요. 시 형식에서의 완결성의 추구 같은 것도 그렇고요. 아까 이야기가 나왔던 '죽음'이라든가, '절망'과 같은 추상적인 소재들을 시적으로 추구하는 과정이 더 잘 보였어요. 아까 김행숙 시인이 말한 것처럼, '죽음'이라는 소재를 기형도 시인의 삶과 죽음이라는 개인적인 경험과 관계 맺어 이야기하면 저에게는 오히려 그 '죽음'이 구체적인 시적 세계로서 떠오르지 않고, 인간이라면 누구나 겪는 실존적인 경험으로서의 '죽음'이라는 일반적인 의미가 떠오르거든요. 그런데 기형도의 시가 도달하고자 했던 '죽음'의 시적 형상화는 그런 의미의 개인적인 것과는 다르다고 봐요. 이렇게 말해도 될지 모르겠지만, 그가 죽었기 때문에 '죽음'이 시적 사건이 된 것이 아니라, 이미 그의 시 세계 내부에서 '죽음'이 시적 사건으로 추구되었다고 해야 할까요.

심보선 두 분 말씀대로 저 역시 그 죽음을 실존적인 조건 내지는 어떤 운명으로 해석하기보다, 기형도는 죽음을 시 안에서 어떻게, 어떤 장치로 사용했는가, 그런 생각을 하면서 그의 시를 읽었어요. 왜 이렇게 죽음에 집착할까? 그리고 왜 이렇게 단호할까? "나는 헛것을 살았다, 나는 살아서 헛것이었다"(「물 속의 사막」), 이런 말들을 그냥 해버리잖아요. 이십대 후반의 청년의 삶 속에서 그런 지나친 단호함이, 그런 자의식의 과잉이 시 안에서 어떻게 성공적으로 자리하고 작동할 수 있는가, 라는 질문인 거죠. 제가 볼 때는 그의 시에서 죽음은 일종의 알레고리적인 장치로써 계속 나타나고 있는데, 바로 그게 기형도 시의 핵심인 것 같아요. 죽음을 실존으로 보는 게 아니라 알레고리로 대하는 태도 말이에요.

조강석 얘기가 자연스럽게 기형도의 작품 세계 쪽으로 넘어가고 있는 것 같아요. 조금 정리를 하고 그쪽으로 흐름을 바꿔봅시다. 지금 여기 있는 분들 전부 공통적으로 얘기하고 있는 것은, 우리가 처음에 얘기했던 것처럼, 아무래도 우리 세대가 문학 공부를 시작하는 시점에 기형도의 삶을 둘러싼 이런저런 얘기들의 후광에 제일 먼저 그리고 제일 앞에서 노출되었던 세대인 것만은 틀림이 없다는 겁니다. 그렇기 때문에 우리가 이런저런 영향권 안에서 기형도의 텍스트를 읽었던 경험이 있었던 것 같고요. 그것은 새로운 문학에 대한 경이감을 주기에 충분한 것이었지만, 그럼에도 불구하고 그것이 어느 정도 기형도 텍스트에 조금 더 객관적으로, 그리고 조금 더 텍스트 내적인 논리로 접근하는 데는 장애가 될 수도 있었겠다는 생각이 듭니다. 김행숙 시인이 언급한 죽음 문제가 그 대표적 예가 되겠죠. 죽음의 정황과 죽음이라는 시적 주제, 죽음을 텍스트에 들여놓는 의도와 그것이 낳는 미적 효과 등등은 다른 층위에서 검토되어야 하니까요. 기형도 시 작품에 나타난 죽음의 이미지를, 마치 어떤 자기 성취적인 예감인 것처럼, 자기실현적인 어떤 예언이나 예감처럼 읽는 독해 방식이야말로 기형도의 삶과 관련된 이런저런 정황에 지나치게 경도된, 그로 인해 시 텍스트 자체를 읽는 데 소홀한 독해일 수 있겠다는 생각이 듭니다. 그렇기 때문에 오히려 지금 두 분이 얘기하신 것처럼, 예컨대 기형도 시 내에서 죽음의 이미지, 혹은 기형도가 그 죽음을 대하는 태도 자체가, 혹은 그 죽음이 시 안에서 어떤 장치로, 이미지로 작동하는지가 좀더 주목의 대상이 되어야 하겠죠. 그럼 자연스럽게 얘기를 그쪽으로 진행해가지요.

김경주 약간 끝에 연결된 이야기이기도 하겠는데, 기형도 시집을 보면서 늘 궁금했던 것이 하나 있었는데, 왜 제목이 '입 속의 검은 잎'일까, 라는 것이었어요. 이렇게 부르는 것이 맞나 모르겠지만, 처음엔 시를 공부할 때가 아니니까, 시적인 인식이 작용하기 전에는 그 말의 뉘앙스가 무슨 뜻인지 모호했어요. 제가 읽어낸 텍스트하고 시집 제목이 되게 안 어울린다는 느낌이었죠.

김행숙 이 제목, 기형도가 지은 거야?

심보선 아니, 김현.

김경주 그래서 바로 그 이야기를 하고 싶은 건데, 사후 편집됐잖아요, 이 책이. 만약에 기형도 본인이 직접 시집을 하나의 문학적 전략으로, 언어적 전략성 속에 만들어진 하나의 집합체라고 봤다면 어떻게 지었을까 궁금한 적이 있었어요. 물론 다 모아졌다 하고 그것들이 기형도의 시적 전략에 닿아 있다 하더라도 뭐랄까, 어떤 판형의 측면에서 배열되었다는 혐의, 즉 문지시인선이라는 시집 자체가 규정짓는 편집과 판형 속에서 읽히는 측면 때문에 오독이 분명히 있을 수 있다, 라는 생각을 많이 했어요. 그래서 한동안은 '입 속의 검은 잎'이라는 제목을 놓고 저는 텍스트가 항해하는 곳과는 좀 다른 지점으로 흐른다는 느낌을 받았던 것 같아요. 시대적 정황이나 시편들의 맥락에서 잘 고려된 제목이라는 생각도 들지만 그 너머에 자꾸 딴 생각이 드는 거예요. 어떻게 보면 처음에 기형도 시를 가까이했을 때 매혹당한 지점은 지극히 개인적 고백의 독특한 정황이나 화자가 시편마다 내세우는 어떤 특별한 상황에 대한 환멸 같은 것이었는데, 그게 어떤 시대적인 측면과 안 맞았던 탓도 있겠지만, 사후 편집이 가지고 있는 오독도 있었지 않나, 라는 생각도 했던 거죠. 그것도 '요절'이라는, 하나의 텍스트를 대할 때 우리가 가지는 일종의 편견, 한 죽음이 가지고 있는 추상성을 우리는 지금까지 계속 편집해온 게 아닐까? 하는 생각이 들었어요. 그리고 이런 점에서 기형도 시 세계를 이해하는 데 있어 많은 사람들이 오류를 범한 부분도 좀 있지 않았나 생각합니다.

조강석 그러니까 '입 속의 검은 잎'이라는 이미지 하나만 봐도 사후적 해석과 텍스트 내적인 논리가 충돌하는 단적인 예가 된다는, 그런 얘기죠? 충분히 공감이 갑니다. 자, 그러면, 이야기의 흐름을 따라 이제 기형도의 작품 세계 쪽으로 관심을 돌려보죠. 아까 심보선 시인이, 기형도 시를 세 번 읽어보니까 첫번째 독서 체험 때와 두번째 읽었던 때와 이번에 다시 읽었을 때 이런저런 차이들이 많이 발견이 되더라, 또 생각이나 느낌이 달라지더라는 얘기를 하셨는데, 거기서부터 얘기를 해나가는 게 어떨까요?

심보선 제가 이번에 다시 기형도를 읽으면서 '아, 이게 기형도 시인의 미학의 결정판이 아닌가' 했던 시구가 있었어요. 「포도밭 묘지 2」라는 시의 한 구절인데요. 시인의 자의식과 시적 전략을 동시에 드러내는 구절인 것 같아요. 읽어보겠습니다. "이곳에서 너희가 완전히 불행해질 수 없는 이유는 신이 우리에게 괴로워할 권리를 스스로 사들이는 법을 아름다움이라 가르쳤기 때문이다." 아름다움을 통해서 괴로워할 권리를 샀다, 이 말은 굉장히 미학적인 태도라고 생각해요. 다시 말해서 죽음과 삶을 아름다운 폐허로 바라보는 태도라는 거죠. 그런 의미에서 저는 기형도의 시에 통속성이 없다는 생각이 들었어요. 통속성이 없다는 것은 속과 내통하지 않는다는 것을 의미하죠. 철저하게 가상, 즉 시뮬라크르라는 거죠. 그래서 심지어 고백을 할 때도, 가족의 정황이나 자기의 가난을 얘기할 때조차도, 그 정황을 바라보는 시선이 굉장히 알레고리적이에요. 손택이 벤야민에 대해서 쓴 글을 봤는데, 거기서 벤야민이 자신을 포함해서, 우울한 인간들을 총칭해서 부르는 소위 '토성적 인간'에 대한 이야기가 나와요. 토성적 인간의 특징은 세계를 사물로, 사물들의 관계로, 그래서 알레고리로 바라보는 거예요. 그렇게 되면 세계는 생명 없는 사물들의 집적이기 때문에 세계를 폐허로 인식할 수밖에 없는 거죠. 저는 기형도가 그 지점을 우리에게 열어줬다고 봐요. 세계를 사물들의 관계로, 알레고리로 바라보는 시선, 그래서 철저하게, 집요하게 가상으로 들어가서 거기서 삶과 죽음의 형태를 새롭게 결정하는 시선. 그래서 속된 것이 사라지고, 속된 것과 통할 길도 사라지게 된 거죠. 그래서 저는 기형도 시의 죽음을 실존으로 보고 기형도의 시를 그 시대의 절망과 우울의 투영으로 바라보는, 소위 진정성이라는 관점에서 시를 정의하고 해석하는 방식에 의문을 제기하고 싶어요. 오히려 기형도가 구축한 가상성의 매혹적인 질서가 기형도 시의 미학적 성과가 아닌가하는 생각이 들어요. 결국 기형도의 시는 아름다우려고 했던 것 같아요. 죽음조차도 아름답게 만들려고 했던 거죠.

김경주 저도 우연히 벤야민 책을 보면서 그런 비슷한 생각을 한 적이 있었어요. 다분히 문학적인 상상력이긴 하지만 저 역시 벤야민의 죽음하고 기형도의 죽음이 굉장히 닮아 있다는 생각을 꽤 오랫동안 한 적이 있었는데, 프랑스의 문학평론가 미셸 슈나이더가 작가들의 죽음을 가지

김경주

"'평소 지독할 만큼의 꼼꼼한 노트 정리나 시집 교정원고 가방을 든 채 죽은 것을 감안할 때,' 기형도나 벤야민이나 그들이 말하고자 했던 아름다움이란 결국 앞에서 나온 것처럼 자신의 언어로 빚어낸 세계에서 괴로워하는 권리, 같은 것이 아니었을까 생각했어요."

고 연구한 책을 봤는데, 거기서 그가 벤야민의 죽음에 관한 이야기를 아주 흥미롭게 쓴 걸 읽었어요. 익히 알려져 있지만, 망명 작가였던 벤야민은 국경을 넘지 못하고 다시 포로수용소로 가야 된다는 설정 속에서 스스로 약을 먹잖아요. 약을 먹고 친구들한테 일일이 전화를 해서 자기가 들고 있는 이 가방 안에는 자신의 모든 원고가 다 들어 있으니까, 자신이 죽어도 이 원고는 꼭 세계에 알려달라고 당부하죠. 그리고 약 기운이 퍼지면서 수화기를 놓고 쓰러져 죽는단 말이에요. 근데, 거기에 근무하는 군인이나 사람들은 이 사람을 유명한 학자인줄도 모르고 가방도 무덤도 대충 처리해버리죠. 나중에 한나 아렌트가 그의 무덤과 가방을 찾기 위해 애썼지만 시체조차도 찾을 수 없었다고 해요. 심지어 그 가방도 없었구요. 근데 그 전기 작가가 하는 말이, 어쩌면 그의 가방엔 아무것도 안 들어 있을지 모른다,라는 거예요. 그 부분에서 저는 뜬금없는 감동을 받곤 했는데, 망명을 하면서 글쓰기만이 자신을 지탱해줄 수 있었던 벤야민이 친구들에게 부탁했던 원고가 든 '가방'으로 상징되는 것은 일종의 벤야민이 생각하는 마지막 '미학적 비의'였을지 모른다는 생각이 들더군요. 글쓰기는 언제나 그에게 '가상'의 상태였지만 그에게 가장 중요한 '실감'으로 확장되고 표현되곤 했을 테니까요. 마지막까지 글쓰기 '원고'는 벤야민에게 가장 중요한 현실이었던 거죠. 기형도가 원고에 굉장히 집착했던 마지막 정황과도 비슷한 맥락이 여기에서 보이죠. '평소 지독할 만큼의 꼼꼼한 노트 정리나 시집 교정원고 가방을 든 채 죽은 것을 감안할 때,' 기형도나 벤야민이나 그들이 말하고자 했던 아름다움이란 결국 앞에서 나온 것처럼 자신의 언어로 빚어낸 세계에서 괴로워하는 권리, 같은 것이 아니었을까 생각했어요.

또 기형도의 '아우라'에 대한 이야기도 하고 싶은데요. 개인적으로 저는 기형도가 이야기에 재주가 많은 사람이라고 생각을 했었어요. 『전집』을 보면 그런 호기심이 드는 거예요. 아, 살아 있었으면 이 양반 꼭 소설을 썼을 것 같다. 그리고 영화 쪽에 분명히 관심을 가지지 않았을까 하는 생각도요. 그렇게 생각했던 것도 벤야민과 많이 닮아 있어서인데, 흔히 우리가 벤야민을 얘기할 때 벤야민의 글을 '아우라'라고 많이들 얘기하잖아요. 그러니까 그가 굉장히 명민하면서도 아름다운 문장을 추구했기 때문에 자신만의 독특한 어떤 아우라를 만들어갔다고요. 많은 비평가들이 혼란스러워하면서도 매혹당할 수밖에 없었던 그 벤야민의 문체처럼, 그 '아우라'라는 개념으로 기형도를 돌아보면 포스트-기형도 세대가 집착하고 파악하고자 했던 것은 먼저 그런 아우라가 아니였나 싶어요. 첫번째는 어떤 풍문에 대한 아우라. 그다음에는 기형도 세계가 가지고 있는 정서적인 아우라에 대해서 점점 밀착이 되어가지 않았나, 그래서 기형도는 다각적으로 폭넓게 해석되는 지평들이 많이 있는 것 같아요. 저 역시 그런 아우라의 단계를 거치다가 이후에 오히려 기형도가 점차 좋아지는 단계를 밟았던 것 같고. 순전히 제 식대로 해석하면

'아우라'라는 것은 어떤 이미지를 대할 때 대체로 한번에 나무와 숲이 같이 느껴지는 상태가 아닐까 해요. '나무는 숲과 함께 자란다'는 것을 너무도 명확하게 인지한 글쓰기의 형태에서 자주 드러나는 매력 같은. 기형도는 자신이 스스로 하나의 이야기라는 점에서 많은 것들을 끌어오려고 했다는 생각이 들었죠.

하재연 심보선 시인이 그랬던 것처럼, 저도 「포도밭 묘지 2」의 "이곳에서 너희가 완전히 불행해질 수 없는 이유는 신이 우리에게 괴로워할 권리를 스스로 사들이는 법을 아름다움이라 가르쳤기 때문이다"라는 구절을 기형도 시의 미학을 잘 보여주는 핵심적인 구절이라고 써놨었거든요. 알레고리적이라고도 하셨는데, 기형도 시인에게는 세계를 대칭적인 쌍의 가치로 이루어진 것으로 보는 시선이 있었던 것 같아요. 희망의 건너편에 있는 죽음, 죽음으로 미만해 있는 세계의 건너편에 있는 희망을 잊지 못하는 자의 비극적인 파토스가 시에 보여요. 건너편에 있는 그 희망을 포기하지 못하는 것, 그럼으로써 괴로워할 권리를 스스로 사들이는 행위가 아름답다고 생각하는 그의 인식, 여기에 이름을 붙이자면 미학적인 나르시시즘 혹은 나르시시즘의 미학이라고 할 수 있겠지요. 그런데 이 미학적 나르시시즘이 하나의 세계를 열어주었던 것은 그의 시적 성취임과 동시에, 그의 죽음이 하나의 '시대적 사건'으로서의 아우라를 지닐 수 있었던 한국 사회의 우울한 정치적 상황과도 관련이 있었겠지요. 어쨌든 기형도의 시가 보여주었던 미학적 나르시시즘이 기형도만의 개성으로 의미 있는 시적 형식을 창출했고, 그것이 문학적 흐름 속에서 이후 세대들이 참조할 수 있는 중요한 가능성으로서 열린 거지요. 얼마 전에 글쓰는 친구들과 모였을 때 나온 이야기인데, 그 하나가 기형도에 대해서라면 나르시시즘에 대한 얘기를 더 중요하게 해도 좋다는 이야기였어요. 또 다른 하나가 90년대의 문학적 흐름 속에서, 가령 무라카미 하루키에게는 심정적으로 완전히 동조할 수 없는 어떤 거리낌을 가지는 독자들의 심정, 즉 그들이 지닌 윤리적 감수성의 지점에 기형도가 묘하게도 중요한 위치를 차지하는 것 같다는 의견이었거든요. 정치적이랄까 윤리적이랄까 문학에서 그런 걸 배제하고 확 가버리지 못하는 그런 심정, 그 윤리적인 감수성을 기형도가 미학적으로 아주 잘 형상화했기 때문에 『입 속의 검은 잎』이 이른바 '뜨는' 시집이 될 수 있었다는 거죠. 실은 크리스마스에 모여 우스갯소리로 나눈 이야기들이었는데……

김행숙 우스갯소리를 너무 어렵게 한다. (일동 웃음)

심보선 저도 나르시시즘 얘기를 메모했네요. 기형도가 이렇게 말했어요. "내 무시무시한 생애는/얼마나 매력적인가,"(「흔해빠진 독서」). 나르시시즘이란 게 결국 자기를 이미지로 대상화하고 거기 매혹되는 거잖아요. 기형도의 나르시시즘에도 역시 그만의 미학이 있다고 봐요. 기형도는 결국 책에 매혹된 사람인데, 그래서 심지어 세계를 책으로 보고, 자기 자신까지도 책으로 보는 사람이죠. 나는 세상이라는 책을 읽었고, 거기에 매혹됐고, 책을 읽는 나 자신에 매혹됐고, 뭐 이런 식의 나르시시즘이라는 거죠. 기형도는 텍스트화 된 세계 안에서 헤매는 자 같아요. 벤야민도 자기를 그렇게 얘기하더라고요. 파리가 나한테 준 유일한 선물은 길을 잃도록 해줬다는 거다. 산책을 하는데 길을 찾으려고 하는 게, 길을 잃기 위해서 한다는 식이었죠. 파리가 벤야민에게 파노라마였던 것처럼, 기형도도 세상을 파노라마로 보고 그 파노라마를 헤매는 자기 자신이 사실은 얼마나 매력적이냐, 라고 고백하는 거죠.

김행숙 파리가 벤야민에게 준 선물은 길을 잃도록 해줬다는 것. 근사한 선물 같은데요. 기형도는 이렇게 썼죠. "거리에서 시를 만들었다. 거리의 상상력은 고통이었고 나는 그 고통을 사랑하였다"(「밤눈」의 시작 메모).

하재연 기형도 시에서도 자신에 대한 환멸은 보여요. 사실 자신에 대한 환멸이라면 최승자 시인의 시에도 강력하게 있었고, 80년대에도 있었다고 할 수 있지요. 그런데 기형도 시에서는 굉장히 지적인 환멸이랄까? 그런 게 느껴져요. 아까 기형도 시에는 '속(俗)'의 세계가 없다는 이야기도 나왔는데, 기형도에게서는 환멸의 구조 자체가 지적으로 잘 짜여 있다는 느낌이 들어요.

심보선 그래서 통속적이지 않다는 얘기죠.

하재연 기형도에게 세계는 몰락과 폐허이고, 추억은 고통일 뿐이고, 결국 '나'는 죽음을 살고 있다고 느끼는 감수성은 윤리적인 감수성이기도 해요. 그를 둘러싼 세계를 부정하고자 하는 윤리적인 감수성이요. 당대의 많은 독자들이 공감한 부분은 그런 윤리적인 감수성과도 떨어질 수 없을 텐데, 그럼에도 불구하고 기형도를 다른 시인들과 구분 짓는 부분은 그런 윤리적 차원과는 다른 영역인 것 같거든요. 기형도를 개성적으로 만들고 이후의 이른바 시 쓰는 사람들에게 많은 영향을 줬던 것은,

세계가 폐허이고 그 폐허를 견디는 나의 실존과 환멸을 구성해내는 하나의 미학적인 틀로서 시를 보여줬다는 사실이 아닐까 해요. 그런 기형도 식의 나르시시즘적인 시 쓰기가 과연 이전의 시들에서 있었나, 그런 생각이 들거든요.

심보선 어떻게 보면 기형도가 열어젖힌 게 바로 그 부분 같아요. 자기의 내면을 형식화시킴으로써, 그것을 사물로 바라보는 태도 말이에요. 그래서 기형도가 하나의 판을 마련해주고 그 다음부터는 그 판에서 벌어지는 주체에 대한 다양한 놀이가 나올 수 있었던 거겠죠. 그 주체를 해체시키는 놀이까지 포함해서.

하재연 그런데 기형도의 시에서 주체가 해체된다고 볼 수 있나요? 어려운 문제이기는 하지만.

김행숙 좋은 시집이라는 건 시대마다 새로운 의미가 다시 발견되는 시집이겠죠. 기형도의 시가 90년대 시의 흐름과 심층에서 접속되었다는 건 이미 너무 많이 얘기되었죠. 이제 2000년대의 지형에서 기형도를 얘기해볼 수도 있을 거란 생각이 들어요.

그전에 먼저 기형도 시에서 제게 인상적이었던 구절이나 지점을 한번 추억해볼게요. 어쩌면 이런 추억이란 바로 오늘 재구성하는 어떤 것일 텐데…… 그러니까 언제나 우리의 추억은 너무나 현재적인 것. 「진눈깨비」라는 시에 보면 이런 구절이 있어요. "이런 귀가길은 어떤 소설에선가 읽은 적이 있다." 기형도 이전에 이런 식으로 자기 경험을 텍스트와 연결시키는 예는 없지 않았나 싶어요. 기형도를 텍스트에 매혹된 자라고 했던 심보선 시인의 말과도 통하는 예죠. 기형도 시를 읽다 보면 소설이나 영화의 한 장면 같은 느낌이 들 때가 종종 있어요. 이를테면, 「추억에 대한 경멸」 같은 시. 독신자 사내가 추억거리를 뒤적이다가 '갑자기' 고양이를 손아귀에 쥐고 술을 쏟아붓는 장면("손아귀에서 몸부림치는 작은 고양이, 날카로운 이빨 사이로 독한 술을 쏟아붓는, 저 헐떡이는, 사내")에서 시는 툭, 하고 중단되죠. 이것은 보들레르가 산문시집 『파리의 우울』에서 유리장수를 향해 느닷없이 폭발한 감정 같은 것이겠죠. 갑자기 와르르 무너지거나 터지는 '순간'을 기형도 만큼 설득력 있게 보여주긴 쉽지 않을 거예요. 말로 설명할 수 있는 순간이 아니잖아요. 그런데 그 '순간'을 기형도 시에서 우리는 완전히 동의하고 공명할 수 있어요. 「물 속의 사막」이라는 시에서 읽었던 "와이셔츠 흰빛은 터진다" 같은 구절이 인상에 강하게 남아 있는 것도 그러한 동의의 '순간' 때문일 거예요.

「어느 푸른 저녁」에 대한 시작 메모(『문학사상』, 1985. 12)에서 기형도는 비트겐슈타인의 유명한 문장을 인용해요. 그러니까, "내 책은 두 부분으로 이루어졌다. 이 책에 씌어진 부분과 씌어지지 않은 부분이 그것이다. 그리고 정말 중요한 부분은 이 두번째 부분이다. 〔……〕 우리는 말할 수 없는 것에 대해서는 침묵해야 한다"는. 비트겐슈타인의 문장에 이어 기형도는 말해요. "그러나 우리가 '말할 수 없는 것'에 관해 말할 수밖에 없는 것은 거의 필연적이며 이러한 불행한 쾌락들이 끊임없이 시를 괴롭힌다." 그렇죠. 말할 수 '있는' 것을 '잘' 말하는 것이 산문의 영역이고, 말할 수 '없는' 것에 언어를 접근시키는 하염없는 시도들이 시를 쓰는 거겠죠.

음, 그리고 제가 기형도 시에서 받은 특별한 인상이자 질문이기도 했던 것 한 가지. 90년도에 저보다 먼저 기형도 시집을 읽었던 친구에게서 들었던 감상평 중에서는 '딱딱한 구름'이라는 표현만 남아 있어요. 저는 기형도 시집에 등장하는 '그'가 특이했어요. 소설적인 '그'와 시적인 '나'가 섞여 있는 묘한 인칭이었죠. '그, 김, 나'가 번갈아 등장하는 시. 이것이 제가 마주쳤던 기형도 시의 특이점이었다고 할 수 있을 것 같네요.

심보선 그 부분에 대해서 김소연 시인이 0.5인칭이라는 새로운 인칭을 이야기한 적이 있어요. 이를테면 1.5인칭이라든지, 2.5인칭이라든지……

김행숙 말하자면 이런 건가? '그, 김, 나'가 번갈아 등장하면서 그 구분이 모호해지는 지점이 발생하잖아요. 그 모호성은 서로를 지우면서 생기는 것이 아니라 서로서로 섞이면서 생겨나죠. 0.5의 불안정성을 갖는 인칭.

김경주 사실 기형도 시에서도 환경의 문제를 이야기하지 않을 수가 없잖아요. 많이 이야기가 되어왔고, 기형도 시집 속에 드러나는 환경을 가난이나 이별, 기억으로 소급하는 방식이랄지, 그런 이야기들은 많은 비평에서 봐왔던 것 같아요. 무엇보다 그의 시집에서 발견되는 첫번째 환경으로 '기억'을 빼놓을 수가 없을 것 같은데, 사실은 기억이라는 게 가상의 문제랄지 다중자아, 나르시시즘, 혹은 비극적 낭만성이 다 결합되어 나타나는 형태인 것 같아요. 기억이라는 것 자체가 가지고 있는 원초적인 왜곡성이랄지 불구성 자체를 감안해보면, 기형도가 언어를 통해 기억을 가지고 시적인 어떤 질감의 태도를 대할 때, 스스로 자신을 구체화시켜가는 작업이 아니라 추상화시켜가는 작업을 굉장히 즐기는 친구였다는 생각이 들었어요. 시라는 것이 쓰다 보면 어느 지점에서는 분명 내면의 혼수상태에 젖어들곤 할 때가 있는데…… 그걸 가상이라고 불러야 할지는 잘 모르겠지만. 기억은 지금의 시차와는 분명 다른 환경이니까 자신이 겪었던 그것들을 시로 옮겨올 때는 그걸 가상이나 혼수상태라고 부를 수도 있겠죠.

한편으로는 기형도가 자신의 기억 못지않게 삶에 대해 굉장히 밀착해 있다는 생각도 했어요. 초반에 보선이 형이 말했던 것처럼, 저 역시 기형도가 자신의 삶 속에서 처음에는 비극성 쪽으로 살짝 비껴 있다가 점점 삶의 한가운데로 밀착이 되어가는 것을 느끼곤 했어요. 기형도 텍스트를 구체적으로 접하다 보면 오히려 풍문이 아니라, 근본적으로 삶을 대하는 그의 태도에 대해서 고민을 해보게 되잖아요? 기형도 시집을 계속 읽다 보면 그의 허무는 벤야민의 말처럼, '살 가치가 없어서가 아니라, 자살할 가치가 없는 것처럼 느껴지는 자'의 삶 같은 것이 느껴져요. 역설적으로 우리 모두가 알고 있는 기형도의 극장에서의 마지막 모습 역시 저에겐 비극적이라기보다는 그가 얼마나 삶을 뜨겁게 목격하려 했는가? 하는 생각으로 자꾸 묻게 되더라고요. 그렇기 때문에 기형도 시가 더 허무하게 보이는 것일 수도 있겠지만 시가 자꾸 기억으로 소급이 되는 풍경을 목격하게 되면, 기억은 온통 불구가 되어 있기 때문에 그 불구를 어떤 식으로든 타고 갈 수밖에 없으리라는 비약적인 생각도 들거든요.

조강석 잠깐, 정리를 좀 해보겠습니다. 상당히 중요하고 좋은 얘기들

조강석

"폐허의 잔해들을 통해서 세계를 이야기하고, 혹은 폐허의 잔해들 너머에 있는 세계의 비의를 보려고 하는 태도, 거기에서부터 기형도의 한 세계가 가상으로 이루어지는 것이 아닐까 하는 생각이 듭니다."

이 많이 나온 것 같아요. 기형도 시인의 독특한 이미지들이 자신의 직접적인 가난의 체험에 기반하고 있다, 또 기형도의 시 세계에는 분명히 당대의 정치적 정황, 이런저런 사회적 맥락 등이 담겨 있다는 해석들이 많이 있었습니다. 다만, 기형도가 자기의 체험이라든가 당대적 정황에 대해서 그것을 시 안으로 가져올 때 가난과 독재를 직접 지시하기보다는 시적 이미지와 미학적 태도를 통해 그것을 간접적으로만 드러낸다는 지적들을 하신 것 같습니다.

 이런 생각이 듭니다. 고통과 수난의 현장을 직접 지시하기보다 그 세계를 폐허로 인식하는 순간, 어떤 미학적 태도가 개진되기 시작하는 것이 아닐까요? 아까 심보선 시인이 얘기한 것처럼, 세계가 구체적 현장 대신 폐허로 인식되는 순간에 일종의 가상이 작동하는 것이 아니겠습니까? 아마도 벤야민 이야기를 하신 것은 바로 이 지점 때문이겠지요? 이때 시적 이미지란 어떤 의미에서는 폐허의 잔해들의 집적물이니까요. 그러니까 결국은, 폐허의 잔해들을 통해서 세계를 이야기하고, 혹은 폐허의 잔해들 너머에 있는 세계의 비의를 보려고 하는 태도, 거기에서부터 기형도의 한 세계가 가상으로 이루어지는 것이 아닐까 하는 생각이 듭니다. 가난과 독재의 구체적 현장이 폐허라는 사상(事象)으로 인지되는 순간 기형도는 다리 하나를 건너는 거겠죠. 아까 심보선 시인이 강조한 가상에 대해 얘기하자면 이런 측면들을 고려할 수 있겠다는 생각이 듭니다.

그렇다면 이제 조금 더 작품의 내적 논리나 기제 등에 대해 세밀한 시선을 드리울 때가 아닌가 생각합니다. 그런 의미에서 네 분이 하신 얘기가 상당히 중요한 얘기 같아요. 일례로 아까 얘기된 소설적인 글쓰기도, 어떤 시 같은 경우는 우리가 읽었던 고전 소설의 한 대목을 그냥 가져온 것 같은 문체들이 있잖아요. 우리가 좋아했던 고전 작가들의 문체들. 전 어떤 시에서는 토마스 만이 초기에 썼던 작품들의 문체 같은 것을 느끼기도 했습니다만. 그런데 그게 아까 지적하신 것처럼 1.5인칭이 되면, 결국은 소설적 글쓰기하고는 좀 다른 방식의 글쓰기가 개시되는 것이니까요. 그런 독특한 장치들에 대해 우리가 조금 더 관심을 기울여야 될 것 같아요. 아마 차후에 많은 분들이 이런 문제들에 주목해주시겠지요.

젊은 시인, 그들 안의 기형도

조강석 자, 다시 돌아오겠습니다. 나누면 두 가지요, 묶으면 하나가 되는 질문을 드려볼까 합니다. 단도직입적으로 말해서 기형도 시인이 시를 쓰는 후배들에게 어떤 영향을 주었다고 생각하시는지, 또 나아가 여러분의 시 쓰기에 어떤 영향을 주었는지에 대해 말씀을 해주시면 좋겠습니다. 자신의 시 세계와 기형도의 시 세계의 친연성과 소원성에 대해 이야기해주셔도 좋구요.

하재연 「길 위에서 중얼거리다」라는 시를 보면, "그는 어디로 갔을까/ 너희 흘러가버린 기쁨이여"라든가 "나는 어디로 가는 것일까" "찾지 말라, 나는 곧 무너질 것들만 그리워했다"와 같이 '기쁨'이나 '그리움' '이별' 같은 낭만적인 수사들이 나오면서도 아주 단호한 형식의 고백체를 취하고 있어요. 이런 힘 있는 고백의 화법이 그의 여러 시들에 나타나고 그 시들에서 풍겨 나오는 낭만적인 비극성이 이후의 시들에도 영향을 많이 줬다고 생각해요. 그런데 저한테는 그런 낭만적인 비극성도 인상적이었지만, 그것보다는 "내 육체를 사용했던 이별들이여"처럼 '육체'를 대상화시켜서 건조하게 발화하는 지점이 더 인상적이었어요. 그런 부분을 읽어가다 보면 낭만적 고백을 하는 주체의 존재를 잊지 않으면서도 마치 나의 육체가 텅 빈 것처럼 느껴지는 순간이 있거든요. 내 육체 안에 있었던 검은 부분이 드러난 느낌이랄까, 자신의 육체가 이상해지는 느낌 같은. 앞서 기형도의 시에 환멸이 등장한다는 이야기를 했지만, 환멸을 이야기할 때조차 타락해서 지긋지긋해진 육체에서 자연스럽게 새어나오는 환멸이 아니라, 타락하기 전의 육체로서 환멸을 '경험'하는 느낌이 들어요. 순결한 환멸이라고 해야 할지. 마치 환멸을 증거하는 그릇처럼 자신의 육체를 바라보는 자의 시선 같아요.

또 한 가지는 기형도 시의 가족사적 고백의 형식이에요. 이성복 시인이 '가족'을 이야기할 때는, 사회적인 의미가 아주 상징적인 방식으로 '가족'이라는 소재에 들어와 있거든요. 가령, 이성복의 시에서 아버지에게 "씨발놈아"라고 욕을 하고 "이 동네는 법도 없냐"고 할 때 여기서의 '아버지'는 사회적 의미로서 '법'이 가지는 상징성을 강하게 갖고 들어오잖아요. 개인사에 앞서 사회적인 기제의 상징성이 강하게 작용한 듯한 느낌이지요. 그런데 기형도의 시에서 가족에 대한 고백을 읽을 때는 굳이 말하자면 그 방향이 거꾸로라고 할까. 시인은 분명히 개인사적인 '가족'을 이야기하고 있는 것 같은데 그것이 가족의 바깥으로 흘러나와 사회적으로 읽힐 수도 있구나, 라고 생각했어요. 이 부분이 최승자나 이성복의 시와 기형도의 시가 다르게 읽혔던 점이에요. "아버지는 유리병 속에 알약이 쏟아지듯 힘없이 쓰러지셨다"고 가족의 이야기를 고백하는 이 지점은, 아주 사적인 것 같은데 결국 사적인 지점을 넘어서는 고백이 되거든요. 이것이 지금의 시인들에게 영향을 주기도 했고 가족사적 고백의 형식으로 쓰이는 시들에 하나의 참조가 되기도 한 것 같아요.

그런데 기형도 시인이 저에게 영향을 주었다고 할까 참조가 되었던 지점은 이런 부분이에요. 제가 예전에 시집 첫머리의 시작 메모에 줄을 쳐놓았어요. "나는 한동안 무책임한 자연의 비유를 경계하느라 거리에서 시를 만들었다. 거리의 상상력은 고통이었고 나는 그 고통을 사랑하였다. 그러나 가장 위대한 잠언이 자연 속에 있음을 지금도 나는 믿는다." 저는 도시에서 자라 이른바 아스팔트 키드라고 해도 좋을 세대인데, 그런 저에게는 이 기형도 시인이 말한 "자연의 비유를 경계하느라 거리에서 시를 만들었다"는 고백이 의미 있었어요. 「위험한 가계·1969」에 '냉이꽃'이라는 말이 쓰여요. 제가 본 많은 시들에서 '냉이꽃'과 같은 시어가 쓰인다면, 지방색을 담거나 시골의 느낌이나 시골 생활을 해본 이들의 추억이 들어 있을 것 같거든요. 그런데 기형도의 시에서는 '냉이꽃'과 같은 자연의 비유가 그런 의미보다는 좀더 '냉이꽃' 자체의 물질적인 질감으로 다가왔어요. 기형도가 구름, 안개, 꽃씨와 같은 단어를 쓸 때 그 '구름'이라는 소재의 물질적 질감에 눈이 갔어요. 아까 첫머리에 얘기했던 것처럼 '내 육체를 사용한 이별'이라고 할 때, 그 낭만적인 고백의 형식에도 불구하고 이별의 질감이 축축하지 않았던 건 이런 느낌 때문이었다고 할까요. 이런 식의 작법과 태도가 좋았고 기억에 많이 남았어요.

심보선 그런 작법과 태도 외에도 기형도의 시 쓰기에는 유희적인 측면이 있다고 봐요. 기형도의 특기 중에 하나가 잠언 만들기 놀이인데요. 아까 재연 씨가 말한 부분, 담담하게 자기를 대상화하는 것, 또는 김소연 선배나 행숙 씨가 지적한 이상한 인칭 만들기, 그런 유희 중에 하나가 바로 잠언 만들기 같아요. 뭐뭐란 뭐뭐이지 않는가, 식의. 그런데 잠언의 메시지 자체가 독자들에게 공감을 일으키는 것 같지는 않아요. 기형도의 잠언은 사실 메시지가 아니라 이미지로 구축된 진술이죠. 독자들이 쾌감을 느끼는 건 바로 그 생경한 이미지들이 잠언의 형태로 그럴듯한 질서를 만들 때인 것 같아요. 그런 점에서 기형도가 분명 영화를 좋아했을 거라는 생각이 들어요. 영화의 내러티브는 사실 이미지들을 조합하고 구축하고 배열하면서 만들어지죠. 그러면서 영화에 굉장히 이상한 리얼리티 같은 게 부여되는데, 기형도 시를 읽으면서 즐거운 부분은 바로 그 이상한 리얼리티의 체험이에요. 저 역시 시를 쓸 때 그 이상한 리얼리티를 체험하는 걸 즐겨해요. 저는 시를 쓰고 '내가 하나의 기괴한 리얼리티를 만들었구나, 그 누구도 아니고 내가 만들었구나'라는 느낌이 들 때 즐거워요. 그런 점에서 기형도가 사용했던 유희의 방편을 저도 쓰는 거죠.

또 하나 제가 오랜만에 기형도 시를 읽으면서 제게 큰 영향을 줬다고 생각했던 부분이 '대사 치기' 놀이였어요. 저는 시 중간에 간혹 대사를 치는데, 기형도도 그러더군요. 중간에 갑자기 대사가 들어가는 식이죠. 그 대사의 화자가 누구인지, 청자가 누구인지, 구별 없이 말이에요. 저도 그렇게 하는데, 어쩌면 기형도의 영향일 수도 있겠다, 싶더군요. 그런 유희적인 시 쓰기는 일반적인 제작의 즐거움과는 또 다른 것 같아요. 일반적인 제작은 보통 설계도를 따르지만 시 쓰기는 설계도 없이 만들거나 설계도를 지워가는 제작의 즐거움을 동반하죠.

조강석 장면이 있는 시 쓰기라고 할 수 있을까요?

심보선 네, 그런 셈이죠.

조강석 그런데, 그 잠언이요. 이게 잠언이랄 수도 있지만 이를테면 청년 특유의 단정적 표현들이라고 할 수도 있지 않을까요? 문제는 그런 것이 생경한 것이냐, 아니면 지금 이야기한 것처럼 시 속에 잘 녹아 있는 진술이기 때문에 적실한 것이냐가 문제겠지요.

심보선 잠언이 실패하면 최악이죠. 그게 굉장히 위험한 놀이인데, 사실은 그래서 즐거운 거죠. 잠언 하나 잘못 넣어서 시가 완전히 망가질 수도 있다고 봐요. 말씀하신 대로 청년 특유의 도발인지는 모르겠지만, 저는 그게 신선했어요. 그런 발언을 감히 저지르고 거기에 시의 성패를 거는 것.

조강석 예컨대, "나는 헛것을 살았다, 살아서 헛것이었다" 같은 구절은 어떤가요, 여기에는 단정적 태도도 있지만 말의 적절한 운용도 있다는 생각입니다만…… 그러니까, 단정적 표현 자체도 말을 운용하는 묘미를 통해 독자들한테 생경하지 않게 다가가게 하는 기예가 있다고 할까요……

심보선 저는 그게 단순히 말의 운용이나 작문의 차원이 아니라고 생각해요. '헛살았다'의 '헛'은 부사잖아요. "살았다"에 부속된 악세사리에 불과하죠. 그런데 "헛것을 살았다"의 '헛것'은 명사죠. 하나의 뚜렷한 오브제로 부각되죠. 이 부분이 기형도의 시가 작문, 말을 부리는 차원에서 미학으로 나아가는 지점이라고 생각돼요.

김행숙 잠언은 시적으로 유혹적이지만 위험하죠. 기형도 시에서도 가끔 어떤 잠언은 힘이 너무 들어갔다고 할까, 장식적(수사학적)이라고 할까, 그런 점이 노출되죠. 그런데 제가 느끼기에 기형도 시에서 잠언이 성공하는 경우는 잠언이 거의 감탄사에 육박할 때 같아요. 그렇게밖에 말할 수 없는 지점에 도달한 거죠. 잠언이 터지는 지점, 그것은 배치의 문제와 관계가 있어요. 그런 잠언엔 힘이 있어요. 힘을 준 게 아니라 힘을 가진 잠언인 거죠. 가령, 장맛비에 아버지 얼굴이 떠내려오는 광경(환상)을 유리창에 붙어서 보고 있는 자가 입을 벌릴 때 흘러나오는 이 목소리, "나는 헛것을 살았다, 살아서 헛것이었다"는 거의 감탄사 같아요(「물 속의 사막」). 그것은 "번들거리는 검은 유리창, 와이셔츠 흰빛은 터진다"에 해당하는 그런 장면인 거죠. 의미 이전에 장면이라는 거예요.

김경주 저도 비슷한 맥락인데, 사실 살면서 미묘한 차이가 오히려 사람을 힘들게 할 때가 있잖아요. 관계적 측면에서도 자주 드러나고 정말 근소한 차이들이 사람을 겁쟁이로 만들고 힘들게 하는 것이 사회라고 생각해요. 저는 텍스트에서도 그런 미묘한 차이를 많이 느끼는 편인데,

특히 잠언 같은 것이 그런 것 같아요.

　잠언은 시차가 다르면 견디기 힘든데, 즉 시간을 견뎌주기가 쉽지 않은 것이 잠언이라는 생각이 많이 들어요. 잠언이라는 것이 어떤 순간, 되게 확실하게 놓일 수 있는 거고, 또 자기가 써놓고도 그 시점이 지나게 될 경우 지우고 싶은 부분들이 있잖아요. 잠언의 경우, 어떤 언어적 전략보다는 자기 시 안에서 자기만의 시적 리얼리티가 형성될 때의 미묘한 차이에서 생겨나고 지워지고 하는 것 같아요. 어떤 세계나 진실을 대할 때, 그 언어를 지금 내가 어떻게 느끼느냐의 그런 차원이라는 생각이 들 때가 있거든요. 잠언은 회의하고 수렴하는 방식에서 획득되어지는 쪽이 아니라 느끼는 방식에서 나오는 표현인 것 같아요. 저도 기형도 시를 처음 볼 때하고 지금 볼 때하고 계속 달라지는 지점들이 있는데, 바로 그런 잠언에서 느껴지는 부분들이더라구요. 사실 저는 '기형도 문학'에서 그게 굉장히 중요한 현실이었던 것 같아요. 문학이 그에게 다른 현실보다 앞서는, 가장 중요한 현실이었다는 생각을 하는 거죠.

　오늘날 젊은 시인들은 선언과 잠언의 차이에 대해서 많이 고민하는 것 같다는 생각도 들구요. 기형도는 가장 중요한 시인은 아니었지만 나한테 가장 중요한 시집이 아니었나. 이를테면 그런데 놓일 수 있을 것 같아요.

하재연　기형도 시인이 후배 시인들에게 어떤 영향을 주었는가라고 할 때 그 후배 시인들이라는 범위가 넓다고 생각해요. 기형도와 동시대에 시를 쓰기 시작했던 사람들도 그 영향을 주고받았다고 할 수 있고, 또 이후 여러 시인들이 그 자장 안에 있다고 할 때 그 스펙트럼이 상당히 다양해지거든요. 심보선 시인은 기형도의 시에 메시지가 별로 중요하지 않다는 말씀도 하셨는데, 저는 어떤 시점에서는 기형도 시의 메시지가 중요하게 읽히던 때도 있다고 생각해요. 당시의 사람들에게 윤리적 대속자 같은 느낌을 주었던 부분이 기형도의 시집에 있었다는 거죠. 기형도가 살고 죽음을 맞았던 시대를 함께 살았던 많은 이들에게 기형도의 시집은 하나의 대리 고백이기도 했던 게 아닐까요? 모호한 자기로서 살아갔던 독자들이, 자신들이 말하지 못하고 있다고 느꼈던 회색의 느낌들이 기형도 시집에서 발화된 것을 목격한 것이기도 하구요. 물론 기형도 시가 지닌 낭만성과 센티멘털이 독자들에게 상당히 큰 위안을 준 측면도 있다고 생각해요. 한편으로 단호하게 자기를 고백하는 방식이 용기 있게 느껴지면서도, 한편으로는 죄가 있는 자로서의 센티멘털한 슬픔이 독자들의 가슴을 건드렸던 거지요.

그런데 그러한 위무의 방식이 그 이후의 세대들에게는 다른 느낌으로 다가오기도 한다고 생각해요. 그러한 윤리적 대속 의식과는 다른 차원에서 향유되고 공감되기도 한다는 거죠.「오래된 서적」이라는 시에서는 화자가 '나'를 이야기하기 위해 '책'으로서의 자기를 말하잖아요? "나의 영혼은/ 검은 페이지가 대부분이다" 이런 식으로요. 이런 발언이 상당히 잠언적이지만, 그 잠언이 '책'이라는 소재를 통해 구성된다는 점이 재미있어요. '나'라는 내면을 투시하고 그 내면을 구성해서 드러내고자 하는 방식을 매개하는 대상이 '책'인 거지요.

아까 주체와 해체의 문제가 잠깐 언급되기도 했었는데요. '나'의 내면에 대한 발언의 욕망은 시인들이면 누구나 다 있을 테지만, 기형도의 경우 그것을 감정적 노출의 방식으로 발화하는 것이 아니라 하나의 사물과도 같은 세계로 그 '내면'을 구성해서 보여주려는 욕망이 매력적이에요. 고백하는 주체로서의 자아에서 끝까지 이탈하지 않으면서도, 그 자

김행숙

"갑자기 와르르 무너지거나 터지는 '순간'을 기형도 만큼 설득력 있게 보여주긴 쉽지 않을 거예요. 말로 설명할 수 있는 순간이 아니잖아요. 그런데 그 '순간'을 기형도 시에서 우리는 완전히 동의하고 공명할 수 있어요."

아를 들여다보는 타자가 되려고 하는 욕망도 보이거든요. 가령, "내가 살아온 것은 거의／ 기적적이었다"와 같은 고백도 있지만 "오랫동안 나는 곰팡이 피어／ 나는 어둡고 축축한 세계에서／ 아무도 들여다보지 않는 질서"로서의 '책'인 자기를 구성하는 화자의 의지도 느낄 수 있는 거지요.

김행숙 아까, 저는 기형도 시에서 '그'라는 인칭이 인상적이었다는 얘기를 했었는데요. '고백의 양식'으로서 시의 관습에서 볼 때, '그'는 고백하는 주체의 위치를 온전히 점유하기 어려운 인칭이죠. 아마도 그래서 나중까지 '그'가 자꾸 마음에 걸렸나 봐요. 저는 '고백하는 주체'가 불편했는데, 여러 가지 이유가 있겠지만 우선, 그건 고백하는 주체의 '내면'이라는 것이 의미가 거하는 결정적인 장소가 아니라고 느꼈기 때문이에요. 말하자면, 내면을 무엇인가로 가득 차 있는 그릇에 비유할 수 없다는 거예요. 내면에 고백의 내용이 이미 거주하고 있다는 걸 믿을 수 없었어요. 의미든, 감각이든, 그런 사건은 외부에서 찢고 들어오면서 발생하는 것이 아닐까…… '만남' '반응,' 그런 사건이 시적인 사건이라고 생각했고 그걸 쓰고 싶었죠. 어쨌든, '그'라는 인칭 자체가 문제의 핵심은 아니었어요.

하재연 기형도 시에서 독자들이 어떤 점을 흥미롭게 느끼는가, 그 다양한 시선의 스펙트럼이 재미있네요. 저한테는 기형도의 시에 만약 '구름'이 등장한다면, 화자 자신이 투사된 존재이거나 그의 느낌을 보조하는 역할로서 대상들이 등장하지 않고, 그 소재들이 시 안에서 독자적인 이미지를 창출해내는 듯한 느낌이 좋았는데요. 지금 생각해보면 그런 지점들이 굳이 물질적인 상상력이라고 하기도 어렵겠지만, 당시로서는 '안개'를 이야기하는 기형도의 시가 알레고리적으로 느껴지면서도 '안개'라는 대상의 속성이 생생하게 와닿았거든요. 그런데 시적 친연성을 이야기하자면 심보선 시인이나 김경주 시인이 기형도 시에 더 가깝게 느껴지기도 하네요. 아까 이야기가 나왔던 잠언적이라든가 자기 고백적인 지점들이 또 한 번 굴절을 겪어서 2000년대 후반에 다시 나타났다고 해야 할지 아니면 넓게 펼쳐진 시적 스펙트럼의 한 지점으로 존재한다고 표현해야 할지는 모르겠지만요.

김경주 그런 맥락에서 봤을 때는 기형도의 시집과 제 시집을 다시 한 번 보게 되는데요. 기형도의 가장 좋았던 지점을 돌아보면, 시를 통해서 '비밀'과 생에 대한 예의 같은 걸 만들어갈 수 있겠구나 하는 부분이 있던 것 같아요. 자기가 간직하고 싶은 비밀 혹은 이야기하고 싶은 비밀에 대해서 미묘한 차이를 가져갈 수 있다는 인식을 갖게 하는 지점이랄까. 일종의 시적 용기를 가져다주었다고 봐요. 비밀이 어떤 숲처럼 자기에게 오는 거죠. 그런데 이건 근대가 숨긴 어떤 시의 비밀을 찾으려 한다거나 비밀의 형태에서 어떤 재능을 발현하고 싶은 것이 아니라 순수하게 용기를 가지고 싶은 것. 그리고 그것이 자기 존재증명이 될 수 있고 자신만의 언어에 대한 비밀, 그런 것들과의 우정을 만들어가고 싶은 느낌? 그것이 제가 기형도 시집을 통해 느꼈던 충일감인 것 같아요. 비밀과 우정을 맺고 사는 그런 느낌. 그런 점에서 2000년대 시인들은 사람들이 일반화시키는 기형도의 가난, 결여, 결핍 그런 것들로부터 좀 자유로워진 것 같아요. 어쩌면 새로운 가상의 것일 수도 있고 굉장히 더 복합적일 수도 있겠지만, 어떤 시인들은 새로운 대화의 방식으로 건너온 것 같기도 하고, 저는 새로운 고백의 방식에 조금 더 고민해온 것 같아요.

하재연 자기 시에 대한 느낌을 자신이 말할 수는 없으니,(웃음) 재미 삼아 말해볼게요. 아까 인칭에 대한 이야기가 나오기도 했지만, 기형도 시인의 시에서 '그'라든가 '사내'라든가 타인을 지칭하는 인칭이 나오는 시들을 볼 때는 김행숙 시인의 시가 생각이 났어요. 기형도의 시에 나오는 '그'와 '나'의 관계가 조금 더 알레고리적이긴 하지만, 이 '그'와 '나'가 왔다 갔다 하는 지점 또는 '그'가 '나'가 되기도 하는 지점이라든가, '그'에 대해 말하고 있는 '나'라는 화자를 생각하게 하는 부분에 대해서요. 김경주 시인의 시는 기형도 시에서 느껴지는 낭만적 비극성과 닮아 있다는 생각이 들어요. 심보선 시인에 대한 친연성이라면, 일종의 잠언적 고백을 통해 세계의 진실로 다가가고자 하는 태도랄까? 종전에 기형도 시에 보이는 구성적 욕망에 대한 말씀을 하셨는데, 그것이 진실에 대한 탐구를 추구하는 철학적인 태도와도 닿아 있는 것이라면, 그런 점에서도 역시 심보선 시인의 시가 떠오르죠.

심보선 저도 고백을 많이 차용하고 있어요. 아까 행숙 씨가 이야기한 대로 고백을 밀고 나가자면 반(反)고백으로 나아가는데, 기형도 시인 같은 경우도 반(反)고백인 셈이죠. 그 이면에는 의식적이든 무의식적이든 진정성 에토스, 진정한 내면이나 참 자아에 대한 믿음을 거부하는 태도가 깔려 있다고 봐요. 저의 고백은 반면에 통속적이에요. 저는 고백을 할 때 의도적으로 생활을 끌고 와서 우스꽝스러워지기도 해요. 하지만 기형도 시에는 웃음이 없죠. 저는 통속적이기 때문에 웃음이 있고요. 기형도의 반(反)고백에 영향을 받긴 했지만, 기형도의 미학주의하고 비교하면 지극히 통속적이에요. 하지만 제가 굳이 구질구질한 생활을 끌어들이는 이유도 실은 진정성이 없는 자아의 비극성을 드러내려는, 제 나름의 반(反)고백의 방식이겠죠. 진정한 내면에 대한 반감은 누구나 다 있는 것 같아요. 물론 반(反)고백이야말로 진정한 내면을 안 믿는 척하면서도, "나는 가짜야"라는 확고한 진술을 통해서 은근슬쩍 자아에 대한 진리 주장을 하는 위선적 태도라고 볼 수도 있을 것 같은데요. 재연 씨 이야기를 따르자면 시의 구성적 욕망, 시의 윤리나 진실에 대한 탐구 의지는 일반적인 도덕률과는 다른 차원, 그러니까 미학적 차원에 속하는 욕망이자 의지가 아닐까 생각해봅니다. 사실 최근에 저의 고민은 그런 미학적 욕망과 의지가 어떻게 삶에 되돌려지는가, 어떻게 삶 속에 기입되어 거기서부터 삶을 변화시킬 수 있는가, 하는 데 있습니다.

김행숙 요즘 하는 생각 중에 '모순'에 대한 것이 있어요. A와 B가 논리적으로 모순 관계에 있다고 하면 두 가지가 동시에 진리로 성립할 순

없는 거잖아요. 그런데 시적으로는 그렇지 않다는 거예요. 모순을 이루는 두 가지가 동시에 공존할 수 있다는 것을 시는 보여주죠. 진실은 명백하게 한쪽에 속하는 것이 아니라 애매하게 양쪽에 걸쳐 있는 것이 아닐까…… 양쪽이 서로 반대말을 하고 있을 때에도 말이죠. 뜬금없이 왜 이런 말을 꺼내느냐면, 시에 대한 비평적 판단의 경우에도 논리적인 이분법을 경계해야 한다는 거죠. 사유의 형식으로서의 이분법을 피할 수 없다면, 적어도 시적 이분법으로 접근해야 한다는 거예요. 그것은 분리의 형식이 아니라 공존의 형식인 거죠. 이를테면, 기형도 시에 대해 나르시시즘을 말하든, 가상성을 말하든, 그것과 어떤 진실을 대립(배제)시켜서는 안 된다고 생각해요.

조강석 어떤 의미에서는 그렇기 때문에 기형도 시인이 지금 시점에서 다시 얘기될 수밖에 없을 것 같습니다. 지금 김행숙 시인이 말한 것처럼 만일 그 두 가지 틀로 기형도를 원심 분리시켜버리면 남는 것이 없어요.

심보선 그것이 김영승 시인이 기형도를 평가하는 방식인 것 같아요. 김영승 시인에 따르면, 기형도가 이후 세대에게 던지는 것은 하나의 도덕적 교훈에 불과해요. 그가 이런 말을 해요. "청소년들은 고 기형도의 시가 아니라 살아 있는 기형도 시인의 시를 읽고 아름다운 삶을 살았구나 본받아야겠다,라고 교훈을 받을 뿐"이라고요. 만약 청소년들이 그런 교훈을 기형도에게서 배운다면 왜 기형도가 굳이 시인으로 기억되어야 하는지 잘 모르겠어요. 저는 기형도의 교훈은 열심히 산 그의 삶에 있는 것이 아니라 기형도가 수행한, 기형도만의 삶과의 투쟁 양식에 있다고 봐요. 그것이 그의 미학이었죠. 재연 씨의 말을 빌리면 그게 자아의 의

지인 거죠. 이때 그냥 자아가 아니라, 진정성이 없는 자아의 의지, 자기가 헛것이라고 믿는 자아가 그럼에도 세계와 자기 삶의 비극성을 인식하고 그것을 시 안에서 극한까지 밀어붙이려는 투쟁, 그런 것이 미학주의자의 투쟁인 것 같아요. 최근 2000년대 시인들에 대해서 비판하는 발언들, 그러니까 이들은 삶과 유리되었기 때문에 소통이 안 된다는 식의 발언들이 간과하는 것도 바로 이런 투쟁이 아닌가 싶어요. 저는 기형도를 읽는 두 가지 상반된 방식 모두에 문제가 있다고 봐요. 기형도는 열심히 살려고 했고 그것이 중요한 교훈이다,라며 기형도의 시와 삶을 분리시키거나, 반대로 여전히 진정성이라는 잣대로 기형도의 시와 삶을 낭만화시키는 것 모두 문제가 있다는 말이죠. 신화를 깨거나 지키려는 것이 아니라, 다른 관점에서 기형도의 시를 읽고 그 가치를 발굴해야 하지 않을까 싶어요.

조강석 한동안 김수영이 그런 대상이었지요. 평자들이 자기를 비추는 거울 삼아 논의를 전개한 측면이 있으니까요. 삶의 경험과 미학적 특질이 분리 불가능한 방식으로 맞물려 있는 시를 좋은 시라고 한다면, 굳이 이를 원심 분리시킬 것이 아니라 바로 그 접함과 미학적 변용의 지점에 대해 주목할 필요가 있겠죠. 바로 그런 의미에서는 오늘 여러분의 이야기가 상당히 일관된 것 같습니다. 자, 그럼 여세를 몰아서 한 가지 이야기를 좀더 해보지요. 말씀하시는 중에 다들 언급하신 것 같습니다만, 다시 한 번 이 시점에서 기형도의 시 세계를 돌아보는 의의가 어떤 것이 있을까 하는 것에 대해 말씀을 덧붙여주시죠.

하재연 기형도의 시가 단정적인 잠언을 많이 쓰는데, 이상하게 시를 읽고 나면 모호해져요. 명확하지 않은 느낌이 남아 있어요. 그게 어쩌면 기형도 시의 특징인 것 같기도 해요. 「늙은 사람」 같은 시를 보면 '그'에 대한 이야기를 계속하잖아요. "나는 혐오한다"라고 단정적으로 그에 대해 말하지요. 그런데 시의 끝에서 말하려고 하는 것은 "쉽게 들켜버"림에도 불구하고, "여전히 입을 벌리고 있"는 대상에 대한 것이기도 해요. 이 시의 메시지 자체가 모호한 것은 아니지만, 시인은 대상과 세계의 알 수 없음을 그 '여전한 입 벌림'으로 표현하려 하는지도 모르겠어요. 세계와 대상에 대해 파악하고 형상화해내고자 했으나, 결국은 알 수 없다는 태도가 기형도에게 있지 않았을까 하는 생각이 들어요. 대상에 대해 아무리 이야기해도 그 대상에 대해 다 알 수는 없다는 거죠. 알 수 없기 때문에 비극적인 것이기도 하고.

　김행숙 시인이 말한 진실은 두 개의 발톱을 가지고 있다는 이야기와 통하는 것일 수도 있겠네요. 이러한 알 수 없음에 대한 태도, 대상과 세계의 모호함에 대한 시인의 직관적인 태도가 시로서 드러난 것이라면 이것이 최근의 시인들에게 영향을 끼친 것일 수도 있겠다는 생각이 들어요. 기형도가 「시작 메모」에서 자연의 비유를 경계했다고 말한 것은, 자연과 자아를 쉽사리 동일화시키는 포즈나 자연에 자아를 의탁하는 방식이 가질 수 있는 시적 매너리즘에 대한 경계가 아니었을까 해요. 그런데도 시인은 "가장 위대한 잠언이 자연 속에 있음을 지금도 나는 믿는다"라고 말했어요. 저의 방식으로, 자의적으로 해석해보자면, 자연이라는 거대한 세계는 '나'라는 존재가 다 파악할 수 없다는 그 사실 때문에 더 아름다운 것일 수도 있고 더 비극적일 수도 있겠지요.

기형도의 것은 기형도에게, 독자의 것은 독자에게

김행숙 많은 이야기가 오갔으니 저는 한마디만 보탤게요. 지금도 기형도를 읽는다는 것, 문청들이 기형도를 거쳐 간다는 것, 그것이 기형도의 현재적인 의의를 만들어가고 있을 거예요. 그러니까 기형도의 의미는 여전히 움직이고 있는 거라고 할 수 있겠죠.

심보선 90년대 이후 기형도가 읽히는 데는 기형도가 교양화된 측면도 있죠. 저는 기형도를 읽는 지금의 세대를 보면서 그런 생각을 해봐요. 그들이 삶의 비극성을, 가상적인 수준에서라도, 체험하는 방식으로 기형도를 읽을까, 아니면 교양도서 목록의 하나로 읽을까. 만약 후자라면 시는 시고 삶은 삶이 되겠죠. 근데 저는 시를 읽고 쓰는 사람과 시를 읽고 쓰지 않는 사람과의 삶은 다를 수 있다고 생각해요. 저는 미적 체험이 자기가 삶에 대해서 단정했던 여러 가지 판단과 결정들에 균열을 일으키고 그것들을 모호하게 만든다고 봐요. 이게 아까 제가 말한 미학적 의지와 욕망이 삶에 기입되는 한 방식인 것 같아요. 그리고 그것이 아직도 기형도가 읽히는 이유라고 생각해요. 교양화된 기형도가 아니라 미적 체험으로 읽히는 기형도가 여전히 존재하는 셈이죠. 그리고 이것은 그저 훌륭한 시를 쓴 훌륭한 시인으로 기형도를 읽는 것과는 다른 차원이에요. 오히려 나는 이제 기형도가 문학적 정전으로서가 아니라, 아무렇게나 독자들 마음대로 읽혔으면 좋겠어요.

김경주 후배들이 기형도 시를 보면서 이런 이야기들을 해요. 이거 좋은데 영화로 만들 것 같다, 영화 시나리오로 썼을 것 같다, 소설로 썼을 것 같다, 이걸 왜 시로 썼을까? 등으로 말이죠. 일종의 시작 태도에 대한 물음처럼 들릴 때가 많았어요. 어쩌면 시대가 흘러서 독자의 시선이 바뀐 걸까, 이런 생각이 들더라구요.

조강석 실제로 영화의 모티프가 된 작품들도 있죠.

김경주 시선이 풍경이나 환경에서 굉장히 멀어진 듯한…… 어떤 교양(도서)의 측면에서도 마치 최인훈의 『광장』을 처음 접했을 때와 같은 느낌을 받는 것 같아요.

하재연 때로는 일종의 미학주의자적인 방식으로 세계를 바라보는 기형도의 시적 태도에 독자나 후배 시인들이 경계해야 할 지점도 있다고 생각해요. 비극적이기 때문에 더욱 감상적인 위안을 줄 수 있는 지점들이 미학적으로 구성되면서 가려질 수 있다는 사실을 인식해야 한다는 거지요. 기형도의 시를 읽으면서 느낄 수 있는 자기 완결성에 대한 욕망은, 시를 쓰면서 추구해야 할 것이면서 때로는 배반하기도 해야 하는 것이니까요. 기형도의 시를 읽으면서 느껴지는 이런 욕망들을 어떻게 배반할 수 있을 것인가에 대한 의문과 대답이 새로운 시적 개성을 만드는 가능성일 수 있다는 생각이 드네요.

김경주 저 역시 그 말에 동감하는 편인데, 저는 블로그를 보면서 그걸 많이 느껴요. 어떤 특정 분야에서 잘 알려져 있는 블로그의 글들을 볼 때 '기형도스럽다'는 느낌이 들 때가 많아요. 마치 이 친구는 기형도를 좋아할 것 같다거나, 이미 좋아하거나 했을 것 같다는 느낌. 그건 분명

곡해지만 뭐랄까, 기형도로 흔히 대표되는 감정의 허무, 비극적 낭만 등을 가지고 은밀하게 유희하고 있다는 생각이 들거든요. 순전히 개인적인 생각이지만.

조강석 네, 잘 알겠습니다. 한 수업 시간에 「빈집」을 읽히고 학생들에게 소감을 적어보라 했더니, 대부분 자기가 연애한 이야기를 써놓더군요. 그리고 희한하게도 "가엾은 내 사랑 빈집에 갇혔네"라는 구절을 각자의 연애 줄거리에 따라 해석하더군요. 물론 이것은 연구자나 평론가들의 엄밀한 독해와는 조금 거리가 있는 것이겠지만 그것 나름대로 또 하나의 가능성이 될 것입니다. 어떻게 보면, 우리가 독자들에게 예컨대, '그것은 전혀 우리가 알고 있는 기형도가 아니다'라고 고집을 부릴 필요가 없는 것이겠죠. 기형도의 텍스트에 집중해서 이야기해야 할 사람들은 지금까지 우리 가지고 있었던 다른 안개들을 걷고 그 텍스트 자체의 미적 특질에 대해서 규명해야 할 것이고, 또 한편으로는 기형도를 새로운 독자들에게 건네주어야 하겠지요. 네, 이것으로 마무리를 대신하겠습니다. 장시간 수고하셨습니다.

조강석 문학평론가. 2005년 동아일보 신춘문예로 등단. 평론집 『아포리아의 별자리들』이 있음.
김행숙 시인. 1999년 『현대문학』으로 등단. 시집 『사춘기』 『이별의 능력』이 있음.
심보선 시인. 1994년 조선일보 신춘문예로 등단. 시집 『슬픔이 없는 십오 초』가 있음.
하재연 시인. 2002년 『문학과사회』 신인문학상으로 등단. 시집 『라디오 데이즈』가 있음.
김경주 시인. 2003년 대한매일(현 서울신문) 신춘문예로 등단. 시집 『나는 이 세상에 없는 계절이다』 『기담』이 있음.

수상한 시대에 배달된 청춘의 비가
──기형도의 문학적 연대기

함돈균

나에게 1989년은 수상한 시절로 기억된다. 무엇보다도 그해는 거대한 한 시대가 확실히 종말을 고하는 것처럼 보였다. 세계는 동유럽 사회주의권의 붕괴로 매우 어수선했다. 그해 여름에는 중국의 천안문 사태도 있었다. 당시 고등학교 1학년에 불과했던 나에게 그것은 어떤 '사필귀정'의 거대한 흐름 속에서 역사가 돌이킬 수 없는 새로운 시기로 진입하는 필연의 과정들로 이해되었던 것 같다. 하지만 당시 우리 사회와 내가 보낸 학창 시절은 두 해 전 시민항쟁이 있었다고는 믿기지 않을 만큼 여전히 공포스러웠고 답답할 정도로 정체되어 있었으며, 심지어는 역사의 흐름에 역류하는 것처럼 보였다. 그 분위기 속에서 난 좋아했던 선생님 여럿을 그해 봄과 여름 사이 정치적 이유로 한꺼번에 잃고 한 해 내내 깊이 앓았다.

그해 봄, 기형도란 한 젊은 시인의 죽음이 세상에 알려졌다. 그리고 다시 개인적 차원에서 그 죽음은 1989년을 나에게 더욱 수상한 연도로 기억하게 하는 데에 일조하는 사건이 되고 말았다. 그 무렵 문학 관련 서클에 있었던 나는 선배로부터 종로의 한 심야극장에서 홀로 시체로 발견되었다는 이 시인의 시집을 소개 받았다. 아니 시집을 소개 받은 것이 아니라, 시인의 기이하고 어딘가 미심쩍은 '죽음'을 먼저 소개 받았다. 기형도에게 죽음은 의미의 종말이 아니라 의미의 시원이었으며, 그의 시는 완결된 작품이라기보다는 계속적으로 의미를 생산하는 '텍스트'로 봐야 한다는 정과리의 지적은 이런 점에서 확실히 옳다. 우리 시대의 많은 독자들이 그러했던 것처럼 나에게도 시집 한 권 없었던 젊은 시인 기형도의 죽음은 그의 시집보다 먼저 도착한 사건이었기 때문이다. 그의 시집을 읽기 이전에 그의 수상한 죽음이 나를 사로잡았으며, 이 수상쩍은 죽음은 그렇게 이후 20년이 지나도록 그의 시집에 대중의 호기심과 독자 개개인의 상념이 착색된 기이한 아우라를 불어넣었다. 그러므로 기형도는 시가 아니라 '현상'이었으며, 그것도 매우 장기적으로 지속되고 오히려 의미가 증폭되는 '텍스트'였다는 말은 옳다고 해야 할 것이다. 그런데 이제는 매우 새삼스러운 지적이 되겠지만 정과리가 지적했던 것처럼, 그리고 이보다 앞서 시인의 좋은 선배였던 김훈이 지적했던 것처럼, 그의 죽음은 매우 특이한 죽음이었다. 통속영화가 상영되던 심야극장의 어둠 속에서 한 젊은 시인이 홀로 맞이한 갑작스러운 죽음은 그 죽음 자체를 통속의 한복판에 던져놓았기 때문이다. 그리하여 그 죽음에서는 죽음이 산출하는 그 모든 숭고한 분위기가 지워져버렸으며, 그 실존의 마지막 정황에 깃들 만한 고독이라는 단어가 만드는 아우라조차도 남김없이 휘발되어버렸다. 하지만 이 특이한 죽음의 사례가 1989년이라는 수상한 연대의 맥락에서 오히려 그를 '필연적인' 텍스트로 변화시켰다고 하면 어떨까?

내가 보기에 기형도라는 '사건—현상—텍스트'는 1989년이라는 시점에 매우 '응당하게' 출현한 산물로 여겨진다. 그의 시집에 실린 시들은 1960년대 유년 시절의 추억을 포함하여 1970년대 말의 습작부터 1980년대 마지막 해에 쓰여진 것을 망라하고 있다. 이런 점에서 그 시들은 어쨌든 어두운 시대의 유산들이라고 할 만하다. 물론 그 시에는 한 시대의 역사적 삶이 내용의 차원에서 직접적으로 드러나는 일이 거의 없으며, 그 시의 관심이 전반적으로 거기에 큰 관심을 기울였다고 할 수도 없을 터이다. 하지만 그 시의 전반에 착색된 온갖 죽음과 떠돎의 이미지, 높고 신성한 것을 향한 갈망, 그럼에도 불구하고 어찌할 수 없었던 허무의 표지들, 심지어는 그의 지극히 구체적인 가난 체험조차도 이제 노쇠하여 막 사라지려는 징후를 보이고 있었던 한 시대의 '근본기본 Grundstimmung'을 떠나서는 공감하기 어려운 것들이었다고 할 수 있을 것이다. 하지만 역설적으로 1980년대의 마지막 해에 시인의 실제 죽음으로써 자신의 언어를 그대로 실연(實演)해 보인 기형도의 시는 그 자신의 의도와는 무관하게 실재를 예비하고 비추는 '상징'이 됨으로써(이광호), 1980년대를 더 이상 돌이킬 수 없는 과거의 흑백사진으로 만들어버리는 기이한 조사(弔辭)가 되었다. 이 조사의 효과는 조용했지만 암암리에 큰 반향을 불러일으켰고, 그 반향의 동심원은 시간이 지남에 따라 더 커졌으며 더 멀리까지 퍼져나가 오늘에 이르렀다. 왜 그랬을까? 거창한 문학사회학적 분석과는 별개로 내가 이 짧은 연대기에서 우선 이야기하고 싶은 것은 의외로 단순한 것이다. 이제 막 한 권의 시집을 준비하고 있었던 시인에게 그 언어적 형상의 미적 완결성 여부와는 무관하게 혹은 그것을 넘어서 존재했던 빛나고 순결한 청춘의 힘, 바로 그것 때문이 아니었을까? 마치 한 권의 유고 시집으로 청춘의 영원한 별이 된 윤동주의 젊은 시정신이나, 순수한 허무의 표지만으로 문학의 굳건한 생명력을 역설적으로 드러냈던 젊은 김승옥의 경우처럼 말이다.

　더할 나위 없이 예민한 청춘의 자의식이 만들어낸 지순한 울림은 그 자체로 오염된 세계를 정화하는 효과가 있으며, 기형도 시에 대한 대중, 특히 오랫동안 지속되고 있는 문학청년들의 오마주에는 그러한 이유가 가장 컸던 게 아닌가 싶다. 진눈깨비와 안개와 거센 바람, 온갖 검고 회색빛인 방황과 상처투성이 자의식의 기록인 기형도의 시는, 주체의 상처를 스스로 위무하거나 세계의 바닥에 똬리를 틀고 있는 죽음을 은폐하지 않는 방식으로 가난하고 피 묻은 한 시대의 조사가 되었고, 세계의 근본적 공허를 폭로하는 견자의 노래가 되었으며, 그렇게 이 시대 모든 순결한 청춘들의 방랑기―연대기가 되었다. 그의 시집이 출간된 직후, 낮에는 박노해와 백무산의 노동시를 읽고 열띠게 토론하던 문학청년들이 밤에는 기형도의 시를 홀로 읽으며 조용한 위로를 받았으며, 점차 대낮에도 그의 시집을 들고 다니기 시작했다는 평론가 이성혁의 증언은 이런 점에서 인상적이다. 확실히 그것은 숨 가쁜 숨결과 벅찬 선언을 통해 '주류'가 된 80년대의 미적 양식 속에 숨어 있던 또 다른 당대 젊음의 표지였던 동시에, 더 이상 그런 선언적인 미적 형상으로는 지속될 수 없었던 막 도래할 포스트-80년대 청춘의 비가였던 셈이다. 비록 주로 개인사에 근거하긴 했지만, 그의 시는 한 시대의 구성원 거의 모두가 역사적 세계의 필연적 행로에 대해 별다른 의심 없이 몰두하고 있을 무렵, 죽음과 공허의 실존적 표지들과 일상의 완강한 통속성에 대한 알레고리 등을 통해 "죽음을 각오"하고 "희망을 포기"함으로써(「植木祭」) 포스트-80년대의 유력한 징후가 되었다. 그런 점에서 "나는 기적을 믿지 않는다"(「오래된 書籍」)고 나지막하게 되뇌었던 기형도라는 사건—현상—텍스트는 확실히 '1989년적'이다.

여기에서 그의 시집이 80년대 말미에 출현했지만 세상에 빛을 보는 순간 이미 시인의 죽음을 통해 완결—시작된 시집이었다는 사실은 그 시집이 예비하는 포스트-80년대의 성격과 관련해서도 기묘한 아이러니를 낳는다. 일단 그것은 스스로 죽음으로써 한 시대와의 단절을 표명하는 시집의 출현을 의미한다. 하지만 동시에 그 시집에 대한 대중의 매혹이라는 텍스트—현상의 지속적 산출은 '지난' 시대의 강렬한 어둠에 포스트-80년대가 여전히 사로잡혀 있음을 의미하는 일이기도 하다. 이 텍스트-현상이 여전히 지속되는 한 어쩌면 우리는 한 개인사—시대의 트라우마와 확실히/영원히 결별할 수 없을지도 모른다. 그렇다 하더라도 우리가 기억해야 할 사실은 내심의 움직임에 정직했던 그의 언어들에서 관념의 과부하가 문제되었을지언정 그가 시적 형상의 아름다움을 위해 주체의 욕망을 과장하거나 희생시키지 않았다는 사실이다. 자기기만을 끔찍하게도 싫어했던 이 젊은 시인이 '빈방'에서 나와 끊임없이 길 위를 떠돌았지만, 일반의 선입견과는 달리 엄마—아버지가 살던 고향집을 향한 복고주의의 유혹에 주체의 무의식을 내맡기는 일이 거의 없었다는 사실 역시 반드시 기억되어야 할 일이다. 이는 시인의 '길 위에서의 중얼거림'이 길을 찾지 못한 채 지나치게 빨리 그리고 돌연히 끝나고 말았으되 그것이 결코 패배주의의 산물이 아니었으며, 더불어 그의 시에 의지하고 위로받았던 이후 20년의 '기형도 현상' 역시 단지 나르시시즘이나 시대의 퇴행적 신파성만을 드러내는 현상은 아니었기 때문이다.

기형도, 그것은 수상한 시대에 매우 수상한 방식으로 홀연 나타났고 증폭됐고 지금까지 살아 있는 기이한 텍스트다.

*

   기형도는 경기도 옹진군 연평리에서 1960년 음력 2월 16일(양력 3월 13일)에 태어났다.[1] 아버지 기우민 씨와 어머니 장옥순 씨 사이의 3남 4녀 중 막내였다. 아버지의 고향은 연평도에서 건너다보이는 황해도 벽성군 가우면 국봉리였고, 어머니의 고향은 경기도 옹진군이었다. 한국전쟁 당시 피난민의 주 이동로였던 연평도에 정착한 아버지는 면사무소에서 근무했다. 여기에서 형제 7남매 중 아래로 4남매가 태어났다. 영종도 간척사업에 몰두하던 아버지가 사업에 실패하고 경기도 시흥군 소하리(현재 광명시 소하동)로 이사하였다. 유년 시절의 추억과 관련한 시들의 대부분 배경이 되는 곳이 이곳이다. 1967년에 시흥국민학교에 입학한다. 이때 안양천 뚝방을 걸어 시흥대교를 거쳐 지금의 시흥본동에 있는 학교까지 걸어다녔는데, 이 길에는 기아자동차와 대한전선으로 출근하는 노동자들이 많았다. 성석제가 인터뷰한 둘째 누나 기애도의 증언에 따르면 기형도의 등단작 「안개」의 그로테스크한 배경이 펼쳐지는 곳이 바로 이곳이었다고 한다("아침저녁으로 샛강에 자욱이 안개가 낀다/ 이 읍에 처음 와본 사람은 누구나 거대한 안개의 강을 건너야 거쳐야 한다. 〔……〕 어떤 날은 두꺼운 공중의 종잇장 위에/노랗고 딱딱한 태양이 걸릴

---

1) 기형도의 절친한 문우 중 한 사람이었던 성석제는 그의 5주기 추모문집 『사랑을 잃고 나는 쓰네』(1999)에 「기형도, 삶의 공간과 추억에 대한 경멸」이란 글을 실었다. 출생에서 죽음에 이르기까지 시인의 생을 그의 가족과 친구들의 증언을 중심으로 생생하고 담담하게 구성한 성석제의 글 이상 시인의 개인사를 다룬 연대기는 나오기 어려워 보인다. 이 글에 나타난 시인의 생애와 관련한 기본적 사실들은 성석제가 밝힌 내용을 그대로 따랐으며, 그 사실들에 근거하여 시인의 시와 삶의 연관성을 추정하여 '문학적 연대기'를 구성하고자 하였다. 이 글에 나오는 지인들의 증언과 회고는 모두 성석제의 인터뷰에서 가져온 것이다[이 책의 pp. 154~78에 재수록].

때까지/안개의 軍團은 샛강에서 한 발자국도 이동하지 않는다./출근길에 늦은 여공들은 깔깔거리며 지나가고/긴 어둠에서 풀려나는 검고 무뚝뚝한 나무들 사이로/아이들은 느릿느릿 새어나오는 것이다." —「안개」).

초등학교 시절부터 뛰어나게 공부를 잘했으며, 그림과 음악에도 남다른 재능을 보였다.

1969년 아버지가 중풍으로 쓰러진다. 어머니가 생계 일선에 나서야 했고, 누이들 역시 신문 배달 등으로 생계를 도와야 했다. 이 사건과 이 사건의 여파인 가난의 문제는 기형도의 시 전반에 가장 큰 트라우마로 남는다. 이때의 풍경을 집약하고 있는 시의 일부를 적으면 다음과 같다: "그해 늦봄 아버지는 유리병 속에서 알약이 쏟아지듯 힘없이 쓰러지셨다. 여름 내내 그는 죽만 먹었다〔……〕 어머니. 잠바 하나 사주세요. 스펀지마다 숭숭 구멍이 났어요〔……〕 방죽에서 나는 한참을 기다렸다. 가을밤의 어둠 속에서 큰누이는 냉이꽃처럼 가늘게 휘청거리며 걸어왔다. 이번 달은 공장에서 야근 수당까지 받았어. 초록색 추리닝 윗도리를 하나 사고 싶은데〔……〕 나는 오징어가 먹고 싶어. 그건 오래 씹을 수 있고 맛도 좋으니까〔……〕 선생님. 가정 방문은 가지 마세요. 저희 집은 너무 멀어요. 그래도 너는 반장인데. 집에는 아무도 없고요. 아버지는 혼자, 낮에는요"(「위험한 家系·1969」). 가정방문을 거부한 기형도는 "그날, 상장을 접어 개천에 종이배로 띄운 일을 누구에게도 말하지 않았다"(같은 시).

20여 년 넘게 지속된 아버지의 병은 기형도의 시에서는 연민의 대상이라기보다는 대체로 환멸의 원천으로 이미지화되는 경우가 많다. 기애도의 증언에 따르면 시「늙은 사람」은 아버지를 모티프로 한 것이라고 한다. 물론 우리의 관심사항은 아버지의 이미지가 아니라 그에 대한 시인의 태도다. 시인은 이 시에서 이렇게 적고 있다: "나는 혐오한다, 그의 짧은 바지와/침이 흘러내리는 입과/그것을 눈치채지 못하는/허옇게 센 그의 정신과//내가 아직 한번도 가본 적 없다는 이유 하나로/나는 그의 세계에 침을 뱉고/그가 이미 추방되어버린 곳이라는 이유 하나로/나는 나의 세계를 보호하며/단 한걸음도/그의 틈입을 용서할 수 없다"(「늙은 사람」). 또 다른 시에서 기형도는 어머니로부터 "너는 아버지가 끊어뜨린 한 가닥 실정맥이야"(「폭풍의 언덕」)라는 '통보'를 받는다. 같은 시에서 시인은 "빨랫줄에서 힘없이 떨어지는 아버지의 러닝 셔츠가 흙투성이가 되어 어디만큼 날아가는가를 두 눈 부릅뜨고 헤아려보았다." "힘없이 떨어지는 아버지의 러닝 셔츠"에서 무력하기 그지없는 것으로 표상되는 아버지의 이미지를 읽을 수 있으며, "어디만큼 날아가는가를 두 눈 부릅뜨고 헤아려보"는 시인의 모습에서 아버지에 대한 시인의 '적의'와 '환멸감'을 확인할 수 있다.

아버지의 병이 야기한 가난의 문제는 그러나 그 자체로서보다는 그것이 시인에게 씻을 수 없는 또 다른 원초적 공포 상황을 낳았다는 사실 때문에 더 문제적인 것이 된다. 그것은 다름 아닌 엄마와의 분리와 관련한 공포감이다. 「엄마 걱정」을 보자: "열무 삼십 단을 이고/시장에 간 우리 엄마/안 오시네, 해는 시든 지 오래/나는 찬밥처럼 방에 담겨/아무리 숙제를 해도/엄마 안 오시네, 배춧잎 같은 발소리 타박타박/안 들리네, 어둡고 무서워/금간 창틈으로 고요히 빗소리/빈방에 혼자 엎드려 훌쩍거리던//아주 먼 옛날/지금도 내 눈시울을 뜨겁게 하는 그 시절, 내 유년의 윗목"(「엄마 걱정」 전문). 이 작품은 하나의 원초적 장면으로 읽힌다. 원초적 장면은 해당 장면에 국한되지 않고 그 체험을 생애 전반의 세계인식으로까지 확대한다는 데에 문제성이 있다. 기형도가 느낀 "찬밥처럼 방에 담겨" 있는 "빈방"의 공포는, 그의 유년 시절을 따뜻한 '아랫목'이 아니라 싸늘한 "윗목"으로 회고하게 하였으며, 이 원초적 기억은 그의 시 전체를 돌아갈 곳 없는 '길 위에서의 중얼거림'과 '정거장에서의 추억'으로 전화시켰다. 그의 시에서 향일성(向日性) 이미지를 좀처럼 찾기 어려우며, 그 시가 도처에 진눈깨비와 안개와 사나운 바람과 어둠의 이미지로 채색되는 것도 이와 깊은 관련이 있어 보인다. 이 트라우마의 크기가 얼마나 컸는지를 보여주는 표지로서, 그의 시에서 어머니가 의지할 수 있는 심리적 지지자의 이미지로 나타나는 경우가 거의 없다는 사실은 주목할 만하다. 예컨대 남진우와 정과리가 잘 지적한 것처럼 「바람의 집—겨울 판화 1」에서 상상적 모자관계의 단절—거세를 집행하는 "무딘 칼끝으로 시퍼런 무를 깎"는 어머니의 이미지가 그러하고, 바람 소리에 놀란 아이를 달래주지 않은 채 "울음소리"를 통해 어린 아들을 피할 수 없는 실존의 진실과 마주하게 하려는 엄혹한 그녀의 이미지가 또한 그러하다. 이런 점에서 기형도의 시에 덧씌워진 대중의 선입견 중 하나인 '유년 시절에 대한 동경'과 같은 것은 전적으로 정밀하지 못한 독해의 소산이라고 해야 하겠다. 이러한 심리적 지지자로서의 어머니 이미지의 상실은 그가 연세대학교 1학년이었던 1979년, 『연세춘추』에서 제정한 '박영준문학상'에 응모하여 입선했던 자전적 소설 「영하의 바람」에 나타난 유년 체험과도 밀접한 연관이 있어 보인다. 이 소설에서 초등학교 5학년이었던 그는 자신이 유력한 반장 후보였던 선거일에 학교에 결석하고 한 학년 손윗누이와 고아원에 보내진다. 이 체험은 "정말 낮꿈같이 혼란한" "엄마의 출현"으로 누나만을 고아원에 남겨둔

채 하루 만에 끝나긴 하지만, 어릴 때부터 조숙하고 예민하기 이를 데 없었던 시인에게 '분리'의 문제와 관련하여 적잖은 심리적 상흔을 남겼을 것으로 짐작된다.

1975년 중학교 3학년 시절의 봄, 그의 소설 「영하의 바람」의 한 주인공이었던 바로 손위 누이 기순도가 죽는 사건이 일어난다. 이 사건은 이후 그의 시에 죽음의 빛깔이 드리워지는 데에 큰 영향을 끼친 것으로 보인다. 기형도는 이 사건이 일어난 지 10년 이상이 지나서 쓴 누이에 대한 애도의 노래 「나리 나리 개나리」(1987)에서 봄을 여전히 "기억의 얼음장" "부르지 않아도 뜨거운 안개가 쌓일 뿐"인 계절로 받아들이고 있으며 스스로를 "유령"에 비유하고 있다. 이 시의 마지막 구절은 이렇게 끝난다: "나리나리 개나리/네가 두드릴 곳 하나 없는 거리/봄은 또다시 접혔던 꽃술을 펴고/찬물로 눈을 헹구며 유령처럼 나는 꽃을 꺾는다."

1976년 신림중학교를 수석으로 졸업하고 중앙고등학교에 입학한다. 평소 음악에 관심이 많고 노래를 잘 불렀던 기형도는 교내 중창단에 들어가 활발하게 활동한다. 친구 이상현에 따르면 교회, 문학의 밤, 축제 등에 누구보다 바쁘게 돌아다녔으며, 논리에 강하고 토론에 적극적인 학생이었다고 한다. 1979년 2월에 중앙고등학교를 수석으로 졸업하고, 3월에 연세대학교 정법대 정법계열에 입학한다. 교내 문학 모임인 연세문학회에도 입회한다. 문학회 친구 원재길의 회상에 따르면 적당하게 마른 체구였으며, 짙은 눈썹과 얇은 쌍꺼풀을 가지고 있었고, 자주 면도를 해야 하는 각진 턱에 눈빛은 맑고 깨끗했으며 때때로 쓸쓸해 보였다고 한다. 하지만 성석제는 그가 술자리에서 주저 없이 노래하고 심지어는 남들이 따라할까 봐 일부러 음정을 높게 잡아 핏대를 세우기까지 하는 유쾌한 청년이기도 했다고 회상한다. 단골 레퍼토리는 송창식과 조용필이었다고 한다.

그해 12월, 「영하의 바람」으로 교내신문 『연세춘추』에서 제정한 '박영준문학상'에 가작으로 입선하고, 교지 『연세』에서 제정한 '백양문학상'에 시 「가을에」로 역시 가작 입선한다. 등단 이전이기는 하지만 기형도의 시가 공식적으로 첫 모습을 드러낸 이 시에서 인상적인 것은 이미 시인의 실존에 깊이 그늘을 드리우고 있는 삶에 대한 공허감이다. 이 근저에는 실존의 한 형식으로서 죽음을 미리 엿본 자의 허무감이 짙게 배어 있다. 그 일부를 적어보면 다음과 같다: "잎 진 빈 가지에/이제는 무엇이 매달려 있나./밤이면 幽靈처럼/벌레 소리여.〔……〕네 소리/잎 진 빈 가지에/내가 매달려 울어볼까./찬바람에 떨어지고/땅에 부딪혀 부서질지라도/내가 죽으면/내 이름을 위하여 빈 가지가 흔들리면/네 울음에 섞이어 긴 밤을 잠들 수 있을까." 잎이 떨어진 빈 가지를 보고서 죽음을 생각하고 삶의 공허감에 깊이 젖어드는 이 발상의 방식이 향가 「제망매가」에서 왔다는 것을 떠올리기란 어렵지 않다. 이 시의 모티프가 된 것으로 짐작되는 「제망매가」의 창작 동기가 그러하듯이, 실존의 한 형식으로서의 죽음, 그리고 그로 인한 시인의 허무의식 역시 누이의 죽음과 밀접한 관련이 있을 것이라는 얘기다. 5주기 추모문집인 『사랑을 잃고 나는 쓰네』에 수록된 창작 연도 미상의 「가을 무덤—祭亡妹歌」에 나타난 쓸쓸한 정서는 이 시의 정서와 상응하는 것처럼 보인다.

1980년 서울의 봄이 시작된다. 성석제의 회고에 따르면 기형도 역시 교내 시위에 가담하였으며 이유를 알 수 없으나 그의 집에 형사들이 찾아와 서적 등을 수색하는 일이 있었다고 한다. 기애도의 증언에 따르면 이 해부터 중이염으로 한쪽 귀가 잘 안 들리게 되었다고 한다. 1981년 병역으로 인해 휴학을 하고, 안양 인근 부대에서 방위병으로 근무한다. 그 무렵 안양의 문학동인 '수리'에 참여하여 동인지에 「사강리」를 발표한다. 이듬해인 1982년 6월에 전역한다. 이맘때 이미 시인이 되기를 확실하게 마음먹은 듯한 대학생 기형도의 고민 한 자락을 엿볼 수 있는 일기의 한 대목을 적어보면 다음과 같다: "시는 인간을 구원할 수 있는 것일까. 그것은 우문이다. 구원할 수 '있다' 혹은 '없다'의 구분은 이미 시에 기능이나 효용의 틀을 뒤집어씌운다. 따라서 어떠한 예술 장르가 최초에 성립되었을 때 본연적으로 갖는 기능이란 두말할 필요 없이 '있음'에 귀착한다.〔……〕시는 시다. 그리고 말이다. 그리고 누군가가 얘기하고 듣는다. 그리고 감동한다. 감동? 감동……"(1982년 9월 25일의 일기, 『기형도 전집』에 수록된 「참회록」 중에서).

1983년 12월에 『연세춘추』에서 제정한 '윤동주문학상'에 「식목제」로 응모하여 당선된다(1987년 기형도는 이 시를 『문학사상』 4월호에 정식으로 다시 발표한다). "희망을 포기하려면 죽음을 각오해야 하리"라는 구절이 여기에서 나온다. 이때 이미 그의 시 전반을 지배하는 "축축한 안개"와 "어둠," 그리고 정처 없는 방랑("흘러간다 어느 곳이든 기척 없이")의 이미지들이 선명하게 나타난다. 일찌감치 그의 시 세계에 깊숙이 자리 잡은 내면의 어둠을 엿볼 수 있다는 측면에서 "보느냐, 마주보이는 시간은 미루나무 무수히 곧게 서 있듯/멀수록 무서운 얼굴들이다"라는 구절은 인상적이다. 비록 이어지는 구절에서 "바람 속에 견고한 불의 立像이 되어/싱싱한 줄기로 솟아오를 거냐"라고 희망의 가능성을 자문하고 있지만, 전제적인 톤으로 보아 이 시의 지배적인 인상을 좌우하는 것은 시인을 둘러싼 어둠의 얼굴들이 너무도 무섭고 그 뿌리는 지나칠 정도로 "시간의 흙 속에/아득히 묻혀 있"다는 인식이며, 시간은 "다시 돌아갈 수 없"는 것이라는 '절망적(숙명적)' 인식이다. 그러므로 이 시의 정서는 영탄법을 담은 시인의 다음 짧은 한 구절로 포괄될 수 있을 듯하다. "植木祭의 캄캄한 밤이여."

　1984년에 중앙일보사에 입사하여 1986년에 문화부로 자리를 옮길 때까지 정치부에 배속된다. 1985년 1월에 『동아일보』 신춘문예에 「안개」로 당선된다. 산업사회의 비인간주의에 대한 단편적 고발을 넘어, 일상에 내재한 단단한 통속성과 그것이 야기하는 폭력성을 알레고리적으로 형상화한 이 시는, 그의 가장 빼어난 작품 중 하나일 뿐만 아니라 한국 현대시 전체가 보유한 시들 중에서도 수작으로 거론될 만한 작품이다. 하지만 안개의 형상을 통해 공동체 전체에 드리운 도덕적 태만과 죄의식에 대해 묻고 있는 이 시는, 이 죄의식("누구나 조금씩은 안개의 주식을 갖고 있다")조차도 익명적인 어떤 것으로 휘발시킴으로써('결국 아무도 책임지지 않는다'는 시인의 세계인식) 전통적 리얼리즘 문학이 지향하고 있는 휴머니티/민중성의 가능성에 대해서도 일정한 거리를 두고 있다. 기형도는 부정하고 싶지만 결코 부정할 수 없는 삶의 (불변하는) 통속성에 대한 자신의 견해를 이후에도 계속 견지했는데, 그 견해란 예컨대 이 시에서 다음과 같은 표현으로 나타난다: "습관이란/참으로 편리한 것이다. 쉽게 안개와 식구가 되고/멀리 송전탑이 희미한 동체를 드러낼 때까지/그들은 미친 듯이 흘러다닌다."

1986년 정치부에서 문화부로 자리를 옮긴다. 같은 신문사의 후배 기자였던 박해현의 회고에 따르면, 기형도는 정치부에서 중앙청 출입기자로 일하면서 신작시를 거의 쓰지 못했던 것에 대해 힘들어 했다고 한다. 좋은 기자보다는 좋은 시인이 되기를 원했던 기형도는 문화부로 옮기면서 비로소 그 희망을 실천할 수 있게 되었노라고 기뻐했다고 한다. 좋은 시를 읽거나 거리에서 미인을 발견하면 "죽여준다. 죽여줘"라는 말을 자주 사용했고, 원고지에 신문기사를 작성하다가 틀리면 다른 원고지에 깨끗하게 쓴 뒤 칼로 그 줄을 오려서 먼저 쓰던 원고지에 풀로 붙이는 식으로 파지를 전혀 내지 않았다고 한다.

이 해에 기형도가 발표한 몇 편의 시 중에서 「숲으로 된 성벽」은 매우 맑고 투명한 정서만으로 이루어진 시로서, 그가 이르고 싶었던 시의 나라가 어떤 곳이었는지를 함축적으로 보여준 희귀한 사례다. 이 시에서 그는 도구—효용의 가치관을 가지고는 도저히 볼 수도 만질 수도 들어갈 수도 없는 시의 세계를 '농부들의 평화로운 성(城)'에 비유하였다. 오직 순정한 마음을 가진 자의 눈앞에서만 형성하고 개방되는 이 시의 나라를 그는 다음과 같이 표현하고 있다: "성벽은 울창한 숲으로 된 것이어서/누구나 寺院을 통과하는 구름 혹은/조용한 공기들이 되지 않으면/한걸음도 들어갈 수 없는 아름답고/신비로운 그 城." 「집시의 시집」은 비슷한 맥락에서 이 해에 발표된 시 가운데 눈길을 끄는 작품이다. 어린 시절을 회상하는 방식으로 진행되는 이 시에는 어른들은 '일꾼'으로 부르지만 스스로는 "자신의 손을 가리켜 神의 공장"이라고 하는 어떤 사내('집시')가 나온다. "참된 즐거움을 두려워"하고 "세상을 자물통으로 만들고 싶어" 하는 어른들의 세계에 맞서 그는 아이들에게 "세상은 신기한 폭탄, 꿈꾸는 部族에겐 발견의 도화선"임을 가르쳐준다. 그러나

"상급반에 진학하면서 우리는 혈통과 교육에 대해 배"우면서 "완전히 그를 잊"게 된다. 하지만 「숲으로 된 성벽」에서와 마찬가지로 낭만주의적 정서가 물씬 묻어나는 이 시의 마지막 구절에서 시인은 다음과 같이 고백한다: "나는 저녁마다 연필을 깎다가 잠드는 버릇을 지금까지 버리지 못했다." 아마 어른이 되어서도 끝내 버리지 못한 이 유년 시절의 버릇의 존재야말로 기형도의 시 쓰기가 지속될 수 있었던 이유 중 하나였을 터이다. 아주 짧은 기간이었지만 이 시기의 기형도는 시가 솟아나는 기원의 자리를 이런 순수하고 해맑은 동경의 정서 속에서 곱씹어 보고 있었던 듯하다.

1987년에 기형도는 「나리 나리 개나리」「植木祭」「오후 4시의 희망」 등을 발표한다. 1988년에는 「진눈깨비」「죽은 구름」「추억에 대한 경멸」 「물 속의 사막」「길 위에서 중얼거리다」「기억할 만한 지나침」 등 더 많은 시를 발표한다. 기형도의 짧은 문학적 생애를 놓고 볼 때, 가장 왕성한 활동을 보이던 시기가 바로 이 무렵이다. 하지만 역설적으로 이 시기에 이르러 삶에 대한 시인의 환멸은 좀더 구체적이고 회피할 수 없는 어떤 숙명적인 형식으로 인식되는 듯이 보인다. 특히 「오후 4시의 희망」「진눈깨비」「기억할 만한 지나침」 등은 이와 관련하여 주목할 만하다. 이 시들에서 공히 나타나는 것은 벗어날 수 없는 일상의 통속성에 대한 시인의 환멸과 절망이다. 「오후 4시의 희망」에서 시인은 "어쩔 수 없이 이곳에/한번 꽂히면 어떤 건물도 도시를 빠져나가지 못했다/김은 중얼거린다, 이곳에는 죽음도 살지 못한다/나는 오래 전부터 그것과 섞였다, 습관은 아교처럼 안전하다 〔……〕 우린 언제나/서류 뭉치처럼 속에 나란히 붙어 있네"라고 적는다. 그리고 "더 이상 무너지지 않으려면 모든 것을 포기해야 하네"라고 읊조린다. 「진눈깨비」에서 자기가 살고 있는 이런 일상은 '데자뷔'가 됨으로써 누구도 회피할 수 없는 '평범한' 삶의 과정이 된다. 시인이 적은 이 시의 한 대목에는 다음과 같은 구절이 있다: "이런 귀가길은 어떤 소설에선가 읽은 적이 있다"

한편 1988년 8월에 기형도는 3박 4일간의 여행을 떠나면서 「짧은 여행의 기록」이라는 노트를 남긴다. 이 노트의 앞부분에는 여행을 떠나던 당시의 심경이 담긴 다음과 같은 메모가 적혀 있다: "나는 어떤 시에선가 불행하다고 적었다. 일생 몫의 경험을 다했다고. 도대체 무엇이 더 남아 있단 말인가. 누군가 내 정신을 들여다보면 경악할 것이다. 사막이나 황무지, 그 가운데 띄엄띄엄 놓여 있는 물구덩이, 그렇다. 그 구덩이는 어디에서 왔을까. 내가 아직 죽음 쪽으로 가지 않고 죽은 듯이 살아 있는 이유를 그 물구덩이에서 볼 수 있을 것 같았다." (그러나) "나에게 지금 희망은 어떤 모습일까? 한때 나는 그것을 문학이라고 생각하였다. 한때라니? 그랬다. 나는 더 이상 시에 접근하지 못한다. 나는 그것을 안다. 시는 어쨌든 욕망이었다. 그러나 나에게는 지금 욕망이 사라졌다. 그건 성(聖)도 아니다. 추악하고 덧없는 생존이다." 이 여행에서 그는 "대통령을 뽑은 무서운 도시, 시인들만 우글거리는 신비한 도시" 대구에 들러 "장정일이라는 이상한 소년"을 만나고, "유령의 도시 광주, 그러나 화산의 도시 광주"의 망월동 묘역에 들러 이름 모를 이의 묘지들 사이를 걸으며 상념에 젖는다. 여기에서 한 해 전 시민항쟁 과정에서 최루탄을 맞고 죽은 대학 후배 이한열의 어머니와 우연히 마주친다. 망월동 묘역을 떠나면서 시인은 다음과 같은 메모를 남긴다: "어쩌면 전혀 예기치 못했던 역사를 만나고, 그 역사의 허망함에 눈뜨고, 지상을 떠난 청년들이 묘역에 잠들어 있다. 나는 무엇인가. 가증스러운 냉담자인가, 나에게 있어 국토란 무엇인가. 내가 탐닉해온 것은 육체 없는 유령의 자유로움이었다."

1989년에 「질투는 나의 힘」「빈집」「그 집 앞」「입 속의 검은 잎」 등을 발표했으며, 당시 문학과지성사 편집장을 맡고 있던 평론가 임우기로부터 시집 출판 제의를 받고 이에 대한 준비에 들어간다. 이때 기형도는 시집 배열의 원칙과 시나리오를 완성해놓는다. 친구 이영준의 증언에 따르면 기형도는 죽기 일주일 전쯤 "나는 뇌졸중으로 죽을지도 몰라"라고 말한 적이 있으며, 두통약 같은 것을 먹는 것이 목격되었다고 한다.
1989년 3월 7일 새벽 3시 30분경 서울 종로의 파고다 극장에서 숨진 채 발견된다. 검시 결과 사인은 뇌졸중으로 추정되었다.
1989년 3월 9일, 경기도 안성에 있는 천주교 공원묘지에 안장된다.

1989년 5월에 유고 시집 『입 속의 검은 잎』이 문학과지성사에서 출간되었으며, 책의 배열은 시인이 생전에 짜놓은 원칙을 따랐다. 책의 제목은 생전에 그의 가능성을 알아보았던 작고한 평론가 김현이 그의 시 제목 중 하나를 선택하여 정했으며, 시집 해설 역시 김현이 직접 썼다. 이 해설에서 김현은 그의 시에 '그로테스크 리얼리즘'이라는 이름을 붙였다. 김현은 이듬해인 1990년에 병으로 타계했다. 지금까지 그의 시에 붙은 평론들 중 인상적인 몇 구절을 소개하면 다음과 같다.
— 그의 시가 그로테스크한 것은 그런 괴이한 이미지들 속에, 뒤에, 아니 밑에, 타인들과의 소통이 불가능해져, 자신 속에서 암종처럼 자라나는 죽음을 바라보는 개별자, 갇힌 개별자의 비극적 모습이, 마치 무

덤 속의 시체처럼—그로테스크라는 말은 원래 무덤을 뜻하는 그로타에서 연유한 말이다—뚜렷하게 드러나 있다는 데에 있다. (김현, 1989)

—그는 '안개'라는 이름의 사막 속에 갇혀 있는 자신을 발견했다. 앞으로만 길게 뻗은 철로 옆에서 마치 푯말처럼 서 있는 자신을. (박철화, 1989)

—이 상징적 죽음의 형식을 통해 그의 시는 도시적 삶의 불모성에 대한 소묘 이상이 되었고, 우리는 거기에서 실존적 죽음과 사회적·문화적 죽음을 동시에 읽는 것이다. (이광호, 1989)

—기억해야 할 것은 어떤 한계지점으로의 끝없는 접근, 이것이 기형도의 시의 미덕이자 기형도라는 인간의 진정성의 표지였다는 사실이다. 그는 그의 내적 명령에 충실했고 그럼으로써 1990년대 시의 첫 관문을 열고 나간 시인이 되었다. (남진우, 1999)

—시인은 죽음으로써 타자 옆에 살고, 독자는 삶으로써 죽음 안으로 들어갈 통로를 그 시가 연 것이다. (정과리, 1999)

—그에게 죽음은 노년의 죽음이 아니라 청춘의 내밀한 깊이에서 생성된 죽음이다. 그런 죽음을 보여준 점에서 그의 시는 죽음을 두려워하지 않는 젊음의 시라고 말할 수 있다. 그것은 죽음을 바라보면서도 공포에 질린 표정으로 움츠러들지 않고 오히려 영원의 젊음의 얼굴로 웃고 있는 시인의 모습을 떠올리게 한다. (오생근, 2001)

1990년 3월에 1주기를 맞아 산문집 『짧은 여행의 기록』이 살림출판사에서 나왔다.

1994년 2월에 5주기를 맞아 미발표작과 문단 동료와 선후배의 추모작품(신경숙과 원재길의 소설, 남진우·장정일·이광호·이경호·성석제의 산문)을 담은 『사랑을 잃고 나는 쓰네』가 솔출판사에서 출간됐다.

 1999년 3월, 10주기를 맞아 박해현, 박혜경, 성석제, 원재길로 구성된 『기형도 전집』 편집위원회를 통해 시인의 기발표작들에 미발표 유고들과 메모들을 발굴하여 수록한 『기형도 전집』이 문학과지성사에서 출간되었다.

 2009년 3월 현재, 1989년 5월에 출간된 유고 시집 『입 속의 검은 잎』은 초판 24쇄, 재판 41쇄, 총 65쇄를 찍었으며 24만 부가 판매되었다. 1999년 3월에 출간된 『기형도 전집』은 초판 15쇄를 찍었으며 4만 7천 부가 판매되었다.

〔문학평론가〕

기형도의 시간, 거리의 시간

이광호

　기형도라는 신화가 있다. 기형도라는 이름은 80년대 이후 한국문학의 뜨거운 신화의 하나이다. 신화는 끊임없이 다시 씌어진다. 기형도가 지속적으로 다시 읽히는 것은 그 신화의 부정할 수 없는 생명력을 말해준다. 그 신화에는 두 가지 층위가 있다. 첫 시집이 나오기 전에 도심의 심야극장에서 갑작스러운 죽음을 맞이한 시인의 개인적 신화가 하나라면, 두번째는 그의 개인적 신화를 문화적 사건으로 만들어버린 문학 대중들의 지속적인 열광이 있다. 기형도의 시는 텍스트 자체에 대한 당대의 미학적 평가 이상의 문화적 상징성을 획득한다. 그 신화들을 걷어내고 기형도라는 텍스트 '자체'만을 읽는 것이 가능할까? 기형도의 시에 대해 어떤 내재 분석도 사실은 그 신화의 바깥에서 이루어지기 힘들다. 그러면 그의 죽음 이후 20년, 이제, 무엇을 할 수 있을까? 차라리 기형도라는 신화를 역사적 혹은 문화사적인 사건으로 인정하는 것. 그 위에서 그 신화를 재문맥화하는 작업이 가능할 수 있을까? 기형도의 시간과 한국문학과 현대시의 시간을 겹쳐서 읽는 일은, 그래서 의미 있는 작업이 될 수 있다.

기형도라는 개인이 살았던 시간은 1960년에서 1989년 사이이고, 그가 공식적으로 등단하여 활동한 시간은 1985년에서 1989년에 이르는 짧은 시간이다. 이 시간들 사이에서 기형도의 텍스트가 생산되었다. 문학사적인 공간으로 말한다면, 기형도의 시는 1980년대 문학이라는 영역에 속한다. '1980년대 문학'이라는 범주의 객관성이 존재하는 것은 아니지만, 그럼에도 불구하고 1980년대라는 공간을 규정했던 문학담론들의 의미체계들이 존재한다. 1980년대 문학 공간 위에서 한국 현대시는 그 현대성을 새로운 차원에 진입시키게 된다. 그것은 이른바 4·19세대에 의해 구축된 한국 현대시의 현대성을 근원적으로 재구성하는 작업을 의미했다. 80년대의 시 동인지 중심의 소집단 무크지 운동이 의미하는 것은, 당대의 정치적인 억압이 역설적으로 시 쓰기의 어떤 급진성을 추동하는 상황이었다. 주요 문학 계간지의 폐간으로 상징되는 정규적인 문학적 소통체계의 폐쇄는, 강렬한 부정과 해체의 언어가 새로운 세대와 새로운 매체를 통해 뿜어져 나오는 계기가 되었다. 현실의 야만성 뒤에 도사린 억압의 구조를 드러내고 그 완강한 상징질서를 전복했던 해체의 언어와 정치적 담론으로서의 시적 실천이 터져 나왔다. 기형도의 세대적인 입지는 그 해체의 전사들과의 상호 관련성에서 구축될 수밖에 없는 상황이었다.

흥미롭게도 기형도는 적극적으로 해체의 길을 가지 않았다. 물론 그는 '서정시'의 재래적인 문법에서 출발하지도 않았다. 그가 선택할 수 있는 다른 길은 무엇이었고, 어떻게 가능했는가? 그의 시적 출발은 투명하고 익명적인 도시적 감성의 자리였다. 이를테면 그가 이성복으로 대표되는 선배 시인들의 부정의 시학을 공유했으면서도, 투명하고도 건조한 감성의 자리를 확보할 수 있었던 것,[1] 혹은 '시운동' 동인으로 상징되는 탈현실적인 상상력과도 일정한 거리를 유지하고 있었던 것은,[2] 무엇보다 그의 시가 거리의 시간으로부터 출발하고 있기 때문이었다. 그가 등단하던 1985년 무렵에 썼었던 시들은 그의 시적 출발점을 시사해준다. '낯섦'의 경험이 반복되는 익명적 감각의 도시야말로 기형도적인 감수성의 발생지이다.

> 그런 날이면 언제나
> 이상하기도 하지, 나는
> 어느새 처음 보는 푸른 저녁을 걷고

---

[1] 기형도의 시에서 발견되는 이성복의 영향은 상당한 것으로 보인다. 이 점에 대해서는 정과리가 이미 지적한 바 있다(「죽음, 혹은 순수 텍스트로서의 시」(『무덤 속의 마젤란』, 문학과지성사, 1999)). 물론 영향관계 못지않게 차이점을 분석하는 것도 의미 있는 일이다. 정과리에 의하면 "이성복의 이미지들이 있을 수 있는 모든 색채들의 경연장이라면, 기형도의 이미지 공간은 철저히 흑백이다." 왜 그럴까? 기형도는 철저히 거리의 감성으로부터 출발했기 때문이 아닐까? 이 밖에, 이성복의 경우는 두번째 시집 『남해금산』에서 모성적 문맥의 서정성과 조우하게 되지만, 기형도는 그 길을 가지 못한다. 그에게 모성은 아직 유년의 기억의 한 장면(「엄마 걱정」「위험한 家系·1969」)에 머물 뿐, 서정적 동력으로 작동하지 않는다. 기형도가 살아 있었다면, 어떤 시적 행로를 밟았을지를 짐작하는 일은 쉽지 않다.

[2] 기형도의 몇 안 되는 비평문 가운데서 하재봉 시집 『안개와 불』에 대한 서평은 흥미롭다(「물에서 태양으로」, 『기형도 전집』, 문학과지성사, 1999). 이 글에서 그는 '시운동'의 시적 세계에 대해 "대항 문학으로서의 도덕주의적 구호 속에서 그들의 상상력은 매우 신선하고 전위적인 모습으로 받아들여졌다"라고 전제하고, "그들이 보여주었던 현란한 수사학과 이미지, 우리 시사에서 찾아보기 힘들었던 상상공간들을 확장해온 열정적인 시정신들이 이 땅의 억압적 상황 때문에 상대적으로 평단으로부터 방치되어왔다는 점을 지적하고 싶다"라고 말한다. '시운동'에 대한 그의 이러한 평가는 문학의 미적 자율성에 대한 입장과 관련되어 있지만, 기형도가 시운동의 문법과 미학의 80년대적인 평가절하를 안타까워하면서도 '시운동'의 미학과 일정한 거리를 두었다는 사실 역시 이해할 필요가 있다.

있는 것이다. 검고 마른 나무들
아래로 제각기 다른 얼굴들을 한
사람들은 무엇엔가 열중하며
걸어오고 있는 것이다. 혹은 좁은 낭하를 지나
이상하기도 하지, 가벼운 구름들같이
서로를 통과해가는

나는 그것을 예감이라 부른다. 모든 움직임은 홀연히 정지
하고, 거리는 일순간 정적에 휩싸이는 것이다

─「어느 푸른 저녁」 부분

    이 시는 기형도적 모티프와 그 이미지의 움직임을 전형적으로 보여준다. '그런 날'은 시적 화자의 특정한 하루의 날이면서 거리에서의 도시적 일상의 무심한 반복을 보여주는 하루이다. 첫번째 문장에서 '언제나'와 '처음 보는'은 논리적으로 모순된다. '언제나'는 반복되는 시간을 의미하고, '처음 보는'은 일회적인 새로움을 의미하기 때문이다. 기형도의 시간은 이렇게 거리에서 발견한 어떤 특정한 낯선 순간을, 익숙한 것이면서 동시에 일회적인 어떤 순간을 상정한다. 이 반복성과 낯섦의 이중성이 거리의 시간을 규정한다. 어떤 사물에 대해서 화자는 낯섦을 경험하지만, 낯섦 그 자체는 이미 익숙하게 반복되는 사건이다. 그 시간 속을 일인칭 화자가 걷고 있다. 그런데 "제각기 다른 얼굴들을 한/ 사람들은 무엇엔가 열중하며/ 걸어오고 있"다. 반복과 낯섦의 동시성이 주는 감각에 사로잡혀 있는 '나'와는 달리 "사람들은 무엇엔가 열중"한다. 이 '나'와 거리의 '군중' 사이의 거리감은 보들레르 이후 도시적 산책자가

처해 있는 전형적인 상황이다. 거리에서 '나'의 감각의 예민함과 자의식은 "무엇엔가 열중하"는 군중들의 무심한 집중력과 대비된다. '나'는 거리와 군중을 '보는 자'이고, 그들은 '내' 시선의 대상이다. '나'는 시간에 대한 예민한 관찰자이다. 그들과 '나'는 지금 다른 시간에 머물고 있다. "가벼운 구름 같이/ 서로를 통과해가는"이라는 비유에서 드러나는 것처럼, 그들 각자 혹은 그들과 '나'는 '서로를 통과해가는" 존재들, 관계가 휘발되어버린 투명성의 존재들이다.

  시간에 대한 예민한 관찰자로서의 '나'는 이 반복적인 낯섦의 공간 속에서 어떤 '예감'의 순간을 만난다. "모든 움직임은 홀연히 정지/ 하고, 거리는 일순간 정적에 휩싸이는" 순간이다. 그 순간은 거리의 공간성이 문득 압도적인 익명의 침묵 속에 갇히는 경험이다. "그런 때를 조심해야 한다"라는 진술처럼, 그것은 위험을 감지하는 순간이다. "진공 속에서 진자는/ 곧, 아무 일 없었다는 듯이/ 검은 외투를 입은 그 사람들은 다시 저 아래로/ 태연히 걸어가고 있는 것이다."와 같은 표현 속에서 그 순간을 감지하는 '나'와 '진공 속의 진자'와 같이 태연한 '저 사람들'은 확연히 구분된다. '나'는 그 투명한 진공의 순간을 '보는' 자이다. '나는 그것을 본다'라는 문장만큼이나 공간과 시간에 대한 일인칭 화자의 태도를 명시적으로 압축하고 있는 것은 없다. 그런데 '본다'라는 행위는 시각적인 것일 뿐만 아니라, 직관적인 것이기도 하다. 혹은 모든 육체적 감각에 관계된 것이다. '본다'는 동사는 '예감'이라는 명사와 깊게 관련되어 있다. 그리하여 또 하나의 모순이 탄생한다. "아무리 빠른 예감이라도/ 이미 늦은 것이다 이미/ 그곳에는 아무도 없다." 예감은 어떤 '사태'에 대해 미리 감지하는 것이지만, 그 느낌은 이미 아무도 없는 사후에 일어난다.

곧 유리창을 쏟아버릴 것 같은 검은 건물들 사이를 지나

낮은 소리들을 주고받으며

사람들은 걸어오는 것이다

몇몇은 딱딱해 보이는 모자를 썼다

이상하기도 하지, 가벼운 구름들같이

서로를 통과해가는

나는 그것을 습관이라 부른다, 또다시 모든 움직임은 홀연히 정지

하고, 거리는 일순간 정적에 휩싸이는 것이다, 그러나

안심하라, 감각이여! 아무 일 없었다는 듯이

검은 외투를 입은 그 사람들은 다시 저 아래로

태연히 걸어가고 있는 것이다

어느 투명한 저녁

아무 일 없었다는 듯이

모든 신비로부터 자신을 보호하기 위하여 　　ㅡ「어느 푸른 저녁」 부분

　어떤 예감도 이미 때늦은 예감이 되어버리는 공간, 그 공간에서 서로를 통과하는 저 투명한 익명성, 익명적 투명함을 화자는 다시 '습관'이라고 부른다. 습관이란 무의미한 반복성을 의미한다. 그 습관에 대해 시간의 예민한 관찰자인 '나'는 감각하고 있지만, "검은 외투를 입은 사람들은 다시 저 아래로/ 태연히 걸어가고 있"다. 문제는 다시, '나'의 예민한 감각과 거리의 군중들의 태연함, 혹은 무심함이다. '예감'에 휩싸인 '나'의 감각은 불안한 어떤 것이지만, 군중들의 태연함은 차라리 '내' 감각

을 안심시킨다. "안심하라, 감각이여!"라는 역설은 그렇게 발생한다. "모든 신비로부터 자신을 보호하기 위"한 '사람들'의 투명함과 태연함은 감각의 예민함을 무화시킨다. 그러니까 어느 푸른 저녁은 '나'의 예감과 '사람들'의 습관이 교차하는 시간-공간이다. 그런데 '나'의 예감은 '사람들'의 '습관'을 부정적으로 바라보기보다는 그 투명성의 순간을 호명한다. "예감이라 부른다" "습관이라 부른다"라는 두 번의 호명을 통해, 어느 푸른 저녁의 그 투명한 익명성을 감각한다. 그 감각은 도시의 낯섦과 그 낯섦의 익숙함으로부터 불안과 평온, 위험과 가능성을 동시에 발견하는 시적 사건이다. 시적 화자가 만난 예감의 순간은 시계적 시간, 관습화된 시간 개념 저편에서 침묵과 정지의 '외부'를 발견하는 경험이다.

 기형도의 거리의 감성은 이렇게 도시의 익명적 공간에서 '예감'의 순간을 발견하는 관찰자인 '나'의 시선과 '습관'의 시간 속에 있는 군중들과의 관계 속에서 구축된다. 여기서 바라보는 일인칭과 대상화된 삼인칭의 관계는 기형도의 거리의 시학을 규정짓는 중요한 시선의 구조이다. 역시 등단하던 해에 발표된 다음의 시 역시, 그 '나'와 '그'의 관계와 연관된 '시선'의 문제를 구체적으로 보여준다.

  그는 쉽게 틀켜버린다
  무슨 딱딱한 덩어리처럼
  달아날 수 없는,
  공원 등나무 그늘 속에 웅크린

  그는 앉아 있다
  최소한의 움직임만을 허용하는 자세로

나의 얼굴, 벌어진 어깨, 탄탄한 근육을 조용히 핥는
그의 탐욕스런 눈빛

나는 혐오한다, 그의 짧은 바지와
침이 흘러내리는 입과
그것을 눈치채지 못하는
허옇게 센 그의 정신과

내가 아직 한번도 가본 적 없다는 이유 하나로
나는 그의 세계에 침을 뱉고
그가 이미 추방되어버린 곳이라는 이유 하나로
나는 나의 세계를 보호하며
단 한걸음도
그의 틈입을 용서할 수 없다

갑자기 나는 그를 쳐다본다, 같은 순간 그는 간신히
등나무 아래로 시선을 떨어뜨린다
손으로는 쉴새없이 단장을 만지작거리며
여전히 입을 벌린 채
무엇인가 할 말이 있다는 듯이, 그의 육체 속에
유일하게 남아 있는 그 무엇이 거추장스럽다는 듯이

—「늙은 사람」 전문

"그는 쉽게 들켜버린다"라는 첫 문장에는, '그'는 숨겨진 자이고, '나는 보는 자라는 전제가 개입되어 있다. '내' 시선의 프레임 안에서 그 '늙은 사람'은 "무슨 딱딱한 덩어리처럼/ 달아날 수 없는,/ 공원 등나무 그늘 속에 웅크린" 존재로 묘사된다. 흥미로운 것은 시선의 주체로서의 '나'와 시선의 대상으로서의 '그'라는 일방적인 관계의 구조가 처음부터 유지되지 못한다는 것이다. "나의 얼굴, 벌어진 어깨, 탄탄한 근육을 조용히 핥는/ 그의 탐욕스런 눈빛"이라는 묘사에서 이미, 그는 단순히 보여지는 자가 아니라, 오히려 '나'를 탐욕적인 시선으로 쳐다보는 자이다. 이런 상황에서 '늙은 사람'에 대한 '나'의 연민과 같은 통상적인 감정은 개입될 여지가 없다. '나'에 대한 '그'의 탐욕적인 시선은 오히려 '나'의 거부감을 낳고, '나'는 그의 외모와 "허옇게 센 정신"을 혐오한다. "그의 세계"는 "내가 한번도 가본 적 없"는 세계이다. 그는 다른 시간 속에 존재하기 때문이다. 지금 하나의 공간 속에 있지만, 그의 세계와 '나'의 세계는 그렇게 다르다. 그는 "이미 추방되어버린 곳"이다. 늙고 소외된, 그리고 정신이 "허옇게 센" 그는, 이미 이 세계로부터 추방된 시간-공간이다. 그렇다면 그와 '나' 사이에는 탐욕과 혐오라는 관계만이 존재하는 것일까?

　마지막 연에 주목해보자. "갑자기 나는 그를 쳐다본다, 같은 순간 그는 간신히/ 등나무 아래로 시선을 떨어뜨린다." 두 사람의 이런 행위 사이에서 무슨 일이 벌어진 것일까? 탐욕과 혐오라는 관계로부터 두 사람의 변화된 시선은 다른 층위에 돌입한다. 갑자기 쳐다보는 '나'와 간신히 시선을 떨어뜨리는 '그' 사이에는 일종의 대화가 벌어진 것이다. 시선을 떨어뜨리는 그의 행위는 '나'의 시선에 대한 일종의 반응이라고 이해할 수 있다. 그 반응이 의미하는 것은 무엇일까? 그는 "무엇인가 할 말이 있다는 듯이" 행동하지만, 그 '할 말'은 무엇인가? 여기서, '나'라는 젊은 육체에 대한 그의 탐욕과, 그의 늙은 육체와 정신에 대한 '나'의 혐오는 다른 관계에 진입한다. 그것을 시선의 사건이라고 볼 수 있다면, 그것은 시선의 주체인 '나'와 시선의 대상인 '그'의 육체 사이에서 일어나는 변이이다. 그 변이의 상황에서 '그'는 '나'와 무관하지 않은 존재가 아닌가?

기형도의 시는 시적 자아인 '나'와 그것의 대상화된 허구적 자아인 '그'의 관계로 구축된다.[3] 탈서정적인 관찰자인 '나'와 죽음의 시간에 근접해 있는 '그'와의 관계는 기형도의 시적 세계 인식의 한 중요한 모티프를 이룬다. '그'에 대한 방법적인 묵시(默視)에서 그가 속한 세계에 대한 묵시(默示)로 이어지는 과정이 기형도의 시적 시선과 미학의 내용이다. 그런데 그는 정말 다만 '나'의 시선의 대상인 '그'일 뿐인가? 오히려 '그'는 '대상화된 나'이거나, 혹은 다른 시간 속에 존재하는 '나'가 아닐까? 다른 방식으로 말하면 '그'는 '내'가 예감하는 '나,' '내'가 다른 시간 속의 '나'를 본 것이 아닐까? 그렇다면, 저 늙은 존재는 다만 '그'가 아니라, '내'가 혐오하는 '나,' '나'를 질투하는 '나,' 혹은 '나'에게 할 말이 있는 '나'가 아닌가? 이 지점에서 시선의 주체인 '나'와 시선의 대상인 '그' 사이의 위상 체계는 무너져버리는 것이 아닐까? '그'와의 관계 속에서 '나'는 그 사적 성격을 잃어버리고 '그' '그것'과 분간되지 않는 상태로 돌아간다. '나'라는 주체는 비인격화된다.

    그의 장례식은 거센 비바람으로 온통 번들거렸다
    죽은 그를 실은 차는 참을 수 없이 느릿느릿 나아갔다

---

3) 이 점에 관해서는 졸고, 「묵시(默視)와 묵시(默示)―기형도적인 시 쓰기의 의미」(『환멸의 신화』, 민음사, 1995) 참조.

사람들은 장례식 행렬에 악착같이 매달렸고
백색의 차량 가득 검은 잎들은 나부꼈다
나의 혀는 천천히 굳어갔다, 그의 어린 아들은
잎들의 포위를 견디다 못해 울음을 터뜨렸다

그해 여름 많은 사람들이 무더기로 없어졌고
놀란 자의 침묵 앞에 불쑥불쑥 나타났다
망자의 혀가 거리에 흘러넘쳤다
택시 운전사는 이따금 뒤를 돌아다본다
나는 저 운전사를 믿지 못한다, 공포에 질려
나는 더듬거린다, 그는 죽은 사람이다
그 때문에 얼마나 많은 장례식들이 숨죽여야 했던가
그렇다면 그는 누구인가, 내가 가는 곳은 어디인가
나는 더 이상 대답하지 않으면 안 된다, 어디서
그 일이 터질지 아무도 모른다, 어디든지
가까운 지방으로 나는 가야 하는 것이다
이곳은 처음 지나는 벌판과 황혼,
내 입 속에 악착같이 매달린 검은 잎이 나는 두렵다

—「입 속의 검은 잎」부분

이 시는 1989년에 발표된 그의 유작 중의 하나이고, 시집의 표제작이 될 정도로 기형도의 대표작 가운데 하나로 평가받는다. 이 시에 관한 가장 일반적인 이해 중의 하나는 이 시의 배경이 1979년의 10·26으로부터 1980년 광주에 이르는 정치적 사건들이라는 것이다. 물론 그렇게 볼 수 있는 텍스트 안팎의 정황은 충분하다. 그리고 아마도 그런 맥락에서 이 시가 '1980년'을 묘사한 치열한 문학적 사례로 평가될 수도 있을 것이다. 어떤 정치적 도덕주의에 기대지 않고 있으면서도, 그 시대의 억압과 공포를 날카롭게 환기시켜주고 있기 때문이다. 그러나 이 시가 그런 제한적인 의미에서만 평가된다면 그것 역시 안타까운 일이다.

조금 다른 문맥에서, 이 시는 기형도의 시학, 그러니까 일인칭 '나'와 삼인칭 '그' 사이의 관계에 의해 시적 담론이 구축되는 과정을 가장 풍부하게 보여준다. 우선 '그'는 누구인가? 그는 "한번도 만난 적이 없는 그"이다. 한번도 만난 적이 없는 그를 생각하는 것은 "처음 지나는 벌판과 황혼"을 경험했기 때문이다. '그'와 연관된 공간과 사건 때문에 그를 생각하게 된 것이다. "그 일이 터졌을 때 나는 먼 지방에 있었다"라는 진술은 '내'가 그의 공간과 사건의 현장에 있지 못했음을 보여준다. 그 사건에 관한한 '나'는 부재자였던 것이다. 사건이 일어나기 전에 '내'가 본 것은 신문에서 "고개를 조금 숙이고 있는" 그였고, "얼마 후 그가 죽었다." 그의 장례식에 대한 묘사로 미루어 그를 유신의 독재자로 판단할 수도 있다. 그런 해석이 이 시에 대한 심각한 오독이라고 말할 수는 없겠다. 그런데 보다 중요한 것은 '그'와 '나'의 관계에 대한 이 시의 심층적인 문맥이다.

그 사건에 대해 부재자였던 '내'게 속한 것은 책과 검은 잎들의 세계이다. 부재자인 '나'는 다만 그 세계 속에 있었다. 그리고 그의 죽음 이후, "나의 혀는 천천히 굳어갔다." 그의 죽음 때문에 '나'의 침묵은 훨씬 공포스러운 것이 된다. 말할 수 없음에 대한 공포. "공포에 질려/ 나는 더 듬거린다"라는 문장처럼 '나'의 세계에 대한 두려움을 명시적으로 표현해주는 문장은 없다. 시의 후반부로 가면 '그'와 '나'의 관계는 다른 양상에 진입한다. "그 때문에 얼마나 많은 장례식들이 숨죽여야 했던가/ 그렇다면 그는 누구인가, 내가 가는 곳은 어디인가"에 이르면, 그와 '나'의 관계는 훨씬 더 혼돈 속에 빠져든다. 이 시에서 '그'—'나'—'택시 운전사'는 익명성으로 뒤섞인다. 삼인칭 '그'의 모호성은 공포에 짓눌린 '나'의 익명성과 구별되지 않는다. 죽은 자로서의 '그'가 '택시 운전사'로 전이되는 과정, 그리고 그 전이가 '나'의 익명성과 겹쳐지면서, 한 시대의 억압과 공포는 죽음의 내적 확산이라는 방식으로 드러난다. '그'와 '나'는, 그 알 수 없음과 말할 수 없음의 익명적 공포로 연결되어 있다. 그리고 이 공포의 감각은 "처음 지나는 벌판과 황혼"을 지나면서, 그 길의 시간 위에서 발생한 감각이라는 것이 다시 확인된다.

> 미안하지만 나는 이제 희망을 노래하련다
> 마른 나무에서 연거푸 물방울이 떨어지고
> 나는 천천히 노트를 덮는다
> 저녁의 정거장에 검은 구름은 멎는다
> 그러나 추억은 황량하다, 군데군데 쓰러져 있던
> 개들은 황혼이면 처량한 눈을 껌벅일 것이다
> 물방울은 손등 위를 굴러다닌다, 나는 기우뚱
> 망각을 본다, 어쩌다가 집을 떠나왔던가
> 그곳으로 흘러가는 길은 이미 지상에 없으니
> 추억이 덜 깬 개들은 내 딱딱한 손을 깨물 것이다
> 구름은 나부낀다, 얼마나 느린 속도로 사람들이 죽어갔는지
> 얼마나 많은 나뭇잎들이 그 좁고 어두운 입구로 들이닥쳤는지
> 내 노트는 알지 못한다, 그 동안 의심 많은 길들은

끝없이 갈라졌으니 혀는 흉기처럼 단단하다

물방울이여, 나그네의 말을 귀담아들어선 안 된다

주저앉으면 그뿐, 어떤 구름이 비가 되는지 알게 되리

그렇다면 나는 저녁의 정거장을 마음속에 옮겨놓는다

내 희망을 감시해온 불안의 짐짝들에게 나는 쓴다

이 누추한 육체 속에 얼마든지 머물다 가시라고

모든 길들이 흘러온다, 나는 이미 늙은 것이다

— 「정거장에서의 충고」 전문

　거리의 감수성의 한 정점을 보여주는 이 시에서 기형도의 길 위의 시간은 그 풍부한 아이러니를 드러낸다. "미안하지만 나는 이제 희망을 노래하련다"라는 첫 문장에서 왜 희망을 노래하는 것이 미안한 일인지를 독자는 알 수 없다. 두 가지 짐작이 가능하다. 희망을 노래할 수 없는 상황임에도 불구하고 희망을 노래하는 것의 미안함이 그 하나라면, 다른 하나는 '이제'라는 부사에 무게를 실어 더 이상은 절망만을 노래할 수 없는 상태라고 짐작할 수 있다. 후반부에 가면, "내 희망을 감시해온 불안의 짐짝들"이라는 표현이 등장한다. '내'게 희망은 감시당하는 어떤 것이다. 희망이 왜 감시를 당하는가? 불안이라는 '짐짝'이 있기 때문이다. 그래서 '희망'은 부끄럽게 역설적으로 발설되는 어떤 것이다.[4]

　그리고 펼쳐지는 이미지들의 움직임. 먼저 '물방울'과 '노트'가 나온다.

---

4) '희망'은 기형도의 시에서 언제나 아이러니를 동반한다. 가령, "내 희망의 내용은 질투뿐이었구나"(「질투는 나의 힘」), "길 위에서 일생을 그르치고 있는 희망이여"(「길 위에서 중얼거리다」), "나무들은 언제나 마지막이라 생각하며/ 작은 이파리들을 떨구지만/ 나의 희망은 이미 그런 종류의 것이 아니었다"(「10월」), "나는 가끔씩 어둡고 텅 빈 희망 속으로 걸어 들어간다"(「먼지투성이의 푸른 종이」)와 같은 표현들이 빈번하게 등장한다.

'물방울'은 그 사소함과 일회성과 순환성 때문에 이 시에서 반복적인 모티프가 된다. '물방울'은 '검은 구름' 속에 숨어 있을 것이고, "손등 위를 굴러다"니다가 "나그네의 말을 귀담아들어서는 안 된다"라는 충고의 청자가 된다. 기형도 시에서 자주 등장하는 '노트'는 글쓰기 혹은 시 쓰기의 이미지와 연관되어 있다. 노트를 덮은 것은 글쓰기의 끝이 아니라, 거리에서의 시 쓰기의 시작이다. "얼마나 느린 속도로 사람들이 죽어갔는지/ 얼마나 많은 나뭇잎들이 그 좁고 어두운 입구로 들이닥쳤는지/ 내 노트는 알지 못한다"라는 문장에서 '노트'는 세계의 불가해성에 대한 언어 혹은 글쓰기의 공포를 암시한다.[5] '노트'의 공포는 그의 시에 자주 등장하는 '혀'의 공포, 언어의 공포와 연관된다. 좀더 구체적으로 말한다면, 노트가 알 수 없음의 공포와 관련되어 있다면, '혀'의 공포는 말할 수 없음의 공포를 암시한다. "그동안 의심 많은 길들은/ 끝없이 갈라졌으니 혀는 흉기처럼 단단하다"와 같은 문장들을 보라.

그러나 이 시에서 가장 핵을 이루는 이미지가 있다면, 그것은 저녁의 정거장이라는 공간 그 자체일 것이다. 정거장은 길과 길 사이의 지점이다. 하나의 길이 다른 길과 만나는 지점, 하나의 존재가 다른 동선으로 옮겨가기 위해 잠시 머무는 곳이다. 정거장은 일정한 간격으로 차로 오고 떠나기 때문에 도시의 시계적 시간의 지배를 갖는 공간이다. 그런데 저녁의 정거장이다. 저녁은 아침의 생산성과 반대에 있는 시간, 하루는

---

[5] '책' 혹은 '노트' '종이'를 둘러싼 공포는 기형도 시의 중요한 이미지군을 형성한다. 이를테면 "나의 영혼은/ 검은 페이지가 대부분이다. 그러니 누가 나를 펼쳐볼 것인가"(「오래된 書籍」), "힘없는 책갈피는 이 종이를 떨어뜨리리/ 그때 내 마음은 너무나 많은 공장을 세웠으니/ 어리석게도 그토록 기록할 것이 많았구나"(「질투는 나의 힘」), "공포를 기다리던 흰 종이들아/ 망설임을 대신하던 눈물들아/ 잘 있거라, 더 이상 내 것이 아닌 열망들아"(「빈집」), "먼지투성이의 푸른 종이는 푸른색이다./ 어떤 먼지도 그것의 색깔을 바꾸지 못한다"(「먼지투성이의 푸른 종이」)와 같은 이미지들이 등장한다.

소멸의 빛 가운데 회한과 망각의 시간을 맞는다. 저녁의 정거장은 길과 길 사이에서 거리의 '황량한 추억'을 경험하는 시간-공간이다. 이 저녁의 정거장에서 무엇을 알아내고 무엇을 말할 수 있을 것인가? "나는 기우뚱/ 망각을 본다" "내 노트는 알지 못한다" "혀는 흉기처럼 단단하다"와 같은 진술 속에서 '내'가 알 수 있는 것, 내가 말할 수 있는 것은 없다. 저녁의 정거장은 깨달음의 계기가 아니라, 생의 불가해성에 대한 다른 감각을 만나는 곳이다. 그렇다면 '내'가 할 수 있는 마지막 전언은 무엇인가? "나는 쓴다"라는 마지막 행위에 주목하자. 시의 화자는 저녁의 정거장에서 알아낼 수 있는 것, 말할 수 있는 것은 없지만, 다만 "쓴다"라는 행위를 현재진행형으로 수행한다.[6]

거리에서 쓰는 자의 마지막 문장은 "이 누추한 육체 속에 얼마든지 머물다 가시라고/ 모든 길들이 흘러온다. 나는 이미 늙은 것이다"라는 진술이다. 이 문장들은 어떤 체념의 상태를 표현하는 것처럼 보인다. 그러나 더 중요한 것은 이 시의 화자가 경험한 시간 그 자체이다. '내'가 거리에서 경험하는 시간은 이를테면 "나는 일생 몫의 경험을 다했다"(「진눈깨비」)와 같은 질량을 갖는다. 거리에서의 어느 한 순간에, 생의 모든 시간의 무게를 경험하는 감각, 그 감각은 '나'의 조로(早老)를 선언하게 만든다. 그렇다면 정거장에서의 '충고'란 무엇인가? 충고란 사전적인 의미에서 남의 결함을 타이르는 것을 말하지만, 그 충고의 대상은 또한 누구인가? 표면적으로 이 시에서 충고의 대상은 "물방울이여, 나그네의

---

6) 세계의 불가해성과 지나간 시간에 대한 회한과 탄식을 뒤로하고 시의 화자가 기록하는 마지막 문장들. 이 경우 그 문장의 내용 못지않게 중요한 것은, 침묵과 탄식과 중얼거림을 뒤로하고 '쓴다'는 행위 자체의 상징성이다. 이를테면 "그리하여 나는 우선 여기에 짧은 글을 남겨둔다/ 나의 생은 미친 듯이 사랑을 찾아 헤매었으나/ 단 한번도 스스로를 사랑하지 않았노라"(「질투는 나의 힘」)와 같은 표현들을 만날 수 있다.

말을 귀담아들어선 안 된다"라는 문장 속의 '물방울'이라고 할 수 있다. 그러면 '나그네'는 누구인가? 시의 문맥에서 '나'와 '물방울' 이외에 다른 인격적인 주체를 발견하기 힘들다. 그렇다면, 나그네는 지금 역설적인 희망을 노래하고 있는 '나'일 수도 있다. 다시 그러면 물방울은? 물방울은 '나'와 '나그네'와는 다른 존재인가? 이제, 더 이상 '나'와 '물방울'과 '나그네'는 충고의 주체와 충고의 대상으로 명확하게 구분되지 않는다. 충고의 행위가 중요할 뿐이지, 충고의 주체와 대상이 중요한 것은 아니다. 이런 맥락에서 충고는 익명적인 것이 된다. 정거장의 시간은 모든 길들의 시간이 한꺼번에 흘러오는 시간이며, 그 시간 위에서 '나'와 '너'와 '그것'의 인칭적인 차이가 무화되는 시간이다. 그 시간은 정거장이라는 도시 공간 속에서의 시계적 시간을 '모든 길'의 시간, '일생 몫'의 시간으로 바꾸어놓는다. 그 시간은 물리적 세계와 습관의 체계를 벗어나는 절대적이고 자율적이며 익명적인 시간이다.

  기형도는 거리의 시인이었다. 그런데 기형도에게 중요했던 것은 도시적 풍경 자체가 아니었다. 거리 위의 그는 그곳에서 다른 시간을 만난다.[7] 그 시간은 도시의 익명성이 어떤 설명할 수 없는 위태로운 신비를 만나는 경험이다. 그 경험은 사회적인 것이면서 또한 시적인 것이다. 그 시간 속에서 기형도는 일인칭의 서정적 세계로부터 어떤 비인칭적 공간으로 자신을 이동시킨다. 거리는 기형도의 일인칭을 단지 하나의 기억

---

7) 기형도는 「어느 푸른 저녁」의 시작 메모에서 다음과 같이 쓴다: "가끔씩 어떤 '순간들'을 만난다. 그 '순간들'은 아주 낯선 것들이고 그 '낯섦'은 아주 익숙한 것들이다. 그것들은 대개 어떤 흐름의 불연속선들이 접하는 지점에서 이루어진다. 어느 방향으로 튕겨나갈지 모르는, 불안과 가능성의 세계가 그때 뛰어들어온다. 그 '순간들'은 위험하고 동시에 위대하다. 위험하기 때문에 감각들의 심판을 받으며 위대하기 때문에 존재하지 않는다"(『기형도 전집』, 문학과지성사, 1999, pp.333~34).

을 호출하는 개인성으로만 묶어두지 않았다. 거리는 그를 고립시키면서, 그 고립을 익명적인 것으로 만들었다. 도시는 그에게 개별성을 규정짓고, 동시에 그 개별성을 무화시킨다. 도시는 명사적인 것을 앗아가는 힘이다. 그는 거리에서 다른 삶의 위험한 가능성들과 만난다. 그 가능성은 1990년대 이후 한국 현대시의 중요한 미적 사회적 가능성이기도 했다. 청년의 투명한 우울이 거리에서 다른 시간을 맞닥뜨리는 사건을 만났을 때, 기형도의 문학사적 개입은 시작된다. 기형도의 시간은 한국 현대시의 지울 수 없는 시간이 되었다.

〔문학평론가〕

제2부 ..기억할 만한 지나침..
- 기형도와의 만남

김병익
김　훈
나희덕
박해현
이문재
이영준
임우기
조병준
성석제

검은 잎, 기형도, 그리고 김현

김병익

　기형도는 내게 시인으로서보다는 먼저 기자로 다가왔다. 그는 당시 중앙일보의 문화부 기자였고 문학을 담당했다. 키 작은 내가 보기에 듬직한 몸피였고 약간 긴 얼굴에 도톰한 살집이 탐스러운 호남형이었다. 구레나룻이 있었는지, 그게 잘 자라면 서구형의 멋진 캐릭터이겠다 싶었던지 기억은 가물거리지만 머리칼은 좀 곱슬거렸고 목소리에는 윤기가 흘렀던 것은 아마도 분명할 것이다. 20여 년 전의 문학과지성사는 신수동 출판단지의, 옛 기숙사 같은 긴 단층 건물의 몇 칸을 차지하고 있었고 나는 넓은 마당 쪽으로 창살을 내리지른 유리창으로 밖을 내다보며 마치 우리에 갇힌 것 같다⋯⋯라고 대체로 우울한 기분에 젖어 있을 무렵이었다. 기형도가 그 사무실로 나를 가끔 찾아왔다. 그리고 문단에 대해, 출판에 대해, 작품에 대해, 세상에 대해 묻기도 했고 내 말을 메모하는 듯도 했고, 그리고 그보다 더 많이, 내게 어렴풋한 울 밖의 세상 이야기를 전해주기도 했다.
　내가 그런 그를 의아하게 여겼던 것은 신문사의 정치부에서 자원하여 문화부로 옮겼다는 점이었다. 기자물을 얼마 동안 먹었던 나로서는 그런 역행을 도대체 이해할 수 없었다. 정치부는 편집국의 꽃이었고 문화부란 그저 무난한 곳이었다. 그런 관행을 잘 알고 있기에, 젊고 세상에 대해 야심 있어 뵈는, 그것도 정외과 출신의 기자가, 모두가 못 가서 안달하는 정치부에서 외려 편집국 변두리의 문화부로 스스로 좌천을 지원한다는 것은 상식으로 받아들일 수 없는 일이었다. 그래서 나는 한번은 그 의아심을 못 참고 왜 그랬느냐고 물어보았다. 그는 시답잖은 표정으로, 정치부란 데가 재미없어서요…… 라며 말을 돌렸다. 나는 그때만 해도 그가 혹 똘만이 기자로서 왕따 당했거나 무슨 기사 작성에서 면목없이 실수한 것은 아닐까 하는 의구를 지운 것은 아니었다. 내 생각이 잘못되었음을 깨달은 것은 그가 후에 시인으로 내게 새로이 다가오고 그의 작품을 보고 시집을 내기로 하는 등의, 그와의 관계가 기자에서 시인으로 옮겨갈 즈음부터였다. 그는 정말 정치부만이 아니라 정치를 싫어했고 그쪽에 대한 관심을 별로 챙기지 않았으며 문학에 대한 대화와 의견을 많이 펼쳤고, 그 기사들은 문학적 자질로 깊이 젖어 있었다. 80년대 후반의 그 뜨거운 정치의 계절에도 불구하고 그의 기사들은 정치와 이념의 색깔에 젖지 않고 순수한 문학적·작품적 사태로 서술·평가되고 있었고, 나는 그의 관심이 세속 정치가 아니라 언어와 상상의 세계로 뛰어넘어 있다는 것을 확인했던 것이다.
　아마 그즈음이 우리 문학 저널리즘이 가장 활발하던 시절이었던 것으로 회상된다. 한국일보의 김훈을 비롯해 그보다 젊은 박해현, 고종석 등 이제는 작가, 비평가, 에세이스트로 더 왕성한 활동을 하는 젊은 문학

담당 기자들이 당시의 들끓던 문단과 문학을 신문과 잡지에 기사와 해설로, 혹은 탁상 정담과 주석 잡담으로, 기자와 논객으로 또는 토론자와 방청자로, 지극히 활발하게, 쓰고 말하고 듣고 생각하며 주장하고 비난하고 반박하던 때였다. 나만 해도 이미 한물간 글쟁이에 변두리로 밀려난 시청자에 불과했기에 그들의 기사를 읽고 보며 이래저래 놀러 오거나 방문한 기자들의 말을 많이 듣고 또 물었다. 그 기자들 중에 기형도가 가장 자주, 외진 신수동 출판단지로 왔고 믿을 만한 문단 소식을 잔뜩 전해주었고 기사도 제일 활발하게 썼다. 내게는 낯이 선 급진파의 운동 소식을 들으며 그에게서 그들의 분파 간의 차이를 물었고 다른 계간지의 특집 기획이며 베스트셀러 목록, 출판 계획 등의 정보도 얻어들었다. 그즈음 인기 있는 작가나 작품들의 동정도 챙겼고 더러 문단 스캔들 소식도 그에게서 주위들었다. 그는 신문기자였지만 내게는 오히려 그가 세상 소식들의 매체였고 그 이해의 해설가가 되었었다.

  기형도를 기자에서 시인으로 내게 되돌려놓은 것은 그와는 '공식적 관계'밖에 없다고 말한 김현이었다. 그는 왕성한 독서 속에서 기형도의 시를 주목해 보았고 드디어는 그의 시집을 내자는 제의를 했다. 그 결정이 이루어진 후 그는 그에게 시집 간행을 권고했고 기형도도 선뜻 동의했다. 기대에 차고 열에 떠, 그는 아마 여러 달 걸려 시집 원고를 수습하며 퇴고를 했고 전체적인 틀을 구성해서 최종적인 정리를 거의 마쳤을 것이다. 그는 그 진행을 때때로 내게 보고했는데, 시집의 차례도 적어가지고 다닌 듯했고 그럴 만큼 자신의 첫 시집에 정성을 쏟았다. 그러던 어느 새벽 그는 문득 한 극장에서 주검으로 발견되었다. 예고 없는 그의 안타까운 요절이어서 그의 시집은 더욱 빨리 진행되어야 했다. 가을에

낼 예정이었던 그의 유작 시집의 발행을 박해현 등 동료 기자들의 도움을 받아 되도록 당기기로 했고 김현이 그 해설을 스스로 맡기로 했다. 김현은 권말에 실릴 작품론「영원히 닫힌 빈방의 체험」의 원고를 가져오면서 기형도가 미처 정하지 않았을 시집 제목을 '입 속의 검은 잎'으로 하자고 했다. 기형도의 시에 대해 '그로테스크 리얼리즘'이란 라벨을 붙인 것도 그 글에서의 김현이었다. 기형도의 처녀-유작 시집은 그가 작고한 1989년 3월에서 두 달 후인 5월에 간행되었고 그리고 그 해설을 쓴 김현도 암과의 투병 끝에 그로부터 1년 후인 1990년 6월에 운명했다.

예감 없이 삶을 마감한 기형도의 시들에서 김현은 죽음의 숱한 예감들을 발견했던 것이고, 그 작품들을 읽고 해설을 쓰면서 아마도 자신의 죽음을 예감했던 듯, 유달리 이런 쪽의 상념들을 진하게 펴며 침울한 문장들을 풀고 있었다. 그즈음 그는 몸에 이상을 느끼며 어머니와 형에게 죽음을 이끌어온 암에 대한 공포로 전율하고 있었을 것이다. 그 두려움 속에서 그는 젊은 시인들의 상상 세계 속으로 뛰어들어가 그 시들이 그리는 정경과 숨긴 꿈을 해부하는 데 집중적인 노력을 기울였고, 그 글들이 유고로 남아 그의 사후 6개월 만인 1990년 12월에 『말들의 풍경』으로 간행되었다. 거기에 수록된 11편의 글들은 모두 1989년과 그 이듬해에 발표되었는데 한꺼번에 집중적으로 씌어진 그 시인론들이 순서를 기다려 2년 동안 여러 계간지들에 분산 게재되었던 것이다. 『잎 속의 검은 잎』 해설로 씌어진 「영원히 닫힌 빈방의 체험」은 이 시론집 차례의 마지막 글로 실렸는데, 이 글이 김현의 가장 마지막 글은 아닐지도 모르지만 죽음을 눈앞에 두고 그 운명적인 죽음에 대한 고통스러운 자각과 씨름하던 그의 마지막 시기에 씌어진 것은 분명하다.

그렇다는 것을, 나는 그 글을 다시 읽으며 확연하게 확인하지 않을 수 없었다. 부제 '한 젊은 시인을 위한 진혼가'에 어울리게,「영원히 닫힌 빈방의 체험」에서 그는, "살아 있으라, 누구든 살아 있으라"라는 기형도 시의 한 행을 제사로 인용하면서 '죽음'에 대한 감상적인 명상, 그러나 절절한 아픔으로 쑤셔대는 진혼의 대사를 풀어놓는다. "그러나 그의 육체를 기억하는 사람들이 다 사라져 없어져버릴 때, 죽은 사람은 다시 죽는다. 그의 사진을 보거나 그의 초상을 보고서도, 그가 누구인지를 기억해내는 사람이 하나도 없게 될 때, 무서워라, 그때에 그는 정말로 없음의 세계로 들어간다. 그 없음의 세계에서 그는 결코 다시 살아날 수 없다. 그 완전한 사라짐이 사실은 세계를 지탱할 힘일는지도 모른다"(김현 문학전집 6,『젊은 시인들의 상상 세계/말들의 풍경』, p.308). 더 길게 인용하고 싶은 구절을, 너무 절절해서 중도에 자르지 않을 수 없는 김현의 진혼문은 기형도의 시를 통해, 그러나 그 자신의 사유로써 끈질기게, 죽음의 문제를 붙들고 싸우며, 그 죽음이 몰고 오는 사라짐의 허망함과 그 소멸을 극복하려는 열망을 뿜어올린다: "그의 시들을 〔……〕 읽고 기억하게 한다면 그의 육체는 사라졌어도 그는 죽지 않을 수 있다. 〔……〕 그는 빨리 되살아나 그의 육체를 모르는 사람들에게도 그의 육체를 상상할 수 있게 해줄 것이다"(p.309). 향년을 29년과 48년으로 달리하며 한 해 사이로 이어 간 두 죽음은, '입 속의 검은 잎'이란 충격적인 형해(形骸)의 이미지를 통해 허망한 죽음의 인식에 대한 시와 시인론으로 겹쳐지며 시너지 효과로 증폭한다.

  나는 기형도와 막역한 친구인 박해현에게 시 「입 속의 검은 잎」에 나오는 '그 일'과 '그'는 무엇인지, '누구'인지 물었다. 박해현은 기억을 살려 내게 이메일로 알려주었다: "기형도의 그 시는 그가 여름휴가 중 광주 망월동 묘지를 참배하고 온 뒤 쓴 작품입니다. 당시 그는 대구에서 광주에 갔습니다. 그 당시 모든 젊은이들이 그랬듯이, 기형도 역시 5·18 광주에 대한 부채 의식을 지니고 있었기 때문입니다. 그 시에 나오는 대로 광주에 가서 택시를 타고 망월동에 찾아갔다는 얘기를 한 적이 있습니다. 그러니까 그 시에서 '그 일'은 5·18이고 '그'는 시인이 상상한 일종의 전형적 인물이 아닌가 합니다"(원문대로). 유고시로 발표된 이 작품을 보는 내 앞에는 그러니까 세 육체의 죽음이 중첩된다. 5·18 광주에서의 숱한 죽음들, 그 죽음을 허연 이빨이 물고 있는 '검은 잎'의 이미지로 떠올리고 있는 요절 시인의 죽음, 그리고 그 시의 허망한 죽음의 이미지를 자신의 것으로 예감한 비평가의 죽음──나는 이 대목에서 역사와 언어와 사유에서의 죽음의 의미를 짚어본다. 그리고 나도 공감하며 전율한다: "내 입 속에 악착같이 매달린 검은 잎이 나는 두렵다"(「입속의 검은 잎」).

〔문학평론가〕

기형도 詩의 한 읽기

김 훈

    어차피 우리 모두 허물어지면 그뿐, 건너가야 할 세상 모두 가라앉으면 비로소 온갖 근심들 사라질 것을. 그러나 내 어찌 모를 것인가. 내 생 뒤에도 남아 있을 망가진 꿈들, 환멸의 구름들, 그 불안한 발자국 소리에 괴로워할 나의 죽음들.　　　　　—「이 겨울의 어두운 창문」부분

  기형도의 데뷔작인 「안개」라는 시 속에서는 죽음이 삶 위에 포개져 있다. 죽음은 삶 위에 오버랩으로 겹쳐지면서 삶을 가리우고 삶을 불가능하게 한다. 문명 속에서의 삶이란 곧, 삶과 죽음의 뿌연 혼합물일 뿐이다. 그것은 구별할 수 없을 정도로 뒤엉켜 있지만, 그 뒤엉킴을 살아가는 인간들은 그 뒤엉킴 속에 차라리 편안하다. 죽음과 삼투되어 있는 삶은 삶이 아니다. 그것은 삶에 미달하는, 어떤 아메바의 무의미한 흐느적거림 같은 것이다. 안개는 인간을 과거와 절연시키고 미래를 지우고, 인

간과 인간 사이의 관계를 지운다. "쓸쓸한 가축들처럼" 인간은 안개 속으로 삼투되어가는 "그 긴 방죽 위에" 서 있다. 그 죽음의 안개가 오히려 편안하게 느껴지는 것은 그 희뿌연 것이 폭력에 찬 세계의 기본 구조를 가리워주기 때문이다. 안개가 이따금씩 쪼개질 때, 그 틈 사이로 세계의 모습은 잠깐씩 드러난다.

> 안개가 걷히고 정오 가까이
> 공장의 검은 굴뚝들은 일제히 하늘을 향해
> 젖은 銃身을 겨눈다.

같은 시행들이 보여주는 이 세계의 기초 폭력이나 또는,

> 가끔씩 안개가 끼지 않는 날이면
> 방죽 위를 걸어가는 얼굴들은 모두 낯설다. 서로를 경계하며
> 바쁘게 지나가고, 맑고 쓸쓸한 아침들은 그러나
> 아주 드물다. 이곳은 안개의 聖地이기 때문이다.

같은 시행들이 보여주는, 무관하게 흩어져 있는 맑음과 쓸쓸함이 그 세계의 관계의 양식이다. 안개가 쪼개진 틈새로 들여다보이는 세계의 모습 즉 죽음이다. 그 위에 다시 죽음의 안개가 겹친다. 인간이 고통스러운 것은 그 세계와 인간 사이에 어떤 관계를 만들지 않고는 살아갈 수가 없기 때문이다. 안개가 그 인간과 세계 사이의 경계선을 지운다. 그 안개는 또 다른 죽음이다. 그러므로 기형도의 시가 삶에 포개어진 죽음의 오버랩이라는 나의 애초의 문장은 죽음 위에 포개어진 또 다른 죽음

이라는 문장으로 수정되지 않으면 안 된다. 안개는 원초적인 죽음을 가리우는 또 다른 죽음이다. 그 또 다른 죽음이 인간에게는 '편안하다.' 왜 편안한가. 그 또 다른 죽음 속에서 인간은 이 세계의 폭력적 기본 구조와 아무런 관계를 설정하지 않고 단지 흘러 다닐 수밖에 없기 때문이다. 기형도의 시에 자주 나오는 안개, 구름, 눈 그리고 추억 또는 정거장 같은 단어들은 죽음을 덮은 또 다른 죽음의 장치이거나 그 죽음과 죽음 사이를 흘러가는 표랑자의 내면일 것이다. 기형도의 어떤 시들은 이 세상을 덮는 그 안개나 구름을 걷어내고 세계의 실체를 그대로 드러내려는 노력을 보이기도 하지만 그는 대체로 그 안개나 구름을 걷어내지 못한다. 그가 쓴 짧은 「詩作 노트」에,

> 모든 사물과 그것들이 빚어내는 구조 및 현상에 대한 탐구를 통하여 예술적 미학과 현실적 가치체계 모두에 접근하고 싶다.

라는 구절이 들어 있는 것으로 보아, 그는 그의 시 속의 세계를 뒤덮고 있는 안개를 걷어내고, 세상의 기초가 폭력이든 허무든 간에 그것과 어떤 형태로든지 관계를 맺어보려는 말하자면, 죽음에 삼투되지 않은 그리고 죽음에 의하여 쫓겨나지 않는 삶을 세워보려는 소망을 지니고 있었던 것 같다. 1985년부터 시작되어서 1989년에 끝나버린 그의 짧은 시작(詩作)의 생애를 더듬어보면, 그는 그 "현실적 가치체계 모두에 접근하고 싶은" 소망을 거의 이루지 못한다. 그는 오히려 그 현실적 가치체계에 대한 접근의 불가능을 말하고 있다. 기형도는 죽음이 서로 삼투하고 있는 구조를 세계의 한 본질적인 운명으로 파악하고 있다. 그게 데뷔하기 이전인 1981년에 쓴 「밤눈」이라는 습작시에서,

얼어붙은 대지에는 무엇이 남아 너의 춤을 자꾸만 허공으로 띄우고 있었을까. 하늘에는 오통 네가 지난 자리마다 바람이 불고 있다. 아아, 사시나무 그림자가 가득 찬 세상, 그 끝에 첫발을 디디고 죽음도 다가서지 못하는 온도로 또 다른 하늘을 너는 돌고 있어. 네 속을 열면.

—「밤눈」부분

같은 구절들이 발견되는 것으로 보아 그의 비극적 세계인식은 보다 일찍 형성되었던 것 같다. 그 습작시 속에는 지상의 자리에 내려앉으려 하는, 그러나 내려앉지 못하고 바람에 불려다니는 존재의 아우성 같은 것들이 들어 있지만, 그의 시작이 계속됨에 따라서 그 아우성은 점차 소멸되고, 아우성이 소멸된 자리에 이 세계의 그로테스크한 풍경이 들어선다. 그가 그 세계의 비극적 구조를 하나의 냉엄한 풍경으로 포착해냈을 때나 또는 세계의 구조로부터 떠나버린 인간의 내면풍경을 드러낼 때 기형도의 시들은 일정한 성공을 거둔다. 나는 그가 세계의 구조를 풍경화함으로써 성공한 작품으로「안개」또는「죽은 구름」을, 그리고 그것을 인간의 내면 풍경화함으로써 성공한 작품으로「정거장에서의 충고」를 들겠다.

「죽은 구름」이라는 시의 구조는 그 시가 풍경화하려는 세계의 구조를 닮아 있다. 그 구조를 뜯어보면,

① "구름에 가득 찬 더러운 창문 밑에/ 한 사내가 쓰러져 있다."
② 죽은 사내는 거지 사내다. 그 사내는 문명 또는 세계와 아무런 관계도 맺지 못하는 삶을 살았다.

③ 구름은 창문으로부터 사라진다. "저 홀로 없어진 구름은 처음부터 창문의 것이 아니"다.

처럼 세 토막의 얼개로 되어 있다. 거지 사내의 더러운 죽음 앞에서 시인은 구름을 관찰하고 있다. "처음부터 창문의 것이 아닌 구름"이 더러운 창문을 가득 메우고 있다. 구름은 사라진다. 구름이 창문을 떠나는 것은 슬프거나 기쁜 일이 아니다. 그것은 기록할 만한 가치가 있는 일이 아니다. 그것은 처음부터 이 세계의 것이 아니었다. 기형도는 그 구름의 사라짐을 통하여 거지 사내의 죽음 자체를 무화(無化)시키고 있다. 나는 그 시가 세 겹의 죽음으로 짜여져 있는 것으로 읽었다. 그 세 겹의 죽음이란 문명의 죽음, 문명과 아무런 관계가 없던 거지의 죽음, 그리고 그 두 개의 죽음을 동시에 무화시키는 구름의 죽음. 그의 시 속에서는 죽음조차도 확실한 것이 아니다. 죽음조차도 또다시 없어져야 할 어떤 것이고, 그것은 기록할 만한 가치를 지니고 있지 않은 사라짐에 불과하다.

「정거장에서의 충고」는 저러한 세계로부터 밀려난 인간이 그 밀려난 세계의 극변방에서 기웃거리는 모습을 보여준다. '정거장'까지만이 이 세계이고 '정거장'을 지나면 이 세계가 아니다. '정거장'은 인간이 세계로부터 밀려난 마지막 지점이지만, 인간이 다시 세계 안으로 진입하려면 그 '정거장'을 경유하지 않으면 안 된다. 그 정거장에서 인간은 오도 가도 못 하고 머뭇거리면서 안쪽 세계의 무의미를 들여다보고 있다. 기형도는 그 '정거장'에서 정거장의 안쪽으로 들어가지도 않고 그 밖으로 달아나지도 않는다. 그는 다만 '정거장'에 처한 삶 자체를 자신의 내면으로 받아들일 뿐이다. '정거장'에서 그는 자신의 삶을 이 세계와의 관계 위에 설정하지 못한다. 그 관계에 대한 그리움은 '추억이 덜 깬 개'의 몽롱하거나 치매한 의식 속에서 다만 가물거릴 뿐이다. 그의 정거장은 새로운 희망이나 삶의 근거라기보다는, 세계로의 재진입을 단념하거나 절망하는 몸짓으로 보인다. 모든 길들이 정거장으로 흘러들지만, 갈 수 있는 길이란 없다. 거기서 젊은 그는 "나는 이미 늙은 것이다"라는 진술에 도달한다.

1989년에 기형도는 「위험한 家系·1969」라는 비교적 긴 시와 그리고 그의 유년 시절에 관한 몇 편의 시를 썼다. 「위험한 家系·1969」가 그의 시들 중에서 좋은 부분이라고는 말할 수 없지만 그를 이해하기 위하여 필요한 부분이라고는 말할 수 있다. 그 시 속에서, 또는 그의 다른 시들의 곳곳에서 나타나는 '아버지'는 삶의 불가능을 대표하는 존재이다. 1969라는 연대가 제목에 붙어 있는 것으로 보아 기형도가 10세 무렵에 받아들였던 세계의 원형에 대한 기록인 것으로 보인다. 그 시 속에서 아버지의 삶은 이루어지지 않는다. 아버지는 끝없이 무너지고, 소년의 생명은 무너지는 아버지의 삶 위에 힘겹게 솟아오르려 하고 있다. 그 솟아오름은 두려운 것이다. 그러나 그 두려움 속에는 신선한 설렘이 들어 있다.

뚝방에는 패랭이꽃이 무수히 피어 있었다. 모두 다 꽃씨를 갖고 있다니.

같은 시행 속에서 그 두려움과 설렘을 읽을 수 있다. 그러나 그가 성장함에 따라 그 설렘의 세계는 무너져버리고 그의 시는 유년의 생명의 설렘을 더 이상 진전시키지 않고 있다. 그는 죽음의 세계를 향해 곧바로 진입했던 것이다. 나의 이 글은 그의 유년의 세계를 자세히 들여다보지 못하는 결함을 갖는다. 그리고 그의 무전망(無展望)한 비극적 세계관이 그의 문체와 결합되는 부분을 역시 들여다보지 못하는 결함을 갖는다. 나는 누가 다른 사람이 그 일을 해주었으면 한다.

  나는 기형도가 죽은 새벽의 심야극장——그 비인간화된 캄캄한 도시 공간을 생각하고 있다. 그가 선택한 죽음의 장소는 나를 늘 진저리치게 만든다. 앞으로도 오랫동안 그러할 것이다. 그의 검은 눈썹과 노래 잘하던 아름다운 목청이 흙 속에서 이제 썩고 있는 모습도 지금 내 눈에 보인다. 형도야, 네가 나보다 먼저 가서 내 선배가 되었구나. 하기야 먼저 가고 나중 가는 것이 무슨 큰 대수랴. 기왕지사 그렇게 되었으니 뒤돌아보지 말고 가거라. 너의 관을 붙들고 "이놈아 거긴 왜 들어가 있니. 빨리 나오라니깐" 하고 울부짖던 너의 모친의 울음도. 그리고 너의 빈소에서 집단최면 식의 싸움판을 벌인 너의 동료 시쟁이들이 슬픔도 아랑곳하지 않고 가거라. 그리고 다시는 생사(生死)를 거듭하지 말아라. 인간으로도 축생으로도 다시는 삶을 받지 말아라. 썩어서 공(空)이 되거라. 네가 간 그곳은 어떠냐…… 누런 해가 돋고 흰 달이 뜨더냐.

〔소설가〕

얼음과 물의 경계

나희덕

메멘토 모리. 죽음을 기억하십시오. 어느 수도원에선가는 이 말로 인사말을 대신한다고 한다. 서로의 존재를 확인하고 안녕을 기원하는 세간의 풍속과는 달리 부재의 확인을 통해 존재를 성찰하는 그들이 부럽기도 했다. 그러나 세간의 인사에 길들어 살아가는 나에게도 누군가 그런 인사를 건네는 날이 이따금 있기는 하다. 매년 삼월 첫째 주말, 기형도 시인의 묘소에 갈 때마다 내 안에 살아 있는 그가 이렇게 인사를 건네는 것이다. 메멘토 모리.

나는 그와 많은 이야기를 나누어보지는 못했다. 나는 2학년 때 연세문학회에 들어갔는데, 그는 이미 졸업을 한 뒤라 술자리에서 몇 번 마주쳤을 뿐이다. 그리고 내가 신춘문예에 당선된 1989년에 그는 중앙일보 편집부 기자였지만, 그후 석 달 만에 갑자기 세상을 떠나고 말았다. 그때 중앙일보 복도에서 자판기 커피를 뽑아주며 창밖의 희부연 풍경을 바라보던 모습이 내가 가장 가까이 본 모습이자 마지막 만남이었다. 조금씩 엇갈린 인연이었던 셈이다.

그런데도 십 년 동안 그의 주기 때마다 묘소에 가는 것을 한번도 거르지 않았다는 사실이 지금 생각해보면 이상스럽기도 하다. 나는 그에 대해 추억할 무엇도 가지고 있지 못하며 그렇다고 내가 유별난 의리의 소유자인 것도 아니기에 말이다. 그것은 마치 신년을 맞이하며 해돋이를 보러 가는 것과 비슷하게, 봄이 오기 직전 어떤 죽음 하나를 만나러 가는 습관화된 의식 같은 것이 되어버린 느낌이다. 나는 왠지 그가 죽고 나서야 비로소 그를 조금씩 알아가고 있는 것 같다.

모든 죽음은 결국 살아 있는 자에 의해 유추되고 해석되는 것이기는 하지만, 그의 죽음은 해마다 조금씩 다른 표정을 내게 보여주었다. 그의 묘소에 가려면 늘 지나치는 저수지가 하나 있는데, 그 무렵이 되면 얼었던 물도 다 풀리고 나무마다 새싹이 돋아나곤 한다. 그런데 막상 그가 묻힌 산언덕에 이르면 왜 그리도 춥고 음산하던지 그의 죽음에 온통 살얼음이 박혀 있는 느낌이 들곤 했다.

그의 시를 읽으면서도 시린 느낌은 마찬가지인데, 그것은 아마 그의 시에 유난히 많이 나오는 얼음과 눈(雪) 이미지 때문이기도 할 것이다. 그에게는 안개나 구름조차도 "두꺼운 공중의 종잇장"이나 "희고 딱딱한 액체"(「안개」)와 다름없었다.

"밤에 깨어 있음./방 안에 물이 얼어 있음./손(手)은 영하 1도"(「새벽이 오는 方法」)라고 했을 때, 나는 그가 살았던 방의 윗목, 아니 늘 윗목인 삶을 떠올린다. 거기서 그는 시린 손으로 '겨울 판화'를 새기듯 시를 써나갔으리라. "내 몸은 얼음으로 꽉 찬 모양이야"(「聖誕木」) 중얼거리며 성냥을 그어대기도 하고, 눈길 위에 떨어진 서류봉투를 주우며

"나는 불행하다/이런 것은 아니었다, 나는 일생 몫의 경험을 다 했다, 진눈깨비"(「진눈깨비」)라고 탄식하기도 한다.

그때 그의 내부를 가득 채우고 있는 얼음과 진눈깨비는 실은 그의 눈물이 응결된 것이다. 세상을 너무 축복하였기에 거꾸로 매달려 외로운 천형을 견디고 있는 고드름처럼, 부단히 "오르기 위하여 떨어지는" 정신으로 말미암아 그는 오래도록 고통받아야 했다. "나 또한 얼마만큼 오래 냉각된 꿈속을 뒤척여야 진실로 즐거운 액체가 되어 내 생을 적실 것인가"(「이 겨울의 어두운 창문」) 노래하면서, 그는 녹아 흐르고 싶어했으며, 그러기 위해 자신의 삶 속에 얼음처럼 박힌 죽음의 그림자를 향해 힘겹게 불꽃을 피워 올렸다. 그러나 그가 지핀 불은 대체로 작은 성냥개비나 창백한 초 또는 램프에 붙여진 불이어서 "자고 일어나면 머리맡의 촛불은 이미 없어지고/ 하얗고 딱딱한 옷을 입은 빈 병만 우두커니 나를 쳐다"(「10월」)보는 것이었다.

그러한 빈 병 또는 빈방은 결국 그의 육체를 가두고 말았지만, 그의 시만은 오히려 결빙된 절망으로 빛나는 날을 가지게 되었고 수많은 영혼에게 깊은 흔적을 남겼다. 특히 그의 범상치 않은 죽음의 에피소드를 둘러싸고 진행되어온 신비화가 없지 않았다. 그로 인해 그의 시는 일정한 부가가치를 얻은 대신 문학으로서는 갇힌 부분이 있었던 것도 사실이다. 이제 그의 죽음 자체가 던진 충격에서 벗어나기에 충분한 시간이 흘렀다. 시간이란 모든 대상을 빛바래게 하는 대신 적절한 거리를 베풀어줌으로써 오히려 새로운 발견을 가능케 한다.

십 년 만에 전집으로 새롭게 묶인 그의 시들을 다시 읽으면서 나는 얼음과 물의 경계에 대해 내내 생각했다. 이십대의 나에게 그의 시는 결코 녹을 것 같지 않은 단단한 얼음이었다면, 지금의 나에게는 간절히 녹고자 한 영혼, 이미 녹기 시작한 영혼의 일렁임 같은 게 만져진다. 이것이 세월을 거슬러 흘러갈 수 있는 시의 고유한 힘인지, 젊음의 팽팽한 긴장에서 어느 정도 놓여난 내 마음의 반영인지는 알 수 없다.

다만 삶과 죽음의 경계란 물과 얼음의 경계처럼 단호한 듯하지만 끊임없이 삼투되면서 새롭게 생겨나는 것이라 생각한다. 죽음을 기억하십시오, 이 인사가 마침내 일상이 될 때까지 우리는 언 물과 얼지 않은 물 사이에서 오래 출렁거려야 할 것이다. 그리하여 그를 기억하는 일이 더 이상 죽음의 성채를 쌓는 일이 아니라 삶으로 죽음을 녹여내는 일이 될 때, 그와 그의 시는 무연한 강물처럼 자유로워질 것이다. 그 역시 「잎·눈[雪]·바람 속에서」에서 이렇게 말하지 않았는가. "나는 살아 있다. 解氷의 江과 얼음山 속을 오가며 살아 있다."

〔시인〕

추억의 빈집

박해현

가브리엘 가르시아 마르케스는 자서전 『이야기하기 위해 살다』에 다음과 같은 서문을 적었다. "삶은 한 사람이 살았던 것 그 자체가 아니라, 현재 그 사람이 기억하고 있는 것이며, 그 삶을 얘기하기 위해 어떻게 기억하느냐는 것이다."

나는 지금 내 삶의 한 부분을 내가 아닌 다른 사람의 이름으로 기억해서 말하려고 한다. 그 타인의 이름은 기형도. 한때 내 삶의 가장 깊은 곳까지 들어왔던 사람의 이름을 매우 오래간만에 문자언어로 불러본다.

내가 기형도를 처음 만난 것은 1986년 겨울이었다. 당시 나는 중앙일보 공채 23기로 입사해 신입사원 연수원에 있었다. 연수가 끝날 무렵 중앙일보 선배 기자들이 새내기 기자들을 찾아와 주연을 베푸는 자리가 열렸다. "박해현이 너냐?"라고 기형도는 처음 내게 말을 걸었다. 그러고는 "여자인 줄 알았는데……"라며 약간 실망했다는 표정을 우스꽝스럽게 지었다. 신문사 입사 시험을 통과한 직후 나는 한 선배 기자에게 "기형도 선배의 기사를 평소 열심히 읽어왔다. 나도 언젠가는 그 선배처럼 문화부 기자로 일하고 싶다"고 무심코 말한 적이 있었다. 아마 그 말이 기형도의 귀에 들어갔던 모양인지 그는 후배 기자들 중에서 가장 먼저 나를 찾았다.

나보다 2기 앞선 선배였던 기형도는 정치부 기자로 중앙청을 출입했다가 문화부에서 그날그날 지면의 맨 끝을 장식하는 방송연예기사를 쓰고 있었다. 그가 시인이란 것을 알지 못한 상태에서 나는 한 독자로서 그의 기사를 흥미롭게 읽어왔다. 흔히 '딴따라 기사'라고 폄하되던 기존의 연예기사와는 달리 문학적 향취가 넘치는 그의 문체는 내 눈을 단번에 사로잡았다. 건조한 신문기사에서 찾아볼 수 없는 생기 있는 언어의 발랄함이 무척 매혹적이었다. 신문을 1면에서부터 넘기다가 그의 글을 찾으면 사막에서 한 송이 꽃을 발견한 기분이었다.

기형도와의 첫 만남 이후 7개월 뒤 나는 견습기자를 마치고 문화부로 발령을 받았다. 그리고 기형도가 맡았던 방송 면을 물려받았다. 내가 희망했던 문화부에서 일하는 기분은 꿀맛이었다. 당시 문화부는 '작은 문단'이었다. 정규웅 문화부장은 문학평론가였고, 소설가 양헌석, 시인 기형도가 포진해 있었다. 내가 활자로만 접했던 숱한 문인들이 점심이고 저녁이고 찾아왔고, 그들과 선배 기자들이 주고받는 이야기를 안주로 삼아 듣는 재미가 쏠쏠했던 술자리가 잦았던지라 매일 출근하는 것이 즐거웠다.

문화부 말석이었던 내 오른쪽으로 기형도가 앉았다. 처음 내 자리에 앉았을 때 기형도가 기사 한 꼭지를 써보라고 했다. 뭘 썼는지 기억나지 않지만 내 원고를 쑥 훑어본 기형도가 원고지 위에 붉은 사인펜으로 난

도질을 하더니 미숙한 글을 이리저리 고쳤던 것은 생생하게 떠올릴 수 있다. 나는 그렇게 해서 기형도로부터 문화부 기자가 되는 훈련을 받았다.

당시 중앙일보는 석간이었다. 낮 12시 직전에 그날 신문이 나왔다. 나는 기형도와 거의 매일 점심을 함께 먹었다. 석간신문 편집국의 오후는 별일이 없는 한 평온한 바다와 같았다. 1987년 초여름의 어느 오후에 그는 「오후 4시의 희망」이란 시를 보여주었다. "金은 블라인드를 내린다, 무엇인가/ 생각해야 한다, 나는 침묵이 두렵다[……]"

당시 문화부의 뒤편에는 블라인드를 친 거대한 유리창이 있었다. 기형도는 블라인드를 친 사무실에 갇힌 한 사무직 근로자의 오후를 묘사한 이 시를 통해 희망이란 말로 당시 그 자신이 느꼈던 절망의 역설적 표현을 구사했다. 젊은 그는 "절망, 절망"이란 말을 희화적으로 반복하면서 '조로(早老)'의 익살을 즐겼다. 나중에 그는 기행문 「짧은 여행의 기록」에서 스스로 '혼란과 쟁투, 근심에의 탐닉을 통한 유한자로서의 생 읽기 버릇'이라고 실토했다.

아무튼 나는 약 2년 동안 기형도의 첫 독자 역할을 톡톡히 해내야 했다. 가능한 한 그의 기분을 상하게 하지 않기 위해 호평을 해야 했고, "정말로 그 시가 좋으냐, 그렇다면 근거를 대보라"며 기쁜 표정으로 채근하는 그의 집요함을 만족시켜주기 위해 교활한 언어를 구사해야 했다. 그리고 내 귀는 언젠가부터 그가 무심코 중얼거리는 소리도 외워두기 시작했다. 언젠가 함께 퇴근할 무렵 서소문 거리를 걸어가다가, 그가 저녁 거리 풍경을 바라보면서 중얼거렸다. "저녁 거리마다 물끄러미 청춘을 세워두고/ 살아온 날들을 신기하게 세어보았으니[……]"라는 그 중얼거림은 나중에 시 「질투는 나의 힘」에서 고스란히 되살아났다.

"휴일의 대부분은 죽은 자들에 대한 추억에 바쳐진다"며 시작하는 시

「흔해빠진 독서」 초고를 처음 본 것은 어느 월요일이었다. 그는 전날 집에서 기르던 돼지에게 주사를 놔준 뒤 책을 뒤적이다가 그 시를 썼다고 말했다.

기형도는 야근이 아니더라도 신문사에서 밤을 종종 보내곤 했다. 경기도에 있는 집에 돌아가기에 너무 늦은 시간이 되면 신문사에 그냥 눌러 앉기 일쑤였다. 다음 날 출근시간이 돼도 나타나지 않으면 숙직실에서 곤히 자는 그를 깨우는 것이 내 주요 업무 중 하나였다. 비가 쏟아지던 밤에 그는 조용한 빌딩의 창밖을 내다보면서 시를 쓰기도 했다. "밤 세시, 길 밖으로 모두 흘러간다 나는 금지된다/ 장마비 빈 빌딩에 퍼붓는다/ 물 위를 읽을 수 없는 문장들이 지나가고/ 나는 더 이상 인기척을 내지 않는다"(「물 속의 사막」 부분).

많은 사람들이 지금도 묻는다. 왜 기형도는 그날 그 심야극장에 갔느냐고. 그는 집으로 가는 버스가 끊기면 혼자서 밤거리를 돌아다니길 좋아했다. 잠은 신문사 숙직실에서 자면 됐으니까.

기형도에게는 결벽증이 있었다. 원고지에 기사를 쓰다가 수정을 하면 그 줄을 그대로 오려 버리고, 다른 원고지에 쓴 깨끗한 문장을 그 자리에 갖다 붙였다. 책에 밑줄을 그을 때면 반드시 푸른색 색연필을 썼다. 푸른 색연필의 궤적은 검은 활자를 먹어치우지 않기 때문이라고 그는 말했다. 그를 만난 이후 나는 지금까지 푸른 색연필로 밑줄을 긋는다.

지금 생각해보면, 1986년 겨울에서 1989년 봄 사이, 비록 짧은 시절이었지만 나는 기형도와 참 많은 시간을 함께 보냈다. 내가 지금도 가장 아끼는 책은 기형도가 사준 박상륭의 소설집 『열명길』이다. 그 책을 펼치면, "우연한 토요일, 맑은 밤 延大 동행하며 87.10.24"라는 그의 육필이 눈에 들어온다.

그는 첫 시집을 준비하면서 수록할 시 원고 뭉치를 내게 건넸다. 시집 제목은 『정거장에서의 추억』으로 할지 고민 중이라고 했다. 그는 첫 시집을 내기도 전에 두번째 시집 제목은 정해두었다고 했다. 「내 인생의 중세」라는 시 도입부만 써놓은 상태였는데, 당시 『중세의 가을』을 탐독했기 때문이었다. 하지만 그는 자기 생의 중세를 경험하지 못한 채 영원한 청년으로 남아 있다. 그리고 그는 내 추억의 빈집에서 여전히 종이를 마주하면 뭘 써야 할지 모르는 공포에 떨고 있다. 하지만 그는 그 공포를 즐기고 있다. 그는 한때 시 쓰기란 말할 수 없는 것에 관해 말해야 하는 '불행한 쾌락'이라고 말했으니까.

〔조선일보 문화부 기자〕

기형도에서 중얼거리다

이문재

그가 죽었을 때, 아니 그가 적십자병원 영안실에 있다는 소리를 들었을 때, 나는 상중(喪中)이었다. 늙은 아버지를 선산에 모시고, 아버지가 잘 돌아가셨는지 다시 무덤에 가서 제를 올리고, 서울로 막 돌아왔을 때, 시 쓰는 선배가 전화를 걸어왔다. "그래도 네가 알고 있어야 할 것 같다." 나는 조금 어지러웠다. 전화를 끊고 나서 한참 동안 창밖을 보고 있어야 했다. 그해 3월 8일 늦은 오후의 햇살은 느린 사양(斜陽)이었다.

그를 만나기 전 날, 그러니까 3월 3일 저녁, 병중의 아버지께서 숨을 놓으셨다. 나는 아내와 생후 7개월 된 딸아이를 안고 김포 집으로 달려갔다. 임종을 하지 못했다. 다음 날 오후부터 문상객들이 찾아오기 시작했다. 막 삼십대에 접어든 젊은 시인의 부친상을 조문하러 오는 이들은 거의 내 또래 시인들이었다. 나는 상복을 입은 채 그를 따라 나섰다. 우리 집 대문 앞에 망자가 신던 털신 한 켤레와 생쌀 한 종지기가 놓여 있었다. 망자의 흔적은 경건해 보이지 않았다. 나는 눈 둘 데가 적당하지 않았다. 해현이 옆에 있었던가. 그때 그가 말했다.

"형, 상복이 참 잘 어울리네요."

그는 웃었다. 상복이 어울리다니? 나도 웃었다. 따라 웃으면서도 저 인사를 어떻게 받아들여야 할지 난감했다. 체홉의 「갈매기」 첫 대사가 떠오른 것은 한참 뒤였다. 저 난데없는 인사가 내가 들은, 그의 마지막 육성이었다. 그해 3월 4일 저녁이었다. 그날 밤 그가 서울로 돌아갔는지, 아니면 시 쓰는 친구들과 우리 동네에서 하루 묵었는지 기억이 나지 않는다. 아버지는 이튿날 마을 앞 선산으로 모셔졌다. 상여가 나갈 때 싸락눈이 내렸다. 장사 지내고 돌아와서 보니, 고인이 누워 계시던 안방이 그렇게 커 보일 수가 없었다. 삼우제를 지내고 나는 서울로 돌아왔다. 그리고 그 다음 날인 3월 9일, 그의 하관을 보기 위해 안성으로 달려갔다. 1989년 3월 초순, 나는 혼자 '줄초상'을 치렀다.

그가 젊음을 놓아버리기 한 해 전인 1988년 나는 첫 시집을 펴냈다. 그때 그는 중앙일보 문화부 기자였고, 나는 경향신문 출판국 기자였다. 첫 시집이 나온 지 얼마 되지 않던 어느 날, 마감에 쫓기던 나는 점심시간에 혼자 기사를 쓰고 있었다. 그때 그에게서 전화가 왔다. 내용인즉슨, 내 첫 시집에 대한 기사를 길게 썼는데 데스크에서 잘렸다는 것, 그래서 매우 안타깝다는 것, 내일 1단 분량으로 나간다는 것이었다. 그러고는 그 짧은 기사를(아마 짧아서 그랬으리라) 전화로 읽어주는 것이었다. 나는 대꾸도 제대로 못 하고 전화를 끊었다. 나는 전화를 끊고, 실내체육관만 한 출판국을 혼자 서성거렸다. 기분이 나쁘지 않았다. 첫 시집에 대한 기사는 그가 쓴 1단 짜리 '신간 안내'가 처음이었고, 또 유일했다. 그가 세상을 떠난 이후, 나는 16년이나 더 기자생활을 했지만, 누구한테 기사를 미리 읽어준 적이 없다. 그에 견주면, 나는 내가 쓴 글에 대한 애착이 턱없이 부족했던 것이다.

서글서글한 눈매, 살가운 말투, 그리고 때로 조금 지나쳐 보이는 자상한 바디 랭귀지가 떠오른다. 그가 살아 있을 때는 그 눈매를 자세히 들여다볼 기회가 없었다. 그가 떠나고 나서 사진을 보고 알았다. 서글서글한 눈매는 깊어서 그윽한 눈매였고, 깊고 그윽해서 젖어 있는 눈매였다. 그의 살가움과 자상함은 타자에 대한 이해와 배려에서 나오는 것이었는데, 그것이 습성처럼 몸에 배어 있는 듯해서, 나보다 6개월 쯤 뒤에 태어난 그가 나의 몇 년 선배처럼 보일 때가 많았다. 나중에 알았지만, 타자에 대한 이해와 배려가 깊은 사람은 자기 속내를 잘 드러내지 않는 경향이 있었다.

나는 그가 나의 부친상에 다녀간 것이 못내 부담스러웠다. 아버지를 떠나보내고 근신하고 있어야 마땅한데도 불구하고, 안성까지 굳이 달려갔던 것도 논리적으로는 설명할 수 없는 어떤 미안함 때문이었다. 아주 어릴 적에, 어른들이 하는 말을 들은 적이 있다. '상가에 함부로 가는 것이 아니란다. 망자한테 끌려가는 수가 있어요.' 어떤 선배한테 이런 얘기를 꺼냈더니, 선배는 "억울하게 죽은 망자들이나 그런 해코지를 하는 거야. 네 아버님은 천수를 다 하셨잖아." 그래도 나는 편치가 않았다.

베트남의 영웅적 시인 휴틴의 이야기를 들은 것은 최근이다. 베트남전 당시, 호치민이 시에 '강철'을 집어넣으라고 훈계할 때, 휴틴은 자기 시에 '사랑'이 녹아들게 했다. 그는 베트남 전의 영웅이었다. 호치민 루트를 통해, 살아서 사이공을 점령한 몇 안 되는 월맹군이었다. 얼마 전 강태형 형에게 듣기로, 휴틴은 본명이 아니다. 원래 휴틴은 현재 휴틴의 전우였다. 현재 휴틴의 전우였던 원래 휴틴은 시를 쓰는 소년병이었다.

현재 휴틴은 원래 휴틴이 전장에서 죽자, 자기 이름을 버리고 죽은 친구의 이름을 쓰기 시작했다. 그때 둘의 나이 열일곱이었다. 현재의 휴틴은 그러니까 두 사람, 두 시인인 것이다. 나는 베트남의 국민시인 휴틴에게서 '살아남은 자의 슬픔'이 아니라 '살아남은 자의 임무' 같은 것을 보았다.

살아 있는 모든 시인은 적어도 둘 이상의 삶을 산다고 나는 믿는다. 그리고 그 중 적어도 하나 이상은 죽은 시인의 삶이다. 그러니 우리가 쓰는 시 가운데 일부는 추모시이다. 추모시를 써보지 않았다면, 아직 시인이 아니다. 시에 추모의 성격이 배어 있지 않다면, 아직 진정한 시가 아니다. 우리의 그는 저 '강철'의 시대였던 1980년대를 이십대로 통과해 온 우리에게 추모시를 쓰게 했다. '사랑'을 잃은 우리에게 '사랑'을 쓰게 했다. 우리가 선명하게 인식했든, 아니면 무의식의 차원이어서 희미했든, 1989년 3월 7일 이후 우리는 추모시를 썼다. 진정한 삶을 살고자 애쓰는 사람이라면, 그 사람의 삶에는 죽은 사람의 삶이 반드시 들어가 있다. 우리의 삶은 죽은 삶과 더불어 사는 삶이다.

가장 행복한 독자는 자기가 좋아하는 시인을 한 번도 만난 적이 없는 독자이다. 시인에 대한 이미지가 깨지는 것은 둘째 문제다. 시인과 대화를 나누었거나, 시인의 시 낭송을 들었다면 그때부터 낭패다. 그때부터 그 시인의 시를 자기 방식으로 읽기가 어려워진다. 그때부터 시를 읽을 때, 그 시인의 음성이 개입한다. 대중가요 혹은 가곡으로 널리 알려진 명시들을 보라. 소월의「개여울」이나 지용의「향수」를 '독자적'으로 읽기란 거의 불가능하다. 노래로 만들어진 명시는 불행하다. 독자에게 주어진 자율적이고 개성적인 읽기 방식을 가수에게 빼앗겼기 때문이다. 시인은 불행한 독자다. 선후배, 동료 시인들의 억양을 잘 알고 있기 때문에 그들의 시를 자기 방식대로 읽기가 어렵다. 나는 더 불행하다. 기자 시절, 얼마나 많은 시인과 작가를 만났던가. 나는 지금도 그의 시를 내 나름의 리듬으로 읽기가 어렵다.

　20년이 지났는데도 내가 아직도 잘 쓰지 못하는 시어가 몇 개 있다. '희망'과 '사랑' 그리고 '-네'라는 종결어미다. "나의 생은 미친 듯이 사랑을 찾아 헤매었으나/단 한 번도 스스로를 사랑하지 않았노라"(「질투는 나의 힘」), "미안하지만 나는 이제 희망을 노래하련다"(「정거장에서의 충고」), 그리고 "가엾은 내 사랑 빈집에 갇혔네"(「빈집」). 사랑과 희망을, 그리고 종결어미 '-네'를 그보다 더 빼어나게 구사할 수가 없었기 때문이다. 뒤늦게 고백하거니와, 나의 어떤 시에 "그때 나는 나에게 지극해야 했다"라는 대목이 있는데, 그것은 「질투는 나의 힘」의 강력한 자장(磁場)에서 벗어나고자 했던 안간힘 가운데 하나였다.

　그가 지구의 중력을 벗어난 지 20년이다. 아버지께서 온 곳으로 돌아가신 지도 20년이 지났다. 그런데 올해는 내 아버지가 태어나신 지 꼭 100년 째 되는 해이고, 나는 아버지가 나를 낳으셨던 바로 그 나이, 만 쉰 살이 되어 있다. 그는 늘 나의 아버지와 겹쳐서 떠오른다. 2009년 3월 초순은 혼자서 건너가기가 만만치 않다.

〔시인〕

형도야, 어두운 거리에서
미친 듯 사랑을 찾아 헤매었느냐

이영준

1989년 3월 말, 기형도가 작고한 직후, 그의 유고 시집을 묶기 위해 원고를 정리하던 사람들이 가회동 꼭대기의 내 집에 모였다. 고등학교 시절부터 형도의 친구였던 조병준, 대학 시절 친했던 이성겸, 성석제, 원재길, 나, 그리고 직장 생활을 같이했던 박해현 등은 성석제가 형도의 집에서 수습해온 유고 더미를 가지고 작품 선정 작업에 임했다. 우리는 그가 남긴 유고들 중 많은 부분이 습작이라고 판단했다. 작고 직전까지 형도가 시집 출간을 위해 이리저리 시집 차례를 구상한 노트가 남아 있어 결정적인 도움이 되었다. 많은 작품을 제외하면서도 마음이 그리 무겁지 않았다. 고인의 의사에 따른다는 확신이 있었기 때문이다. 그가 만들어놓은 목록에 추가한 작품은 열 편 정도에 지나지 않을 것이다. 그 원고에다 김현의 해설을 받아 그해 5월에 기형도 유고 시집 『입 속의 검은 잎』이 출간되었다. 그 시집은 빠른 속도로 팔려나갔고 시간이 지날

수록 독자들의 숫자는 줄기는커녕 더 늘어났다. 수사가 화려한 그의 감성적인 시는 놀라운 감염력으로 젊은 독자들을 사로잡았다. 그가 생존했더라면 제외했을 것임에 틀림없다고 생각해서 우리가 포함시키지 않은, 대학 시절의 습작으로 간주한 시와 산문들도 그 후 차례차례 출판되었다. 나는 그런 현상에 고개를 돌렸다.

지금 와서 다시 읽어보니 세월이 지나면서 마음이 느슨해진 것인지, 당시에는 감상적인 시인 지망생의 습작으로 보였던 작품들이 나름대로 기형도의 시 세계를 보여준다는 생각이 든다. 그의 1주기를 맞아 발표한 글에서, 나는 그의 시 세계가 유폐된 공간에 머물렀고 거기서 맞닥뜨린 죽음의 세계를 넘어서려는 순간에 작고한 것으로 요약했다. 당시에 내가 짐짓 간과한 것은 그의 시가 가슴이 먹먹해질 정도로 충만한 감정의 밀도, 불꽃 같은 수사를 밀고 나가는 젊음의 열망과 고통 그 자체였다는 생각이 든다.

문학 작품이 그 작가의 반영이라고 믿는 사람은 아직도 많다. 그의 시 세계가 시인의 생애를 반영하고 있다고 철석같이 믿는 사람들은 두 패로 나뉜다. 시를 읽어 그를 상상한 사람들은 어둠 속에 우두커니 서 있는 기형도를 그려낸다. 그러나 가까이서 그를 사귀어온 사람들은 그의 시가 드러내는 저 깊은 어둠의 음악을 견디기 힘들다. 두 눈과 두 귀로 그의 동작과 목소리를 보고 들은 사람들은, 유쾌한 농담과 능청스런 엄살과 재치 넘치는 수다로 주위를 환히 밝히던 그를 뇌리에서 지울 수 없다. 지금도 한번씩 생각나는 그의 말투, 새로운 소식을 전할 때마다 환하게 웃으며 스타카토로 "경악, 경악!"하고 말하던 그 선량해 보이는 청년이 남겨놓은 시의 절망은 한동안 나를 당혹케 했다. 좀 안 좋은 일이 있어도 "아, 절망, 절망!" 이렇게 빠르게 말하는 그의 과장된 말투와 몸짓에서 음울한 그림자는 찾을 수 없었다. 나를 포함한 주위의 친구들에게 그의 시는 과장이거나 상상적 허구였고 현실에서 우리에게 보여준 자신의 모습을 배반하고 있는 것처럼 보였다. 하지만 그는 "미친 듯이 사랑을 찾아 헤매었으나/ 단 한번도 스스로를 사랑하지 않았노라"고 썼다. 이 구절은 지금도 내 마음을 할퀸다.

내가 기형도를 처음 만난 것은 1979년 봄이었다. 친구인 성원근이 하도 같이 가자고 성화를 해서 연세문학회의 시 합평회에 갔고 거기서 그를 보게 되었다. 선한 눈매를 가진 해사한 얼굴의 그 청년은 목소리도 부드러운 서울 사람이었다. 경상도에서 갓 올라와 기죽지 않으려고 목에 힘을 잔뜩 주고 있던 내게, 형도의 수다는 꽤 성가셨다. 게다가 "그랬니? 안 그랬니?" 하는 서울 말투는, 지금은 내 스스로도 믿을 수 없을 정도로, 너무나 여성적으로 들려서 거슬렸다. 하지만 그가 어느 날 술자리에서, 송창식의 것이었던가, 노래를 한 곡 했을 때 나는 단박에 녀석을 좋아하게 되었다. 나중에 알게 된 것이지만 녀석은 고등학교 시절에 합창반 활동을 한 모양이었다. 후일 제법 많은 문인들이 가수에 버금가는 가창력을 지니고 있다는 걸 알게 되었지만, 당시로선 그렇게 노래를 잘하는 사람은 처음 만났다는 느낌이었다. 형도는 노래를 청하면 성석제와 듀엣으로 슈만이 작곡했다는 「2인의 척탄병」을 술자리의 의전 행사처럼 부르곤 했다. 황제를 위해 기꺼이 목숨을 바친다는 가사가 시대착오적이고 우스꽝스러워서 배꼽을 잡았다. 앵콜곡은 때론 송창식이었지만 조용필 곡이 좀더 많았다. 나는 곧잘 감동해서 진지한 목소리로 형도에게 음반을 내보라고 서너 번이나 권했었다. 형도는 "고마워, 고마워" 하고 말았지만 그의 노래와 목소리는 아직 내 귓가에 남아 있다. "저녁거리마다 물끄러미 청춘을 세워"둔 이 청년의 노래는 감상적이었으나 풍요로웠고 "신들의 상점에 불이 하나둘 켜지는" 듯 따스했다.
　나는 한동안 형도가 쓴 시 중에서 「안개」를 제일 좋아했다. 보기 드물게 길면서 이야기처럼 읽히는 것이 마음에 들었다. 나름대로 멋을 부린 구절들까지도 이 젊은 시인의 목소리엔 잘 어울려 보였다. 뭐랄까, 말문이 튄 사람의 시였다. 그러나 그 후에 발표한 몇몇 시들은 좋아하지 않았다. 자주 나타나는 공소한 수사는 자기애에 빠진 청년의 과장된 감상으로 보였다. 한동안 그는 열심히 기자 노릇을 하느라 바빴고 나는 편집자 노릇에 재미를 붙이고 있었다. 그러는 사이 자주 만나지는 못해도, 그가 기자로서 관철동 민음사에 들르는 경우를 빼고도 두어 달에 한 번씩은 볼 수 있었다. 형도는 원래 술을 많이 하지도 않았지만 어느 해부터는 소주잔을 받아놓기만 하고 마시지는 않았다. 학생 때와 달리 우리가 그를 위해 선선히 콜라를 시켜주거나 형도 자신이 먼저 콜라를 시켰다. 돌이켜보면 어처구니없지만, 그 시절에는 술자리에서 술을 마시지 않고 콜라를 시켜 마시는 것조차 눈총을 받곤 했다. 작품을 제대로 쓰지 못한다면 술이라도 마셔야 한다는 김수영의 말을 바보처럼 그대로 믿어서였는지도 모른다. 어느 날인가 꽤 술에 취한 나는 그에게 요즘 너, 시가 좀 매가리가 없어, 하고 말했다. 그는 아무 대꾸도 없이 멀거니 술상 위의 콜라 잔을 보고 있더니, "요새 통 시를 쓰지 못하고 예전에 써둔 걸 발표하고 있어" 하고 시무룩하게 대답했다. 나는 그 대답이 또 마음에 들지 않아 이죽거렸다. 기자 노릇 하느라고 시도 못 쓰고, 아이구, 운운하며 말이다. 나도 그중의 하나였지만, 깡패처럼 구는 녀석들 때문에 순하디 순한 그가 도처에서 받은 마음의 상처로 얼마나 아파했을까.
　그런데 그가 정치부에서 편집국으로 옮긴 후 그러니까 작고 직전 해 여름부터 시가 달라졌다. 문장은 부드럽게 흘렀고 감정은 살아났다. 어

형도아, 이두운 기리에시 미친 듯 사랑을 찾아 헤매였느냐

느 날 삼청동 우리 집에 왔을 때 그에게 시가 좋아졌다고 했더니 좋아했다. 언제나 그렇지만 그런 대화는 짧았고 대개는 농담이 차지했다. 그러다 문득 그가, "요새 두통이 좀 심하다"고 말했다. 나는 뜬금없이, 너도 장가를 가야겠다고 했다. 그는 대뜸 "장가를 가면 두통이 없어져? 마누라가 두통약이야? 두통이 더 심해지면 책임질 거야?" 하고 속사포처럼 대꾸하면서 웃었다. 그로부터 한두 달이 지났을까. 어느 날 아침 성석제로부터 전화가 왔다. 녹십자병원 영안실 앞에서 걸어온 전화였다.

　지금도 그렇지만 가까웠던 사람이 죽었다는 말을 듣고 실감을 한 적이 없다. 형도가 작고한 지 20년이 되었다지만, 그냥 그를 안 본 지 20년이 되었다는 것이지, 그의 죽음은 여전히 내게 실감이 나지 않는다. 작고하기 일 년 전에 기형도는 성석제와 함께 내 결혼식에 와서 축가를 불렀다. 내 기억에 한 곡이 아니라 두 곡을 불렀던 것 같은데 무슨 노래를 했는지 통 기억이 나지 않는다. 결혼식의 처음부터 끝까지 비디오 녹화를 해둔 것이 있지만 지금까지 한번도 본 적이 없다. 언젠가는 보게 되겠지만, 아직은 아니다. 아마도 옛날 영화를 보는 느낌이지 않을까. 내가 나오고 형도가 나오는 옛날 영화. 스물아홉 살의 그가 지금 살아 있다면 마흔아홉이 되었을 것이다. 하지만 그는 아직 스물아홉의 목소리로 내 귓가에 남아 있다. 이제서야 깨닫는다, 그것이 사랑을 찾아 헤매는 자의 목소리였다는 것을. 하지만 너무 늦었다.

〔문학평론가〕

구름의 관음(觀音)
─기형도 시와 나

임우기

내가 사는 일산엔 호수공원이 있다. 마음의 무장을 해제하는 내 안식의 공원. 나는 가끔 "망자의 혀가 거리에 흘러넘치는"(「입 속의 검은 잎」) 서울의 두렵고 지겹고 힘겨운 사업살이에서 도망쳐 호수로 피난 온다. 그러고는 하릴없이 물가에 앉아 이따금 불어오는 바람의 전언을 경청하고 노을에 비낀 붉은 구름 떼와 푸른 호수 물결과 무성한 나뭇잎들이 어울리는 고즈넉한 저녁 풍경 속에 잠기곤 한다. 노을이 지면, 사치와 환락을 뽐내는 공원 앞 빌딩들의 이마엔 저마다 형형색색의 현란한 네온 불빛들이 켜지는 것인데, 그 번들대는 욕망의 빛들은 저 자신을 주체 못해 쉼 없이 호수 속으로 무자맥질한다. 인적이 뜸해진 밤이 오면, 풀벌레 소리 소소한 호숫가엔 낯선 가난한 혼령들의 허덕임 소리 조금씩 들려오고, 나는 한밤의 호숫가에서 "저 공중의 욕망은 어둠을 지치도록 내버려두지 않고 종교는 아직도 지상에서 헤매"(「포도밭 묘지 2」)

고 있음을 본다.

뭇인간은 낭만적 몽환쯤으로 치부할 테지만, 밤의 호수는 자기 안에 잠긴 환락과 탐욕의 네온 빛에 이내 "검고 투명한 물의 날개"(「이 겨울의 어두운 창문」)를 달아놓는 것을 나는 볼 수 있다. 인간의 문명은 밤의 호수에 화려한 네온 빛 욕망을 뿜어대지만, 호수는 욕망의 겨드랑이에 밤의 '검고 투명한' 날개를 달아주어 네온 빛이 마침내 속죄와 정화의 물빛으로 승화되는 신비로운 광경. 하여, "묻지 말라, 이곳에서 너희가 완전히 불행해질 수 없는 이유는 神이 우리에게 괴로워할 권리를 스스로 사들이는 법을 아름다움이라 가르쳤기 때문이다. 밤은 그렇게 왔다"(「포도밭 묘지 2」). 한밤중의 호수는 신들의 훈계가 있는 물의 사원. 지칠 줄 모르던 내 욕망은 물의 사도인양 밤의 호수 앞에서 무릎 꿇고 고개 숙인다. "그때 내 마음은 너무나 많은 공장을 세웠으니/ 어리석게도 그토록 기록할 것이 많았구나/ 구름 밑을 천천히 쏘다니는 개처럼/ 지칠 줄 모르고 공중에서 머뭇거렸구나(「질투는 나의 힘」). 한낮의 구름 밑을 쏘다니던 내 헛되이 끓어오르던 네온 빛 욕망은 한밤의 호수에 도착하여 뉘우치고 비로소 평안에 이른다.

가끔 밤의 호수에서 너무 이른 나이에 자연의 속내를 알아챈 한 예민한 요절 시인의 시혼과 마주친다. 그가 남긴 단 한 권의 시집은 온통 차가운 물기로 젖어 있다. 그의 시의 뿌리를 이루는 가난하고 어두운 유년조차 눈과 비와 안개와 고드름으로 추억된다. 물의 시인 기형도. 물은 시인의 어두운 의식 깊은 곳에서 은밀히 흐르던 무의식의 원형이다. 「위험한 家系·1969」에서 '사업에 실패하고 풍병에 든 아버지'와 행상으로 집안을 꾸려가는 어머니 그리고 "몸에서 석유 냄새가 나"는 여공 누나의 신산스런 삶이 서술되고 있지만 그 절망감의 "빙판 밑으로는 푸른 물이 흐르는 게 보였다"(「위험한 가계·1969」)고 시인은 회상한다. 또, 어두운 빈방에 홀로 남겨진 열 살배기 동심이 자꾸만 눈에 밟히는 슬픈 시, 「엄마 걱정」에선, 행상에서 돌아오는 엄마 발소리를 귀 기울이며 기다리면서 어린 '나'는 "금간 창 틈으로 고요히 빗소리"를 듣는다.

> 열무 삼십 단을 이고
> 시장에 간 우리 엄마
> 안 오시네, 해는 시든 지 오래
> 나는 찬밥처럼 방에 담겨
> 아무리 천천히 숙제를 해도
> 엄마 안 오시네, 배추잎 같은 발소리 타박타박
> 안 들리네, 어둡고 무서워
> 금간 창 틈으로 고요히 빗소리
> 빈방에서 혼자 엎드려 훌쩍거리던
> ─「엄마 걱정」 부분

어린 시절 "찬밥처럼 방에 담긴" '빈방'의 외로움과 배고픔. 배추 행상을 나가신 "배추잎 같은"이 위태로운 엄마 걱정. 그러나 유년을 가두고 있던 '빈집'과 '빈방'의 어둡고 목마른 사랑의 기억은 성년이 되어서도 시인의 의식에 들러붙어 있다. 그래서 여전히 시인은 목마른 사랑의 비가(悲歌)를 부를 수밖에 없다. 그 사랑의 비가의 시 의식은, "사랑을 잃고 나는 쓰네"(「빈집」)라는 시적 명제로 간략히 표현된다. 그렇다면 "빈집에 갇힌 가엾은 내 사랑"(「빈집」)의 고통은 어떻게 극복될 수 있겠는가? 그 '빈집'의 기억에서 도망치거나 그 빈방의 기억을 지우거나 아니면 다른

구름의 관음(觀音)

새로운 사랑을 찾아서? 시인은 어디에서도 답을 찾지 못한다. "두려움이 나의 속성이며 미래가 나의 과거이므로"(「오래된 書籍」). 그러나 이 절망 의식 속에서도 시인은 유년의 "금간 창 틈으로 고요히 빗소리"를 듣고 있다! 이 심연에서 들려오는 빗소리 속에 기형도 시의 경이와 희망의 생명력이 들어 있다. 무의식의 원형으로서의 물이 출구 없는 절망감과 유폐된 사랑의 자의식 속에다 생명의 싹을 틔우는 것. 곰곰이 생각해보라, 엄마를 기다리며 고요한 빗소리에 몰입하던 유년의 어느 날처럼, 빈방의 창문에 걸린 구름을 관찰하고 빈집의 처마에 걸린 고드름을 골똘히 사색하는 시인의 내면을.

내 생 뒤에도 남아 있을 망가진 꿈들, 환멸의 구름들, 그 불안한 발자국 소리에 괴로워할 나의 죽음들.// 오오, 모순이여, 오르기 위하여 떨어지는 그대. 어느 영혼이기에 이 밤 새이도록 끝없는 기다림의 직립으로 매달린 꿈의 뼈가 되어 있는가. 곧이어 몹쓸 어둠 걷히면 떠날 것이냐. 한때 너를 이루었던 검고 투명한 물의 날개로 떠오르려는가. 나 또한 얼마만큼 오래, 냉각된 꿈속을 뒤척여야 진실로 즐거운 액체가 되어 내 생을 적실 것인가. 공중에는 빛나는 달의 귀 하나 걸려 고요히 세상을 엿듣고 있다. 오오, 네 어찌 죽음을 비웃을 것이냐 삶을 버려둘 것이냐, 너 사나운 영혼이여! 고드름이여. ㅡ「이 겨울의 어두운 창문」 부분

라고 시인은 썼다. '환멸의 구름'에 의해 '나의 죽음은 괴로워할' 것이라는 시인은 엄동의 겨울 "밤 새이도록 끝없는 기다림의 직립으로 매달린 꿈의 뼈가 되어 있는" 고드름을 보며 "몹쓸 어둠 걷히면" "한때 너를 이루었던 검고 투명한 물의 날개로 떠오르려 하는가"라고 영탄한다. 추운

밤을 견디며 지새운 "꿈의 뼈"인 고드름은 한겨울 빈방의 삭막과 혹독을 비유하지만, 고드름으로 인해 그 빈방은 이미 어두운 폐허의 빈방에 머물지 않고 부드럽게 순환하는 물의 생명력이 동거하는 '물의 빈방'이 된다. 왜냐하면, 빈집의 처마 끝에서 "오르기 위하여 떨어지는" 모순의 고드름은 기형도 시의 절망적인 유폐 의식과 불모의 세계관 속으로 성모(聖母)의 젖처럼 흘러드는 물의 생명력을 상징하기 때문이다. 그 물은 온전한 물이라기보다 구름이나 안개, 고드름, 가랑비, 진눈깨비와 같은 모순의 삶을 사는 물이지만, 비록 모순의 물일지라도, 아니 바로 모순의 물이기 때문에, 그 물의 세계관은 세계를 불모(不毛)로 인식한 시인이 택할 수 있는 거의 유일한 생의 방안이 된다. 구름처럼 눈처럼 고드름처럼 사라지고 소멸하는 불안정한 물의 삶. 그리하여 시인은 자신의 물의 상상력을 "부재하는 믿음"(「포도밭 묘지 2」) "텅 빈 희망"(「먼지투성이의 푸른 종이」)이라고 적는다. "물들은 소리없이 흐르다 굳고 어디선가 굶주린 구름들은 몰려오는"(「길 위에서 중얼거리다」) 불길하고 불안한 물일지라도 생명의 원천인 물의 상상력에 의해 어둡고 삭막한 유년의 빈방과 빈집에 새로운 사랑의 씨가 뿌려지고 비로소 싹을 틔울 수 있게 된 것이다.

가난한 아버지 왜 항상 물그림만 그리셨을까? 낡은 커튼을 열면 양철 추녀 밑 저벅저벅 걸어오다 불현듯 멎는 눈의 발, 수염투성이 투명한 사십. 가난한 아버지 왜 항상 물그림만 그리셨을까? 〔……〕

아버지, 불쌍한 내 장난감
내가 그린, 물그림 아버지
　　　　　　　　　　　　— 「너무 큰 등받이의자」 부분

그 유년의 궁핍과 불안의 기억들은 타락한 세상에 대한 공포와 경악, 절망, 고독 같은 것들의 수상하면서도 복합적인 이미지와 상징들과 뒤섞여 마치 뭉게구름 피어오르듯 변주된다. 그러나 그의 시의 진면목은 유년의 가난과 슬픔과 불행 또는 어른이 되어서 갖게 된 세상에 대한 공포와 부정, 절망하는 실존 자체에 있지 않다. 기형도 시에 숨어 있는 희귀한 금맥의 원천은 그 불안과 절망과 공포 심리의 근원에 흐르거나 부유하고 있는, 물의 상상력 혹은 물 자체에서 발원하는 사랑의 상상력에 있다. 물의 생리는 여러 이미지로 응결되고 동시에 풀어지며, 새로운 이미지로 변용된다. 물, 가랑비, 장맛비, 고드름, 진눈깨비, 구름, 안개, 물그림, 풀잎, 숲…… 그 물의 이미지들은 서로 흐르고 사라지면서 생명을 나누는 사랑의 상상력을 보여준다. 자연의 상상력이라고도 부를 수 있는 그 물 이미지는, 위에서 보듯, "아버지 불쌍한 내 장난감/ 내가 그린, 물그림 아버지"란 시구에도 고스란히 담겨 있다. 유년의 배고프고 외로웠던 '빈방' 이미지가 깊숙이 감추어진 이 시구에서, 시인은 "물그림만을 그리셨"던 아버지를 따라 다시 물그림을 그림으로써 불행했던 유년과 화해를 이루고, 시인과 돌아가신 아버지 사이의 거리는 지워지며, 나아가 절망과 희망의 거리도 서서히 지워지는 것이다. 그 유년의 불행한 아버지는 거듭하여 물 이미지에 의해 상징되고 있는데, 그 상징은 아버지의 죽음에 자연의 삶을 부여하는 주술과도 같은 시적 상상력에서 나온다. 시인은 "밤 도시의 환한 빌딩"의 창문에 퍼붓는 장맛비를 보면서 다시 죽은 아버지의 혼과 마주한다.

장마비, 아버지 얼굴 떠내려오신다

유리창에 잠시 붙어 입을 벌린다
나는 헛것을 살았다, 살아서 헛것이었다
우수수 아버지 지워진다, 빗줄기와 몸을 바꾼다

—「물 속의 사막」 부분

창을 두들기는 빗줄기와 빗소리 위로 아버지의 얼굴과 함께 "나는 헛것이었다, 살아서 헛것이었다"는 아버지의 음성이 오버랩된다. 이 망자의 목소리 앞에서 이윽고 시인은 경악하여 "미친 듯이 소리친다, 빌딩 속은 악몽조차 젖지 못한다/ 물들은 집을 버렸다! 내 눈 속에는 물들이 살지 않는다." "밤 도시의 환한 빌딩 속은" "악몽조차 젖지 못한다!" 도시의 화려한 욕망은 죽음조차 죽음으로 돌아가지 못하게 한다. 도시의 내 삶은 "내 눈 속에 물들이 살지 않는" 메마른 주검의 삶이라고 시인은 말한다. "나는 더듬거린다, 그는 죽은 사람이다"(「입 속의 검은 잎」). 그러나 물에 의해 죽은 아버지는 환생한다. 죽은 아버지가 장맛비와 함께 나타나는 것은 죽음에 새싹을 돋게 하는 매개가 바로 물이기 때문이다. 그래서 죽은 아버지는 늘 물과 함께 회상된다. 그러나 기형도 시에서 영적 매개로서의 물은 스스로 삶을 살고 주체적으로 변용(變容)하는 물이다. 다시 말하지만, 그의 시에서 물은 생명의 주체로서의 안개, 비, 구름, 고드름 등 살아 움직이고 순환하며 흐르는 이미지로 끊임없이 변주되어 등장한다. 구름은 "매우 조심스럽게 관찰해야" 하는 객체이면서 동시에 "저 홀로 없어지는"(「죽은 구름」) 주체이다. 곧 물이 객체로만 국한되지 않고 주-객이 함께하는 수많은 그물망의 시선 속에서 물의 상상력은 발휘된다. 기형도의 물의 상상력은 물을 생명의 근원적 주체로서 파악하고 물 자체의 눈길과 생리를 시와 한 몸으로 일치시킨 데에서

구름의 관음(觀音)

나온다. 그리고 이때 "공중에는 빛나는 달의 귀 하나 걸려 고요히 세상을 엿듣고 있다"는 시구가 나오게 되며, 그 낭만적 은유는 물의 세계관의 자연스런 표현이다.

다시, 밤의 호수 공원. 호수면에 어지러이 산란하는 네온 빛 욕망들은 물의 사제들에게서 세례(洗禮)를 받고 있다. 그리고 화사한 네온 불빛들이 서늘한 바람의 안내를 받으며 컴컴한 호수에 들어 탐욕의 불빛이 마침 물빛의 불빛으로 정화되는 순간, 고요하던 호수는 알 수 없는 소리들로 수런대기 시작한다. 환청인가, 호수는 일렁이는 네온 불빛의 군무 속에서 순간 '소리의 뼈'를 곧추세우는 것이다. 그것은 현란한 네온 불빛들이 호수에 몸을 담그는 세례 소리. 내가 지켜본 '밤 호수에서의 네온 불빛들의 신기한 세례 소리'에 대해 기형도는 이렇게 비유적으로 썼다.

테이블 위에, 명함꽂이, 만년필, 재떨이 등 모든 형체를 갖춘 것들마다 제각기 엷은 그늘이 바짝 붙어 있는 게 보였고 무심결에 나는 의자 뒤로 고개를 꺾었다. 아주 작았지만 이번에도 나는 그 소리를 들었다〔……〕 그가 조금 전까지 서 있던 자리에는 무엇인지 알 수 없는 희미한 빛깔이 조금 고여 있었다. '아무도 없을 때에는 발소리만 유난히 크게 들리는 법이죠' 스위치를 내릴 때 무슨 소리가 들렸다. 내 가슴 알 수 없는 곳에서 무엇인가 툭 끊어지는 소리가 들렸다. 아주 익숙한 그 소리는 분명히 내게 들렸다
　　　　　　　　　　　　　　　　　　　　　　—「소리 1」부분

신비한 소리 체험을 담고 있는 이 시는 소리를 빛깔 혹은 형상과 한 몸으로 인식하려는 시인의 예민한 시 감각을 잘 보여준다. 시인은 다른

시에서 "아주 익숙한 그 소리는" "나에게는 낡은(오래된) 악기" 소리이자 "어둡고 텅 빈 희망 속으로 걸어 들어"가게 하는 소리라고 썼다(「먼지투성이의 푸른 종이」). 또한, 그 오래된 소리가 텅 빈 희망일 수 있고 "소리나는 것만이 아름다울" 수 있는 까닭은, 마치 물의 생리가 그러하듯이, "소리만이 새로운 것이니까 쉽게 죽으니까 소리만이 변화를 신고 다니니까"(「종이달」)라고도 썼다.

그렇다면, 볼 수 있는 소리란 무엇인가? 그 빛의 소리는 혹은 소리의 빛은 흔히 말하듯 '공감각'의 관음(觀音)인가? 시인은 이런 시구도 남겼다. "김교수님이 새로운 학설을 발표했다/ 소리에도 뼈가 있다는 것이다"(「소리의 뼈」). 소리의 뼈를 볼 수 있는 그는 소리를 형상으로 볼 수 있는, 곧 관음하는 자이다. 불가에서 관음은 세속의 뭇중생들의 뭇소리들을 듣고 보고 그들을 고통의 나락에서 구제하는 대승적 보살. 관음은 생명의 비밀을 알고 있다. 죽음과 신음의 폐허를 적시며 생기를 불어넣는 생명의 물과 빛과 소리를. 시인의 표현으로 바꾸면, "믿음은 不在 속에서 싹트고 다시 그 믿음은 부재의 씨방 속으로 돌아가 영원히 쉴"(「포도밭 묘지 2」) 비밀. 어두운 물속에서 연꽃처럼 화생(化生)하는 물의 사제를 관음이라 부른다면 물은 죽음과 폐허를 삶과 영허(盈虛)로 이어주는 관음의 다른 이름일 것이다. 그러니, 물을 통해 관음을 고뇌하는 시인이 타락이 정화의 씨앗이 되고 폐허가 탄생의 씨앗이 되며 부재가 존재의 씨앗이 되는 "비밀의 씨방"인 물과 구름을 어찌 깊이 관찰하고 사색하지 않겠는가? 그렇듯, 죽음의 네온 불빛을 생명의 물빛으로 정화하는 이 밤의 호수를 시인은 '신비로운 성'으로 비유한다.

저녁 노을이 지면

神들의 商店엔 하나둘 불이 켜지고
　　농부들은 작은 당나귀들과 함께
　　城 안으로 사라지는 것이었다
　　성벽은 울창한 숲으로 된 것이어서
　　누구나 寺院을 통과하는 구름 혹은
　　조용한 공기들이 되지 않으면
　　한 걸음도 들어갈 수 없는 아름답고
　　신비로운 그 城

　　어느 골동품 商人이 그 숲을 찾아와
　　몇 개 큰 나무들을 잘라내고 들어갔다
　　그곳에는…… 아무것도 없었다, 그가 본 것은
　　쓰러진 나무들 뿐, 잠시 후
　　그는 그 공터를 떠났다

　　농부들은 아직도 그 평화로운 城에 살고 있다
　　물론 그 작은 당나귀들 역시　　　　　—「숲으로 된 성벽」 전문

"노을이 지면/ 신들의 商店엔 하나둘 불이 켜지고/ 농부들은 작은 당나귀들과 함께 城 안으로" 사라지는 신화적 장면은 단순히 진실에 반하는 환상이나 심리적 능력으로서의 상상력에서 나온 것이 아니다. 자기 감각과 지식의 확인 외엔 보지 못하고 듣지 못하고 알지 못하는 이들은 "숲으로 된 성벽" 안쪽의 세계를 가짜의 세계로 외면하거나 비난할 것이다. 합리주의자들이 할 수 있는 일이란 고작 "골동품 상인"처럼 값나

가는 골동품들을 구하기 위해 "神들의 商店"이 있는 그 성을 찾아 헤맬 뿐이다. "몇 개 큰 나무들을 잘라내고 들어"가더라도 거기에서 그들은 "신비로운 그 성"을 볼 수 없다고 시인은 썼다. 그 까닭은 "성벽은 울창한 숲으로 된 것이어서 누구나 寺院을 통과하는 구름 혹은/ 조용한 공기들이 되지 않으면/ 한 걸음도 들어갈 수 없는 아름답고/ 신비로운 그 城"이기 때문. 그런데, 그 성에 가기 위해서 필수적인 "寺院을 통과하는 구름 혹은 공기"가 된다는 것은 무엇을 뜻하는가? 물. '사원을 통과하는' 경건한 구름과 공기를 낳고 키우는 것은 우주의 섭리인 깨끗한 물이다. 그러므로 "아름답고 신비로운 그 城"은 다름 아닌 물의 섭리가 지배하는 나라이며, 물의 상상력에 의해 그 신비의 성은 "공중에는 빛나는 달의 귀 하나 걸려 고요히 세상을 엿듣고 있"(「이 겨울의 어두운 창문」)는 인간-우주 만물이 서로를 보고 듣는 온 생명의 왕국이 되는 것이다.

그처럼 물의 섭리에 감응한 시인의 눈은 이 끔찍한 불모의 현실 속에서 중생의 고통 소리를 '바라보는' "모든 풍요의 아버지인 구름"(「집시의 시집」)의 눈으로 홀연 변할 수 있게 된다. "어쨌든 구름들이란 매우 조심스럽게 관찰해야 한다"(「죽은 구름」)고 쓰고 나서, 시인의 눈은 스스로 구름의 눈으로, 주-객이 서로 자연 순환하듯, 바뀌는 것이다.

    두 명의 경관이 들어와 느릿느릿 대화를 나눈다
    어느 고장이건 한두 개쯤 이런 빈집이 있더군,
    이 따위 미치광이들이 어떻게 알고 찾아와 죽어갈까
    더 이상 흥미를 갖지 않는 늙은 개도 측은하지만
    아무도 모른다, 저 홀로 없어진 구름은

구름의 관음(觀音)

처음부터 창문의 것이 아니었으니   ―「죽은 구름」부분

"외딴 집 더러운 창문에 가득 찬 구름들"은 한 미친 비렁뱅이의 주검과 두 경관이 나누는 소리를 창문을 통해 보고 듣는다. 구름은 창문을 통해 가난한 미치광이의 주검을 관음하고는 이내 그 창문에서 "저 홀로 없어진"다. 그러나 '죽은 구름'이란 제목이 암시하듯 관음하는 구름은 외딴 집에서 죽은 한 사회적 약자이면서 다름 아닌 시인 자신인 것이다. 한 쓸쓸한 사회적 소외자의 죽음은 그 자체가 우주의 죽음과도 같다는 것! 기형도 시의 묘미는 구름이 관음하듯이 사회와 인생에 관한 모든 시적 서술에 자연의 비유가 개입되어 있으며 그 시적 은유들은 대개 우주 자연의 순환 원리와 서로 깊이 상응한다는 점에서 찾아진다. 시인은 돌아가기 불과 몇 개월 전 다음과 같이 의미심장한 '詩作 메모'를 남겼다.

나는 한동안 무책임한 자연의 비유를 경계하느라 거리에서 시를 만들었다. 거리의 상상력은 고통이었고 나는 그 고통을 사랑하였다. 그러나 가장 위대한 잠언이 자연 속에 있음을 지금도 나는 믿는다. 그러한 믿음이 언젠가 나를 부를 것이다.
나는 따라갈 준비가 되어 있다. 눈이 쏟아질 듯하다.

―「詩作 메모」(1988.11) 부분

"자연 속에 있는" "가장 위대한 잠언"들 가운데 하나인 관음(觀音)이란 '소리의 뼈'를 본다는 말과 같고 소리의 뼈를 본다는 말은 '입 속의 검은 잎'을 본다는 말과 같다. 시인은 중생들의 입속에 '검은 잎'이 악착같이 달라붙어 있음을 본다. 그 모습은 기이하고 무서우며, 가엾고 애처롭다.

불모의 인생에 겨우 매달린 녹색 이파리. 시인은 오늘날 인간들의 말과 죽은 생을 '검은 잎'이라는 모순 어법으로 표현한 바 있지만, 훗날 여기에 덧붙여서, 그 애처로운 검은 잎의 생을 "나는 따라갈 준비가 되어 있다. 눈이 쏟아질 듯하다"라고 썼다. 절망적인 현실에서, 아니 차라리 절망적이기 때문에, 시인은 "내 입 속에 악착같이 매달린 검은 잎"에는 '텅 빈 희망'의 물기가 여전히 흐르고 있음을 보고 듣고 느낀다. 그래서 시인의 의식과 의지와 열망은 자연스레 구름 자체의 생명력으로 이어진 것이다.

　구름의 관음은 굳이 어떤 종교적인 믿음에서 나온 것이라고 할 수 없다. 관음의 시 의식은 일체 생명들의 죽음과 고통의 소리를 귀담아 듣고 보고 세속의 생령들을 감화하려는 종교적 의미를 얼마간 지니고 있지만, 오히려, 생령들의 고통을 우주의 고통으로 절감하고 체험한 시인의 마음에서 나온다고 할 수 있다. 비유컨대, 바다가 감복한 심청의 마음이라고 할까? 소경 아비의 눈을 뜨게 하려 인당수에 몸을 던졌으나 용왕이 감복하여 연꽃 위에서 환생한 효녀 심청의 지극한 마음이 마침내 심봉사의 눈을 뜨게 한 것처럼. 캄캄한 바다의 연꽃에서 자비의 수월관음(水月觀音)이 화생(化生)하듯, 아, 절망과 불모를 몸소 살아야 했던 한 젊은 시인의 생명에 대한 극진함이 구름의 관음을 가능케 했던 것이니.

　여기, 바람 부는 호수에 홀로 앉아 향가 한 자락 빌어 형도 시인의 시넋을 달래고자 한다.

　　죽사리 길이
　　예 있음에 무서워
　　나는 갑니다 말조차 다

이르지 못하고 갔느냐
어느 가을 이른 바람에
여기저기 떨어지는 잎처럼
한 가지에 나고서도
가는 곳을 알 수 없구나
아아 미타찰에서 만날 것을 믿고서
그저 마음 닦고 기드리고다

〔문학평론가〕

질투는 나의 힘

조병준

아주 오랜 세월이 흐른 뒤에
힘없는 책갈피는 이 종이를 떨어뜨리리
그때 내 마음은 너무나 많은 공장을 세웠으니
어리석게도 그토록 기록할 것이 많았구나
구름 밑을 천천히 쏘다니는 개처럼
지칠 줄 모르고 공중에서 머뭇거렸구나
나 가진 것 탄식밖에 없어
저녁 거리마다 물끄러미 청춘을 세워두고
살아온 날들을 신기하게 세어보았으니
그 누구도 나를 두려워하지 않았으니
내 희망의 내용은 질투뿐이었구나
그리하여 나는 우선 여기에 짧은 글을 남겨둔다

나의 생은 미친 듯이 사랑을 찾아 헤매었으나
단 한 번도 스스로를 사랑하지 않았노라

―「질투는 나의 힘」전문

읽고 또 읽어봅니다. 겨우 스물아홉 해를 살았던 시퍼런 청춘이 생의 허술함, 생의 허전함을 어찌 이토록 절절히 알 수 있었을까요. 설레설레 고개를 저어봅니다. 이건 조로(早老)야! 시퍼런 청춘의 건방 떨기야! 두 눈을 크게 뜨고 다시 읽습니다. 시인이 아직 우리 곁에 살아 있어 '요절한 젊은 시인'이라는 타이틀이 없었어도 이 시가 그토록 절절할 수 있을지를 확인해보려고, 아주 건조한 정신으로 이 시를 읽어보려고, 안간힘 써봅니다. 소용없습니다. 일어난 일은 일어난 일입니다. 시인은 우리 곁에 없습니다. 과거를 지울 때 현재는 함께 지워집니다. 그래서 우리는 시인의 죽음을 부채로 떠안고 그의 시를 읽어야 합니다. 그건 우리의 불행입니다.

'시인은 예언자'라고 적혀 있었던 어떤 책갈피를 기억합니다. '예언은 미래를 기억하는 것'이라고 했던 또 어떤 책갈피도 기억합니다. 그는 스물아홉의 나이에 "아주 오랜 세월이 흐른 뒤"를 기억하고 있었던 것일까요. 그렇지 않았다면 그 시퍼런 청춘의 나이에 그렇게 허겁지겁 "우선 여기에 짧은 글을 남겨" 두는 그렇게 무모한 짓거리를 할 수 있었을까요. 모든 순간마다 우주의 시초부터 종말까지가 다 접혀 들어가 있다는, 어떤 미친 물리학자의 이야기처럼 그는 늙은 자신을 이미 자신 안에 품고 있었던 것일까요. 얼마만큼의 시간이면 "아주 오랜 세월"이라고 불러도 시간에 대한 예의를 지킬 수 있는 것일까요. 한 사람이 살아온 시간의 절반쯤이면, 너그럽게 오랜 세월이라고 불러도 되는 것일까요. 엿새 모자란 29년을 살았던 사람에게 15년은 오랜 세월이라고 해도 그리 무례한 것은 아니겠지요.

눈이 발목 깊이까지 쌓인 비탈길을 걸어 시인의 무덤에 다녀왔습니다. 오래된 제사에서는 사람들이 더 이상 눈물 흘리는 촌스러운 짓을 하지 않습니다. 그 눈밭 위에 있었던 한 사람이 말했습니다. 봄소풍 온 것 같다고요. 눈밭 위에서의 봄소풍. 너무 이른 인생의 봄날에 세상을 떠난 시인의 무덤에 덮인 봄눈은 그리 차갑게만 느껴지진 않았습니다. 그만큼 세월이 흐른 탓이었겠지요.

제가 가진 시인의 시집은 1989년 5월에 발행된 초판본입니다. 그때 시집 한 권의 값은 2,000원이었군요. 15년의 세월이 흐른 지금 시집 한 권의 값은 5,000원입니다. 어느새 제가 가진 시집의 종이들도 힘이 없어졌습니다. 세월이 흐른 것입니다.

시인이 만 29세의 나이를 엿새 앞두고 세상을 떠났을 때 저 역시 아직 만 28세의 청춘이었습니다. 누구라도 그러하듯이, 어느 한심한 청춘이라도 그러하듯이 저 역시 질투를 "희망의 내용"으로 하여 살았던 것으로 기억합니다. 내게 주어지지 않은 것, 그러나 갖고 싶은 것을 향한 욕망으로 몸을 덜덜 떨며 살았던 것으로 기억합니다. 그 욕망들이 얼마나 부질없는 것인지 알지 못하고 "구름 밑을 천천히 쏘다니는 개처럼 지칠 줄 모르고 공중에서 머뭇거렸"던 것으로 기억합니다. 쥐뿔도 모르는 청춘의 나이에 "나 가진 것 탄식밖에 없"다고 허세를 부리며 "살아온 날들을 신기하게 세어보았"던 것으로 기억합니다.

오늘, 그 오래전의 기억들에 리와인드 버튼을 누릅니다. 아, 생각납니다. 그때 저 또한 "미친 듯이 사랑을 찾아 헤매"고 있었습니다. 사랑이야말로 제게 주어지지 않았던 가장 피 말리는 욕망이었습니다. 사랑이다가왔을 때조차 어떻게 그 사랑을 받아들여야 할지를 몰라 도망쳤던 그 한심한 청춘의 나이였으니 어쩌겠습니까. 질투가 사랑의 동의어라는 것을 알기에는 너무 어린 나이였습니다. 희망의 원천이 사랑뿐이라는 것을 알기에도 역시 어린 나이였습니다.

"아주 오랜 세월이 흐른 뒤에" 여전히 한심한, 그러나 더 이상 청춘은 아닌, 이제 질투와 사랑과 희망이 모두 동의어라는 사실을, 그 어지러운 순환을 이해할 만큼은 사랑에 빠져보았던, 그날 이후 열다섯 해를 더 살아온, 중년 사내가 다시 읽는 시는 어쩔 수 없이 다른 느낌으로 다가옵니다. 그 다른 느낌이 낯설어 다시 한 번 소리 내어 읽어봅니다.

"나의 생은 미친 듯이 사랑을 찾아 헤매었으나 단 한 번도 스스로를 사랑하지 않았노라"

이제 속지 않습니다. 시는 시일 뿐입니다. 단어는 단어일 뿐입니다. 은유는 은유일 뿐입니다. 세상에 단 한 번도 스스로를 사랑하지 않은 자는 없습니다. 그리고 세상에 시인처럼 이기적인 부류는 없습니다. 스스로를 너무나 사랑하는 나머지 세상에, 삶에, 사랑에 대해 굴복하지 못하는 자들이 바로 시인이라는 작자들입니다. 단 한 번도 스스로를 사랑한 적 없다고 외치는 건 젊음의 교만이었거나, 시인들 특유의 엄살 혹은 독설이었을 뿐입니다.

이제는 압니다. 교만과 엄살과 독설은 청춘의 특권이며, 그리하여 시는 영원히 청춘의 장르라는 사실을 이제는 뼈가 저리도록 잘 압니다. "미친 듯이 사랑을 찾아 헤매" 다닐 수 있었기에 질투할 수 있었고, 희망을 놓지 않을 수 있었을 겁니다. 시인은 어쩌면 자기 자신을 질투했던 것인지도 모릅니다. 아니, 저는 그것을 확신합니다. 스스로를 사랑하지 않았던 자에게선 그렇게 오래도록 사람을 흥분시킬 시가 나올 수 없다는 것을 알고 있기 때문입니다. 질투는 삶을 끌고 가는 힘입니다. 오직 사랑에 빠진 자만이 질투를 드러내는 법입니다. 사랑의 희망을 잃어버린 자는 더 이상 질투하지 않습니다.

문득 생각합니다. 미친 듯이 사랑을 찾아 헤매었던 게 언제 적 일이었는지, 내 마음에 그 많던 사랑과 희망의 공장들은 왜 이리 조용해졌는지, 내게 아직 질투라는 이름의 힘이 남아 있는지…… 다시 미친 듯이 사랑을 찾아 헤매고 싶습니다.

………………………………… 그리고 다시……

그 봄날로부터 다섯 해가 또 흘러갔습니다. 여전히 질투는 나의 힘입니다.

〔시인〕

기형도, 삶의 공간과 추억에 대한 경멸

성석제

= 기형도에 관한 추억을 나열하기 위해 쓴다.

태어날 때는 누구나 벌거숭이다. 자명한 이 말도 사람에 따라 달리 해석할 수 있다. 하물며 수십 년을 물과 바람이 떠미는 대로 동가서숙가식한 사람이라면 지나친 자국마다 무엇이 고여도 고이지 않겠는가. 기형도는 인간이었다. 따라서 누군가의 친구였고 동지였고 원수였으며 악당, 천사, 귀엽거나 끔찍한 그 무엇이었을 수도 있다. 그동안 나는 그에 관한 것이라면, 사람들이 저마다 가지고 있는 추억의 곳간에서 되도록이면 참하고 예쁜 것을 모으려 했다. 이것을 살아남은 자의 권리라고, 상정(常情)이라고 할 수 있으리라.

그는 내가 이런 식으로 말하는 것을 잡담이라고 부를 것인데 자신이 이런 잡담의 대상이 되는 것을 견뎌내지 못했다. 그런 자신의 경향을 '추억에 대한 경멸'이라고 말하기도 했다. 그러나 그건 그의 사정이지

내 생각은 다른 것이다. 그의 경멸은 살아 있으면서 어쩔 수 없이 채워 넣을 수밖에 없는 위장과 같은 추억에 대한 자기 판단을 드러낸 것이다. 그가 추억이라고 말할 때는 좋거나 나쁜, 좋지도 나쁘지도 않은, 가슴이 시린, 발가락이 근지러운, 머리칼이 쭈뼛하는, 흐뭇한, 영화의 한 장면처럼 생생한, 아예 추억하기도 싫은 추억 따위처럼 분류할 수 있는 그런 것은 아닌 것 같다. 그가 이름 붙인 추억이라는 동네, 그 동네에 존재하는 제행무상에 대한 경멸이다. 나도 어떤 추억을 경멸하긴 한다. 모든 추억에 대해서 사랑한다, 경멸한다고 단언하지 않을 따름이다. 내겐 아직 더 삭여야 할 오욕과 추억이 남았기 때문이다.

나는 기형도가 살아 있는 동안, 가장 빛나고 푸른, 아니 이 말은 틀렸다, 오만과 독선의 이빨로 서로를 물어뜯을 수 있는 대학 시절을 함께 보냈다. 쉽게 말해 목욕탕에 함께 갈 수 있는 사이였다. 그래서 내가 제정신으로 여기 늘어놓을 수 있는 추억담은 아주 적다.

하얀 키보드와 바다색 모니터 화면을 앞에 두고 손을 꺾으며 내가 떠올리는 것은 기형도의 수동타자기다. 우리는 대학 시절, 학교 신문에서 공모하는 무슨 문학상을 받아 타자기와 세계문학전집을 들여놓은 공통된 경험이 있다. 기형도는 나보다 먼저 상금을 타서 수동타자기와 세계문학전집을 들여놓고 배부른 듯이 눈을 가늘게 뜨고 말했다.

"너도 상금 받으면 먼저 책하고 타자기부터 사. 눈 딱 감고."

글쎄, 나는 상을 받기도 전, 상금은 내 것이나 다름없다면서 술값으로 미리 다 써버리고 말았다. 그리고 그해에 내가 받은 상금은 그가 그 전해에 받은 것의 반이었다. 가작에 해당하는 상금을 받았던 것이다. 하지만, 그의 충고를 잊지는 않았다. 청계천에서 그가 산 반값으로 같은 세계문학전집을 샀고 그가 산 수동타자기의 값으로 중고 전동타자기를 샀고, 어쨌든 그 타자기와 문학전집의 덕으로 나는 다음 해 그보다 조금 상금이 많은 무슨 상을 받아 술값으로 마음 놓고 다 써버렸다. 그때는 상금이 내 것이나 다름없다는 흰소리 따위는 하지 않고 조용히. 그와 나 둘 중에 누가 장사를 잘했는지는 아직 잘 모르고 있다. 이런 것이 내가 썼으면 싶은 추억담이다. 당연히 부정확하고 주관적인 데다 시시콜콜하다.

이에 따라 나는 기형도와 가까웠고 아직도 가까운 사람들에게 그에 관한 추억을 나누어달라고 부탁했다. 누나, 기애도 씨는 유년 시절과 집안 환경에 관한 이야기를 해주었고 게으른 나를 위해 글로 옮기느라 몸살이 나고 말았다. 민망할 따름이다. 고등학교 동창인 이상현, 정대호에게 감사한다. 직장 생활에 대해서는 신문사 후배였던 박해현이 정리해주었다. 그 역시 글을 쓰는 동안 몸살을 앓았다고 엄살을 떨며 겁을 주었다. 대학 시절 이후의 벗들, 동료들에게도 감사한다.

사실 기형도를 추억할 수 있는 사람, 그런 권리가 충분한 사람이 얼마나 많을 것인가. 그가 참여했던 동인(同人)들, 선후배, 그리고 최종적으로 그를 읽은 독자들에게도 권리가 있다. 그를 만났던 모든 이에게 추억담을 들어야 하고 기록해야 할지도 모른다. 그는 세상에는 참 아름다운 이름이 많다고 했다. 물빛의 수색(水色), 강의 서쪽 또는 서쪽으로 흐르는 강인 서강(西江)의 아름다움을 일깨워준 것은 그였다. 사람의 이름이 지명이 될 수도 있다고 했다. 어떤 이름에는 살아 있어도 그런 힘이 느껴진다고도 했다

이 애, 세월은 가고 이름은 남았다. 추억은 경멸할 만한 것이다. 그것에 먹히는 한은. 가볍게 내리는 비처럼 머리를 두드려 깨우는 추억은 아름답다. 우리가 함께 살아 있는 동안.

60년 2월 16일(음력): ―기형도, 양력으로는 3월 13일, 경기도 옹진군 연평리 392번지에서 출생. 3남 4녀 중 막내. 그의 주민등록번호는 600216으로 시작된다.

= 아버지 기우민 씨의 고향은 연평도에서 건너다보이는 황해도 벽성군 가우면 국봉리였는데(어머니 장옥순 씨의 고향은 옹진군) 6·25를 만나 당시 황해도 피난민의 주 이동로인 연평도로 건너왔다. 아버지가 인천을 거쳐 뭍으로 가지 않은 것은 전쟁이 곧 끝날 것이라는 희망이 있었던 데다 밤이면 배를 타고 고향으로 건너가 식량을 조달할 수 있었기 때문이라고 한다. 일제시대부터 공직에 있었던 우민 씨는 연평도의 거의 유일한 행정기구였던 면사무소에서 근무해 전쟁이 끝난 후 대부분의 피난민이 섬을 떠난 것과는 달리 이곳에 정착했다. 이에 따라 형제 7남매 중 아래로 4남매의 고향은 연평이 되었다. (기애도)

64년 8월(음력): ―양력으로는 그해 9월, 일가족이 연평을 떠나 경기도 시흥군 소하리(현재 광명시 소하동 701-6)로 이사.

= 이사 오기 전 아버지 우민 씨는 민주당원으로 활동했는데 영종도 간척 사업에 몰두했다가 정부보조금 단절과 여러 가지 압력으로 실패하고 모든 것을 포기, 시흥으로 왔다가 자리를 잡고 가족을 불렀다. 장성한 3남매는 출가하고 어린 4남매는 3년쯤을 지금 마을회관이 된 곳에서 살았다. (기애도)

67년 3월: ―시흥국민학교에 입학.

= 안양천 뚝방을 걸어 시흥대교를 지나 지금의 시흥본동에 있는 학교까지 가는 길은 2킬로미터 정도였는데 당시 시흥과 소하리 일대의 주민들 중 많은 사람이 기아자동차와 대한전선을 다녀 길에는 회색, 또는 카

키색 작업복이 넘쳤다. 그 길은 안개가 자주 끼었고 "긴 어둠에서 풀려나는 검고 무뚝뚝한 나무들 사이로/아이들은 느릿느릿 새어나와"(「안개」) 등교를 했다. 영등포로 중학을 다니는 누이를 제외한 3남매가 같은 학교에 다녔는데 성씨가 흔한 게 아니어서라도 유명한 존재들이었다. 공부 외에 그림과 음악에도 재주를 보여 임명장과 상장으로 라면 박스를 채울 만큼 많은 상을 받았다. 아무와도 싸움을 못 하고 늘 책받침에다 그림을 그려달라고 조르는 여자 아이들이 있어서 놀림감이 되곤 했는데 이때마다 나선 것이 성격이 활달한 두 살 위인 누이 순도였다. 나는 그가 죽을 때까지 누구와도 얼굴을 붉히고 싸우는 것을 상상한 적이 없다. (기애도)

= 방학이면 아이들을 일꾼과 똑같이 일을 시킬 정도로 엄격한 아버지는 여름 저녁 남폿불 밑에서 열무단을 묶으며 풍자가 섞인 이야기를 끊임없이 들려주는 탁월한 이야기꾼이기도 했다. 유교에 가까웠던 아버지는 고사성어와 역사를 중심으로 한 이야기를 들려주었다. (기애도)

68년 봄: —아버지가 평생 처음 직접 지은 집에서 가족이 살게 된다.

= 건축비 25만 원으로 지은 이 집은 방 세 개에 마루를 들였고 부엌이 둘, 큼직한 다락 하나가 있었다. 화초를 좋아하는 아버지의 취향에 따라 은행나무가 세 그루, 미루나무가 여러 그루 있었고, 답싸리 울타리에 철따라 장미, 나무딸기, 해당화, 해바라기, 겹채송화가 마당 가득 피곤했다. 녹색 기와를 얹어 당시로서는 최고로 지었다는 이 집을 두고 4남매는 L.M. 몽고메리가 짓고 신지식이 옮긴 동화 『빨강머리 앤』에 나오는 집 '그린 게이블즈'라고 부르며 좋아했다. 부엌 위 다락방은 아버지와 손위 형들이 모아들인 책으로 가득했는데 기형도는 다섯 살에 한글을 깨쳐 누이들과 함께 마음에 맞는 책을 들고 호박씨나 해바라기씨를 까

먹으며 지냈다. 남매들은 쪽수가 비슷한 책을 찾아 누가 빨리 읽는지, 바꾸어서 내용 알아맞추기 따위의 놀이로 "흔해빠진 독서"를 했는데 꼼꼼한 책 간수, 밑줄 긋기, 책 모아들이기 등의 버릇은 이때부터 싹텄다. 이 집은 그의 여러 시에 나타나듯 외풍이 심한 「바람의 집」이자 「이 겨울의 어두운 창문」으로 「바람은 그대 쪽으로」 부는 들판이 보였으며 종내는 「빈집」——이사를 가겠다는 계획을 세우고 씀——이 된다. (기애도)

69년 정초(음력): ——아버지 쓰러지다.

= 정초 세배 온 동네 사람들과 모처럼 들어온 양주를 컵으로 마시던 아버지가 중풍으로 눕게 된다. 가장이 "유리병 속에서 알약이 쏟아지듯"(「위험한 家系」·1969) 쓰러지는 바람에 얼마 없던 전답은 아버지 약값으로 남의 손에 넘어간다. 어머니 장옥순 씨가 생계 일선에 나서고 누이들은 신문 배달 등으로 가계를 도왔는데 아직 어린 기형도는 "상장을 접어 개천에 종이배로 띄우는"(「위험한 家系」·1969) 내성적인 생활을 해나간다. 아버지는 그 후 타계할 때(91.8.19)까지 23년을 그의 여러 시에 나타나듯 「늙은 사람」 「노인들」 「너무 큰 등받이의자」 「병」의 모습으로 살았다. (기애도)

73년 3월: ——신림중학교 입학. 3년 내내 최상위권의 성적을 유지.

75년 5월 16일: = 바로 위 누이인 순도가 죽음. 어린 날의 친구이자 보호자였던 누이의 죽음에 의한 충격으로 교회를 나가지 않다. 가해자가 같은 교인이었던 까닭이다. 형제들은 교회를 나가지 않거나 무채색 옷을 입음으로써, 방황으로 각각 그 슬픔을 삭였다. (기애도)

76년 2월: ——신림중학교 졸업(1회). 졸업생 대표.

76년 3월: ——중앙고등학교 입학.

= 안양에서 삼청동, 중앙고등학교 후문 근처까지 가는 104번 버스를

타고 통학. 삼청동 종점은 인근의 공원을 찾아온 연인들과 낡은 적산가옥을 포함한 고옥들이 많았다.

버스에서 내려 집으로 가는 길은 걸어서 20여 분쯤 걸렸는데 지루하고 어두운 길을 노래하며 걷는 버릇이 생겼다. 문학 서클에는 들지 않았으나 글에 재주가 있어 교내 백일장 등에서 여러 상을 받았다. (정대호)

77년: = 교내 중창단인 '목동' 2기의 바리톤으로 활동 시작. '목동' 2기의 바리톤 자리가 비었을 때 기형도가 물망에 올랐다. 그는 "공부에 방해가 되지 않을까" 염려하고 "내 목소리는 정통보다는 뽕짝에 가깝다"고 사양하는 듯했으나 일단 입회한 뒤로는 교회, 문학의 밤, 축제, 결혼식 등에 누구보다 바쁘게 돌아다녔다. 베이스 김용기, 멜로디 정대호, 테너 이상현 등이 한 동아리였는데 레퍼토리는 영화주제가 「에덴의 동쪽」, 슈만이 헤세의 시에 곡을 붙인 「2인의 척탄병」, 「애니 로리」, 「카튼필즈」, 찬송가 「신자되기 원합니다」 등등. (이상현)

= 기형도는 정규 레퍼토리 외에도 송창식, 조용필의 흉내를 잘 냈다. (정대호)

= 고등학교 입학 선물로 받은 기타로 노래와 작곡도 했는데 조카를 위한 자장가를 녹음해놓을 정도였다. 그의 별명은 '기타 삼촌'이었다. 집에 온 누이들, 매형과 함께, 2부, 3부로 목청껏 노래하는 것은 우리집엔 흔한 일이었다. (기애도)

= 국사 성적으로 고민하는 나와 함께 학교 앞 분식집에서 집에 갈 때까지 두어 시간 동안 그는 국사의 전부를 이야기해준 적이 있다. 모임에서도 항상 대화를 주도했다. 한번은 다른 중창팀에서 자신들의 레퍼토리를 '목동'에서 쓴다고 항의, 분위기가 험악해졌을 때 형도가 나서서 차분히 설득해서 그냥 넘어간 적이 있다. 논리에 강하고 토론에 적극적이

었다. (이상현)

= 신대철의 시 「처형 3」을 가사로 작곡을 한 적이 있고, 군대 가기 전의 이별 분위기를 표현한 자작곡 등을 남길 정도로 노래에 심취했다. 그 이별가는 군대 가는 선후배를 환송하는 자리에서 자주 불렀다. (원재길)

79년 2월: ─ 중앙고등학교 졸업.

79년 3월: ─ 연세대 정법대 정법계열 입학.

= 교내 문학 모임인 연세문학회 입회. 일주일에 한 번 있는 시 합평회에 「연습」등을 내보이다. 79학번 동기로는 같은 정법계열의 권진희, 문과대학의 원재길, 배효룡, 이영준, 태경호, 신과대학의 변병탁 등이 있었다. 1년 선배로는 국문과의 오봉희, 조성룡, 유희문, 영문과의 이성겸이 있었다. 2년 선배로는 철학과의 이계환, 영문과의 성원근이 자주 드나들었다. 3년 선배로는 경제학과의 이근우, 그 위 선배로는 정창헌(국문과)이 있었다. 자신의 시를 두고 하는 이야기에 민감했고 수줍음이 많았다. 기억력이 비상해 한번 만난 사람이면 첫 만남의 옷 빛깔을 기억해내는 버릇이 있었다. (권진희)

= 그는 가디건이라고 부르는 앞단추가 내리달린 실로 짠 웃옷을 입고 다녔다. 〔……〕 적당하게 마른 체구였다. 짙은 눈썹과 얇은 쌍꺼풀, 기다라면서 눈동자를 찌를 것처럼 안으로 둥글게 말려나오는 속눈썹, 자주 면도를 해야 하는 각진 턱을 가지고 있어서 〔……〕 눈빛은 맑고 티가 없이 깨끗했으며, 때때로 쓸쓸해 보였다. (원재길)

= 문학회에서는 일주일에 한 번씩 합평회를 가졌다. 소설, 또는 시 두세 편을 낭독하고 비평하는 형식이었는데 시나 소설을 쓴 사람은 '비평의 시간' 동안 변명이나 설명을 할 수 없었다. '침묵의 의무'에 대한 대가는 그 비평이 끝난 다음, '작가의 변'으로 벌충되었다. 당연히 비평

은 엄혹하고 긴장된 것이었으며, 당사자는 소년들이 속없이 던진 돌에 맞는 개구리처럼 상당한 스트레스를 받았다. 기형도는 이런 방식에 꽤 쉽게 적응했고 토론에도 강했다. (원재길)

＝아르바이트를 계속했고 성적이 뛰어나 장학금을 받았다. 모임과 돌아가며 친구 집에서 자는 데는 이골이 난 벗들 덕분에 외박이 잦았다. 막상 야트막한 산에서 백 미터쯤 떨어진 밭 위의, 돼지와 외풍 많은 그의 집에서 함께 자는 일은 드물어서 1년에 예닐곱 번 정도? 낡은 기타와 낡은 라디오, 낡은 책상으로 좁은 그의 방은 네 사람 이상이 자려면 서로 발을 겹쳐야 했는데 다리가 긴 사람들이 구박을 받는 것은 당연했다. 어머니는 참, 숭늉을 대접에 담아 많이도 주셨다. 권진희와 나는 바둑을 두고 기형도는 관전을 하다가 심심하면 책을 읽거나 기타를 쳤다. 누구의 집에서든가, 밤이 이슥해서 우리는 시 대신 서로를 두고 합평회를 했는데 그게 상당히 아파서 한동안은 얼굴을 보지 않으려 한 적이 있었다. (성석제)

＝6월, 당시 교련 과목 과정에 따라 문무대에 입소, 군사훈련을 받다. 휴식 시간에 "노래가 끝날 때까지 계속 쉬겠다"는 조교의 주문에 따라 다른 사람을 쉬게 하기 위하여 양희은의 「작은 연못」 같은 노래는 4절까지, 수십 곡을 불렀다. (권진희)

＝훈련 후 문학회 회원과 대천으로 여행. 선배인 조성룡이 "친구가 대천 앞바다인 원산도에서 해변 상점을 열고 있으니 가면 모두 공짜"라고 해서 가기는 했지만 친구를 만나지 못해 기아선상에 허덕였다. 어느 밤에 술에 취한 누가 바다에 뛰어들겠다, 돌아오지 않겠다고 주장하면서 해변을 달렸고 기형도는 그 사람의 사지 가운데 하나를 붙드는 일을 담당했다. (원재길)

＝지하철 2호선이 생기기 전 기형도는 안양에서 중앙청을 오가는 103번 버스를 타고 다녔다. 그 버스는 나도 가끔 탔는데 어디선가 낯이 익은 녀석이 가방을 다리 사이에 끼고 손잡이가 집게라는 되는 양 빨래처럼 늘어져 있는 것이 보였다. 알고 보니 문무대에서 노래 부르던 녀석이었다. 그래서 같이 버스에서 내린 뒤 말을 붙였다. 기형도는 자신이 문학회에 있다면서 함께 가보자고 했다. 그래서 거기 입회했는데 기형도는 그 사실에 대해 "누구를 문학회, 또는 문학에 끌어들인 착한 목자는 나다"라면서 두고두고 울궈먹었다. 또 기형도는 내게 몇 가지 쉬운 노래를 무슨 비교(秘敎)의 힘(hymn)이라도 되는 양 가르쳐주고 자신이 바리톤 파트를, 내게는 멜로디나 테너 파트를 맡겼다. 그것이 「2인의 척탄병」이며 「에덴의 동산」이나 트윈 폴리오의 곡들이다. 우리는 버스에서 내린 다음 시장을 거쳐 학교 정문을 통과하고 백양로를 걸어 언덕에 있는 종합관에 이르기까지 그 노래들을 불러댔다. 또는 역순으로 내려가며 노래를 불렀다. 지나가는 사람들이 우리를 미친놈인 양 바라보는 것이 즐거웠다. 이 노래들은 물론 술자리에서도 제창되었다. 이런 순례는 그의 귀가길, 버스 정류장에서 들길을 지나 집까지 걷는 길과 무관할 수 없을 것이다. 술자리에서 그가 잘 부르던 노래의 원주인은 송창식과 조용필. 가끔 조영남도 섞었고 그때그때 유행하는 노래도 불렀다. 남들이 따라할까 봐 일부러 음정을 높게 잡았다가 공연히 핏대를 세우는 고생을 자주 했다. 주머니에 두 손을 넣고 허리를 약간 굽힌 채, 눈을 감은 그는 시키면 주저없이 노래하고 노래하고 노래했다. (성석제)

＝고등학교 때 절친한 친구인 조병준을 찾아 멀지 않은 서강대 캠퍼스를 자주 갔다. 조병준도 문학회 모임에 가끔 참석해서 준회원으로 간주되었다. 둘은 어쩌다 마음이 맞지 않으면 토라진 계집애들처럼 이별

을 한다고 종알거렸는데 그 덕분에 가끔 있곤 하던 이별식 석상에서 냉면은 잘 얻어먹었다. 「성자를 찾아서」라는 시로 그때 우리를 감동시킨 조병준은 자신의 방에서 수백 장의 음반을 소장하고 있는 '예술의 귀족' 이었다. 그의 방에서 엉덩이를 맞대고 밥 딜런이나 레너드 코헨을 들으며 시시한 연애담이나 시에 대한 태도를 이야기한 적이 많았다. 동숭동 언덕바지에 있던 그 집에서 나오는 아침이면 가까운 학림 다방에서 R. 스트라우스를 듣고 나서 205번 버스를 타고 학교로 가곤 했다. 기형도가 이름을 생략하고 '조'라고 부르던, 또는 성과 이름의 첫 자를 생략하고 '준'이라고 부르던 조병준은 지금 인도에 가 있다. 그는 기형도의 생전에 가장 많은 편지를 주고받은 친구였고 따라서 글자로 만들 수 있는 기형도의 생각을 가장 많이 알고 있는 사람이다. (성석제)

10월 26일: ―10·26 사태로 박정희 대통령 죽음. 계엄군 진주.

= 학교 앞에 '캠퍼스 다방'이라는 60년대식 다방이 있었다. 시간이 날 때마다 거기 가서 뭘 끄적거리거나 거북선 담배를 피우면서 서로를 뜯어먹었다. "넌 냉소주의자야. 그뿐이야." "넌 냉소와 냉소주의와 냉소주의자를 혼동하고 있어. 넌 바보든가 바보가 되고 싶어하든가 바보 같은 놈이야." 늘 뜨개질을 하던 중년 여인이 계산대에 앉아 있었다. 그 여인은 화가 르누아르나 르누아르의 그림을 방불케하는 데가 있었다. 형도는 가끔 그 여인을 노트에 크로키로 그렸다. 한번인가 그 그림을 억지로 그 여인에게 보여주게 했다. 여인은 아름답다고, 자신이 가질 수 있느냐고 했다. 그 덕분에 우리는 더욱 자주 출입할 수 있었고 나중 후배 중에서 그 다방에서 자고 아침에 일어나는 용사도 생겨났다. 저녁이 되면 시장 안의 술집으로 가곤 했다. 기형도는 술을 마시지 않았지만 술자리에 자주 어울리다보니 알코올의 도움이 없이도 웬만한 술꾼 정도의 주정을

부릴 줄 알게 되었다. 그 재간을 자주 보여주지는 않았다. (성석제)

12월: ―교내 신문인 『연세춘추』에서 제정, 시상하는 '박영준문학상'에 소설 「영하의 바람」으로 가작 입선. 교지 『연세』지에서 제정, 시상하는 '백양문학상' 시 부문에 「가을에」로 가작 입선.

80년 3월: ―정법계열에서 정치외교학과로 진학. '80년의 봄'이 시작됨.

= 철야농성과 교내 시위에 가담하기 시작. 당시 노래극으로 공연된 「공장의 불빛」에 대해 호평. 교내 시위 중 선두에서 태극기를 들고 행진한 적이 있었는데 한쪽 귀는 권진희가 한쪽 귀는 내가 들었다. 미적거리는 기형도를 끌어온 것이 누구인지, 나머지 한 귀를 든 건 누군지 잘 모르겠다. (성석제)

80년 5월: ―15일을 전후하여 시내 시위에 가담. 휴교령 내림. 제주도를 제외한 전국에 계엄령 선포. 광주사태.

= 웬일인지 자신이 집을 비운 사이 집으로 형사가 찾아와 서적 등을 수색했다고 말했다. 그가 학회일을 보았는지, 그래서 그런 일이 있었는지 모두 분명치 않다. (성석제)

80년 9월: ―개교.

= 중이염으로 통원 치료. 한쪽 귀가 잘 안 들리게 됨. 이때의 경험을 토대로 소설 「미로」를 씀. (기애도)

81년 3월: ―병역 관계로 휴학.

= 대구, 부산 등지로 여행. 나와 성석제가 동행했는데 명목은 입대하기 전 화랑처럼 몸과 마음을 씻고 단련하기 위함. 대구의 다방을 순례하고 부산 송정리로. 그때 기형도를 마중나온 아가씨가 있었다. 그 여인은 부산까지 기차여행을 같이했다. 거북한 중에 기형도는 그녀와의 만남을

"헤어지기 위한 첫 만남"이라고 했다. 마침 바닷가에 폭풍주의보가 내려 수영은 할 수 없었다. 슬리퍼를 신고 나선 사람들이 발을 젖지 않으려고 파도가 넘어드는 방파제 위를 펄쩍펄쩍 뛰었던 기억. (권진희)

＝부산은 형도가 가장 자주 갔던 여행지였다. 출가한 큰누이가 부산에 살고 있어 고등학교 때도 자주 갔다. (기애도)

7월: ―방위 소집되어 안양 인근 부대에서 근무. 안양의 문학 동인인 '수리'에 참여, 동인지에 「사강리」 등 발표. 시작에 몰두, 초기작의 대부분을 이때 쓰고 습작을 정리하다.

82년 6월: ―전역.

83년 3월: ―3학년 1학기로 복학.

＝전자오락, 속칭, '뿅뿅'인 갤러그 게임에 빠졌다. 학교에서 우리 집 (영등포구 신길동)까지 걸어오면서 문이 열린 전자오락실은 대부분 들어가보았다. (이성겸)

83년 12월: ―교내 신문인 『연세춘추』에서 제정, 시상하는 '윤동주 문학상'에 시 「식목제」로 당선. 신춘문예에 관심을 돌려 최종심에 오르내리다.

84년 10월: ―『중앙일보』에 입사.

85년 1월: ―『동아일보』 신춘문예에 「안개」로 당선.

＝12월 어느 저녁 나와 이성겸, 그리고 다른 누군가 광화문 어딘가의 당구장에서 당구를 치고 있었다. 그때 이성겸 씨를 찾는 전화가 걸려왔다. 내가 여기 있는 것을 알 수 있는 자는 누구인가. 이성겸은 기이하다는 듯 고개를 갸웃거렸고 그자는 기형도였다. 예전에 같이 당구를 한 번 친 적이 있다는 것을 유일한 단서로 인구 8백만의 도시에 단 하나뿐인 이성겸의 소재를 찾아낸 기형도는 의기소침을 가장하여 나타났다. 그는

큐를 집어들더니 난생 최초로 그의 사람 찾기 능력에 경의를 표하는 나를 무시한 채 초크를 칠했다. 그리고 자기 순서도 아닌데 한 큐 치고 말했다. "나 신춘문예 됐어." 이 말을 이성겸이 최초로 알아듣고 신중히 해석한 뒤 일동에게 이렇게 번역했다. "축하한다." 내가 알아듣고 손을 내밀었다. "잘됐다." 지금 후회한다. "잘했다"로 해야 했을 것을.

  2월: ─ 연세대학교 정치외교학과 졸업. 신문사에서는 수습 후 정치부로 배속.

  ═편집부 수습을 할 때 그는 교정에 대해 배워온 것을 내게 가르치려 했다. 그가 낸 문제는 '뇌졸증'인가 '뇌졸중'인가, '내출혈'인가 '뇌출혈'인가였다. (성석제)

  ─ 문예지에 「專門家」「먼지투성이의 푸른 종이」「늙은 사람」「이 겨울의 어두운 창문」「白夜」「밤눈」「오래된 書籍」「어느 푸른 저녁」을 발표.

  86년: ─ 문화부로 자리 옮김. 지속적으로 작품 발표(「위험한 家系·1969」「鳥致院」「집시의 시집」「바람은 그대 쪽으로」「포도밭 묘지 1·2」「숲으로 된 성벽」 등). 문학과 출판을 담당. 관련 인사와 활발한 교유.

  87년: ─ 여름에 짧은 유럽 여행. 「나리 나리 개나리」「植木祭」「오후 4시의 희망」「여행자」「장밋빛 인생」 발표.

  ═기형도는 정치부에서 중앙청 출입 기자로 활동하면서 신작시는 거의 쓰지 못하고, 등단 이전에 써놓았던 작품에 손질을 해서 발표했다. 반응은 본인이 기대했던 것만큼 좋지 않았다. 그는 갓 데뷔한 무명시인 중의 하나였고, 정치부의 숨가쁜 일상에서 시를 생각할 여력이 없었다. 그는 좋은 신문기자보다는 좋은 시인이 되고 싶다는 말을 여러 번 했는데, 문화부로 옮기면서 그 희망을 비로소 실천할 수 있었다. 「오후 4시의 희망」이 시인으로서 재출발하는 시점에 나온 작품이다. 『중앙일보』

편집국은 외부로 향한 벽면을 거대한 유리로 만들어놓았고, 그 위에 블라인드가 쳐져 있었다. 오후 4시면 이미 초판 신문이 나온 상태라 비교적 한가한 시간이다. 문화부에서 기형도의 자리는 블라인드가 쳐진 창문에서 그리 멀지 않은 곳인데, 그는 블라인드를 등 뒤로 한 채 얼굴을 책상에 처박고 앉아「오후 4시의 희망」을 완성했다. 그해 6월부터 그의 후배로, 문화부에서 막내기자로 일하게 된 나는 그의 왼쪽 자리에 앉았다. 기형도는 시가 완성되면 한 장씩 복사해서 나에게 읽히는 일을 낙으로 삼았던 것 같다. 내가 문화부에서 말석을 차지하자 그는 방송 담당을 나에게 물려주고, 출판 담당을 맡게 됐다. 당시『중앙일보』문화부에는 문인을 겸직한 가지들이 많았다. 정규웅 부장은 문학평론가였고, 문학 담당인 양헌석 기자는 소설가였으니, 시인 기형도까지 합쳐서 문화부라기보다는 '문학부'였다. 정 부장은 양헌석 씨로 하여금 소설을 전담케 하고, 기형도는 출판과 함께 시 분야도 맡겼다. 아마 소설과 시를 나누어서 담당기자를 배치한 경우는 한국의 신문에서 전무후무한 일이었으리라. 정 부장은 기형도와 나를 데리고 인사동의 카페 '이화'에서 자주 맥주를 사주었다. 정 부장은 기형도의 잔에 술을 따라주면서 "기형도는 징징 짜는 버릇만 없으면, 참 좋은 놈인데"라고 환하게 웃으며 말하곤 했다. 당시 기형도의 입에서는 "아! 절망, 절망"이라는 탄식어가 떨어지지 않았다. 그러나 그 절망은 밥을 먹을 때나, 커피를 마실 때나, 아침 인사를 나눌 때나 언제나 어디에서나 튀어나왔으므로, 불행하게도 나는 분수의 물줄기처럼 허공에 흩뿌려지는 그의 절망에 공감하기 힘들었다. 그리고 좋은 시를 읽을 때나, 기막힌 미인을 거리에서 발견하면 "죽여준다. 죽여줘"라고 했던 기억도 난다. 그는 진지하지 않게 그의 즉각적인 감정을 나타낼 때면 반복법을 구사하는 버릇이 있었다. 그리고 내가 우울해하면 "해현 씨, 절망?" 하면서 도마뱀이 꼬리를 버리듯 문장의 어미를 빼먹는 식으로 통통 튀면서 나를 달래려고 했다. 그때까지만 해도 신문사에서 2백자 원고지에 세로로 기사를 썼는데, 그는 기사를 작성할 때 전혀 파지를 내지 않았다. 그가 일필휘지로 기사를 썼다는 것이 아니라, 한 줄을 쓰다가 잘못되면, 다른 원고지에 깨끗하게 쓴 뒤 칼로 그 줄을 도려내서 먼저 쓰던 원고지에 풀로 붙였다. 자기가 쓴 기사는 물론이고, 일간지와 스포츠 신문, 잡지 등에 실린 문학출판 관련기사들을 일일이 스크랩북에 오려붙일 정도로, 그는 칼과 풀만 있으면 너무나 즐거워했다. (박해현)

88년: ─여름 대구, 전남 등지로 홀로 여행(『짧은 여행의 기록』), 문화부에서 편집부로 옮기다.「진눈깨비」「죽은 구름」「추억에 대한 경멸」「흔해빠진 독서」「노인들」「길 위에서 중얼거리다」「물 속의 사막」「바람의 집─겨울 版畵·1」「삼촌의 죽음─겨울 版畵·4」「너무 큰 등받이 의자─겨울 版畵·7」「정거장에서의 충고」「가는 비 온다」「기억할 만한 지나침」 발표.

=이때는 정말 기형도에게 시의 폭죽이 터지던 시대였다. 김현은 이미 그때 『중앙일보』 문학월평을 통해 기형도의 시에 '그로테스크 리얼리즘'이라는 이름을 붙여주었다. 그때 기형도가 바로 월평을 담당하는 기자인데, 자신의 시가 크게 다뤄지자 당황했다. 천하의 비평가 김현이 그의 시를 호평한 것이야 감격스러운 일이었지만, 워낙 결벽증이 심했던 그인지라, 그 원고를 신문에 내는 것을 주저했다. 그래서 그는 김현에게 전화를 걸어서 우선 고맙습니다, 라고 한 뒤 '그러나'로 시작되는 말을 어렵게 꺼내야 했다. 그러나, 정말 그러나 김현은 "내가 기형을 잘봐주려고 글을 썼다고 믿을 사람은 문단에 아무도 없을 거요. 정 신기가 어

렵다면 원고를 돌려주세요"라고 말했다. 이미 지면은 그 자리가 비워진 채로 원고를 기다리고 있었다. 우왕좌왕하던 그는 결국 정규웅 부장에게 구조신호를 보냈다. 정 부장은 김현의 양해를 얻어 원고에서 기형도 부분을 맨 뒤로 돌리고 양을 줄이는 선에서 월평을 신문에 내보냈다. 소설가 강석경이 『가까운 골짜기』를 『중앙일보』에 연재했다. 기형도는 담당기자로서가 아니라 문단의 후배로서 강석경의 원고들을 꼼꼼히 읽고, 적절한 독후감을 작가에게 들려주었다. 그는 항상 신문기사의 일반 원칙에 따라 무미건조한 문체로 문학기사를 쓰는 것에 불만을 가졌고, 『문학기행』을 통해 섬세한 문체의 세계를 보여준 김훈을 부러워했고, 존경했다. 「겨울 版畵」 연작은 그가 신춘문예에 응모하던 문학청년 시절에 써놓았던 것을 다듬은 작품들이다. 그때 그는 그 시들을 보여주면서 병든 아버지와, 비닐하우스 깔려 있는 들판 한가운데의 집에 대해서, 그의 가족사에 대해서 가끔 얘기를 했다. 그는 일요일이면 집에서 돼지들에게 예방주사를 놓을 때 돼지는 어떻게 잡아야 하고, 주사는 어느 순간에 놓아야 하는가 같은 양돈 기법에 대해서도 자세하게 설명했다. 그는 가끔 우리 집에 놀러 와서 어린 내 딸로부터 '형도 아찌'로 불렸지만, 나는 생전에 그의 집을 방문한 적이 없다. 내가 어쩌다 데리고 가달라고 하면, "다음에, 다음에"라고만 말했다. 나는 그를 땅에 묻은 장례식이 끝난 뒤 안양에 있는, 그의 집을 가봤다. (박해현)

=그는 자신이 쓴 시를 대부분 외우고 있었는데 길을 걷거나 차를 마실 때 시를 하나씩 외워보이면서 어떠냐고 묻곤 했다. 듣는 사람의 의견에 따라 고치는 일은 드물었지만. 그의 이야기를 듣다보면 그 시가 아주 익숙한 것으로, 심지어 듣는 사람이 자신이 쓴 구절로 착각하게 하는 경우도 있었다. 자신의 시에 대한 완벽한 비평가, 교정자, 낭독자, 창조자

였다. (황경신)

= 이때 기형도는 시인 하재봉의 주도로 매주 인사동의 카페를 전전하면서 열리던 '시운동 청문회'에 빠짐없이 참석했다. 흥미진진했던 국회의 5공 청문회가 남긴 파장으로 몇 사람이 모였다 하면 청문회라고 명명하던 때였다. '시운동 청문회'는 신작 시집을 낸 젊은 시인을 초대해서 '시인학교'나 '淵' '평화만들기' 등의 카페에 앉아 시인이나 시를 좋아하는 청춘들이 청문회를 벌이던 모임이었다. 참석자들이 돌아가며 초대 시인의 시집에 대한 독후감을 밝히고, 시인에게 짓궂은 질문을 던지면서, 술잔을 홀짝거리던 일종의 시인 야유회(夜遊會)였다. 참석자 중의 한 사람은 그 청문회의 발언 내용을 기록했고, 그것은 하재봉이 매달 만들어냈던 '시운동' 팸플릿에 실렸다. (박해현)

89년: ―「聖誕木―겨울 版畵·3」「그 집 앞」「빈집」「질투는 나의 힘」「가수는 입을 다무네」「대학 시절」「나쁘게 말하다」 발표, 가을에 시집을 출간하기 위해 준비하다.

= 기형도는 문학과지성사의 편집장을 맡고 있던 평론가 임우기로부터 시집을 내자는 연락을 받았다. 그는 「빈집」 등의 신작시를 쓰는 한편 습작 시절에 썼던 시들도 고쳐서 발표했다. 그는 시만 썼던 것이 아니라, 시집의 구성에 대한 시나리오도 여러 차례 만들었다. 어깨에 멜 수 있는 그의 검은 가방 속에 들어 있던 푸른색 노트에 항상 시의 배열도를 여러 차례 그렸다. 유고 시집 『입 속의 검은 잎』은 그가 남긴 시집 배열의 원칙을 따랐다. 시집의 목차를 펼쳐보면, 그가 신문기자로 재직 중일 때 썼던 시를 한가운데 놓고, 생에 대한 환멸로 가득 찬 「안개」가 맨 앞에, 그리고 생에 대한 환상이 남아 있는 「10월」 등의 시가 뒤쪽에 서 있다. 그가 남긴 푸른 노트에는 도입부만 써놓은 시 「내 인생의 中世」가

어쩌면 두번째 시집의 제목이 될지 모르겠다고 말한 적이 있다. 그가 남긴 마지막의 초고는 이렇다.

> 이제는 그대가 모르는 이야기를 하지요
> 너무 오래되어 어슴프레한 이야기
> 미루나무 숲을 통과하던 새벽을
> 맑은 연못에 몇 방울 푸른 잉크를 떨어뜨리고
> 들판에는 언제나 나를 기다리던 나그네가 있었지요
> 생각이 많은 별들만 남아 있는 공중으로
> 올라가고 나무들은 얼마나 믿음직스럽던지
> 내 느린 걸음 때문에 몇 번이나 앞서가다 되돌아오던
> 착한 개들의 머리를 쓰다듬으며
> 나는 나그네의 깊은 눈동자를 바라보았지요

나는 그 당시 『중앙일보』가 새로 창간한 『중앙경제신문』에 가 있었고, 그는 나 대신 방송평을 쓰다가 편집부로 가 있었다. 그가 세상을 뜨기 전 날인 3월 6일, 나는 그와 앉아서 늘 하던 버릇대로 잡담을 늘어놓지 못했다. 그를 보기는 보았으나, 블라인드가 쳐진 창문 앞에 선 내 눈에는 책상에 앉아 무엇인가를 끄적거리던 그의 뒷모습만 포착됐다. 가까이 다가가서 어깨를 툭 치며 농담이라도 걸까 하다가 그냥 지나쳤다. 그것이 나와 그의 이승에서의 마지막 만남이었다. (박해현)

=죽기 바로 전 미국에 사는 향도 누이에게 보낸 편지에는 시집 제목을 '정거장에서의 충고' 혹은 '길 위에서 중얼거리다' 중에서 택일하겠다고 했다. 나와는 의논 중이었는데 전자를 선택하기를 희망했다. (기애도)

= 죽기 일주일 전쯤, 어느 날이었다. 함께 당구를 치던 중 한동안 기형도가 멍하니 당구대 위에 앉아 있는 것을 보았다. 머리가 아프다고 했다. 집으로 가서 함께 자는데 자기 전에 "나는 뇌졸중으로 죽을지도 몰라"라고 말한 적이 있다. 그리고 두통약 같은 것을 먹었다. (이영준)

3월 7일 새벽: ─서울 종로의 파고다 극장에서 숨진 채 발견되다.

─알코올을 포함 약물 복용의 흔적이나 외상은 없고 사인은 뇌졸중으로 추정됨. (검시 의사 소견)

3월 9일: ─경기도 안성 소재 천주교 수원교구 공원묘지에 묻힘. 유작 「입 속의 검은 잎」 「그날」 「홀린 사람」 발표되다.

4월: ─이영준, 박해현, 원재길, 조병준, 성석제가 모여 유작 시집을 내기로 하고 고인의 발표시와 미발표시 등을 모아 몇 차례의 모임 끝에 생전에 시집을 내기로 했던 문학과지성사에 원고를 전달.

89년 4월: ─'시운동' 팸플릿은 89년 4월호를 추모특집으로 꾸몄다. 여기에는 김훈을 비롯 황인숙, 원희석 등의 기형도에 대한 추억의 글이 들어갔고, 김준오·이남호·남진우 등이 일간지의 문학월평란을 통해 기형도의 시 세계를 조명한 짧은 글들을 모았다.

89년 5월: ─유고시집 『입 속의 검은 잎』(문학과지성사) 출간. 제목은 시집 해설을 쓴 김현이 정함.

89년 11월: ─기형도가 다녔던 '연세문학회'에서 창립 30주년 기념 및 고(故) 기형도 시인 추모를 위하여 44회 연세문학의 밤을 가짐. 아래의 글은 문학회 후배들의 거친 의견으로 회지에 수록된 글을 옮긴 것이다.

*

나의 생은 미친 듯이 사랑을 찾아 헤매었으나
단 한 번도 스스로를 사랑하지 않았노라.

다소 성급한 결론일지 모르나, 우리는 우리에게 몇 연배 위의 문학회 선배이며 문단의 촉망받는 신진 시인이었던 故 기형도 學兄의 시편들을 찬찬히 들여다보면서 하나의 무거운 '절망'을 일관되게 발견할 수 있었다. 그의 작품에 대한 몇몇 평가 작업들 속에서도 이 부분에 대한 현상적 동의들은 거의 이루어지고 있다고 생각되며, 다만 오히려 이제부터 문제가 되는 것은 바로 이 '절망'의 정체가 무엇인가 하는 것이다. 시인의 시를 통해 자신의 고유한 세계 해석 방법, 즉 세계관을 드러낸다고 할 때 시인의 시를 이해하려는 독자 또한 그 시를 치열하게 읽어나가는 과정에서 바로 그것, 시인의 눈을 찾아내야만 할 것이며 기형도 시인의 시 세계에 대한 우리의 분석은 따라서 그의 시에서 드러나고 있는 '절망'의 정체와 질을 밝혀내는 것으로 모아졌고 그 작업을 위해 우리는 행간 하나하나도 놓치지 말아야 했다.

일반적으로 한 인간이 가지게 되는 절망이란 세계 속에서 자신의 존재의 계속적 발전을 가능케 하는 전망의 결여에서 연유한다고 볼 수 있다.

기형도 시인의 시편들은 「위험한 家系·1969」를 비롯한 일련의 유년 체험기적 시들과 「오후 4시의 희망」과 같은 도시 소시민의 삶을 마치 스케치하듯 써내려간 시들, 또는 자기 고백류의 시들로 구분할 수 있는데, 거의 일관되게 전망의 부재와 그에 따른 시인의 절망을 읽을 수 있었다.

그해 늦봄 아버지는 유리병 속의 알약이 쏟아지듯 힘없이 쓰러지셨다.
〔……〕
아버지는 흙 속에서 천천히 걸어나오셨다. 봐라. 나는 이렇게 쉽게 뽑혀지는구나.
— 「위험한 家系·1969」 부분

자립할 수 없는 나이의 어린아이에게 있어서 나약한 부모의 모습, 특히 아버지라는 존재의 흔들림은 거의 치명적인 상실감으로 다가온다. 시인은 그 당시의 상실감을 "유리병 속의 알약이 쏟아지듯" "나는 이러게 쉽게 뽑히는구나" 등의 표현을 통해 조금은 건조하면서도 풍부한 비극적 뉘앙스로 담아내고 있다. 이것은 최초의 전망 부재이며, 기형도 시인의 유년 체험기들은 거의 모두 이러한 본질적 체험(아버지의 쓰러짐)의 전제 위에서 바라본 세계, 주로 가족, 친우관계, 마을 풍경 등이다.

기형도 시인에 있어서 유년기에 대한 시편은 이미 단순한 회상 내지는 유년기에 대한 그리움의 차원은 아니다. 시 속의 현재적 삶은 유년기의 수평적 연장, 또는 시 속의 유년기가 현재의 시인의 삶의 수평적 연장일 수 있고 명백한 내용적 연관성으로 묶여 있는 것이다.

「鳥致院」 같은 시는 유년기 또는 고향과, 현재 또는 도시를 연관지어 주는 끈과 같다고 볼 수있다. 「鳥致院」이 스케치하고 있는 상황은 주로 객차 안의 암울한 분위기이며 분명 자기 자신까지도 포함될 "톱밥같이 쓸쓸해 보이는 청년들," 그들은 서울로 또는 다시 조치원으로 내모는 그 무언가의 힘 앞에서 방황하고 불안해하는 소도시 소시민들의 삶을 생선 가시, 빵봉지, 톱밥 등에 비유해내고 있다. 이처럼 자기 존재의 본질을 깨달으면서 시인은 무서울 정도의 자기 존재의 미래에 대한, 예견력으로 다음의 무거운 절망의 진술을 뱉어낸다.

> 믿어주게
> 나도 몇 개의 동작을 배웠지
> 변화 중에도 튕겨져나가지 않으려고
> 고무풀처럼 욕망을 단순화하고
> 그렇게 하나의 과정이 되어갔었네. ―「종이달」부분

> 그러나 물을 끝없이 갈아주어도 저 꽃은 죽고 말 것이다.
> 〔……〕
> 한 번 꽂히면 김도, 어떤 생각도, 그도 이 도시를 빠져나가지 못한다
> 〔……〕
> 모든 것이 엉망이다, 예정된 모든 무너짐은 얼마나 질서 정연한가
> ―「오후 4시의 희망」부분

전형적인 도시 소시민의 일상(주로 사무실이라는 공간 안에서 규정되는)을, 그 무의미한 행위들을 형상화하고 있는 「오후 4시의 희망」과 「종이달」을 통해 시인은 시인이 느끼고 있는 절망의 결론부를 토로하고 있다. 생활에 적응하려고 노력하다가 "가볍게 건드려도 모두 무너"질 듯한 소시민이 바로 전망이 부재함으로 인해 절망하는 모습이라 할 수 있다. 이때 우리는 기형도 시인이 갖게 된 절망의 원초적 근원을 찾아볼 수 있는데 그것은 유년기의 경험에서 유래된, 그의 삶 전체를 관통하고 있는 결여의식이다. 이것은 앞에서 살펴본 몇몇 작품들 속에서 드러나듯 소시민적 삶의 전망의 부재로 곧바로 전화하게 된다. 그 속에서 자신의 모

든 체험들을 시적으로 형상화했다고 볼 수 있으며, 그는 "질서 정연"하고 결국 "예정된 모든 무너짐"을 아프게 인정해 들어간다. 여기까지 왔을 때 시인의 절망은 극에 달한다. "나는 일생 몫의 경험을 다했다"는 시인의 진술은 "네 희망의 내용은 질투뿐이었다"는 고백으로 이어진다. 그의 질투는 결여의식의 또 다른 면이라고도 할 수 있는데, 그러한 질투를 갖고 있음에도 불구하고 자신의 한계에서 벗어나지 못한다는 것이 그에게 있어 더 큰 비극이었다. 그리고 그에게 특화된 경험으로서의 결여의식으로 세상을 바라보고, 인간을 해석하는 보편적인 의식으로까지 나아가 인간—특히 소시민층—의 삶에 대한 전망을 바라보려 하였고, 결코 돌파구를 찾을 수 없는 깊은 내면적 절망감으로 결론을 얻은 것은 안타까운 일이다. 그것은 그의 시를 살펴보는 우리에게뿐만 아니라 시인 자신에게도 마찬가지로 고통스러운 일이다.

우리는 지금까지 기형도 시인의 경험과 의식의 결과로 나타난 문학적 형상물을 대략적으로 검토하는 과정에서 기형도 시인의 '절망'이 유년기 체험을 통한 결여의식과 소시민의 전망 부재에 대한 인식에서 비롯됨을 알 수 있었다. 이러한 그의 한계 내에서 그는 자신의 시 세계를 충실하게 구축하였다. 그러나, 있어야 할 것이 없을 때, 결여의식의 형상화 자체라는 단계를 극복하지 못하고 이제 막 현실적 삶 속에서 절망의 늪을 벗어나려는 문학적 과정에서 그가 삶을 마쳐야만 했다는 것은 실로 안타까운 일이다. (「절망 속으로—故기형도 학형의 작품세계」, 연세문학회)

90년 1월: —이영준, 박해현, 원재길, 조병준, 성석제가 모여 1주기를 앞두고 산문집을 출간하기로 하고 자료를 모아 도서출판 살림에 전달.

90년 3월: ─산문집 『짧은 여행의 기록』(살림) 출간.

3월 6일: ─1주기를 맞아 혜화동 시문화회관에서 시집 『입 속의 검은 잎』에 대한 공개서평과 추모시 낭독, 하재봉의 추모시 낭송 퍼포먼스 등이 있었다.

93년 10월: ─이영준, 박해현, 원재길, 조병준, 성석제 등은 기형도의 5주기 전에 그의 시가 가지는 의미와 그동안의 평가를 정리하는 차원에서 책을 내기로 하고 몇 차례 회합 끝에 기획 내용을 취합, 솔 출판사에 자료를 전달.

94년 2월: ─기형도의 미발표 시, 그를 기억하는 사람들의 시, 소설, 산문 그리고 기억을 담은 책 『사랑을 잃고 나는 쓰네』를 솔 출판사에서 내다.

* 이전에 작성된 기형도의 연보는 시집과 산문집에 작성된 두 가지다. 기형도가 생전에 쓰던 자신의 이력은 이렇다. "1960년 경기도 연평 출생. 연세대 정외과 졸. 85년 『동아일보』 신춘문예로 등단."
* '─'는 객관적으로 확인할 수 있는 것, '='의 표기는 추억이나 기억에 힘입은 것이다.

〔소설가〕

제3부 ..먼지투성이의 푸른 종이..
― 기형도 다시 읽기

김 현
박철화
성민엽
원재길
장석주
정효구
남진우
정과리
오생근
이성혁
이아라

영원히 닫힌 빈방의 체험
―― 한 젊은 시인을 위한 진혼가

김 현

살아 있으라, 누구든 살아 있으라. (p.107)

어느 날 저녁, 지친 눈으로 들여다본 석간신문의 한 귀퉁이에서, 거짓말처럼, 아니 환각처럼 읽은 짧은 일단 기사는, 「제망매가」의 슬픈 어조와는 다른 냉랭한 어조로, 한 시인의 죽음을 알게 해주었다. 이럴 수가 있나, 아니, 이건 거짓이거나 환각이라는 게 내 첫 반응이었다. 나는 그 시인과 개인적인 관계를 맺은 적이 없다. 우리의 관계는 언제나 공적이었지만, 나는 공적으로 만나는 사람 좋은 그의 내부에 공격적인 허무감, 허무적 공격성이 숨겨져 있음을 그의 시를 통해 예감하고 있었다. 그런데 그가 갑자기 죽었다. 죽음은 늙음이나 아픔과 마찬가지로 인간의 육체가 반드시 겪게 되는 한 현상이다. 한 현상이라기보다는, 실존의 범주이다. 죽음은 그가 앗아간 사람의 육체에 대한 기억을 간직하고 있는 사람들의 눈에서 그의 육체를 제거하여, 그것을 다시는 못 보게 하는 행위이다. 그의 육체는 그의 육체를 기억하는 사람들의 머릿속에 환영처럼,

그림자처럼 존재한다. 실제로 없다는 점에서, 그의 육체는 부재이지만, 머릿속에 살아 있다는 의미에서, 그의 육체는 현존이다. 말장난 같지만, 죽은 사람의 육체는 부재하는 현존이며, 현존하는 부재이다. 그러나 그의 육체를 기억하는 사람들이 다 사라져 없어져버릴 때, 죽은 사람은 다시 죽는다. 그의 사진을 보거나, 그의 초상을 보고서도, 그가 누구인지를 기억해내는 사람이 하나도 없게 될 때, 무서워라, 그때에 그는 정말로 없음의 세계로 들어간다. 그 없음의 세계에서 그는 결코 다시 살아날 수 없다. 그 완전한 사라짐이 사실은 세계를 지탱할 힘일는지도 모른다. 그것이 무서워서, 그것이 겁나서, 사람들은 그를 영구히 기억해줄 방도를 찾는다. 제일 쉬운 방도는, 그를 기념하여, 제사를 지내줄 사람을 만들어놓는 것일 것이다…… 그러나 기형도에게는 아이들이 없다. 그는 혼자 죽었다. 그의 육체를 기억하는 사람들이 살아 있을 때, 그가 완전한 사라짐 속에 잠기는 것을 막아야 한다. 어쩌면, 그를 완전히 사라지게 하는 것이 더 바람직할지도 모른다. 완전히 사라지면, 모든 역사적 소추에서 자유스러울 것이고, 그는 우연 속으로 들어갈 수 있을 것이다. 그러나 그러기 위해서는 그가 남긴 모든 글들을, 카프카가 바란 것처럼, 다 태워 없애야 한다. 그의 글뿐만 아니라, 그 글들이 실린 모든 지면을 없애야 한다. 그것은 바랄 수는 있으나, 이룰 수는 없는 꿈이다. 그렇다면, 차라리 그를 살리는 것이 낫다. 그의 시들을 접근이 쉬운 곳에 모아놓고, 그래서 그것을 읽고 그를 기억하게 한다면, 그의 육체는 사라졌어도, 그는 죽지 않을 수 있다. 그의 시가 충격하는 사람들이 많으면 많을수록, 그는 빨리 되살아나, 그의 육체를 모르는 사람들에게도 그의 육체를 상상할 수 있게 해줄 것이다. 나는 그의 시들을 모아, 그의 시들의 방향으로 불을 지핀다. 향이 타는 냄새가 난다. 죽은 자를 진혼하는 향내 속에서 새로운 그의 육체가 나타난다. 나는 샤먼이다…… 아니다, 나는 그에 대해 좋은 추억을 갖고 있는, 갖고 있으려 하는 한 사람의 문학비평가이다.

*

　좋은 시인은 그의 개인적·내적 상처를 반성·분석하여, 그것에 보편적 의미를 부여할 줄 아는 사람이다. 대부분의 시인들은, 그러나, 자기의 감정적 상처를 지나치게 과장하거나, 그것을 억지로 감춤으로써, 끝내, 기형도의 표현을 빌면 "추상이나 힘겨운 감상의 망토"(p.111)를 벗지 못한다. 그것은 보기에 흉하다. 그것은 성숙하지 못한 짓이기 때문이다. 기형도의 상처는 어떤 것일까? 유년/소년 시절의 그의 상처는 가난이며, 젊은 날의 그의 상처는 이별이다. 「위험한 가계·1969」라는 제목이 붙어 있는 시는, 그의 내적·개인적 상처를 서정적으로, 다시 말해 증오의 감정 없는 추억의 어조로 되살리고 있다. 그 시에 의하면 "열 살 때" 아버지가 풍병(중풍?)으로 쓰러진다. 아마도 사업을 하다가 실패한 듯, "실패하시고 나서 아버지는 3년 동안 낚시질만 하셨어요." 별다른 재산이 없는 상태에서 아버지가 쓰러지자, 어머니는 콩나물을 키우고, 큰누이는 공장엘 다닌다. 생활은 어려워, 작은누이는 "죽은 맨드라미처럼 빨간 내복"에다 스웨터를 걸치고, 그는 다 떨어진 잠바를 걸치고 지낸다. 그들이 먹은 것은 주로 칼국수인 듯, "어머니가 양푼 가득 칼국수를 퍼담으시며 말했다"(p.85), "아으, 칼국수처럼 풀어지는 어둠!"(p.115) 등을 보면, 칼국수는 그의 감각에 깊숙이 인각되어 있다. 그 굶주림의 시각에서 봐야, 하늘의 별이 "튀밥"(p.87)같이 보이는 이유를 짐작할 수 있다. 그 풍경의 공간 속에서 본 아버지는 언제나 "가난한 아버지"(p.99)이며, 그래서 "불쌍한 아버지"(p.99)이고, 어머니는 위태로운 모습이다(한 시편에서, 그는 이렇게 묘사한다. 아니 절규한다: "광포한 바람이여. 이제야 나는 어디에서 네가 불어오는지 알 것 같으다. 오, 그리하여 수염투성이의 바람에 피투성이가 되어 내려오는 언덕에서 보았던 나의 어머니가 왜 그토록 가늘은 유리막대처럼 위태로운 모습이었는지"를 [p.116]. 바람은 風病의 그 바람이며, 수염투성이는 아버지의 모습이며, 콩나물의 뿌리이다. 유리막대는 콩나물대에서 연상된 이미지이다. 아니다, 그토록 단순하지는 않다. 수염투성이의 바람에는 아버지와 어머니의 휘날리는 머리카락이라는 이미지가 겹쳐 있다. 피투성이의? 어려운 삶이라는 의미가 아닐까). 그 가난의 공간에서 그가 체험한 최초의 상처: "선생님. 가정방문은 가지 마세요. 저희 집은 너무 멀어요. 그래도 너는 반장인데. 집에는 아무도 없고요. 아버지 혼자, 낮에는요. 방과 후 긴 방죽을 따라 걸어오면서 나는 몇 번이나 책가방 속의 월말고사 상장을 생각했다. 둑방에는 패랭이꽃이 무수히 피어 있었다. 모두 다 꽃씨들을 갖고 있다니. 작은 씨앗들이 어떻게 큰 꽃이 될까. 나는 풀밭에 꽂혀서 잠을 잤다. 그날 밤 늦게 작은누이가 돌아왔다. 아버진 좀 어떠시니. 누이의 몸에서 석유 냄새가 났다. 글쎄, 자전거도 타지 않구 책가방을 든 채 백 장을 돌리겠다는 말이냐? 창문을 열자 어둠 속에서 바람에 불려 몇 그루 미루나무가 거대한 빵처럼 부풀어오르는 게 보였다. 그리고 나는 그날, 상장을 접어 개천에 종이배로 띄운 일을 누구에게도 말하지 않았다" (p.87). 그는 반장이고, 월말고사에서 성적이 좋아 상장을 받았다. 그러나 집에 가서도 그것을 자랑할 사람이 없다. 누이는 공장에서 일하고, 아버지는 누워 있고, 어머니는 콩나물(/무)을 팔러 갔다. 그도 신문 배달을 할까 한다. 그는 가정방문을 하겠다는 선생님에게 집에 안 오시면 좋겠다고 말하고, 풀밭에 "꽂혀"(마치, 꽃병 속에 꽂히듯!) 잠을 잔 뒤, 돌아오면서 상장으로 종이배를 만들어 개천에 띄운다(이 체험은 뒤에 "물 위를 읽을 수 없는 문장들이 지나가고/나는 더 이상 인기척을 내지 않는다"[p.46]라는 수일한 이미지를 낳는다). 그 체험 이후에, 그는 바람 소리만 들으면 무서워하는…… 그런 정황에 빠진다. 그것이 병일까? 병은 아닐 것이다. 그것을 담담하게, 과장하거나 감추지 않고 말할 수 있는 것을 보면 그렇다. "내 유년 시절 바람이 문풍지를 더듬던 동지의 밤이면 어머니는 내 머리를 당신 무릎에 뉘고 무딘 칼끝으로 시퍼런 무를 깎아주시곤 하였다. 어머니 무서워요 저 울음 소리, 어머니조차 무서워요. 얘야, 그것은 네 속에서 울리는 소리란다. 네가 크면 너는 이 겨울을 그리워하기 위해 더 큰 소리로 울어야 한다"(p.95). 정말 무서운 것은 바람 소리가 아니라, 아버지와 어머니다. 가난한 아버지와 위태로운 어머니가 무서운 것이다. 어머니는 그것을 잘 알고 있다. 그래서 그녀는 무서운 것은 네 속에서 울리는 울음 소리라고 말한다. 너는 아버지와 어머니를 위해 울고 있다. 나는 그것을 잘 안다. 나이 들면, 더 크게 울게 될 것이다. 그의 어머니는 옳았다. 그는 그의 울음으로 시를 만들어 모든 사람들에게 들려준다. 울음을 더 크게 울기 위해 그는 그가 "내부의 유배지"(p.112)라고 부른 곳으로 유배간다. 그것은 독일인들이 내적 망명이라고 부른 것과 유사하며, 최인훈이 내부로의 망명이라고 부른 것과 거의 같다. 내적 유배지에서 그가 한 것은 책 읽기이다. 그것은 그의 짧은 일생 내내 지속된 행위이다: "[……] 돌층계 위에서/나는 플라톤을 읽었다. 그때마다 총성이 울렸다"(p.22). 그가 읽은 책들은 광범위하고 깊이 있다. 시에 한해 말한다 하더라도, 그의 시는, 벤, 릴케,

샤르, 첼란, 정현종, 황동규, 오규원, 고은…… 등의 흔적을 보여준다. 책을 읽으면서, 그는 그의 어머니가 바란 대로, "이 겨울을 그리워하기 위해 더 큰 소리로 운"다. 그 울음의 흔적 중의 하나가 「엄마 걱정」이다. 무를 팔러 간 어머니를 배고픈 아이가 기다리고 있는데도, 그 어조는 서정적이다. 그 공간이 옛날 이야기의 공간과 닮아 있어서 그런 것일까, 여하튼, 그 시는 아름답다. 아름다운 것은, 물론, 위태로운 어머니를 따뜻하게 회상하는 시인의 눈길이다.

열무 삼십 단을 이고
시장에 간 우리 엄마
안 오시네, 해는 시든 지 오래
나는 찬밥처럼 방에 담겨
아무리 천천히 숙제를 해도
엄마 안 오시네, 배추잎 같은 발소리 타박타박
안 들리네, 어둡고 무서워
금간 창 틈으로 고요히 빗소리
빈방에 혼자 엎드려 훌쩍거리던

아주 먼 옛날
지금도 내 눈시울을 뜨겁게 하는
그 시절, 내 유년의 윗목 (p.134)

그의 가난의 공간은, 그러니까 가난한 아버지, 그의 치유될 길 없는 병, 위태로운 어머니, 그녀의 삶을 위한 발버둥, 그리고 부모들과 서로

들에게서 소외된, "찬밥처럼 방에 담겨" "혼자 엎드려 훌쩍거리는" 아이들, 그리고 그들의 배고픔(그의 시에 자주 나오는 음식의 이미지들!)으로 채워져 있으며, 당시의 그는 그것을 무서움·괴로움으로 받아들이나, 커서는 그리움으로 받아들인다. 그 공간을 무서움으로가 아니라 그리움으로 받아들인다는 점에서, 그 공간은 부정적 성격을 잃고 있지만, 그 부정성의 흔적까지 없어지는 것은 아니다. 빈방, 혼자 있음, 외로움 등은 여전히 그의 내부 깊숙한 곳에 깊이 뿌리박고 있다.

유년/소년 시절의 그의 상처가 가난이라면, 청년 시절의—청년 시절을 다 끝내지도 못하고, 세상을 "건너가"(p.68)버린 그에게 청년 시절이란 말을 쓰는 사람의 마음은 "암연히 수수롭다"—그의 상처는 못 이룬 사랑이다. 「쥐불놀이」란 시에서,

> 사랑을 목발질하며
> 나는 살아왔구나
> 대보름의 달이여
> 올해에는 정말 멋진 연애를 해야겠습니다 (p.118)

라고 당당하게 말한 그는—사랑을 목발질한다? 사랑이라는 목발을 짚고 세상을 산다라는 뜻일까? 아니면 서툴게 사랑을 했다는 뜻일까?—곧,

> 그토록 좁은 곳에서 나 내 사랑 잃었네 (p.79)

라고 말한다. 위의 시행을 끝행으로 갖고 있는 시를 꼼꼼히 읽어보면,

어느 겨울날, 너무나 가까운 사이라고 믿고, 여러 사람이 같이 어울린 술집에서 여자에게 실수를 하여, 그의 사랑을 잃었음을 알 수 있다. "모든 것이 나의 잘못이었지만/너무도 가까운 거리가 나를 안심시켰네/나 그 술집 잊으려네/기억이 오면 도망치려네"(p.78). 그녀와 헤어진 기억이 너무나 아파, 그는 그 "기억이 오면" 있는 힘 다해 도망치려 한다. 그래서 "모든 추억은 쉴 곳을 잃"(p.78)고, "어떤 조롱도 〔그의〕 무거운 마음 일으키지 못"(p.78)한다. 그토록 좁은 술집에서 그는 그토록 큰 그의 사랑을 잃는다. 그는 그 빈 좁은 방에 갇혀, "벗어둔 외투 곁에서 〔……〕 흐느"(p.78)낀다. 그 체험은, 그러나, 이상한 가역성에 의해, 사랑을 빈방에 가두는 행위로 바뀐다. "사랑을 잃고 나는 쓰네"(p.81)라고 말한 그는,

> 잘 있거라, 짧았던 밤들아
> 창밖을 떠돌던 겨울 안개들아
> 아무것도 모르던 촛불들아, 잘 있거라
> 공포를 기다리던 흰 종이들아
> 망설임을 대신하던 눈물들아
> 잘 있거라, 더 이상 내 것이 아닌 열망들아 (p.81)

라고, 그녀를 향한 열망의 소유권 주장을 포기한 뒤, "장님처럼 〔……〕 더듬거리며 문을 잠"(p.81)근다. 그 방 안에 갇힌 것은, 그러나 놀랍게도, 그가 아니라, "가엾은 내 사랑"이다: "가엾은 내 사랑 빈집에 갇혔네"(p.81). 그토록 좁은 곳에 갇혀 있던 그는 사랑에 대한 시를 씀으로써, 마치 그가 가난의 공간을 추억 속에 가둬놓듯, 그가 갇혀 있던 빈집

의 좁은 방에 사랑을 가둬놓는다. 그 사랑은 이제 그의 눈물을 자아내는 사랑이 아니라, 그리움으로 되돌아보는 사랑이다. 그는 이미 그 빈집에서 나와 있다. 아니 그가 나오니까, 그 집은 빈집이 된 것이다. 그 빈집 속에 갇힌 것은, 짧은 밤, 창밖을 떠돈 겨울 안개, 아무것도 모르는 촛불, 공포를 기다리는 흰 종이, 망설임을 대신하는 눈물, 내 것이 아닌 열망 등이다. 그런 것들을 가진 사람은, 누구나, 그 빈집에서 살 수 있다. 누가 살아도, 그 집은 그가 들어가지 않는 한, 빈집이다.

그러나 시인으로서의 기형도의 힘은 그가 가난과 이별의 체험을 했다는 데 있는 것이 아니라(그런 체험을 한 것은 그만이 아니다. 다른 많은 시인들도 그와 같은 체험을 했고, 하고 있다), 그 체험에서 의미 있는 하나의 미학을 이끌어냈다는 데 있다. 그 의미 있는 미학에 나는 그로테스크 리얼리즘이라는 이름을 붙여주고 싶다. 그로테스크 리얼리즘이란 그로테스크한 이미지들로 시를 만드는 것을 뜻하지 않는다. 물론 그것은 일상 생활에서 보기 힘든 괴이한, 부정적 이미지들을 지칭할 수도 있다. 그렇지만 그것만을 지칭하지는 않는다. 가령, 기형도의 시에 나오는,

어떤 날은 두꺼운 공중의 종잇장 위에
노랗고 딱딱한 태양이 걸릴 때까지 (p.11)

라는, 하늘을 두꺼운 종잇장으로, 태양을 노랗고 딱딱한 것으로 비유하는 이미지나,

청년들은 톱밥같이 쓸쓸해 보인다. (p.20)

라는, 서로 엉키지 못하는 젊은이들의 비연대성을 보여주는 이미지나,

> 공기는 푸른 유리병, 그러나
> 어둠이 내리면 곧 투명해질 것이다, 대기는
> 그 속에 둥글고 빈 통로를 얼마나 무수히 감추고 있는가! (p.28)

라는, 만화영화의 이미지 같은, 그러나 개별자들의 고립성이 유난히 강조되는 이미지들이, 비일상적이고, 괴이하고, 때로는 부정적인 이미지들이라는 것을 인정한다 해도, 그리고 그런 이미지들이, 가령, 하나의 예를 들자면,

> 하늘은 딱딱한 널빤지처럼 떠 있다 (p.17)

라든가,

> 무슨 딱딱한 덩어리처럼
> 달아날 수 없는,
> 공원 등나무 그늘 속에 웅크린 (p.23)

따위의 시행들에서 볼 수 있듯이, 딱딱함이라는 의미소 주변으로 모인다 하더라도, 그것 때문에 그의 시가 그로테스크한 것은 아니다. 그의 시가 그로테스크한 것은, 그런 괴이한 이미지들 속에, 뒤에, 아니 밑에, 타인들과의 소통이 불가능해져, 자신 속에서 암종처럼 자라나는 죽음을 바라다보는 개별자, 갇힌 개별자의 비극적 모습이, 마치 무덤 속의 시체

처럼—그로테스크라는 말은 원래 무덤을 뜻하는 그로타에서 연유한 말이다—뚜렷하게 드러나 있다는 데에 있다. 시인은 우선 그의 모든 꿈이 망가져 있음을 깨닫는다. 가난과 이별은 그 망가진 꿈의 완강한 배경 그림이다. 보라, "발 밑에는 몹쓸 꿈들이 빵봉지 몇 개로 뒹굴곤 하였다"(p.19). "보아라, 쉬운 믿음은 얼마나 평안한 산책과도 같은 것이냐. 어차피 우리 모두 허물어지면 그뿐, 건너가야 할 세상 모두 가라앉으면 비로소 온갖 근심들 사라질 것을. 그러나 내 어찌 모를 것인가. 내 생 뒤에도 남아 있을 망가진 꿈들, 환멸의 구름들……"(p.68). 망가진 꿈, 꿈의 환멸은 삶을 "하찮은 문장 위에 찍힌/방점과도 같은"(p.18) 것으로 느끼게 한다. 하찮은 문장 위에 찍힌 방점! 책 읽기와 잘못 강조된 삶(/꿈)의 교묘한 삼투. 그래서 시인은 자기가 이미 늙었다고 느낀다. 그에게 남은 것은 죽음뿐이다. 그럴 리가 있는가. "나는 여러 번 장소를 옮기며 살았지만/죽음은 생각도 못했다"(p.25)라고 말하고 있지 않는가. 과연 그렇다. 그는 열심히 살려고 한다. 그러나

오랫동안 나는 곰팡이 피어
나는 어둡고 축축한 세계에서 (p.25)

어떻게 살아야 하는지 알 수 없다. 알 수 없을 뿐만 아니라, 진눈깨비처럼 나는 곧 사라질 것이라는 생각에 집요하게 시달린다: "진눈깨비 쏟아진다, 갑자기 눈물이 흐른다, 나는 불행하다/이런 것은 아니었다, 나는 일생 몫의 경험을 다했다, 진눈깨비"(p.37). 이 도저한 자기 인식은, 젊어서 이미 지나치게 늙어버린 희귀하게 예민한 사람의 자기 인식이다. 그가 말한다: "나무들은 그리고 황폐한 내부를 숨기기 위해/크고

넓은 이파리들을 가득 피워냈다/나는 어디로 가는 것일까, 돌아갈 수조차 없이/이제는 너무 멀리 떠내려온 이 길"(p.45). 그러니, "나를 찾지 말라"(p.45). 그러면서도 그는 계속 쓴다. 글쓰기에 대한 이 미친 듯한 정열. 그것이 우울한 정열이라는 것을 알면서도 그는 쓴다: "내 희망을 감시해온 불안의 짐짝들에게 나는 쓴다/이 누추한 육체 속에 얼마든지 머물다 가시라고/모든 길들이 흘러온다, 나는 이미 늙은 것이다"(p.49). 이미 늙은 시인에게 남은 것은 죽음뿐이다.

나와 죽음은 서로를 지배하는 각자의 꿈이 (p.71)

된다. 죽음만이 망가져 있지 않은 시인의 유일한 꿈이다. 자기 속에 갇혀 죽음만을 바라다보는 늙은이의 눈에 비치는 나는 누구일까? 나는 남과 같은 익명인인가, 아니면 독특한 개별자일까. 그가 바라는 것은 물론 독특한 개별자이다: "〔나는〕 완전히 다르게 살고 싶었다, 나에게도 그만한 권리는 있지 않은가"(p.36). 그에게 그만한 권리는 있다. 그러나 그가 파악하는 그는 "다른 사람들과 전혀 구별되지 않는다"(p.54). 그래서 그가 "이 세상에 같은 사람은 없네"(p.79)라고 말할 때나, "우리는 모두가 위대한 혼자였다"(p.113)라고 말할 때에도, 그 다름, 그 혼자임은 갇혀 있는 개별자라는 같음의 다른 모습임을 어렵사리 깨닫게 된다. 나는 위대한 혼자가 아니라, 우리는 위대한 혼자이다. 그 혼자 있는 개별자의

〔……〕 영혼은
검은 페이지가 대부분이다. 그러니 누가 나를

펼쳐볼 것인가, 〔……〕 (p.26)

그 개별자는 읽을 수 없는 책과도 같다(시인의 의식은 끊임없이 책으로 되돌아온다. 그에게는 세계도 사람도 모두가 책이다. 그는 빈방에 누워 훌쩍이며 책 속으로 유배간다. 그 책 속에 뭐가 있단 말인가. 헛된 희망과 죽음뿐 아닌가! 아, 그가 본 책들은 너무 비극적이고 부정적이다). 마지막으로, 죽음만을 마주하고 있는 늙은이에게 흥미 있는 것은——흥미? 흥미라고 할 수는 없다. 차라리 관계 있는 것이라고 써야 할 것이다——, "저 홀로 없어진 구름"(p.40)과 같은 우연한 것(필연적이지 않은 것), '진눈깨비'와 같은 순간적인 것(영원하지 않은 것), '바람'과 같은 갑작스러운 것(준비—예비할 수 없는 것), "이제는 너무 멀리 떠내려온 이 길"(p.45)과 같은 표류하는 것(고정되지 않은 것), 그리고 "쓸데없는 것"(p.50)(쓸모없는 것) 등이다. 사람은 부수적인 것이지, 본질적인 것이 아니다. 자신을 부수적인 것으로 느끼는 사람은, 자신의 늙은(허물어진) 육체를 바라다보며 울부짖는다.

〔……〕 무엇이 그를 이곳까지 질질 끌고 왔는지, 그는 더 이상 기억도 못한다.
그럴 수도 있다, 그는 낡아빠진 구두에 쑤셔박힌, 길쭉하고 가늘은
자신의 다리를 바라보고 동물처럼 울부짖는다, 그렇다면 도대체 또 어디로 간단 말인가! (p.36)

아무리 움직여봐도, 자신이 부수적인 것에 지나지 않는다면, 또 움직여본들 무엇할 것인가. 그가 할 일은 자신을 소멸시키는 것뿐이다. 나는

홀로 없어지는 구름같이 우연한 존재이다라는 것이 기형도의 리얼리즘이 전달하는 궁극적인 전언이다. 사람은 죽기 위해 태어난 것일까? 사람에겐 본질적이며, 영원한 것은 없는가? 놀랍게도, 열심히 혼자 살다 간 한 젊은 시인은 단도하게 그렇다고 말한다. 그 도저한 세계관이 나를 전율케 한다. 세계는 쓰레기통 같은 것이고, 사람은, 베케트의 표현을 빌면, 줄만 잡아당기면 쓸려나갈 수세식 변기 위의 똥덩어리 같은 것일 따름인가? 무엇이 한 젊은 시인으로 하여금

나는 인생을 증오한다 (p.35)

라고 단정적으로 말하게 한 것일까?
거추장스러운 어떤 것이 아직도 남아 있는 육체(p.24), 그리움으로밖에 존재하지 않는 희망, 구부러진 핀(p.115) 같은 가족들, 눈물마저 말라버린 눈, 헛것을 살았다는 아픈(쓰디쓴) 자각…… 등이 바람병 든 아버지와 결부된 뛰어난 시가 「물 속의 사막」이다. 나는 그 시를 그의 그로테스크 리얼리즘의 한 예로, 가장 적절한 한 전형으로 적어두고 싶다. 내가 적어두고 싶었던 것은 「죽은 구름」이었지만, 거기에는 그의 개인적 상처의 흔적들이 지나치게 추상화되어 있다, 아니 감춰져 있다.

밤 세시, 길 밖으로 모두 흘러간다 나는 금지된다
장마비 빈 빌딩에 퍼붓는다
물 위를 읽을 수 없는 문장들이 지나가고
나는 더 이상 인기척을 내지 않는다

유리창, 푸른 옥수수잎 흘러내린다
무정한 옥수수나무…… 나는 천천히 발음해본다
석탄가루를 뒤집어쓴 흰 개는
그해 장마통에 집을 버렸다

비닐집, 비에 잠겼던 흙탕마다
잎들은 각오한 듯 무성했지만
의심이 많은 자의 침묵은 아무것도 통과하지 못한다
밤 도시의 환한 빌딩은 차디차다

장마비, 아버지 얼굴 떠내려오신다
유리창에 잠시 붙어 입을 벌린다
나는 헛것을 살았다, 살아서 헛것이었다
우수수 아버지 지워진다, 빗줄기와 몸을 바꾼다

아버지, 비에 묻는다 내 단단한 각오들은 어디로 갔을까?
번들거리는 검은 유리창, 와이셔츠 흰 빛은 터진다
미친 듯이 소리친다, 빌딩 속은 악몽조차 젖지 못한다
물들은 집을 버렸다! 내 눈 속에는 물들이 살지 않는다

이미지만을 뒤따라가자면, 밝은 빌딩의 유리창을 치는 빗줄기는 어릴 적에 본 옥수수잎과 결부되고, 그것은 아버지의 얼굴과 겹쳐지지만("우수수 아버지 지워진다, 빗줄기와 몸을 바꾼다"는 그 이미지들이 교란되는 순간의 묘사이다. 우수수는 옥수수 때문에 따라나오고, 빗줄기와 아버지는

정상으로 회귀한다), 그로테스크 리얼리즘의 관점에서는, "나는 헛것을 살았다/나는 살아서 헛것이었다"는 교묘한 대립과 "물들은 집을 버렸다"의, 집을 버리고 되는 대로 쏟아지는, 그래서 다 없어져버린 물/집의 대립이 더 중요하다. 시인은 집이 없는, 방황하는 시대의 지친 넋이며, 그 원형은 그의 아버지이다. 나는 헛것을 살았다, 아니 살다보니 나는 헛것이었다, 그런데 그 나는 바로 아버지였다! 그 인식 이후에, 나에겐 눈물도 없다.

　기형도의 리얼리즘의 요체는 현실적인 것(―개인적인 것―역사적인 것)에서 시적인 것을 이끌어내, 추함으로 아름다움을 만드는 데 있는 것이 아니라, 시적인 것이 현실적인 것이며, 현실적인 것이 시적인 것이라는 것을, 아니 차라리 시적인 것이란 없고, 있는 것은 현실적인 것뿐이라는 것을 분명하게 보여준 데 있다. 그런 의미에서 그는 진흙탕에서 황금을 빚어내는 연금술사가 아니라, 진흙탕을 진흙탕이라고 고통스럽게 말하는 현실주의자이다. 그의 시학은 현실적인 것과 시적인 것의 대립 위에 세워져 있지 않다. 그래서 그는 꿈을 꾸지 않는다. 망가진 꿈이라도 꿈을 꾸는 자에겐 희망이 남아 있다. 그러나 그는 망가진 꿈도 꿈꾸지 않는다. 망가진 꿈은 그리움의 상태로, 그런 것도 있었지라는 쓰디쓴 회상의 상태로 존재할 따름이다. 그런 의미에서 그의 시는 현실적인 것을 변형시키고 초월시키는 아름다움, 추함과 대립되는 의미의 아름다움을 목표하는 것이 아니라, 자기 존재의 모습에 대한 앎―아름다움이란, 아는 대상다웁다라는 뜻이다―으로서의 아름다움을 목표한다. 그가 익숙하게 알고 있는, 소외된 개별자, 썩어가는 육체, 절망 없는 미래(보라, 시인은 "미래가 나의 과거이므로"〔p.25〕라고 말한다), 헛것인 존재들이다. 그것들은 아름―아는 대상답다. 그에게 있어, 시적인 것은 따로 없다. 그가 익숙하게 아는 것이 아름다운 것이며, 시적인 것이다. 그런데 그 아름다운 것들이 사실은 얼마나 부정적인 것들인지.

　기형도의 시학에 대한 비판은 여러 가지일 수 있다. 그 중에서 가장 피상적인 것은, 그의 현실에 역사가 없으며, 더 정확히 말해 역사적 전망이 없으며, 그런 의미에서 그의 시는 퇴폐적이라는 비판일 것이다. 그 비판에 일리가 없는 것은 아니나, 그 비판은 비판을 위한 비판에 가깝다. 그 비판은 기형도 시가 연 시의 새 지평을 완전히 무시하고 있으며, 그의 시와는 다른 차원에서 그의 시를 비판하고 있는 비판이다. 그 비판은 몸이 약해 고깃집에 가서, 고기를 먹는 사람들에게 채식을 하지 않는다고 비판하는 것과 비슷한 비판이다. 그의 시의 약점을 지적하려면, 우선 그의 시의 차원 안에 있어야 한다. 나는 기형도의 시가 아주 극단적인 비극적 세계관의 표현이라고 보고 있다. 그것은 도저한 부정적 세계관이다. 그의 시가 보여주는 부정성을 그 이전에 보여준 시인은 그리 많지 않다. 아니 거의 없다. 아무리 비극적인 세계관에 침윤되어 있더라도, 대부분의 시인들은 낙관적인 미래 전망의 흔적을 보여준다. 이성복이 그렇고, 황지우가 그렇다. 그런데 기형도의 시엔 그런 낙관적인 미래 전망이 거의 없다. 그 도저한 부정성은 벤이나 첼란에게서나 볼 수 있는 부정성이다(한국 시에서 그런 부정성을 보여준 시인이 누구일까? 이상? 이상에게는 그러나 치열성이 부족하다). 기형도의 부정성은, 내가 보기에는, 적어도 두 개의 출구를 갖고 있었다. 하나는 그 부정성을 더욱 밀고 나가, 유한한 육체의 추함을 더 과격하게 보여주는 길이며, 또 하나는 그 부정성을 긍정적 부정성으로 환치시켜, 혹은 발전시켜 해학·풍자·골계(/익살) 쪽으로 나아가는 길이다. 첫번째 길은 개별자의 갇혀 있음을 더욱 명료하게 보여줄 것이며, 두번째의 길은 미래 전망의 결여를 운명적인 것으로 인식시킨 지배 이데올로기를 비웃음으로써, 그것이 인위적인 것이며, 문화적인 것이라는 것을 뒤집어 보여줄 수 있었을 것이다. 첫번째 길은 비용이나 보들레르 등이 걸어간 길이며, 두번째 길은 라블레나 김지하가 걸어간 길이다. 기형도는 그 두 길의 어느 쪽으로도 가지 않았다. 그는 그 갈림길에서 갑자기 쓰러져, 다시 일어나지 못했다. 그래서 그 갈림길은 이제 다시 없어졌다, 이미 그가 노래한 것처럼.

> 이미 늦은 것이다 이미
> 그곳에는 아무도 없다 (p.28)

나는 누가 기형도를 따라 다시 그 길을 갈까 봐 겁난다. 그 길은 너무 괴로운 길이다. 그 길은 생각만 해도 내 "얼굴이 이그러진다"(p.33). 나는 불행하다, 나는 삶을 증오한다라는 끔찍한 소리를 다시는 누구도 하지 않기를 바란다, 그것이 이뤄질 수 없는 꿈이라고 해도.

기형도는 1960년 경기도 연평에서 태어났다. 그리고 1989년 3월 7일 새벽 3시 30분경, 종로 2가 부근의 한 극장 안에서 죽었다. 그의 가장 좋은 선배 중의 하나였던 김훈은 "나는 기형도가 죽은 새벽의 심야 극장—그 비인간화된 캄캄한 도시 공간을 생각하고 있다. 그가 선택한(과연 그가 선택한 것일까. 차라리 운명이 그를 선택하지 않았을까: 인용자) 죽음의 장소는 나를 늘 진저리치게 만든다. 앞으로도 오랫동안 그러할 것이다"라고 말한 뒤에, 그의 넋을 가라앉히기 위해, 원효가 사복의 어머니를 위해 부른 게송의 어조로, 침통하게 당부하고 있다: "가거라, 그리고 다시는 생사를 거듭하지 말아라. 인간으로도 축생으로도 다시는 삶을 받지 말아라. 썩어서 공이 되거라. 네가 간 그곳은 어떠냐…… 누런 해가 돋고 흰 달이 뜨더냐."김훈의 어조를 가슴에 담고, 기형도의 시를 다시 읽어보면, 그는 젊어 죽을 수밖에 없었던 시인이다. 그러나 나는 김훈처럼 모질지가 못해, 두루뭉수리하게, 오마르 카이얌의 『루바이아트』의 시 하나를 빌려, 그의 넋을 달래려 한다.

우리 모두 오고 가는 이 세상은
시작도 끝도 본시 없는 법!
묻는들 어느 누가 대답할 수 있으리오
어디에서 왔으며 어디로 가는가를! (김병욱 옮김)

〔문학평론가/1989〕

집 없는 자의 길 찾기, 혹은 죽음
―― 기형도론

박철화

1

죽음이란 한 실존적 개인에게 있어 삶의 종결이자 완성이다. 우리의 삶은 '끝'이란 자막을 통해 완성되는 한 편의 영화처럼, '죽음'이라는 자막을 통해 하나의 구체적인 모습을 획득하는 것이다. 그 불변성의 닫힌 체계가 기형도에게 있어서처럼 요절이라 해서 자신의 면모를 달리하지는 않는다. 단지 끝나지 않은 것은 그의 예술, 즉 시인으로서의 그인 것이다. 물론 궁극적으로 시의 완성이란 것이 어디 있겠는가. 내가 의미하고 싶은 것은, 몇몇의 자그마한 실개천이 모여 하나의 내(川)를 이루듯 눈에 띄게 커다란 하나의 흐름, 그 도도한 흐름이다.

생전에 몸소, 수록할 시의 선정과 배열을 끝냈다는 그의 첫 시집이자 마지막이 되어버린 『입 속의 검은 잎』을 살펴보면, 비록 구분되는 두 가지 경향에도 불구하고 하나의 흐름을 찾아낼 수 있다. 하지만 그것은 가능성으로만 잔재되어 있는, 그리하여 꽃피기를 기다리던 씨앗일 뿐이었지 결코 만발한 큰 꽃은 아니었다.

　　모두 다 꽃씨들을 갖고 있다니. 작은 씨앗들이 어떻게 큰 꽃이 될까.
　　　　　　　　　　　　　　　　　　　　　　　―「위험한 家系·1969」

　살아 있는 나는, 끔찍하게도, 그를 꺾어갔던 봄이 다시 오기 전에 그 씨앗을 틔우고 물을 주어, 그가 피워냈을 "드물게 아름다운" 꽃을 그려야 한다. 너무도 젊어 "나는 이미 늙은 것이다"(「정거장에서의 충고」)라고 말할 수밖에 없었던 그를…… 하지만 나의 붓은 얼마나 무딘가.
　이 글은 그러한 목적을 위하여 씌어질 것이다. 씨앗이 싹트고 자라 꽃을 피우듯, 그의 작품 세계를 하나의 유기적 생명체로 간주하고, 그것을 단절이 아닌 일관된 흐름을 지니고 있다는 전제하에서 살펴보고자 한다. 그 과정에서, 끊임없이 오열을 터뜨리며 "나는 불행하다/이런 것은 아니었다"(「진눈깨비」)라고 말했던, 아니 "울부짖었던"(「여행자」) 한 순결한―타락한 세계 속에서 눈물과 울음으로 맞설 수밖에 없는 자는 얼마나 순결한가, 그의 시 곳곳에서 새어나오는 눈물과 울음을 보라―젊은 넋의 내적인 상처가 드러났으면 하는 것이 또 하나의 바람이다.

　　　　　　　　　　　　　2

　태풍의 중심에는 바람이 불지 않는다. 아주 맑고 푸른 하늘, 사람들은 그것을 '태풍의 눈'이라 부른다. 하지만 그 무풍 지대에서 몸을 움직이는 순간, 우리의 후각을 예리하게 도려낸 비린내, 우리의 푸른 눈을 검붉게 앗아간 빛, 그것을 우리는 무엇이라 불러야 하나?

> 이 읍에 처음 와본 사람은 누구나
> 거대한 안개의 강을 거쳐야 한다.
> [……]
> 누구나 조금씩은 안개의 주식을 갖고 있다. ―「안개」 부분

기형도는 그것을 '안개'라 부른다. 그 살아 있음의 죄의식Überlebensschuldgefühl은 그에게서 두 가지 시적 경향을 낳는다. 하나는 시집 해설자의 지적처럼, 고통스런 현실을 고통스럽게 현실이라 말하는 것이고, 다른 하나는 끊임없이 태풍의 눈, 즉 "유년의 떨리던, 짧은 넋"(「植木祭」)으로 되돌아가고자 하는 것이다. 그의 시 세계의 출발점과 지향점은 모두 후자였다. 따라서 그는 "흘러간다"(같은 시) 하지만 스스로 읊은, "다시 돌아갈 수 없으리"(같은 시)라는 비통한 탄식에서 알 수 있듯이, 그는 돌아갈 항구 없이 떠도는 표류자였다.

그러므로 그의 시의 시간성은 과거이며, 대부분의 시간적 배경 또한 하루를 되돌아보게 되는 황혼의 저녁, 어둠이 내린 방 등이다. 그리고 그의 시에 빈번히 등장하는 '늙음'의 테마 또한 거기에서 비롯되는 것이다. 기형도의 작품 세계를 이끌어가는 핵은 이처럼 행복의 원초적 세계와 그리로 돌아갈 수 없는 현실 간의 비극적 단절이 빚어내는 시간성에 근거하고 있는데, 우리는 그것을 '상실 의식' 또는 '회귀 의식'이라 부를 수 있을 것이다.

그러한 두 의식은 그의 시의 서정성과 밀접한 관련을 맺는다. 물론 서정성이란 용어가 단일한 의미만을 갖는 것은 아니다. 하지만 정현종의 시에 대한 어느 평자의 표현을 조금 바꿔서, 한 독일 시학자의 말 그대로 서정성이 추억, 회억의 다른 말이라 하더라도 기형도의 시는 서정적이며, 한 프랑스 문학사회학자의 말 그대로 서정성이 비화해적 세계 이해라 할지라도 그의 시는 서정적이다. 앞의 것이 전통적 서정이라면 뒤의 것은 전통이 결핍된 서정이라 할 수 있는데, 기형도의 시는 각기 이 두 경향을 모두 지니고 있기 때문이다. 그러면 그러한 경향을 띠는 두 시— i)「바람의 집」ii)「기억할 만한 지나침」—를 예로 들어보자.

i) 내 유년 시절 바람이 문풍지를 더듬던 동지의 밤이면 어머니는 내 머리를 당신 무릎에 뉘고 무딘 칼끝으로 시퍼런 무를 깎아주시곤 하였다. 어머니 무서워요. 저 울음 소리, 어머니조차 무서워요. 얘야, 그것은 네 속에서 울리는 소리란다. 네가 크면 너는 이 겨울을 그리워하기 위해 더 큰 소리로 울어야 한다. 자정 지나 앞마당에 은빛 금속처럼 서리가 깔릴 때까지 어머니는 마른 손으로 종잇장 같은 내 배를 자꾸만 쓸어내렸다. 처마 밑 시래기 한 줌 부스러짐으로 천천히 등을 돌리던 바람의 한숨. 사위어가는 호롱불 주위로 방 안 가득 풀풀 수십 장 입김이 날리던 밤, 그 작은 소년과 어머니는 지금 어디서 무엇을 할까?　　　　　　　　　—「바람의 집」전문

ii) 그리고 나는 우연히 그곳을 지나게 되었다
　　눈은 퍼부었고 거리는 캄캄했다
　　움직이지 못하는 건물들은 눈을 뒤집어쓰고

> 희고 거대한 서류뭉치로 변해갔다
> 무슨 관공서였는데 희미한 불빛이 새어나왔다
> 유리창 너머 한 사내가 보였다
> 그 춥고 큰 방에서 書記는 혼자 울고 있었다!
> 눈은 퍼부었고 내 뒤에는 아무도 없었다
> 침묵을 달아나지 못하게 하느라 나는 거의 고통스러웠다
> 어떻게 해야 할까, 나는 중지시킬 수 없었다
> 나는 그가 울음을 그칠 때까지 창밖에서 떠나지 못했다
>
> 그리고 나는 우연히 지금 그를 떠올리게 되었다
> 밤은 깊고 텅 빈 사무실 창밖으로 눈이 퍼붓는다
> 나는 그 사내를 어리석은 자라고 생각하지 않는다
>
> ─「기억할 만한 지나침」 전문

우선 i)에서 추억과 회억의 대상인 그의 '유년 시절'을 짙게 물들이고 있는 불행의 그림자── 한줌 한줌 부스러지며 한숨을 쉬던 그의 병든 아버지, 추워서 입김을 호호 불어야만 했던 가난──를 상징하는 울음은, 세계와의 불화라는 비극성을 보여주는 ii)의 울음과 얼마나 가까이 있는가. 또한 ii)에서 눈발·어두움·불빛 그리고 지나간 시간을 회상하는 시적 자아 등은 전통적 서정시의 면모를 지니고 있는 i)에서 유년기의 낙원에 대한 귀소 의지로서의 추억 속에, 세계와의 불화라는 비극적 세계관의 씨앗이 담겨 있다면 ii)에서의 비화해적인 세계 이해도 사실은 앞서 말했듯이 유년기의 "떨리던 넋"과 관련을 맺고 있는 것이다. 그리하여 무더운 여름──"뜨거운 안개"(「나리 나리 개나리」) 낀 여름날의

그 무더움——으로 표현되는 비극적인 세계관 속에서 두려움에 몸을 떠는 것은 그의 창백한 유년의 꿈이다.

> 그리하여 도시, 불빛의 사이렌에 썰물처럼 골목을 우회하면
> 고무줄처럼 먼저 튕겨나와 도망치는 그림자를 보면서도 나는
> 두려움으로 몸을 떨었다
> 떨리는 것은 잠과 타종 사이에서 비틀거리는 내 유약한 의식이다.
> 책갈피 속에서 비명을 지르는 우리들 창백한 유년, 식물채집의 꿈이다.
> 여름은 누구에게나 무더웠다. ―「비가 2―붉은 달」 부분

이렇듯 서정성은 두 면모를 동시에 지닌 채 기형도의 시 세계 속에 스며들어 있다. 그리고 그러한 서정성은 상실 의식 또는 회귀 의식에서 비롯된 것인데 그렇다면 그는 "무엇을 잃어버렸나"(「종이달」). 그것이 무엇이길래 "누군가 나의 고백을 들어주었으면 좋으련만/그가 누구든 엄청난 추억을 나는 지불하리라"(「가수는 입을 다무네」)라고 말하는가?

무엇을 잃었다는 것은 자신이 무엇인가를 간직하고 있었다는 말이다. 대부분의 시인들은, 더구나 기형도처럼 비극적인 작품 세계를 펼쳐보이는 시인들은, 그러한 비극과의 대칭에 유년의 추억으로든 아니면 미래 전망의 형태로든 완전히 조화로운 이상적 세계를 놓음으로써 자신의 비극적 세계를 확연히 드러내고자 하나, 기형도는 미래 전망은 물론이려니와 세계와 조화를 이루고 있는 행복의 원초적 모습을 거의 드러내지 않는다. 그의 시의 도저한 비극성을 낳는 이유 중의 하나가 바로 거기에 있는데 그것은 외로이 그 자신만을 드러내 보여야 하는 무서운 비극이다.

집 없는 자의 길 찾기, 혹은 죽음

그런데 정말 '신비'(「어느 푸른 저녁」)롭게도 이러한 시 세계에서 벗어난 두 편의 작품을 발견할 수 있다.

> 저녁 노을이 지면
> 神들의 商店엔 하나 둘 불이 켜지고
> 농부들은 작은 당나귀들과 함께
> 城 안으로 사라지는 것이었다
> 성벽은 울창한 숲으로 된 것이어서
> 누구나 寺院을 통과하는 구름 혹은
> 조용한 공기들이 되지 않으면
> 한 걸음도 들어갈 수 없는 아름답고
> 신비로운 그 城
>
> 어느 골동품 商人이 그 숲을 찾아와
> 몇 개 큰 나무들을 잘라내고 들어갔다
> 그곳에는…… 아무것도 없었다, 그가 본 것은
> 쓰러진 나무들뿐, 잠시 후
> 그는 그 공터를 떠났다
>
> 농부들은 아직도 그 평화로운 城에 살고 있다
> 물론 그 작은 당나귀들 역시   ―「숲으로 된 성벽」 전문

그 둘이란 위에 인용된 것과 "저녁때마다 그는 농장의 검은 목책에 기대 앉아 이상한 노래들을 부른" "떠돌이 사내"의 기억, 즉 「집시의

시집」이란 작품인데, 물론 그 속에서 그가 진정으로 머물고 싶어한 세계의 모습이 뚜렷이 드러나는 것은 아니다. 우선 보들레르의 「상응 Correspondances」과 프랑시스 잠의 「당나귀와 함께 천국에 가기 위한 기도」를 강하게 연상시키는 「숲으로 된 성벽」은 두 가지 중요한 사실을 보여주고 있다. 하나는 이후 그의 시 세계를 지배하는 안개·진눈깨비·비 따위의 축축한 액성 이미지와는 대비되는 투명한 '공기'이다. 그때 구름 또한 "쓸모없는 구름"(「나무공」)이나 "저 홀로 없어진 구름"(「죽은 구름」)이 결코 아니라 맑은 하늘에 가볍게 떠 있는 "모든 풍요의 아버지인 구름"(「집시의 시집」)이다. 또 다른 하나는 시간적 배경으로서의 '저녁노을'이다. 그 저녁이 "신성한 저녁"(「집시의 시집」)이기 때문인데, 그의 작품의 상당수가 황혼의 저녁을 배경으로 하는 것은 잃어버린 낙원으로 향하는 의식의 무의식적인 움직임일 것이다.

저녁의 황혼이란 빛과 어둠의 조화로운 세계이다. 그것은 대낮의 뜨거운 공격성도 어둠의 음험함도 지니지 않는, 투명성과 귀소(歸巢)의 푸근함이다. 그 조화와 평화의 상징이, 서서히 어둠이 내리기 시작하는 세상을 향해 피어오르는 등불이다. 저물녘의 황혼이란 "창틀에 (켜진) 조그만 램프"(「바람은 그대 쪽으로」)와 얼마나 닮은 것인가. 그 등불이 켜지면 우리는 포근한 우수의 몽상에 젖는 것이다. 그때 우리가 살며시 미끄러져 들어가는 잃어버린 낙원에의 추억은 비록 그것이 아득한 시간 저 멀리 존재하는 것이라 할지라도 얼마나 커다란 행복을 가져다주는가. 등불의 빛은 한 세계로의 존재 이동을 가능케 하는 것이다.

하지만 기형도에게 등불의 세계란 또 얼마나 먼 것인가!

어둠에 가려 나는 더 이상 나뭇가지를 흔들지 못한다. 단 하나의 靈魂

을 준비하고 발소리를 죽이며 나는 그대 窓門으로 다가간다. 가축들의 순한 눈빛이 만들어내는 희미한 길 위에는 가지를 막 떠나는 긴장한 이파리들이 공중 빈 곳을 찾고 있다. 외롭다. 그대, 내 낮은 기침소리가 그대 短篇의 잠 속에 끼어들 때 면 창틀에 조그만 램프를 켜다오. 내 그리움의 거리는 너무 멀고 沈默은 언제나 이리저리 나를 끌고 다닌다. 그대는 아주 늦게 창문을 열어야 한다. 불빛은 너무 약해 벌판을 잡을 수 없고, 갸우뚱 고개 젓는 그대 한숨 속으로 언제든 나는 들어가고 싶었다. 아아, 그대는 곧 입김을 불어 한 잎의 불을 끄리라. 나는 소리 없이 가장 작은 나뭇가지를 꺾는다. 그 나뭇가지 뒤에 몸을 숨기고 나는 내가 끝끝내 갈 수 없는 생의 僻地를 조용히 바라본다. 그대, 저 고단한 燈皮를 다 닦아내는 薄明의 시간, 흐려지는 어둠 속에서 몇 개의 움직임이 그치고 지친 바람이 짧은 휴식을 끝마칠 때까지. ―「바람은 그대 쪽으로」전문

그대와 나, 불빛과 어둠의 대립을 시화하고 있는 이 작품은 행복의 원초적 세계와 현실과의 불화를 상징적으로 뚜렷이 드러내고 있다. "가축(당나귀)들의 순한 눈빛이 만들어내는" 신비롭고 평화로운 세계의 진입로는 어둠에 가려 점차 희미해지고, 그 길 위에서 머물 곳을 찾지 못하는 그는 지금 외롭다. 그때 멀리 램프가 켜지면 그는 그리로 "들어가고 싶었다." 하지만 램프가 켜진 방은 너무 멀어 다가가기도 전에 불은 꺼지고 그는 "끝끝내 갈 수 없다." 그와 램프가 켜진 방 사이에서 그를 막아서는 유년의 상처이다. 상처는 그에게 아프다. 그래서 그는 불꺼진 창 앞에서 우는 것이다.

섬세하게 다듬어진 무수한 이미지의 조합과 변주로 이루어진 그의 시

들은, 전체적인 작품 세계를 살펴보는 데에 있어서 거의 모두가 무시 못 할 중요성을 지니고 있지만, 「집시의 시집」은 그의 시적 여정에서 특히 중요한 위치를 차지하고 있다. 왜냐하면 유년의 신화적 세계에서 상처 투성이의 현실 세계로 넘어가는 길목에, 마치 이정표처럼 자리 잡고 있기 때문이다.

"세상을 자물통으로 만들고 싶어하는" 어른들과는 달리 그에게 '참된 즐거움'을 가르쳐주던 '떠돌이 사내'는 그의 기억 속에서 신화적 공간을 구성하는 인물이다. 하지만, "그는 그해 가을 우리 마음에 잠시 머물다 떠난 떠돌이 사내였을 뿐이었"고, 그때, 기형도 자신은 "너무 어렸다." 따라서 떠돌이 사내가 "추수가 끝나고" 마을을 떠나자, "완전히 그를 잊었다"라고 말한다. 하지만 그는 잊지 못했다. 기억은 사라지지 않는다. 다만 우리의 의식 저 밑바닥에 묻혀 있을 뿐이다.

> 어느 날 불현듯
> 물 묻은 저녁 세상에 낮게 엎드려
> 물끄러미 팔을 뻗어 너를 가늠할 때
> 너는 어느 시간의 흙 속에
> 아득히 묻혀 있느냐
> ―「植木祭」 부분

추수가 끝나면 곡식의 낱알이 남듯이, 그의 신화적 공간을 환히 밝혀주었던 '불'도 무수한 기억의 이파리들을 떨구곤 열매를 맺는다. 그것이 '불씨'(「發鑛村」)다. 그 불씨는 푸르다. 불이 가장 환하게 타오를 때, 그 불꽃의 속은 푸르기 때문이다. 그 푸른 불씨는 때때로 아득한 시간을 뛰어넘어 피어오른다. 아니 "어김없이 시간은 솟구친다"(「나리 나리 개나리'). 그 솟구침이 무의지적인 경험이라면 그와는 달리 행복의 원초적 세계, 즉 신화적 공간과 시간을 자신 속에 계속 유지시키려는 움직임이 그의 책 읽기이다. 그렇기 때문에 '떠돌이 사내'에 대해서도 "우리는 그를 읽었다"라고 말한다. 실제로 책 읽기란 시간과 공간의 모든 인간 조건을 뛰어넘어 자기 자신을 포함한 모든 대상을 자기화할 수 있는 절대적 세계이다. 그러한 책 읽기를 가능케 한 시원은 무엇일까? 직설적으로 드러난 것은 아니지만, 장사하러, '시장에 간' 어머니, '공장'에 다니는 누이, 병들어 누워 있는 아버지 등 아무도 그와 함께 있어줄 사람이 없다는 외로움에서 비롯된 것이 아닐까.

> 곰곰이 내 어두움을 생각한다. 어디선가 길다란 연기들이 날아와
> 희미한 언덕을 만든다. 빠짐없이 되살아나는
> 내 젊은 날의 저녁들 때문이다 —「10월」부분

저녁이 되면 마을의 여기저기 굴뚝에서 밥짓는 연기가 피어오르고 그 연기는 밥짓는 사람, 즉 어머니나 누이를 생각나게 한다—조금 더 뒤에 인용될 「봄날은 간다」에서 '연기'와 '누이'가 밀접한 관련성을 띠고 함께 나타나는 것으로 우리의 추측은 보다 확실성을 얻는다. 따라서 연기가 만드는 "희미한 언덕"은 여성의 곡선을 의미하고 그것이 희미한 이유는 아득한 시간 저 너머의 기억 속에 존재하는 모습이라서 그렇기도 하겠지만 자신의 어머니와 누이의 육체를 구체적으로 떠올릴 수는 없다는 성적인 의식과도 관련된 것이기 때문이다. 그때의 저녁은 '푸른 저녁'(「어느 푸른 저녁」)이다. 그 푸른 저녁에 그는 등불을 켜고 책을 읽는다.

여기서 우리는 중요한 한 가지 사실을 발견할 수 있는데, 그것은 우리

가 앞서 살핀 그의 유년의 신화적 세계가 사실은 책 읽기의 세계에 다름 아니라는 것이다. 즉 동화적 세계를 이루는 「숲으로 된 성벽」과 「집시의 시집」이 실은 책 속의 공간이라는 사실이다. 그것이 행복의 세계일 수 있었던 이유는 구체적인 현실과 갈등 없이 존속될 수 있었기 때문인데, 실제로 어린아이가 어느 정도 성장하기까지 현실 세계는 그의 의식 속에 들어오지 않는다. 그런데 그가 자신을 둘러싼 현실을 깨닫게 되는 순간부터 책 읽기의 세계와 현실 세계는 더 이상 행복한 조화를 이루지 못하고 갈등 속에 빠지게 되는 것이다. 그 갈등은 현실 세계가 더 이상 책 속의 공간과 같은 '완전'(「오래된 書籍」)한 세계가 아니라는 사실에서 비롯된다. 따라서 현실이 완전히 조화로운 세계로 변화되지 않는 한 그 갈등은 사라지지 않는다. 그런데 그의 현실은 책 속의 세계와는 얼마나 멀리 떨어져 있었는가!

이제 우리는 그의 현실, "빈방에 혼자 엎드려 훌쩍거리던//아주 먼 옛날"(「엄마 걱정」)에서부터, 다시는 돌아갈 수 없다라고 말하기까지의 "잔인하게 죽어간 붉은 세월"(「病」)을 살펴야 한다. 먼지투성이의 삶 속에서도 결코 바래지 않는 푸르름에 대한 기억에 더욱 괴로워했을 그와 함께.

어디쯤일까 내가 연기처럼 더듬더듬 피어올랐던
이제는 침묵의 목책 속에 갇힌 먼 땅
다시 돌아갈 수 없으리.   ―「植木祭」

먼지투성이의 푸른 종이는 푸른색이다.
어떤 먼지도 그것의 색깔을 바꾸지 못한다.   ―「먼지투성이의 푸른 종이」

여름내 흐드러지게 만발했던 꽃들은 가을이 되면 자신의 아름다움을 그러모아 아주 단단한 열매를 맺는다. 그러고는 오랜 겨울잠을 자는 것이다. 마찬가지로 그의 유년의 공간을 환히 밝혀주었던 불꽃은 추수가 끝나고 떠돌이 사내가 떠나자, 자신의 이파리를 떨구곤 한 알의 불씨로 겨울을 난다. 여름이나 수확의 가을 저녁이, 목책에 기대 앉아 부드럽게 펼쳐지는 하늘의 불을 보는 때인 것에 반해 어둠이 내리는 겨울의 저녁은 가난한 자에게 얼마나 추운 것인가. 그런데 아이의 겨울에는 여전히 '큰 꽃'에 대한 희망이 남아 있기에 따스하다. 그 따스함이 더욱더 큰 비극성을 품고 있는 것이었지만.

아주 추운 밤이면 나는 이불 속에서 해바라기 씨앗처럼 동그랗게 잠을 잤다. 어머니 아주 큰 꽃을 보여드릴까요? ―「위험한 家系·1969」

희망도 절망도 같은 줄기가 틔우는 작은 이파리일 뿐, 그리하여 나는 살아가리라 어디 있느냐
植木祭의 캄캄한 밤이여, 바람 속의 견고한 불의 立像이 되어
싱싱한 줄기로 솟아오를 거냐, 어느 날이냐 곧 이어 소스라치며
내 유년의 떨리던, 짧은 넋이여 ―「식목제」

「겨울 版畵」 연작과 「위험한 家系·1969」 「폭풍의 언덕」 등에 나타난 그의 어린 시절은 병과 가난이라는 죽음의 그림자가 짙게 드리워진 가족사적인 비극과 아울러, 한 일간신문의 예리한 기자가 언급했듯이, "유년의 생명의 설레임"을 동시에 지닌다. 즉 바람과 추위와 눈밭에 대

비되는, 싱싱한 줄기로 솟아오를 불꽃, 그것도 아주 '큰 꽃'으로 피어날 봄에 대한 기대가 있었다는 말이다. '겨울 版畵·2'라는 부제를 단 작품 속에서 겨울—죽음의 연장선상에 위치하는 죽음의 봄과 생명의 봄이 라는 의식의 혼재는 이러한 절망과 희망의 교차 또는 공존에 따른 결과 인 것이다.

도시에 전쟁처럼 눈이 내린다. 〔……〕 지나간 봄 화창한 기억의 꽃밭 가득 아직도 무우꽃이 흔들리고 있을까? 사방으로 인적 끊어진 꽃밭, 새 끼줄 따라 뛰어가며 썩은 꽃잎들끼리 모여 울고 있을까.

우리는 새벽 안개 속에 뜬 철교 위에 서 있다. 눈발은 수천 장 흰 손수 건을 흔들며 河口로 뛰어가고 너는 말했다. 물이 보여, 얼음장 밑으로 수 상한 푸른 빛. 손바닥으로 얼굴을 가리면 은빛으로 반짝이며 떨어지는 그대 소중한 웃음. 안개 속으로 물빛이 되어 새떼가 녹아드는게 보여? 우 리가.
—「도시의 눈」부분

그런데 화창한 봄이라는, 그리고 화려하게 또는 화사하게 피어난 꽃 들이라는 의미를 동시에 울리는, 생명의 봄을 회의하게 만든 의문부호 뒤에 울고 있는 '썩은 꽃잎'이라는 비극을 확연하게 드러낸 마침표는 기 형도의 의식 속에서 봄이란, 작은 씨앗이 수줍게 자신의 생명을 내밀어 꽃을 피우는 계절이 아니라, 오히려 꽃이 꺾이는 잔인한 죽음의 세월이 라는 것을 예감하게 한다. 따라서 겨울의 새벽 안개 속으로 '푸른 빛'을 찾아 녹아들어간 그가 경험하게 되는 봄은, 소리 없이 누이를 꺾어간 잔 인한 봄이다.

어느 날의 잔잔한 어둠이
이파리 하나 피우지 못한 너의 생애를
소리 없이 꺾어갔던 그 투명한
기억을 향하여 봄이 왔다

살아 있는 나는 세월을 모른다.
〔……〕
봄은 살아 있지 않은 것은 묻지 않는다
떠다니는 내 기억의 얼음장마다
부르지 않아도 뜨거운 안개가 쌓일 뿐이다
잠글 수 없는 것이 어디 시간뿐이랴
아아, 하나의 작은 죽음이 얼마나 큰 죽음들을 거느리는가
나리 나리 개나리
네가 두드릴 곳 하나 없는 거리
봄은 또다시 접혔던 꽃술을 펴고
찬물로 눈을 헹구며 유령처럼 나는 꽃을 꺾는다

—「나리 나리 개나리」 부분

   앞에서 우리는 그의 시 세계의 핵심에 '상실 의식'이 놓여 있으며, 그 상실 의식이란 행복의 원초적 세계와 현재의 세계와의 비극적 단절에서 비롯된 것임을 말한 바 있다. 이러한 점을 염두에 두고 살펴볼 때, 「나리 나리 개나리」에서의 누이의 죽음은 그의 뇌리 속에 상실 의식을 돌이킬 수 없는 것으로 각인시킨다. 이제 어린 시절의 조화로운 세계는 나와

잔인한 폭력적 세계의 이원적인 대립으로 영원히 금이 가고 만다. 그의 추억의 불씨는 캄캄한 폐광 속에 갇혀야만 하는 것이다. 그것도 생명에의 기대로 가장 설레이는 봄에.

그런데 그러한 엄청난 절망의 그림자로 드리워진 누이의 죽음은 동시에 너무도 큰 아쉬움을 남긴다. 절망이 크면 클수록 그 현실을 도저히 수락하고 싶지 않은 것이다. 그 마음이, "쉽사리 물러설 수는 없었다./ 그곳에는 아직도 지켜야 할 것이 있음을/〔……〕/ 쉽사리 틈을 보이지 않는 어둠의 잔등에/시뻘건 불의 구멍을 뚫곤 하였다.//〔……〕//우리도 한때는 아름다운 불씨였다./〔……〕/아아, 그곳에는/아직도 남겨져야 할 것이 있었다./폐광촌 역사에는/아직도 쿵쿵 타올라야 할 것이 있었다"(「廢鑛村」)라고 말하게 한다. 그리하여 뚫린 '불의 구멍' 속에서 누이를 다시 불러내지만 끝내 알아차리지 못한다. 누이의 죽음의 기억이 너무도 두려운 것이다.

> 빈 들판에 꽂혀 있는 저 희미한 연기들은
> 어느 쓸쓸한 풀잎의 자손들일까
> 〔……〕
> 다시 흘러들어온 것들의 人事
> 흐린 알전구 아래 엉망으로 취한 군인은
> 몇 해 전 누이 얼굴을 알아보지 못하고, 여자는
> 자신의 생을 계산하지 못한다 　　―「봄날은 간다」 부분

봄을 시간적 배경으로 하고 있는 두 편의 작품 중, 다른 하나인 이 작품은 연기―누이―봄으로 이어지는 동일한 모티프motif를 지니고 있

다. 이처럼 봄은 기형도에게 있어서는 누이의 죽음 또는 누이와의 불화라는 속성을 지니는 메마른, 아니 비생명의 계절이다. 유보된 누이의 죽음 대신 아이의 죽음—— "몇 번이가 아이를 지울 때"——이 나타나는 것은 그 때문이다. 이제 누이가 자신의 생을 계산하지 못하듯이 "살아 있는 나〔도〕 세월을 모른다." 왜냐하면 그때의 세월은 불씨마저 꺼진 어둠의 세월이기 때문이다. 따라서 "마주 보이는 시간은 미루나무 무수히 곧게 서 있듯/멀수록 무서운 얼굴들이다"(「植木祭」).

피어오르는 아지랑이를 꿈꾸며 씨앗처럼 잠을 잔 그의 앞에서, 누이의 죽음이라는 다시는 열리지 않을 완강한 출입문을 걸어 잠근 채, 제목처럼 봄날은 간다. 이파리 하나 피우지 못한 봄날은 가버렸다. 그렇기 때문에 「나리 나리 개나리」에서 봄임에도 불구하고 "뜨거운 안개"가 쌓이며 "햇덩이 이글거리는 벌판을/맨발로 산보"(「나리 나리 개나리」)하게 되는 것이다. 얼마나 뜨겁겠는가. 여름이었다. 그리고 그 "여름은 누구에게나 무더웠다"(「비가 2」).

> 세상은 온통 크레졸 냄새로 자리잡는다. 누가 떠나든 죽든
> 우리는 모두가 위대한 혼자였다. 살아 있으라, 누구든 살아 있으라.
> 턱턱, 짧은 숨 쉬며 내부의 아득한 시간의 숨 신뢰하면서
> 천국을 믿으면서 혹은 의심하면서 도시, 그 변증의 여름을 벗어나면서.
>
> ——「비가 2」 부분

기형도에게 있어 봄은 죽음과 떠남의 계절이다. 누이의 죽음과 떠남으로써 가족이라는 울타리에 둘러싸인 삶의 낙원에서 영원히 추방당한 그에게 남는 것은 '위대한 혼자'라는 개별자 의식이다. 그 개별자에게 삶

이란 숨이 턱턱 막히는 힘들고 괴로운 것일 수밖에 없다. 하지만 아직도 '아득한 시간의 숨,' 즉 낙원에의 기억은 그에게서 지워지지 않아 그 여름을 벗어나는 힘이 된다. 그런데 가을의 노란 단풍처럼, 여름날의 끝에서 질병은 서서히 그를 물들인다. 그 질병이란 자아의 분열이다.

> 내 얼굴이 한 폭 낯선 풍경화로 보이기
> 시작한 이후, 나는 主語를 잃고 헤매이는
> 가지 잘린 늙은 나무가 되었다.
>
> 가끔씩 숨이 턱턱 막히는 어둠에 체해
> 반토막 영혼을 뒤틀어 눈을 뜨면
> 잔인하게 죽어간 붉은 세월이 곱게 접혀 있는
> 단단한 몸통 위에,
> 사람아, 사람아 단풍든다.
> 아아, 노랗게 단풍든다.
>
> —「病」전문

봄 또는 여름이 가족이라는 울타리에 둘러싸인 조화로운 삶/분열된 세계 속의 개별자라는 대립을 이루고 있다면, 그의 가을은 나와 또 다른 나라는 대립을 이루고 있기 때문이다. 그 또 다른 나란, 주어를 잃고 헤매이는 방황하는 시대의 지친 자아이다. 이제 그는 주체와 세계의 외적 분열만이 아닌 넋과 육체, 꿈과 현실의 내적 분열로 인해서 서서히 분해되기 시작한다. 그 분해의 파편 속에서 그가 주워드는 것은 현실 속의 육체, 즉 껍데기로서의 삶이다. 왜냐하면 이미 넋과 유년의 꿈은 주체와 명백하게 분열된 세계의 저 너머로 사라져버렸기 때문이다. "유년기의 떨리던, 짧은 넋"을 향하던 자아의 죽음은 예정된 것이었다.

> 한때 절망이 내 삶의 전부였던 적이 있었다
> 그 절망의 내용조차 잊어버린 지금
> 나는 내 삶의 일부분도 알지 못한다
> 이미 대지의 맛에 익숙해진 나뭇잎들은
> 내 초라한 위기의 발목 근처로 어지럽게 떨어진다
> 오오, 그리운 생각들이란 얼마나 죽음의 편에 서 있는가
> ―「10월」 부분

희망 또는 절망이란 살아 있는 자의 것이다. 희망이 사라진 뒤에도 여전히 그의 삶을 가득 채우던 절망은 사실은 유년의 꿈으로 끊임없이 되돌아가고자 했던, 주어로서의 내가 살아 있다는 증거였다. 하지만, 과거와 미래 모두에 죽음의 그림자를 암울하게 드리우고 있는 마지막 행을 자세히 살펴보면, 절망조차도 사라진 지금 그의 삶이란 주검이 드러누울 묘지에 불과한 것이다. 「포도밭 묘지」라는 제목을 달고 있는 두 편의 작품은 그 묘지에 주인을 맞아들이는 장례식의 식순에 다름 아니다. 인용하기가 거의 불가능한 두 작품의 시 장르적 특성을 무시하고 의미만을 뒤따르자면 다음과 같다. 우선 첫 작품부터.

① 그해 가을, 주인이 떠나고 없는 황폐한 포도밭으로 나는 산책을 갔다.
② 어느 틈엔가 낯선 풀잎의 자손들이 날아와 벌판 가득 흰 연기를 피워올리는 것을 바라보곤 했다.
③ 나는 내 정신의 모두를 폐허로 만들면서 주인을 기다렸다. 그때 내

게는 어둠도, 숨죽인 희망도 모두 거추장스러웠다.
　④ 나는 끝끝내 포도밭을 떠나지 못했고, 나와 죽음은 서로를 지배하는 꿈이 되었다.
　⑤ 한 사내가 들어서며 나를 주인이라 불렀다.　　―「포도밭 묘지 1」

　황폐한 포도밭과 주체의 황폐함이 일치가 되고, 끝내 묘지의 주인은 자신이라는 비극적 의식을 얻게 되는데, 이러한 의식은 두번째 작품에서 "기억하느냐, 그해 가을 그 낯선 저녁 옻나무 그림자 속을 홀연히 스쳐가던 천사의 검은 옷자락과 아, 더욱 높이 흔들리던 그 머나먼 주인의 임종"(「포도밭 묘지 2」)이라는 구절로 보다 더 확실해진다. 묘지에 드러누울 주검은 바로 그 자신이었다. 따라서 이제 더 이상 그의 의식 속에서도 주어인 나와 관련된 과거의 기억이란 존재하질 않는다. 유년의 불은 의식 속에서 영원히 스러지고, 남는 것은 태우고 난 뒤의 촛농뿐이다.

　그리하여 내 정든 포도밭에서 어느 하루 한 알 새파란 소스라침으로 떨어져 촛농처럼 누운 밤이면 어둠도, 숨죽인 희망도 내게는 너무나 거추장스러웠네.　　―「포도밭 묘지 1」

　자고 일어나면 머리맡의 촛불은 이미 없어지고
　하얗고 딱딱한 옷을 입은 빈 병만 우두커니 나를 쳐다본다　―「10월」

　익기도 전에 새파란 포도알로 떨어진 그는, 타오르는 불의 생명력을 상실하고 촛농처럼 딱딱하게 굳어버린 사물에 다름 아니다. '그로테스크 리얼리즘'이라 명명된 그의 도시적 일상시들이 생명의 온기를 상실하고 극단적인 사물화의 경향을 띠는 것은 그 때문이다. 따라서 이젠 밤하늘의 달조차도 '붉은 달'(「비가 2」)이 아닌 사물화된 '종이달'일 뿐, 그의 "과거는 끝났다"(「종이달」).

3

넋과 육체, 꿈과 현실로 찢겨졌던 자아가 과거 속에 넋과 꿈을 영원히 묻어둠으로써 유년의 꿈으로 향하던 그의 시의 환상적 요소는 자취를 감춘다. '큰 꽃'으로 피어나길 고대했던 불씨는 껍데기만을 남긴 채, 꺼져 버린 것이다. 그러면 「그날」이 언제였는지, 그날 이후는 어떠했는지?

어두운 방 한복판에서 金은 짐을 싸고 있다. 그의 트렁크가 가장 먼저 접수한 것은 김의 넋이다. 창문 밖에는 엿보는 자 없다. 마침내 전날 김은 직장과 헤어졌다. 〔……〕 비로소 나는 풀려나간다, 김은 자신에게 속삭인다, 마침내 세상의 중심이 되었다.

나를 끌고 다녔던 몇 개의 길을 나는 영원히 추방한다. 내 생의 주도권은 이제 마음에서 육체로 넘어갔으니 지금부터 나는 길고도 오랜 여행을 떠날 것이다. 내가 지나치는 거리마다 낯선 기쁨과 전율은 가득 차리니 어떠한 권태도 더 이상 내 혀를 지배하면 안 된다.

모든 의심을 짐을 꾸리면서 김은 거둔다. 어둑어둑한 여름날 아침 창문

> 밖으로 보이는 젖은 길은 침대처럼 고요하다. 〔……〕 마침내 희망과 걸음이 동시에 떨어진다. 그 순간, 쇠뭉치 같은 트렁크가 김을 쓰러뜨린다. 그곳에서 계집아이 같은 가늘은 울음소리가 터진다. 주위에는 아무도 없다. 빗방울은 은퇴한 노인의 백발 위로 들이친다.　　―「그날」 부분

'몇 개의 길' 사이에서 찢긴 자아가 어느 하나의 길에 들어서게 되었다는 사실은, 비록 그것이 통합된 총체적 삶의 길이 아니라 할지라도 더 이상 고통스런 분열의 자리가 아니라는 점에서 새로운 희망일 수 있다. 따라서 그 희망의 길이 "낯선 기쁨과 전율"로 가득 찰 것이라 꿈꾸는 시적 자아의 모습은 자연스럽다 할 것이다. 하지만 기형도에게 있어 희망의 첫걸음은 동시에 쓰러짐이었다. 그는 "이미 늙은 것이다"(「정거장에서의 충고」).

왜냐하면 유년의 넋을 상실하고 육체만이 남은 자아는 "일생 몫의 경험을 다했"기 때문이다.

> 구두 밑창으로 여러 번 불러낸 추억들이 밟히고
> 어두운 골목길엔 불켜진 빈 트럭이 정거해 있다.
>
> 취한 사내들이 쓰러진다, 생각난다 진눈깨비 뿌리던 날
> 하루종일 버스를 탔던 어린 시절이 있었다
> 낡고 흰 담벼락 근처에 모여 사람들이 눈을 턴다
> 진눈깨비 쏟아진다, 갑자기 눈물이 흐른다, 나는 불행하다
> 이런 것은 아니었다, 나는 일생 몫의 경험을 다했다, 진눈깨비
> 　　―「진눈깨비」 부분

으깨어진 추억 속에서 등불은 더 이상 신비와 평화의 상징인 넋의 불꽃이 아니라, 멈추어 선 '빈 트럭'이라는 딱딱한 사물에 불과하다. 따라서 이제 "딱딱한 손"(「진눈깨비」), "딱딱한 덩어리"(「늙은 사람」), "나무토막 같은 팔"(「추억에 대한 경멸」), "굳어가는 혀"(「입 속의 검은 잎」) 따위의, 생명의 온기를 상실한 이미지들이 빈번하게 등장한다. 그 속에서는 "하루종일 버스를 탔던 어린 시절"의 추억조차도 '있었다'라는 말로 딱딱하게 객관화되는 것이다. 기형도에게 늙는다는 것은 이러한 사물이 되어간다는 것에 다름 아니다. 그 사물화된 이미지가 나무이다.

그런데 주어를 잃어버린 자아는 "기억의 가지"(「鳥致院」)를 분지르며 "가지 잘린 늙은 나무"(「病」)가 되어야 함에도 불구하고 여전히 손을 들고 서 있다. 그러한 "부러지지 않고 죽어 있는 날렵한 가지들은 추악하다"(「노인들」). 다시 말하자면 유년의 넋의, 주어로서의 나는 죽었지만 또 다른 나는 그 죽음의 기억을 떨쳐버리지 못하고 있다는 말이다. 죽음의 기억을 떨쳐버릴 수 있는 유일한 길은 "그의 육체 속에/유일하게 남아 있는 그 무엇이 거추장스럽다는 듯이"(「늙은 사람」) 또 다른 자아마저도 죽이는 일이다. 그런데 그의 시의 비극성은 그러한 죽음이 결코 허용되지 않는다는 데에 있다. "이곳에는 죽음도 살지 못한다"(「오후 4시의 희망」)라는 말은 그러한 맥락에서 이해되어야 한다.

죽음도 살지 못하는 이곳이란 어떠한 곳일까? 우리는 앞서 인용한 「그날」에서 "창문 밖으로 보이는 젖은 길"로의 여행이 쓰러짐으로써 실패로 끝나는 비극적인 장면을 목도한 일이 있다. 젖은 길은 걸어가는 길이 아니라 흘러가는 길이다. 그런데 그 흘러감이 그에게는 금지되는 것이다.

> 밤 세시, 길 밖으로 모두 흘러간다 나는 금지된다
> 장마비 빈 빌딩에 퍼붓는다
> 물 위를 읽을 수 없는 문장들이 지나가고
> 나는 더 이상 인기척을 내지 않는다
>
> 〔……〕
>
> 아버지, 비에 묻는다 내 단단한 각오들은 어디로 갔을까?
> 번들거리는 검은 유리창, 와이셔츠 흰빛은 터진다
> 미친 듯이 소리친다, 빌딩 속은 악몽조차 젖지 못한다
> 물들은 집을 버렸다! 내 눈 속에는 물들이 살지 않는다
>
> ―「물 속의 사막」 부분

더 이상 살아 있다는 기척을 낼 수 없는 죽은 나뭇가지에는 물이 오르지 않는다. 우리는 여기서 빌딩의 밖과 안이 흘러감/금지, 물/메마름의 대조를 이루고 있음을 알 수 있는데, 결론적으로 흘러감이 금지된 그가 서 있는 빌딩 안은, "악몽조차 젖지 못하는" 메마른 사막일 뿐이다. 위 시에서 인용이 생략된, "밤 도시의 환한 빌딩은 차디차다"라는 구절은, 바로 이곳이 사물화의 극단인 광물적 세계임을 말하고 있다. 그 광물적 세계는 불빛조차도 차디차다――행복의 원초적 세계와 현실 사이의 가장 극단적인 대립은 이처럼 등불이 켜진 집/환한 빌딩, 따스함/차디참의 대립이다. 그런데 그 세계는 또한 완벽한 가둠의 세계이다. 왜냐하면 빌딩의 안과 밖을 매개해주던 창에 블라인드를 내려버렸기 때문이다:

"블라인드를 내리고 있는 金을 본다"(「(종이달」). "나는 블라인드를 튼튼히 내렸었다"(「오후 4시의 희망」). 그것이 자발적인 이유는, "한때 새들을 날려보냈던 기억의 가지들을 위하여 〔……〕 힘겹게 손을 들고 있는 "차창 밖의 겨울 나무들"(「鳥致院」)을 잊기 위한 행위이기 때문이다. 그런데 "변화 중에서도 튕겨져 나가지 않으려고/고무풀처럼 욕망을 단순화하고/그렇게 하나의 가정이 되어/〔……〕/조그만 나프탈렌처럼 조직의 서랍 속에 숨어 있는"(「종이달」) 능동적인 시적 자아가 "어쩔 수 없이 이곳에/한번 꽂히면 어떤 건물도 도시를 빠져나가지 못했다"(「오후 4시의 희망」)라고 말하는 것에서 알 수 있듯이, 그 세계는 동시에 갇힘의 세계이다. "블라인드를 내린다"는 말과 "블라인드를 튼튼히 내렸었다"라는 말의 뉘앙스 상의 차이는 가둠과 갇힘의 변별성으로 이해되어야 한다. 그 가둠을 갇힘으로 변모시키는 것은, 아교처럼 안전한 "습관"(「오후 4시의 희망」)인데, 습관은 광물적 세계의 상징인 "희고 딱딱한 액체"(「안개」), 즉 안개와 시적 자아를 동일화하기 때문이다.

> 안개에 익숙하지 않은 사람들은 처음 얼마 동안
> 보행의 경계심을 늦추는 법이 없지만, 곧 남들처럼
> 안개 속을 이리저리 뚫고 다닌다. 습관이란
> 참으로 편리한 것이다. 쉽게 안개와 식구가 되고 　　—「안개」 부분

그 광물적 세계에서는 죽음은 유예된 채, "예정된 무너짐"(「오후 4시의 희망」)만이 존재한다. '예정된 무너짐'이란 비인간화된, 광적으로 물신화된 사회의 본질적인 폭력성에 다름 아니다. 「안개」에서 여직공의 겁탈, 쓰레기더미로 비유된 시체가 개인의 사소한 불행으로 간주될 뿐, 전

혀 "안개의 탓은 아니다"라는 말되어짐으로써 그 폭력성은 극에 달한다. 그것이 이제는 그의 시에 꼬리표처럼 붙어다니는 '폭압과 공포의 심리 구조'를 낳는다. 폭력은 두려운 것이다.

> 그 일이 터졌을 때 나는 먼 지방에 있었다
> 먼지의 방에서 책을 읽고 있었다
> 문을 열면 벌판에는 안개가 자욱했다
> 그해 여름 땅바닥은 책과 검은 잎들을 질질 끌고 다녔다
> 〔……〕
> 내 입 속에 악착같이 매달린 검은 잎이 나는 두렵다
> ―「입 속의 검은 잎」 부분

그에게 있어 신비와 평화의 상징인 책의 세계는 이 세계의 폭력에 의해서 여지없이 짓밟힌 것이다. 그것이 어떻게 두렵지 않겠는가. 그래서 "두려움이 나의 속성"(「오래된 書籍」)이라고 말하는 것이다.

4

책 읽기라는 기형도의 신화적 공간은 비극적인 현실의 광포한 바람에 조금씩 마모되어 끝내는 산산이 흩어진 모래사막으로 변했다. 신비하고 평화로웠던 '태풍의 눈'에는 이제 세계의 폭력으로 말미암은 두려움만이 가득 들어찬 것이다. 유년의 넋과 꿈으로서의 책 읽기의 세계가 그의 출발점이었다면, 그것을 땅바닥에 질질 끌고 다니며 바스러뜨린 폭압적

현실의 세계는 그가 머무른 마지막 기착점이었다. 그의 시 세계는 이처럼 낙원을 잃었다는 상실 의식과 그 잃어버린 낙원으로 되돌아가려는 회귀 의식으로 점철된 것이었다. 비극은, 그에게 돌아갈 길이 없었다는 것, 그것뿐이다. 그리고 그 사실을 깨달았을 때, 그는 '안개'라는 이름의 사막 속에 갇혀 있는 자신을 발견했다. 앞으로만 길게 뻗은 철로 옆에서 마치 푯말처럼 서 있는 자신을.

나는 그의 손에 두 장의 편도 열차표가 쥐어져 있었다고 생각한다. 하나는 자신의 삶을 바스러뜨린 세계의 폭력성을 끊임없이 그려내는 것이었고, 다른 하나는 그 폭력성이 존재하지 않는 "또 다른 세상"(「詩作 메모」)에 대한 희원을 노래하는 것이었다. 앞서의 것이 "현실적 가치 체계"(같은 글)로 향하는 티켓이었다면, 나중의 것은 동경이라는 이름을 지닌 낭만주의자들의 부적이었다. 나는 물론 그 두 가지 길이 영원히 갈리는 것이라고는 생각지 않는다. 오히려 끔찍한 현실의 탐색에서 배태되는 유토피아적 꿈 그리고 유토피아적 전망 속에서 확연히 드러나게 되는 지긋지긋한 현실, 그 둘의 지양으로서의 혁명적 낭만주의 세계관이 마지막 종착역으로서 자리 잡을 수 있었으리라 생각한다. 그 역의 이름은 그의 표현을 따르자면 "자연"(같은 글)이었다. 그리고 그 자연은 유년 시절의 넋과 꿈의 성숙한 모습에 다름 아니었을 것이다. 바로 이 지점에서 그의 시의 독창성은, 황지우를 정점으로 하는 80년대 일군의 시인들의 시적 경향과 만날 수 있었을 것이다. 개성과 보편성이 만나는 그곳에서 아름답게 피어날 큰 꽃과 함께. 어쨌든 그는 두 역의 어느 곳에도 나타나지 않았다. 아니 출발이 미뤄진 것인지도 모르겠다. 사랑의 상실이란 폭풍으로 인해서 두 선로 모두 차단기가 내려져 있었으니까. 하지만 더 이상 "안개의 성역"(「안개」)에서도 그를 찾을 수 없었다. 그 속에 "가엾은 (그의) 사랑"(「빈집」)이 갇힌 자그마한 집을 한 채 짓고는, 지상에 없는 길을 따라 떠나간 것이다. 그가 불의의 사고로 짧고도 고통스러웠던 삶을 마감하기 전, 처음이자 마지막으로 지은 그 집은 지금 비어 있다.

나는 지금 대나무 잠자리채를 들고 나풀거리며 뛰어가던 어린 시절, 인적이 없던 한 집의 정원에 외로이 핀 불꽃, 해바라기를 생각한다. 아마도 그 꽃은 가을이 오면 단 하나의 씨앗으로 열매 맺었는지도 모른다. 그러고는 겨울 내내 그 집에서 아름답지만 슬프고도 가냘픈 목소리가 이렇게 말했는지도……

얼마만큼 오래 냉각된 꿈속을 뒤척여야 진실로 즐거운 액체가 되어 내 생을 적실 것인가. —「이 겨울의 어두운 창문」 부분

〔문학평론가/1989〕

부정성의 언어, 그 사회적 의미
―― 기형도 시집 『입 속의 검은 잎』에 대하여

성민엽

    1989년 3월 7일 오후, 나는 기형도가 죽었다는 소식을 듣고 충격과 당혹에 사로잡혔다. 소식을 전해준 『문예중앙』의 심만수 형은 허망하다고 했다. 그날 석간에 실린 짤막한 기사를 통해, 기형도가 새벽 심야극장에서 이른바 술한기가 들어 숨을 거두었다는 것을 짐작할 수 있었다. 꽃샘추위가 기승을 부리던 그 새벽에, 무엇이, 술에 취한 그를 삭막한 도시 공간의 한 전형이라 할 그 종로의 심야극장으로 데려간 것이었을까. 나는 슬펐다. 지난해 여름 교통사고를 당하고 가까스로 목숨을 건진 나는, 그때, 발끝부터 배꼽 위까지 깁스를 안 채 마치 한 마리 달팽이처럼 자리에 누워, 되살아나는 온갖 회한의 기억들과 인간에 대한 한없는 연민의 감정으로 앓고 있었다. 사고를 당하기 얼마 전에 만났던 기형도는 그의 짙은 눈썹 부근의 상처를 가리키며 오토바이에 부딪혔는데 몸은 괜찮다고 말하고 빙긋 웃음을 지었었다. 사고를 당하고 수술을 한 직후에(기억이 확실치 않다. 수술 전이었는지도 모르겠다.) 문병하러 온 기형도에게 나는 원고 독촉을 했고, 그는 위안의 말을 남기고 쓸쓸히 돌아갔다. 그게 그와 나의 마지막 만남이었다. 내가 아직 병상에 누워 있는데 그가 세상을 뜨다니, 나는 그에게 무슨 위안의 말을 주어야 한단 말인가. 나는 슬펐고, 허망했다.

  5월이 되자 시집 『입 속의 검은 잎』이, 시인이 생전에 선정하고 배열해놓은 그대로의 모습으로 출간되었다. 시집 뒤표지에 실린, 1988년 11월로 부기된 '시작 메모'는 이렇게 말하고 있었다: "그러나 나는 그처럼 쓸쓸한 밤눈들이 언젠가는 지상에 내려앉을 것임을 안다. 바람이 그치고 쩡쩡 얼었던 사나운 밤이 물러가면 눈은 또 다른 세상 위에 눈물이 되어 스밀 것임을 나는 믿는다. 그때까지 어떠한 죽음도 눈에게 접근하지 못할 것이다." 그 믿음은 그러나 배반당했다. 사나운 밤은 물러가지 않았고, "하늘과 지상 어느 곳에서도 눈은 받아들여지지 않"고 있는데 벌써 죽음이 그를 덮친 것이다. 이 믿음의 배반이 우리의 현실인 것일까, 그의 시와 그의 죽음은 그것이 현실이라고 아프게 증언하고 있는 것일까. 그러나 미혼이었던 그가 이 세상에 남긴 유일한 흔적인 그의 시와 시집 『입 속의 검은 잎』은, 다행스럽게도, 아직 죽지 않은 많은 사람들에게 새롭게 읽히고 이해되며 다양한 의미의 공간을 재생산해내고 있고, 또 앞으로도 그럴 것이다. 그 재생산 속에서 1960년생인 그는 영원히 젊은 시인으로 항상 새롭게 되살아날 것이다. (그렇지만 '영원'이라는 것이 과연 있는 것일까. 어떤 유한성 속에서의 영원을 우리는 무한성으로 착각하는 것일 터이니 말이다.)

  솔직히 말해 내게 기형도는 시인이기에 앞서 문학 담당 기자였다. 그가 내게 탁월한 시인이 된 것은 시집 『입 속의 검은 잎』을 통해서였다. 이 시집에서 나는 기형도의 엄청난 무게와 부피의 고뇌를 비로소 알았고 그가 이룬 미학적 지평의 정체성(正體性)을, 그 문학적 사회적 의미를 비로소 짐작했다. 나는 기형도에게 참으로 미안했다. 그의 시에 내가 할 수 있는 의미 공간의 재생산을 부여함으로써 그 미안함을 갚고 그에게 내 위안의 말을 전할 수 있을지 모르겠다.

그동안 적지 않은 평자들이 기형도 시를 리뷰했거니와 그 리뷰들은 기형도 시가 비극적 실존에의 치열하고 정직한 인식이며 극단적인 비극적 세계관의 표현이라는 데에서 대체로 의견을 같이했다. 그 파악은 옳지만, 그러나 아직 추상적이다. 그런 파악만으로는 기형도 시의 구체적인 육체성이 드러나지 않기 때문이다. 그 파악을 구체적으로 행한 이는 기형도의 시집에 해설을 쓴, 아마도 기형도에 대한 가장 깊은 이해자일 김현이다. 김현은 기형도 시에 '그로테스크 리얼리즘'이라는 이름을 붙였거니와, 그에 의하면 기형도 시는, "괴이한 이미지들 밑에, 타인들과의 소통이 불가능해져, 자신 속에 암종처럼 자라나는 죽음을 바라다보는 개별자, 갇힌 개별자의 비극적 모습이, 마치 무덤 속의 시체처럼─그로테스크라는 말은 원래 무덤을 뜻하는 그로타에서 연유한 말이다.─뚜렷하게 드러나 있다"는 점에서 그로테스크하고, "시적인 것이 현실적인 것이며, 현실적인 것이 시적인 것이라는 것을, 아니 차라리 시적인 것이란 없고, 있는 것은 현실적인 것뿐이라는 것을 분명하게 보여준다"는 점에서 리얼리스틱하다. 이러한 구체적인 육체성에 대한 파악으로까지 나아가지 못할 때 기형도 시라는 독자성은 비극적 실존이나 비극적 세계관이라는 일반적인 범주로 환원되고 만다. 김현은 기형도의 그로테스크 리얼리즘의 뿌리를 시인의 유년기의 가난이라는 상처와 청년기의 이별이라는 상처에서 찾으면서 "시인으로서의 기형도의 힘은 그가 가난과 이별의 체험을 했다는 데 있는 것이 아니라, 그 체험에서 의미 있는 하나의 미학을 이끌어냈다는 데 있다"라고 지적했고, "극단적인 비극적 세계관의 표현"인 기형도의 시에서 중요한 것은 그것이 '도저한 부정성,' 한국시에서 거의 찾아볼 수 없는, "벤이나 첼란에게서나 볼 수 있는 부정성"이라는 점을 강조했다. 그런데 김현의 치밀한 기형도 해석은 개인사적이고 주관주의적인 지평을 벗어나지 않도록 스스로를 절제하고 있다. 나는 그 절제의 바로 바깥에서 기형도의 시를 다시 읽어볼 작정이다.

　기형도의 시에서 가장 중요한 것은 그것의 도저한 부정성이다. 그 부정성은 세 가지 차원에 걸쳐 있다. 세계의 부정성, 자아의 부정성, 그리고 그 부정성들의 부정적인 드러냄이 그것이다. 1985년에 데뷔한 기형도의 데뷔작 「안개」는 그 세 차원을 두루 보여주고 있다. 「안개」의 "아침 저녁으로 샛강에 자욱이 안개가 끼"는 "읍"은 이 세계의 상징적 축도이다. 여기서 세계는 이중적 부정성을 띠고 있다. 우선 이 세계의 모습은,

　　안개가 걷히고 정오 가까이
　　공장의 검은 굴뚝들은 일제히 하늘을 향해
　　젖은 銃身을 겨눈다.

에서 보듯 폭력과 억압의 그것이며, "이 폐수의 고장"이라는 표현에서 보듯 타락과 부패의 그것이다. 그 부정적인 본 모습 위를 은폐와 조작의 안개가 뒤덮는다. 안개가 뒤덮이면 "순식간에 공기는/희고 딱딱한 액체로 가득 차"고 "그 속으로/식물들, 공장들이 빨려 들어가고/서너 걸음

앞선 한 사내의 반쪽이 안개에 잘린다." 그 안개 속에서 인간은 편안하다. 처음 안개에 접한 사람들은 "쓸쓸한 가축들처럼" 서 있다가 "문득 저 홀로 안개의 빈 구멍 속에/갇혀 있음을 느끼고 경악"하기도 하지만, 곧 "습관"이 된다. '안개와 한 식구가 되고' 안개 속을 "미친 듯이 흘러 다니"는 것이다. 안개가 끼지 않으면 사람들은 오히려 서로 낯설어 하고 서로를 경계한다. 안개에 습관이 된 사람들에게 안개 속의 자신들의 삶은 긍정적인 것으로 여겨진다. 안개에 습관이 된 눈에는 "여공들의 얼굴은 희고 아름다우며/아이들은 무럭무럭 자"라는 것이다. 그러나 사실은 한밤중에 여직공이 겁탈당하고 겨울에 취객(醉客)이 얼어 죽으며 무럭무럭 자란 아이들은 모두 공장으로 가는 것이 실상이다. 사람들이 그 실상을 알아차리는 것은 상처 입음을 통해서이다. "상처 입은 몇몇 사내들은 험악한 욕설을 해대며 이 폐수의 고장을 떠나"간다. 그 욕설과 그 떠남은 이 세계에 대한 부정이지만, 그러나 그들은, 그리고 그들의 부정은 "재빨리 사람들의 기억에서 밀려"난다. 그들은 이 세계 밖으로 추방당하여 "다시 읍으로 돌아온 사람은 없"고, 그들을 추방한 이 세계는 완벽한 방식으로 관리되는 것이다. 이러한 세계와 자아의 부정성을 기형도는 대단히 부정적인 방식으로 드러낸다. 상처 입은 사내들의 험악한 욕설과 떠남과 그 정적인 방식의 일례가 되겠거니와, "두꺼운 공중의 종잇장 위에/노랗고 딱딱한 태양이 걸릴 때"(「안개」)라든지, "하늘은 딱딱한 널빤지처럼 떠 있다"(「白夜」), "달걀노른자처럼 노랗게 곪은 달"(「위험한 家系·1969」) 같은, 그의 시에 편재하는 괴이한 이미지들을 포함한 기형도 시의 부정성의 언어는, 총괄하여 말하면, 그 부정적인 드러냄의 소산인 것이다.

  이러한 기형도의 부정적 세계 인식은 어디에서 비롯된 것일까. 유소년기를 추억하는 여러 시편들은 그것이 상처 받은 유소년기에 뿌리를 대고 있음을 암시해준다. 그 추억 중에는, 신비와 행복과 조화로서의 유년에 대한 것도 없지 않다.

> 저녁노을이 지면
> 神들의 商店엔 하나 둘 불이 켜지고
> 농부들은 작은 당나귀들과 함께
> 城안으로 사라지는 것이었다.
> 성벽은 울창한 숲으로 된 것이어서
> 누구나 寺院을 통과하는 구름 혹은
> 조용한 공기들이 되지 않으면
> 한 걸음도 들어갈 수 없는 아름답고
> 신비로운 그 城
> ―「숲으로 된 성벽」 부분

다른 곳에서 "내 유년의 떨리던, 짧은 넋"(「植木祭」)이라고 불리우기도 하는 그 신비와 행복과 조화는 그러나 어떤 원초적인 자리에 있는 것일 뿐, 그 원초적인 자리를 파괴하면서 기형도의 유소년기를 지배하는 것은 가난, 외로움, 상처, 고통과 같은 것들이다. 「위험한 家系·1969」의 담담한 회상의 공간을 보면, 그의 아버지는 그가 열 살 때 풍병(風病)으로 쓰러졌다. 그러자 그의 어머니는 그의 아버지가 "아프시기 전에 아무것도 해논 일이 없"는 탓에 콩나물을 키워 생계를 유지하며 자주 칼국수를 끓여 먹였고, 그의 누이는 "죽은 맨드라미처럼 빨간 내복"을 입고 공장에 나갔는데 누이의 몸에서는 늘 "석유 냄새가 났다." 낡은 잠바를 입고 신문 배달을 할 생각을 하는 어린 그는 학교에서는 반장인데 담임선생의 가정방문을 거절하고 월말고사 상장을 접어 "개천에 종이배로 띄운다." 「엄마 걱정」을 보면, 어린 그는 열무를 팔러 간 엄마의 귀가를 기다리며 혼자 "찬밥처럼 밤에 담겨" "어둡고 무서워" "빈방에 혼자 엎드려 훌쩍거린다."

기형도의 부정적 세계 인식이 상처받은 유소년기에 뿌리를 대고 있다는 것은 분명하지만, 그러나 그 뿌리 댐을 환원 관계로 이해해서는 안 된다. 그런 이해는 기형도 시의 사회성을 박탈해버린다. 기형도의 다수 시편들은 이 세계의 부정성을 알아챈 자가 이 세계의 안과 밖의 경계를 떠돌며 토로하는 부정성의 언어로 가득 차 있다. 그 부정적 세계 인식은 가난이라는 유소년기의 부정적 체험에서 틀 지워지고 이별이라는 청년기의 부정적 체험에서 최고조에 달하는, 개인적이고 주관적 '불행'이기도 하지만 또한 '안개의 탓'이기도 한 것이다. 성장 이후의 기형도의 삶은 '도시'의 삶이다.

1) 나는 한동안 무책임한 자연의 비유를 경계하느라 거리에서 시를 만들었다. 거리의 상상력은 고통이었고 나는 그 고통을 사랑하였다.
—— 1988년 11월의 「詩作 메모」

2) 김은 주저앉는다, 어쩔 수 없이 이곳에
   한번 꽂히면 어떤 건물도 도시를 빠져나가지 못했다.
   김은 중얼거린다, 이곳은 죽음도 살지 못한다
   나는 오래 전부터 그것과 섞였다, 습관은 아교처럼 안전하다
—— 「오후 4시의 희망」

1)의 거리, 2)의 도시는 자본주의적 산업화가 고도로 발전한 오늘날 한국 사회에서 이미 보편화되어버린 삶의 양태를 지칭하는 말이다.

  삶은 총체성을 파괴당하며 파편화되고 사물화되었고, 인간은 그 주체성을 상실했다. 그러나 깊은 의미에서의 체제는 자기 자신을 조절하고 관리하면서 그러한 삶의 실상을 은폐하고 온갖 제도적 장치와 지배 이데올로기를 통해 삶에 거짓 의미를 부여한다. 총체성의 환상, 주체성의 환상을 조작하며, 물질적 풍요라는 거짓 유토피아를 내세워 거기에 인간을 함몰시키는 것이다(물질적 풍요를 향수하는 자는 물론이고 그것을 결핍한 자도 거기에 묶이기는 마찬가지이다). 무서운 것은 그 함몰로부터 아무도 자유롭지 못하다는 데 있다. 거짓 긍정성에의 함몰은 인간을 편안하게 해주기 때문에, "습관은 아교처럼 안전"하기 때문에, 그 함몰은 심지어 자발적이기까지 하다. 기형도의 부정적 세계 인식은 이 세계의 부정성과 거짓 긍정성, 그리고 그것에의 함몰에 대한 부정적 인식이고, 그의 부정성의 언어는 그것들에 대한 거부이며 부정이다.

  우리는 그 부정적 세계 인식에서 가능할 시적 태도를 세 가지쯤으로 유별해 볼 수 있다. 하나는 긍정적인 삶의 양태에 대한 꿈이나 전망이다. 기형도가 앞에 인용한 시작 메모에서 "가장 위대한 잠언이 자연 속에 있음을 지금도 나는 믿는다"라고 말했을 때의 '자연'이 그것인데, 그러나 그는 그 '자연'에의 추구를 전혀 시도하지 않았다. 신비·행복·조화로서의 유년도 여기에 해당할 수 있겠는데, 이 역시 그는 거의 추구하지 않았다. 그 둘은 이 세계의 구조와 그 구체적 작용을 탐구하며 그것을 극복할 어떤 현실적 전망을 모색하는 것이다. 그가 한 시작 노트에서 "모든 사물과 그것이 빚어내는 구조 및 현상에 대한 탐구를 통하여 예술적 미학과 현실적 가치체계 모두에 접근하고 싶다"고 했을 때의 그 '접근'이 여기에 해당할 터인데, 그러나 이 역시 기형도는 거의 시도하지 않았다. 그 셋은 스스로 이 세계의 안과 밖의 경계로 추방당하여 그곳을 떠돌며 부정적인 현실을 부정적인 방식으로 드러내는 것이다. 기형도의 시는 대부분 이 작업에 바쳐졌고, 거기서 그로테스크 리얼리즘이라 불리운 하나의 독자적 미학이 형성되었다.

1) 이곳에는 죽음도 살지 못한다 　　　　　—「오후 4시의 희망」

2) 〔……〕 내 생 뒤에도 남아 있을 망가진 꿈들, 환멸의 구름들, 그 불안한 발자국 소리에 괴로워할 나의 죽음들.
　　　　　　　　　　　　　　　　　　—「이 겨울의 어두운 창문」

3) 구름으로 가득 찬 더러운 창문 밑에서
　한 사내가 쓰러져 있다. 〔……〕
　〔……〕
　아무도 모른다, 저 홀로 없어진 구름은
　처음부터 창문의 것이 아니었으니　　　—「죽은 구름」

5) 나는 헛것을 살았다, 살아서 헛것이었다　—「물 속의 사막」

6) 진눈깨비 쏟아진다, 갑자기 눈물이 흐른다, 나는 불행하다
　이런 것은 아니었다, 나는 일생 몫의 경험을 다했다, 진눈깨비
　　　　　　　　　　　　　　　　　　　　—「진눈깨비」

7) 〔……〕 그는 낡아빠진 구두에 쑤셔박힌, 길쭉하고 가늘은
　　자신의 다리를 바라보고 동물처럼 울부짖는다. 그렇다면 도대체 또
　　어디로 간단 말인가!
　　　　　　　　　　　　　　　　　　　　　　　—「여행자」

8) 그렇다면 나는 저녁의 정거장을 마음속에 옮겨 놓는다
　　내 희망을 감시해온 불안의 짐짝들에게 나는 쓴다.
　　이 누추한 육체 속에 얼마든지 머물다 가시라고
　　모든 길들이 흘러나온다. 나는 이미 늙은 것이다
　　　　　　　　　　　　　　　　　　　　—「정거장에서의 충고」

　이 세계에서 진정한 의미에서의 삶이란 없다(1). '한번 꽂히면' 아무도 '여기서 빠져나가지 못'하며 죽음에 물들어갈 뿐인데, 어느 정도냐 하면 '죽음도 살지 못'할 정도이다. 진정한 의미에서의 삶이 없다면 진정한 의미에서 죽음도 없기 때문이다. 이 세계에서의 삶은 '망가진 꿈'이고 '환멸의 구름'이며(2), '길 위에서 일생을 그르치고 있는 희망일 뿐'(3)이다. 사람의 삶과 죽음은 '저 홀로 없어진 구름'과도 같다(4). 즉, 무의미하며 우연한 것, 비본질적이고 부수적인 것이다. 그러니 이제까지의 나는 '헛것을 살았다, 살아서 헛것이었다'(5). 나는 이미 '일생의 경험을 다'한 것이고(6), '이미 늙은 것이다'(8). 이 세계에서의 삶이 무의미한 망가진 삶이라는 것을 통찰해버린 자는, 그렇다면 어디로 가야 한단 말인가. 어디로 가나 마찬가지가 아닌가(7). '미래가 나의 과거'이니 말이다(「오래된 書籍」). 그리하여 기형도가 가는 곳은 이 세계의 안과 밖의 경계이다. 「밤눈」에서 지상에 내려앉지 못하고 허공을 떠다니는 것으로, 앞에 인용한 시작 메모에서 하늘과 자신 어느 곳에서도 받아들여지

지 않는 것으로 묘사된 눈이 바로 그 경계를 떠도는 기형도 자신의 모습인 것이다. 8)에서의 '저녁의 정거장'은 그 경계의 표상이다. 김훈의 지적처럼, '모든 길들이 정거장으로 흘러들지만, 갈 수 있는 길이란 없다.' 단지 거기서 떠돌 수 있을 뿐이다.

이 도저한 절망에, 이 세계의 폭력성에 대한 공포가 뚜렷이 깃들기 시작하는 것은 기형도가 그의 죽음과 더불어 발표한 시편들 중 「대학 시절」 「나쁘게 말하다」 「입 속의 검은 잎」 등 3편에서이다. 그중 「입 속의 검은 잎」은 그 공포가 정치적 폭압과 관계된다는 것을 뚜렷이 보여준다. "그해 여름 땅바닥은 책과 검은 잎들을 질질 끌고 다녔다/접힌 옷가지를 펼칠 때마다 흰 연기가 튀어나왔다[……] 그해 여름 많은 사람들이 무더기로 없어졌고/놀란 자의 침묵 앞에 불쑥불쑥 나타났다/망자의 혀가 거리에 흘러넘쳤다[……] 어디서/그 일이 터질지 아무도 모른다, 어디든지/가까운 지방으로 나는 가야 하는 것이다/이곳은 처음 지나는 벌판과 황혼,/내 입 속에 악착같이 매달린 검은 잎이 나는 두렵다" 같은 구절을 보라. 정치적 폭압을 고발하고 규탄하는 시들이 일반적으로 피해자의 확고한 자기 긍정의 입장 위에서 씌어지는 것과는 달리, 기형도는 정치적 폭압이 모든 사람들의 내면에 부정적인 착색을 하는 것에 대해 공포를 느끼며 "내 입 속에 악착같이 매달린 검은 잎이 나는 두렵다"고 두렵게 진술한다. 그 공포는 그로테스크한 묘사에 길려 그야말로 두렵게 부각되는데, 이것이 기형도의 시에 있어 어떤 변화를 예고하는 것이었을지도 모른다는 생각이 든다. 그러나 기형도의 시 세계는 그의 죽음과 더불어 이미 완결되었으므로 그런 생각은 부질없는 것이리라.

기형도에게 있어 그의 유소년기의 부정적 체험은, 이상 살펴본 것처럼 세계의 부정성에 대해 그가 민감하게 반응하도록 하는 데 작용한 하나의 자질이라고 보아야 할 것이다. 동시에, 그 역으로, 그의 부정적 세계 인식이 유소년기의 회상에 부정적 착색을 부여했다는 점도 인정해야 할 것이다. 회상이란 항상 회상의 시점에서의 재구성이며 일종의 해석인 것이니까 말이다. 그 상호작용의 관계가 빚어낸 뛰어난 시편이 「물 속의 사막」이다.

밤 세시, 길 밖으로 모두 흘러간다 나는 금지된다
장마비 빈 빌딩에 퍼붓는다
물 위를 읽을 수 없는 문장들이 지나가고
나는 더 이상 인기척을 내지 않는다

유리창, 푸른 옥수수잎 흘러내린다
무정한 옥수수나무……나는 천천히 발음해본다
석탄가루를 뒤집어쓴 흰 개는
그해 장마통에 집을 버렸다

비닐집, 비에 잠겼던 흙탕마다
잎들은 각오한 듯 무성했지만
의심이 많은 자의 침묵은 아무것도 통과하지 못한다
밤 도시의 환한 빌딩은 차디차다

장마비, 아버지의 얼굴이 떠내려오신다
유리창에 잠시 붙어 입을 벌린다
나는 헛것을 살았다, 살아서 헛것이었다

우수수 아버지 지워진다, 빗줄기와 몸을 바꾼다

아버지, 비에 묻는다 내 단단한 각오들은 어디로 갔을까?
번들거리는 검은 유리창, 와이셔츠 흰빛은 터진다
미친 듯이 소리친다, 빌딩 속은 악몽조차 젖지 못한다
물들은 집을 버렸다! 내 눈 속에는 물들이 살지 않는다

—「물 속의 사막」 전문

지금 시인은 빌딩의 창가에 붙어 서서 바깥을 내다보고 있다. 장소는 생전에 그가 근무했던 중앙일보사 편집국 안일 것이고, 아마도 그는 당직 근무 중일 것이다. 밤 세시, 장맛비가 퍼붓고 있다. 유리창에 흘러내리는 빗물이 그를 추억의 공간으로 끌고 간다. "물 위를 읽을 수 없는 문장들이 지나가고"라는 구절이 어렸을 때 월말고사 상장을 접어 개천에 종이배로 띄운 일과 관계된다는 김현의 지적에 기대고 보면, "나는 더 이상 인기척을 내지 않는다"는 구절이 추억에 잠긴다는 뜻임을 짐작할 수 있다. 빗줄기가 어렸을 때의 푸른 옥수수잎으로 바뀌고 어렸을 때 겪었던 장마가 추억된다. 그때 떠오르는 잠언: "의심이 많은 자의 침묵은 아무것도 통과하지 못한다." 시인은 다시 현실로 돌아온다. 빗물이 흘러내리는 창문에 아버지의 얼굴이 떠오른다. '가난한 아버지' '불쌍한 아버지'(「너무 큰 등받이의자」), 그는 내게 있어 내가 되고 싶지 않았던 망가진 삶의 원형이다. 그러나 내 삶도 이미 망가진 삶이 아닌가. 미래가 과거니까 그것은 돌이킬 수 없는 일이다. 나는 헛것을 산 것이고, 살아서 헛것이었던 것이다. 그것을 깨닫는 순간, "우수수 아버지 지워지"고 "빗줄기와 몸을 바꾼다." 아니, 사실은 시인 자신의 얼굴과 "몸을 바

꾼" 것이 아닐까. 시인은 유리창에 비친 자신의 얼굴 위에 아버지의 얼굴을 오버랩시켰던 것이 아닐까. 그래서 시인은 묻는다. "내 단단한 각오들은 어디로 갔을까?" 어떤 각오? 아버지 같은 망가진 삶을 살지 않겠다는 각오일 것이다. 그 각오는 "길 위에서 일생을 그르치고 있는 희망"(「길 위에서 중얼거리다」)일 뿐이었다. 나의 삶은 이 괴물 같은 세계의 부정성에 의해 이미 망가졌다. 그러니 나는 아버지를 한 치도 벗어나지 못한 것이다. 내가 바로 아버지였던 것이다. 그 도저한 절망감! 시인은 미친 듯이 소리친다. 밖에는 장맛비가 퍼부어도 빌딩 안은 환하고 차다차게 메말라 있는 것처럼, 내 눈 속에는 이미 눈물도 없다. 눈물이 버린 눈은 빈집이다. 나는 집을 잃은 자가 아니고 내가 바로 빈집이다. 이 도저한 절망감이 주는 감동의 크기는 거기에 시인의 생애 전부가 걸려 있기 때문일 것이다. 그것을 비극적 실존이라고 부른다면, 이 세계의 부정성과 그 속에서의 인간의 삶의 부정성이 이 시대의 보편이라는 의미에서 그렇게 불러야 할 것이다.

　기형도의 시는 우리 시에 새로운 지평을 열었다. 도저한 부정성의 언어가 그것이다. 스스로 고통이 되고 부정성이 됨으로써 현실의 거짓 긍정성이라는 부정성을 거부하고 전복시키는 언어 말이다. 그 자신이 남긴 시집 『입 속의 검은 잎』을 통해, 그리고 그가 연 지평을 현실 응전력과 사회성의 확충이라는 방향으로 확장해갈 그의 후배 시인들의 시를 통해 그가, 한정된 의미에서나마 영원한 생명을 얻기를 빈다.

〔문학평론가/1989〕

대화적(對話的) 울음과 극적(劇的) 울음

원재길

　기형도의 시는 자신의 내면 풍경을 고백하는 형식의 시와 외적인 상황이나 정황을 마치 카메라가 그러듯이 객관적인 위치에서 그려내 보이는 시로 크게 나뉜다.
　가령 따뜻한 가족 간의 사랑과 불행한 순간들이 교류하고 있는 유년의 체험을 그린 「겨울 版畵」 연작이나 「엄마 걱정」 「폭풍의 언덕」 「위험한 家系·1969」에서 시작하여, 현실과 이상 사이의 괴리를 추체험하여 졸업 이후를 두려움 속에 대비하는 과정을 속도 있게 그린 「대학 시절」이나, 직장에 들어간 이후에 대학 때의 그 많던 각오가 무뎌지고 미래의 가능성이 소실돼버렸다는 사실에의 깨달음으로 괴로워하는 모습을 그린 「진눈깨비」, 그리고 자신의 현재를 돌이키며 반성과 비애와 때로 불안 때로 탄식에 젖는 「길 위에서 중얼거리다」 「정거장에서의 충고」 「질투는 나의 힘」 「그 집 앞」 「노인들」 「빈집」 같은 시들은 위에 분류한 전자의 고백적인 시편들로 읽힌다.

이들 시편들은 시적 자아의 현재까지의 경험 세계를 담고 있는 이른바 과거사를 형성하는데, 가장 멀리는 유년 시절이 자리한다. 그 유년을 지배하는 중심 사건은,

> 그해 늦봄 아버지는 유리병 속에서 알약이 쏟아지듯 힘없이 쓰러지셨다. 여름 내내 그는 죽만 먹었다. 〔……〕 風病에 좋다는 약은 다 써보았잖아요. 마늘을 까던 작은누이가 눈을 비비며 중얼거렸지만 어머니는 잠자코 이마 위로 흘러내리는 수건을 가만히 고쳐매셨다.
> ―「위험한 家系·1969」 부분

같은 구절에서처럼 시적 자아의 아버지가 중풍으로 쓰러져 노동력을 상실한 결과로서의 일가족의 경제적인 궁핍이다. 이 사건에는,

> 아버지 또 어디로 도망치셨는지. 〔……〕 가난한 아버지, 왜 항상 물그림만 그리셨을까?
> ―「너무 큰 등받이의자」 부분

부권을 상실한, 그래서 이리저리 도망다니는, 그리하여 "아버지, 불쌍한 내 장난감/내가 그린, 물그림 아버지" 같은 구절에서처럼 아들한테 연민의 대상이 되는 아버지의 몰락이 뒤따른다.

그밖의 사건으로는 "자꾸만 기침이 나"고 "몸이 얼음으로 꽉 찬 모양"으로 오한이 일고 소다가루를 먹어야 괜찮아지는(「성탄목」), 어머니가 "마른 손으로 종잇장 같은 내 배를 자꾸만 쓸어내려"야 했던 (「바람의 집」) 어떤 속병을 앓은 일과, "삼촌의 마른기침은 가장 낮은 음계로 가

라앉아 다시는 악보 위로 떠오르지 않았다"(「삼촌의 죽음」)는 표현으로 보아 폐병을 앓은 것으로 보이는 삼촌의 죽음 등이 기억할 만한 유년의 사건으로 남는다. 사족을 달면 「바람의 집」의 끝부분, 그러니까,

그 작은 소년과 어머니는 지금 어디서 무엇을 할까?

같은 구절은 시인 자신과 시 속에서의 자아를 분리시키려는 시인의 계산을 보여주는바, 창작자와 시적 자아를 동일시하는 심리주의 비평의 어떤 그릇된 접근 방식은 시인 자신으로부터 이미 거부당하고 있다는 사실을 지적해둘 필요가 있겠다.

유년 시절과 소년 시절 이후의 청년 시절을 다룬 「대학 시절」 이후에, 성년의 체험에는 삶의 종말에 대한 예감이 때이르게, 그래서 느닷없이 스며들어 지켜보는 이들을 당혹케 한다. 그 예감은 단정적인 문장으로 요약되어, 역시 존재를 지배하는 비밀스러운 법칙에 대한 탐색을 보여주는 「어느 푸른 저녁」 「나무공」 「나의 플래시 속으로 들어온 개」 같은 시의 연장선상에서, 그러나 이제는 그 탐색이 종료했음을 알리는 비감 어린 어조를 빌려서, 움직일 수 없는 자기 삶의 결정적인 운명을 토로해 보인다. 그 운명은,

너희 흘러가버린 기쁨이여
한때 내 육체를 사용했던 이별들이여
찾지 말라, 나는 곧 무너질 것들만 그리워했다
—「길 위에서 중얼거리다」 부분

나의 눈빛 지푸라기처럼 쏟아졌네
　　어떤 고함 소리도 내 마음 치지 못했네
　　이 세상에 같은 사람은 없네
　　모든 추억은 쉴 곳을 잃었네　　　　　―「그 집 앞」부분

에서처럼 기쁜 일들이 추억 속으로 다 흘러가버리고 사랑도 나의 잘못으로 끝나버렸다는(같은 사람은 이 세상에 없기 때문에!) 깨달음과 통하며, 이러한 사랑에의 자기 열망이 이별로 종결된 데 대한 회한은,

　　나의 생은 미친 듯이 사랑을 찾아헤매었으나
　　단 한번도 스스로를 사랑하지 않았노라　　―「질투는 나의 힘」부분

같은 시구에서와 같이 슬쩍 비껴서 자신을 사랑할 틈도 없이 사랑을 갈구하며 살아왔다는 자위로 스스로를 달래보기도 하지만, 그러나,

　　나는 헛것을 살았다, 살아서 헛것이었다　　―「물 속의 사막」부분

하고 선언함으로써 「빈집」에서의 자신의 삶을 구성했던 '밤'과 '겨울안개' '촛불' '흰 종이' '눈물'들과의 마지막 작별 의식을 거쳐 자신의 삶에 대한 끝간 허무에 도달하게 되는 것이다.
　기형도 시의 또 다른 세계는 데뷔작 「안개」와 「白夜」에서 출발하며 「장밋빛 인생」 「추억에 대한 경멸」 「여행자」 등을 거쳐서 생의 마지막 시간에 쓴 「입 속의 검은 잎」 「홀린 사람」에 이르는 그것이다. 이 세계의 시편들은 마치 영화의 한 장면처럼 등장인물과 간단한 사건과 시간에

순연하는 구성이 있는 극적(劇的)인 구조를 취한다. 상황이나 정황에 대한 객관적이고 치밀한 묘사는 이들 시편의 돌올한 백미를 이룬다.

> 이 읍에 처음 와본 사람은 누구나
> 거대한 안개의 강을 거쳐야 한다.
> 앞서간 일행들이 천천히 지워질 때까지
> 쓸쓸한 가축들처럼 그들은
> 그 긴 방죽 위에 서 있어야 한다.　　　　　—「안개」부분

　이 시에서 묘사되는 소읍에서의 삶은 '공장'과 '송전탑'과 '방죽,' 그리고 '삼륜차'와 '폐수' 같은 것들로 채워진, 소설에서는 조세희가 그려 보였던 현대 산업사회의 그것이다. 시인이 묘사하는 방죽은 안개의 성역으로서, 사람들이 천천히 안개에 길들여지는 과정은 골목의 아이들을 충실한 부하로 길들이는 사내가 등장하는 또 다른 시「專門家」와 더불어, 산업사회 속에서 모든 인간들의 삶이 기계적인 문명에 의해 길들여지는 바로 그 과정으로 읽힌다. 이곳에서는 여직공이 겁탈당하는 일이 생겨나고 삼륜차가 그냥 지나치지만 않았으면 목숨을 건질 수도 있었을 취객의 동사(凍死)가 발생한다. 그러나 더욱 끔찍한 것은 그런 일은 그곳에서는 "사소한 사건"이며 "개인적인 불행"으로 처리된다는 사실이다.
　소읍, 소도시에서의 삶에 대한 관찰은 "農其처럼 굽은 손가락"을 가진, 아기를 업고 싸락눈이 내리는 변두리 골목을 걸어가는 한 육체노동자 사내를 묘사한「白夜」에서 한 차례 되풀이되는데, 그 다음 단계에서 우리는 시인의 관심이 소읍에서 대도시로 옮아가는 것을 목격하게 된다. 그렇다면 시인이 바라보는 대도시는 과연 어떠한 곳인가. 그곳은

> 좋은 곳입니다. 사람들에게
> 분노를 갈쳐주니까요. 덕분에 저는
> 도둑질 말고는 다 해보았답니다.　　　　　―「鳥致院」 부분

　지방 사람들을 난폭하게 만들고 "열차의 작은 진동에도 소스라쳐 깨어"날 정도로 사람들을 기죽이고, 의심을 잔뜩 품게 만들고, 불편하며, 분노를 가르쳐주는 곳이다. 그래서 사람들은 다시는 올라가지 않으마라는 굳은 결의로 낙향하지만, "설령 사내를 며칠 후 서울 어느 거리에서 우연히 마주친다 한들 어떠랴." 대도시에서의 삶은 농촌이나 소읍에서 사는 사람들에게는 그러나 쉽사리 포기할 수 없는 어떤 강렬한 유혹으로 기형도의 시는 그려보인다.

> 문을 열고 사내가 들어온다
> 모자를 벗자 그의 남루한 외투처럼
> 희끗희끗한 반백의 머리카락이 드러난다　　―「장밋빛 인생」 부분

　중년의 나이를 넘어 은퇴기에 접어든 사내들은 기형도가 즐겨 다루는 인물들이다. 이 시의 인물 또한 중년이다. 그는 아직도 "건장하고 탐욕스러운 두 손"을 지니고 있다. 그 손이 얼마나 큰지 작은 컵을 움켜쥔 모습은 우스꽝스럽기까지 하다. 그러나 그 손은 살아오면서 단 한번도 "그럴듯한 상대의 목덜미를 쥐어본 적이" 없는 소시민의 손이다. 이 손은 「늙은 사람」에서 다시 등장하여 이번에는 컵이 아니라 "단장을 만지작거"린다. 정신이 소진되고 육체도 이제 힘이 다한 그 노인을 바라보며

관찰자로서의 시인은 분노에 가까운 혐오를 느끼는데, 그러나 그러한 혐오에도 불구하고 그에 대한 관찰을 지속하는 시인의 심경에는 동정심과 더불어 자신의 미래에 대한 불길한 예감 같은 것이 스며 있는 걸 볼 수 있다.

다른 사람들로부터 소외된 삶을 살거나 또는 그런 삶의 끝에 종말을 맞는 사람들에 대한 기형도의 관찰은 계속된다. 손님이 돌아간 추운 술집에서 세상일이 뜻대로 되지 않는다는 사실로 발작적인 분노에 사로잡히는 주인 사내를 그린 「추억에 대한 경멸」이나, 춥고 큰 방에서 혼자 울고 있는 사무직 노동자를 그린 「기억할 만한 지나침」, 경직된 생활의 압박으로 해서 "누군가 나를 망가뜨렸으면 좋겠"다는 자폭 심리에까지 이른 역시 사무직 노동자를 그린 「오후 4시의 희망」이나 「종이달」 같은 작품, 그리고 자족적이고 자기 위주적인 삶이 종말을 맞을 때의 비참함을 그린 「죽은 구름」을 비롯한 「여행자」「그날」「가수는 입을 다무네」 같은 시편들은 모두가 같은 맥락을 지니고 있는 것들이다.

그들은 실패한, 또는 필경 자신은 실패할 것이라는 불행 의식에 사로잡힌 존재들로서 대부분이 자기감정을 억제하지 못하고 「여행자」의 한 구절처럼 "동물처럼 울부짖"거나 한 손으로 고양이의 목을 움켜쥔 채로 헐떡거리며 "독한 술을 쏟아붓"거나(「추억에 대한 경멸」), 또는 생의 막바지에 이르러 생전 처음으로 자유를 얻었으나 트렁크를 들고 막 여행길에 나서는 순간에 맥없이 쓰러져버린다(「그날」).

삶을 주눅 들게 하는 것들에 대한 거부, 탐욕에 치인 삶에의 경멸, 「홀린 사람」에서 드러나는 집단적인 맹신이나 카리스마적인 존재의 군림에의 혐오, 「입 속의 검은 잎」에서 가능성을 엿보았으나 더 이상 전개를 보지 못한 집단적인, 좀더 구체적으로는 정치적인 죽음에 대한 공포,

그리고 그의 시에서는 보기 드문, 「집시의 시집」과 「숲으로 된 성벽」의 우화적이고 화해로우며 낭만적인 상상 세계, 시집 한 권으로는 도저히 담기 불가능한 그 넓고 깊은 걱정과 근심, 그리고 고도의 문장력과 수사학, 마술적인 이미지들이 그러나 놀랍게도 그 한 권의 시집 속에는 빽빽하게 담겨 있다. 그가 쓴 시들로 보아 분명 다감하고 아름다운 사내였을 기형도, 그는 갔으나, 아직 명명되지 않은 어떤 세계가 그가 털고 떠나간 자리에 남았다.

〔시인·소설가/1989〕

기형도 혹은 길 위에서의 중얼거림

장석주

1

"한때 절망이 내 삶의 전부였던 적이 있었다"(「10월」), "나는 불행하다/이런 것은 아니었다, 나는 일생 몫의 경험을 다했다"(「진눈깨비」), "나는 인생을 증오한다"(「장밋빛 인생」), "나의 영혼은/검은 페이지가 대부분이다"(「오래된 서적」). 한 젊은 시인의 시집 속에서 발견되는 이 깊고 짙은 절망과 불행에 바쳐진 말들은 삶과 현실의 떨쳐낼 수 없었던 부조리와 무의미성에 의해 일그러진 한 젊은 내면의 상처를 보여준다. 80년대 초 우리의 의식을 충격한 이성복의 도저한 비관주의[1] 이후, 80년

---

1) 김현의 의해, 이성복의 시 세계는 '따뜻한 비관주의'로 명명된다. 이성복의 비관주의가 따뜻한 것은, 그것이 "안 아픈 나라에 대한 희망을 거친," 그리하여 "비관주의의 독성이 많이 제거된" 세계이기 때문이다(김현, 「따뜻한 悲觀主義」, 『젊은 시인들의 상상세계』, 문학과지성사, 1984).

대 말 다시 기형도에게서 더욱 깊고 단단하게 내면화된 비관주의를 발견하면서, 우리는 새삼 우리 삶의 끔찍스러움에 진저리를 치게 된다. 이 절망, 불행, 증오는 어디서 비롯되는 것인가? 우리의 영혼의 페이지들을 온통 검게 물들이는 것은 무엇인가? 비틀린 80년대 삶의 징후들을 독특한 이미지들로 떠올려 보여주는 기형도의 시 세계는 우리가 서 있는 삶과 현실의 본질과, 그 의미를 묻는 자들에게 유의미하다. 80년대 초 이성복이 현실에로의 저공 비행을 통하여 우리의 실존의 자리인 현실이 병든 유곽의 세계라고 진단해냈을 때, 그리고 황지우가 "여기는 초토입니다/ 그 우에서 무얼 하겠습니까"라거나, "갈 봄 여름 없이, 처형받은 세월이었지"라고 극단적인 단정을 내렸을 때, 80년대가 우리에게 물 없이 건너야 하는 불모의 사막이며, 지도 없이 먼 길을 가야 하는 끝없는 미로의 세월이 될 것임을 예언하는 징후들이라는 것을 아직 완벽하게는 이해하지 못했었다. 그 병든 유곽에서, 그 초토에서, 그 처형받은 세월 속에서 우리의 육신은 문드러졌고, 우리의 내면은 그 본디대로의 복원이 불가능할 정도로 심하게 일그러졌다.

극단적으로 얘기하자면, 우리가 건너온 80년대는 말 그대로 죽음의 시간들이었다. 80년대에 얼마나 많은 죽음들이 있었으며, 그와 관련된 어두운 소문들이 얼마나 무성했으며, 그 죽음의 망령들은 산 사람들을 얼마나 오랫동안 끈질기게 따라붙어 다니며 괴롭게 했던가. 그 시대에 시를 쓰기 시작한 젊은 시인들은 바로 '처형당한 존재'들이며, 그 세대들은 '환멸의 세대'들이다. 기형도의 시 세계는 그 바로 전 세대들에 의해서 이미 완벽한 범죄성이 폭로되고, 미래에 대한 의미 있는 전망이 더 이상 불가능하다고 선언되어버린 그 80년대의 초토 위에서, 그 전 세대들이, 지금—이곳이 아닌 어딘가로 가자, 하고 아픔이 없는 사랑의 나라(이성복), 저 율도국으로(황지우) 떠나버린 뒤, 그 죽음의 현실──악몽의, 구체적 일상의 국면들을 끌어안으면서부터, 비로소 열린 세계이다. 그 예민하게 반응하는 자아에 포착된 구체적 일상의 국면이란, 다시 말하면 인간의 유토피아에의 간절한 열망과, 그것을 배반하는, 이미 참담하게 파탄나버린 악몽의 현실 사이에서 찢긴 자아의 세계이다. 기형도의 찢긴 자아의 내면-세계를 지배하고 있는 것은, 여러 평자들이 공통적으로 지적하고 있듯이 비극적 세계 인식이다. 물론 비극적 세계 인식이 기형도만의 독자적인 것은 아니다. 오히려 그것은 80년대의 중요한 대다수 시인들에게서 발견되는 공통적인 현상이다. 그러나, 이미 구원의 불가능성이 증명된 현실을 떠나지 않고, 그 악몽의 현실을 살아내면서, 그 살아냄의 의미를 끈질기게 형상화하려 했다는 점에서, 기형도의 비극적 세계 인식은 이성복·황지우 등 80년대 전반기 시인들의 그것과 의미론적으로 변별의 자리에 서게 한다. 그 살아냄은 바로 현실의 저변을 형성하고 있는 부조리성과 무의미성에 대한 지칠 줄 모르는 싸움에 다름 아니다. 기형도 역시 한국인의 내면에 지울 수 없는 상처와 죄의식이라는 어두운 그림자를 드리운 80년대 초의 역사 경험으로부터 자유롭지 못하다. 아니, 그것은 그의 비극적 세계 인식과 깊이 연관되어 있다. 그러나, 기형도는 그 불행한 역사 경험에 단세포적 감정으로 대응하는 것만으로 자기 만족에 빠져드는 일련의 경직된 지사주의적 민중 시인들과는 다르다. 많은 민중 시인들이 현상 자체에 대한 포괄적 성찰과 이해를 결여한 채 동어 반복의 단순 구호 속으로 그 역사 경험을 함몰시켜버림으로써 그것을 너무 빠르게 화석화해버리고 말았다는 혐의를 벗어날 수는 없다. 기형도의 뛰어난 점은, 아니 성실한 점은 오래 망설이며, 회의하고, 그것을 내면화하여, 마침내 인간 삶의 보편적 명제──

실존의 부조리성과 무의미성—로 이끌어낸다는 점에 있다. 이 글은 그 비극적 세계 인식의 여로를 따라가는, 그리고 끔찍하지만 매혹적인 『입 속의 검은 잎』에 대한 꼼꼼한 읽기의 결과이다.

2-1

기형도의 상상 세계를 장악하고 있는 '길 없음'으로 표현된 비극적 세계 인식의 시적 지평을 탐색하기 전에, 먼저 자기 고백적 성격을 강하게 보여 주는 그의 「여행자」라는 한 편의 시를 읽어보는 것은 유익할 것이다.

 그는 말을 듣지 않는 자신의 육체를 침대 위에 집어던진다
 그의 마음 속에 가득 찬, 오래된 잡동사니들이 일제히 절그럭거린다
 이 목소리는 누구의 것인가, 무슨 이야기부터 해야 할 것인가
 나는 이곳까지 열심히 걸어왔었다, 시무룩한 낯짝을 보인 적도 없다
 오오, 나는 알 수 없다, 이곳 사람들은 도대체 무엇을 보고 내 정체를 눈치 챘을까
 그는 탄식한다, 그는 완전히 다르게 살고 싶었다, 나에게도 그만한 권리는 있지 않은가
 모퉁이에서 마주친 노파, 술집에서 만난 고양이까지 나를 거들떠보지도 않았다
 중얼거린다, 무엇이 그를 이곳까지 질질 끌고 왔는지, 그는 더 이상 기억도 못 한다

그럴 수도 있다. 그는 낡아빠진 구두에 쑤셔박힌, 길쭉하고 가늘은 자
신의 다리를 바라보고 동물처럼 울부짖는다. 그렇다면 도대체 또 어디로
간단 말인가!
— 「여행자」 전문

"무엇이 그를 이곳까지 질질 끌고 왔는지" 모르는 한 여행자의 탄식
과 울부짖음은 다름 아닌 찢긴 시적 자아의 내면의 균열들로부터 흘러
나온다. 그 탄식은, 다른 사람들과 다르게 살고 싶었던 그의 욕망의 좌
절과 결부되어 있고, 그 울부짖음은 길 위에 서서 "그렇다면 도대체 또
어디로 간단 말인가!"라는 구절에 드러나 있듯 더 이상 어떤 길도 선택
할 수 없는 막막한 전망 부재와 연결되어 있다. 그렇다고 기형도의 시가
전망 부재의 시는 아니다. 전망 자체를 부정하는 시다.

모퉁이에서 마주친 노파, 술집에서 만난 고양이까지 나를 거들떠보지
도 않았다

유토피아적 전망 자체의 거부는, 그의 삶과 현실에 대한 부정이 얼마
나 깊은 것인가를 잘 드러낸다. 위의 시행은 시적 자아를 감싸고 있는
소외의 상황을 보여준다. 소외는 이 뜻 없는 세계 속에서의 삶의 환멸스
러운 한 진상이다. 노파·고양이는 그 자체로 이 세계의 중심에서 밀려
나 있는 주변부적 존재들이다. 생명의 에너지를 거의 다 소모해버린 채,
근육의 무기력한 비활동성, 의식의 퇴영성을 반영하는 노파나, 나른한
고독과 공허, 추락한 존재, 비천한 이성(理性)의 상징인 고양이가 머물고
있는 모퉁이·술집들은 시적 자아가 거쳐온 세계 공간들이다. 그곳은
영웅적인 자기실현에의 여로를 예비하는 희망 찬 장소가 아니라, 오히

려 패배하고 천대받는 자들의 도피와 값싼 위안을 감싸고 있는 곳이다. 그곳에서조차 시적 자아는 소외를 경험한다.

오오, 나는 알 수 없다, 이곳 사람들은 도대체 무엇을 보고 내 정체를 눈치챘을까

환멸의 세계 속에서 드러내고 싶지 않았던 그의 정체는 무엇일까. 그 것은 타자들과 "완전히 다르게 살고 싶었"던 욕망과 관련되어 있다. 그 꿈은 한낱 백일몽이었음이 드러나버렸다. 타자들과 변별되는 자기만의 삶의 양식에 대한 추구가 좌절된 것은 어떤 이유에서인가. 그것은 "말을 듣지 않는 육체"의 불완전성에 대한 인식을 보여주는 이런 구절들이, 시인 자신의 타고난 육체적 조건과 직접적인 관련이 있는 것인지는, 지금 확인할 방법이 없다. 사실 인간의 모든 육체는 불완전하다. 타자들에게 들켜버리고 만 나의 정체가 무엇이었는지, 이제 분명해진다. 그것은 신체 특정 부위의 불구성과는 아무 상관도 없다. 그것은 인간의 육체가 궁극적으로는 소멸되고 만다는, 육체를 매개로 하는 인간 실존의 보편적 조건에 대한 인식론적 깨달음과 관련되는 것이다. 그렇다, 언젠가 소멸되어버리고 말 육체 속에 담겨진 삶의 진저리쳐지는 부조리성(!) 속에서 나의 정체를 발견하게 되는 것이다. 육체는 일종의 매개항이다.

중얼거린다, 무엇이 그를 이곳까지 끌고 왔는지,

중얼거림이란 거의 뜻이 없는 행위이다. 그것은 '동물들의 울음소리, 호랑이의 으르렁거림, 비둘기의 구구대기, 말들의 힝힝거림, 돼지들의

꿀꿀거림, 젖소들의 음매 울음'[2]과 같은 것이다. 중얼거림은 소외된 자의 넋에서 무자각적으로 흘러나오는 자기 독백의 소리이다. 그것은 정신의 이완, 얼빠짐, 나태, 몽상, 삶의 수동성과 관련된다. 확실한 이념과 명분과 논리를 담고 있는 확신에 찬 말이나 "어떤 강력한 감정에 밀려 터져"나오는 외침과 중얼거림을 비교해보라. 중얼거림은 언어 이전의 상태, 배아적(胚芽的) 언어 형식에 불과하다. 그것은 뜻 있음이 완벽하게 탕진되어버린 세계에서 삶을 부정해버릴 수도 없고, 그렇다고 다른 선택도 할 수 없는 막다른 상태에서의 궁색한 버팀, 뜻 없는 반복, 어리석은 혼미의 중얼거림이다. 이 중얼거림의 행위는 기형도의 시 세계의 총체적 의미의 맥락을 파악하는 데 중요한 단서가 되는 행위이다. 거두절미하고, 기형도의 시는 바로 중얼거림의 시인 것이다!

2-2

기형도의 『입 속의 검은 잎』의 상당수의 시편들은 추억에 바쳐진 시들이다.

  i) 구두 밑창으로 여러 번 불러낸 추억들이 밟히고 　　―「진눈깨비」

---

[2] 이러한 동물들의 소리는 인간이 그 의미를 해독할 수 없기 때문에 그저 '울음'이라고 불린다. 이 울음은 "입으로 더듬거리거나 똑똑히 발음하는" 언어와 구분된다. 언어란 바로 이 "울음이라는 노래의 밑그림으로부터 조금씩 벗어나온 것"이라고 할 수 있다(뤽 브느와, 『징표, 상징, 신화』, 윤정선 옮김, 탐구당, 1984, pp.25~26).

ii) 휴일의 대부분은 죽은 자들에 대한 추억에 바쳐진다

—「흔해빠진 독서」

iii) 왜냐하면, 하고 중얼거린다, 나에게도 추억거리는 많다

—「추억에 대한 경멸」

iv) 그러나, 추억은 황량하다　　　　—「정거장에서의 충고」

v) 누군가 나의 고백을 들어주었으면 좋으련만
　그가 누구든 엄청난 추억을 나는 지불하리라

—「가수는 입을 다무네」

vi) 너무 어두워지면 모든 추억들은
　갑자기 거칠어진다　　　　　　　　　　—「10월」

vii) 돌아보면 힘없는 추억들만을
　이곳저곳 숨죽여 세워 두었네　　　　—「식목제」

　추억이란 무엇인가. 대개의 경우 추억은 흘러가버린 유년기의 삶의 내용들로 이루어진다. 시인을 추억의 공간 속으로 이끄는 것은, 그 유년기의 삶의 공간이 이제는 돌아갈 수 없는 것이 되고 말았다는, 상실에 대한 자각이 일으키는 안타까움과 두려움이다.

　나는 어디로 가는 것일까, 돌아갈 수조차 없이

이제는 너무 멀리 떠내려온 이 길　　　—「길 위에서 중얼거리다」

그 유년기의 삶의 공간으로의 회귀가 불가능해지는 것은, 그것에 대한 기억의 망실 때문이다. 기억의 망실, 그 잊혀짐, 흘러가버림은 두렵다. 죽음과 닮아 있어서이다. 죽음이란 바로 뇌세포가 붙잡고 있는 일체의 기억의 망실이 아니고 무엇이겠는가. 추억은 이미 소멸한 현실, 망각에로 영구 귀속되는 과정에 놓여 있는 삶이다. 그것은 삶과 죽음 사이에 걸쳐져 있다. 시간은 선적 운동 속에서 원래의 체험 속에 깃든 현장성, 실재성, 구체성을 희석시킨다. 그것은 마침내 삶의 빈약하고 쓸쓸한 잔영으로만 남는다.

　너희 흘러가버린 기쁨이여
　한때 내 육체를 사용했던 이별들이여
　찾지 말라, 나는 곧 무너질 것들만 그리워했다
　이제 해가 지고 길 위의 기억은 흐려졌으니　—「길 위에서 중얼거리다」

추억은 내 육체에 머물다 떠난 기쁨·이별 들이다. 그것은 흘러가버리고, 떠남으로써, 기억은 흐려진다. 또한 추억은 내가 걸어온 길에 다름 아니다. 아니, 내 뒤로 끊임없이 흘러가는 길이다. "이 누추한 육체 속에 얼마든지 머물다 가시라고/모든 길들이 흘러온다, 나는 이미 늙은 것이다"(「정거장에서의 충고」)라는 시행은 그래서 성립된다. 내 육체는 추억——길들이 흘러와 머물다 가는 정거장과 같은 것이다. 늙은 사람이야말로 가장 먼 길을 걸어온 자이며, 따라서 가장 많은 추억——길들을 소유하고 있는 자이다. 시인은 그런 의미에서 "나는 이미 늙은 것이다"라고 고백한다.

추억에 빠져드는 것은 두 가지 의미로 해석될 수 있다. 그 하나는 일상성에의 수렴 거부라는 의미를 담고 있다. 왜냐하면 일상성이란 삶의 가장 환멸스런 죽음이라는 부조리와 무의미성을 머금고 있기 때문이다. 세계에 대한 환멸, 세계에 대한 부정이 깊어지면 깊어질수록 시적 자아는 그 환멸성과 부정성이 거세되어버린, 그래서 행복한 추억의 공간으로 유인된다. 또 하나는 지금-이곳의 삶의 곤핍스러움으로부터 도피라는 의미로 해석될 수 있다. 지금-이곳의 삶이 곤핍스러운 것은 그 삶으로부터 어떤 현실적 의의를 길어낼 수 없기 때문이다. 추억 속에 잠겨 있는 유년기의 삶이란 유토피아적 전망의 자아와 세계 사이의 비극적 분열이 일어나기 이전의 삶이다. 지금-이곳에서의 삶의 불모성, 그리고 공동(空洞)들과 균열들은, 그 삶의 전체성의 훼손의 결과이다. 그 훼손이 견디기 힘들면 힘들수록 유토피아적 전망이 허락되었던 유년기의 삶의 공간으로의 유혹은 뿌리치기 힘든 유혹이 된다. 추억은 일종의 도피처이다. 그러나, 과거의 삶에 대한 빈번한 반추 행위는 그 곤핍한 삶에 대한 소극적 대응 양식이다. 그것은 주체적 자아의 사회적 실현을 가로막는 물리적 현실이라는 벽에 부닥쳐 밖으로 투사되지 못한 자아의 안으로의 스며듦이다. 그것은 현실로부터의 후퇴이고, 잠행이다. 근본적으로, 추억은 죽은-삶이다. 따라서 추억에의 침잠은 죽음에의 깊어짐에 다름 아니다.

2-3

기형도의 추억의 공간 가장 깊은 곳에 「바람의 집」이 있다.

  내 유년 시절 바람이 문풍지를 더듬던 동지의 밤이면 어머니는 내 머리를 당신 무릎에 뉘고 무딘 칼끝으로 시퍼런 무를 깎아주시곤 하였다. 어머니 무서워요 저 울음 소리, 어머니조차 무서워요. 얘야, 그것은 네 속에서 울리는 소리란다. 네가 크면 너는 이 겨울을 그리워하기 위해 더 큰 소리로 울어야 한다. 자정 지나 앞마당에 은빛 금속처럼 서리가 깔릴 때까지 어머니는 마른 손으로 종잇장 같은 내 배를 자꾸만 쓸어내렸다. 처마 밑 시래기 한줌 부스러짐으로 천천히 등을 돌리던 바람의 한숨. 사위어가는 호롱불 주위로 방 안 가득 풀풀 수십 장 입김이 날리던 밤, 그 작은 소년과 어머니는 지금 어디서 무엇을 할까?

                              —「바람의 집」전문

  '겨울 版畵 1'이라는 부제가 붙어 있는 이 시는 상실과 죽음에 대한 편애에 빠진 젊은 시인의 상상 세계 속에서 바람의 이미지가 어떻게 의미론적 위상을 구축해내는가를 알 수 있는 단서들을 담고 있다. 먼저 바람은 무서운 존재로 나타난다. "어머니 무서워요 저 울음 소리, 어머니조차 무서워요"라는 시행은 어린아이의 무의식 속에 잠겨 있는 물활론적(物活論的) 세계 인식을 보여주는 것인바, 바람이 결국은 어머니의 무르팍을 베고 누워 있는 서정적 자아의 행복과 안위를 빼앗아가고 말 것이라는, 공포와 불안을 노출한다. 어머니를 중심으로 한 세계 공간은 내가 잘 알고 있는 세계, 나의 삶을 감싸고 있는 익숙한 세계이다. 그 바깥을 불어가는 바람은 물활론적 이해에 따르자면, 내가 예감하는 비극적 운명의 주관자——우주적 실재의 표상이다. 그것은 민감한 영혼을 공포에 떨게 한다. 바람은 "처마 밑 시래기 한줌"과 "사위어가는 호롱불 주위"——를 감싸고 있는 것은 입김이다. 그러나, 입김은 바람이 아니고 무엇이겠는가——를 둘러싸고 있다. 이들 부스러지는 것, 사위어가는 것을 감싸고 부는 바람은, 그 스스로 찰나적으로 우주 속에 현현하는 소멸의 주체이며, 또한 다른 대상을 소멸시키는 어떤 초월적 힘의 실재이다. 어머니는 예언자적 목소리로 "네가 크면 이 겨울 그리워하기 위해 더 큰 소리로 울어야 한다"고 말한다. 이것은 인간이 동지의 밤, 광포한 바람이 울부짖고 있는 가장 어둡고 가장 추운 세계 속에 "내던져진 존재"임을, 다시 말해 지고의 가치가 사라져버린, 의미도, 목표도, 출구도 없는 무(無)의 세계 속에 추락해버린 존재라는, 비관론적 실존주의 세계관에 깊이 연계되어 있다.

그 바람이 그의 불행한 가족사와 겹쳐질 때 그것은 견뎌야 할 삶의 시련으로 나타난다. 「위험한 家系·1969」나 「폭풍의 언덕」과 같은 시가 대표적인 예이다.

그해 늦봄 아버지는 유리병 속에서 알약이 쏟아지듯 힘없이 쓰러지셨다. 여름 내내 그는 죽만 먹었다. 올해엔 김장을 조금 덜 해도 되겠구나. 어머니는 남폿불 아래에서 수건을 쓰시면서 말해다. 이젠 그 얘긴 그만 하세요 어머니. 쌓아 둔 이불에 등을 기댄 채 큰누이가 소리 질렀다. 그런데 올해에는 무들마다 웬 바람이 이렇게 많이 들었을까. 나는 공책을 덮고 어머니를 바라보았다. 어머니 잠바 하나 사주세요. 스펀지마다 숭숭 구멍이 났어요. 그래도 올 겨울은 넘길 수 있을 게다. 봄이 오면 아버지도 나으실 거구. 風病에 좋다는 약은 다 써보았잖아요. 마늘을 까던 작은 누이가 눈을 비비며 중얼거렸지만 어머니는 잠자코 이마 위로 흘러내리는 수건을 가만히 고쳐 매셨다. ―「위험한 家系·1969」 부분

"올해에는 무들마다 웬 바람이 이렇게 많이 들었을까"에서의 수확한 농작물의 바람듦, "유리병 속에서 알약이 쏟아지듯 힘없이 쓰러지"신 아버지의 풍병(風病)에서 볼 수 있듯이 바람은 노골적으로 부정적·병적 요소이다. 같은 시의 뒷부분에 나오는 "가을밤의 어둠 속에서 큰 누이는 냉이꽃처럼 가늘게 휘청거리며 걸어왔다"라는 시행 같은 것을 보면, 바람은 눈에 보이지 않게 숨어 있지만, 뒤에 숨어서 우리 삶을 휘청거리게 하는 것으로 나타난다. 그 바람은 "한낮의 눈보라(눈과 바람)는 자꾸만 가난 주위로 뭉쳤지만 밤이면 공중 여기저기에 빛나는 얼음 조각들이 박혀 있다"(「삼촌의 죽음」)에 보면, 눈과 함께 가난과 겹쳐진다. 기형도의 시에서 가난의 구체적 정황과 겹쳐지는 바람·눈·얼음의 이미지들은 견디기 힘든 추위라는 현실적 풍경을 이루며, 가난의 자아에 대한 억압성·시련들을 감각의 차원으로 이전시키는 매개적 역할을 한다. 「폭풍의 언덕」에 오면 그 바람은 광포한 폭력의 양상을 띤다.

그날 우리들의 언덕에는 몇백 개 칼자국을 그으며 미친 바람이 불었다. 구부러진 핀처럼 웃으며 누이는 긴 팽이 모자를 쓰고 언덕을 넘어갔다. 어디에서 바람은 불어오는 걸까? 어머니 왜 나는 왼손잡이여요. 부엌은 거대한 한 개 스푼이다. 하루 종일 나는 문지방 위에 앉아서 지붕 위에서 가파른 예각으로 울고 있는 유지 소리를 구깃구깃 삼켜 넣었다. 어머니가

말했다. 너는 아버지가 끊어뜨린 한 가닥 실정맥이야. 조용히 골동품 속으로 낙하하는 폭풍의 하오. 나는 빨랫줄에서 힘없이 떨어지는 아버지의 러닝셔츠가 흙투성이가 되어 어디만큼 날아가는가를 두 눈 부릅뜨고 헤아려보았다. 공중에서 휙휙 솟구치는 수천 개 주삿바늘. 그리고 나서 저녁 무렵 땅거미 한 겹의 무게를 데리고 누이는 뽀빨린 치마 가득 삘기의 푸른 즙액을 물들인 채 절룩거리며 돌아오는 것이다.

—「폭풍의 언덕」부분

바람은 "칼자국을 그으며" 불어오고, "구부러진 핀처럼 웃으며" 언덕을 넘어간 누이는 어두워져서 "뽀빨린 치마 가득 삘기의 푸른 즙액을 물들인 채 절룩거리며 돌아"온다. 나는, 바람에 불려 빨랫줄에서 떨어진 "아버지의 러닝셔츠가 흙투성이가 되어 어디만큼 날아가는가를 두 눈 부릅뜨고" 본다. 이 칼자국·구부러짐·절룩거림·흙투성이와 같은 어사들은 바람에 의한 우리 삶의 훼손성을 적절하게 보여준다. 그 바람의 시련 속에 서 있는—가난한 생활을 책임 지고 있는—어머니의 모습은, 그것을 안쓰러워하는 어린 시적 화자의 눈에 "피투성이" "그토록 가늘은 유리 막대처럼 위태로운" 것으로 비친다.

「위험한 家系·1969」나 「폭풍의 언덕」에서 광포한 바람의 이미지의 도움에 의해 형상화된 가난한 생활의 고통은 어린 시적 화자에게는 견디기 힘든 고통이다. 따라서 "어머니 왜 나는 왼손잡이여요"라는 시행은 자기 정체성에 대한 눈뜸을 보여주는 것이지만, 오른손이 외연의 의지, 노동에의 완전성, 확고한 권위의 표상이고, 그에 반해 왼손이 유전적 열성(劣性), 자폐적 내향주의의 표상이라는 사실을 염두에 둔다면, 그것은 동시에 그 가난의 고통을 다른 것으로 바꿔볼 수 없는 약한 스스로에 대한 탄식이기도 한 것이다.

"어둠에 가려 나는 더 이상 나뭇가지를 흔들지 못한다"라고 시작하는 「바람은 그대 쪽으로」에서 바람-나는 한 몸이 된다. 일체화된 바람-나는 그대 쪽으로 불어간다. 그 바람은 곧 생령화(生靈化)된 바람이다. 그대가 바람-나의 다가감을 느끼고, 아주 늦게 창문을 열면, "갸우뚱 고개 젓는 한숨〔약한 바람〕속으로 언제든 나는 들어가고 싶었다." 그러나, 바람-나는 그대와 합쳐질 수 없다. "아아, 그대는 곧 입김을 불어 한 잎의 불을 끄리라. 나는 소리 없이 가장 작은 나뭇가지를 꺾는다. 그 나뭇가지 위에 몸을 숨기고 나는 내가 끝끝내 갈 수 없는 생(生)의 벽지(僻地)를 조용히 바라본다." 여기서도 바람에 민감한 이 젊은 시인의 천부적 비관주의는 여지없이 드러난다. 바람-나-그대의 합일을 이루지 못하고, 이 내향적인 시적 자아는 그저 나뭇가지 뒤에 숨어서 갈 수 없는 생의 벽지나 말없이 응시할 뿐이다.

2-4

가난과 함께 겹쳐지는 바람은, 그것의 시련·고통이 더욱 깊어지고 첨예한 것이 될 때 눈·얼음을 불러온다. 비교적 초기 작품에 속하는 「밤눈」을 읽어보자.

네 속을 열면 몇 번이나 얼었다 녹으면서 바람이 불 때마다 또 다른 몸짓으로 자리를 바꾸던 은실들이 엉켜 울고 있어. 땅에는 얼음 속에서 썩은 가지들이 실눈을 뜨고 엎드려 있었어. 아무에게도 줄 수 없는 빛을 한 점씩 하늘 낮게 박으면서 너는 무슨 색깔로 또 다른 사랑을 꿈꾸었을까.
아무도 너의 영혼에 옷을 입히지 않던 사납고 고요한 밤, 얼어붙은 대지
에는 무엇이 남아 너의 춤을 자꾸만 허공으로 띄우고 있었을까. 하늘에는
온통 네가 지난 자리마다 바람이 불고 있다. 아아, 사시나무 그림자 가득
찬 세상, 그 끝에 첫발을 디디고 죽음도 다가서지 못하는 온도로 또 다른
하늘을 너는 돌고 있어. 네 속을 열면.　　　　　　　—「밤눈」 전문

눈·얼음은 일찍이 「바람의 집」에서 어머니의 목소리를 빌린 예언자에 의해 고지된 "네가 크면 너는 이 겨울을 그리워하기 위해 더 큰 소리로 울어야 한다"는, 시적 자아가 감당해야 하는 비극적 미래 운명의 암시이다. 그것은 더 큰 소리로 울어야 하는 울음에서 변용된 이미지이다. 눈·얼음은 소리가 제거된 울음이다. 「밤눈」은 얼어붙은 대지, 죽음도 다가서지 못하는 온도 속에서, 지상에 내려앉지 못하고 허공에서 아우성치는 눈발들을 보여준다. 그 내부에 "은실이 엉켜 울고 있"는 눈송이들은 울음[눈물]의 작은 응결이다. 얼음은 그것의 보다 광범위하고 견고한 응결의 양상이다. 「밤눈」의 세계는, "네 속을 열면" 만나게 되는, 그 내면에, "땅에는 얼음 속에서 썩은 가지들이 실눈을 뜨고 엎드려 있"고, "하늘에는 온통 네가 지난 자리마다 바람이 불고 있"는 풍경의 세계이다. 그 세계는, 속의 세계됨, 다시 말하면 속의 세계와 바깥의 세계가 하나된 세계이다. 속과 겉이 한 몸 된 세계는, 공중에 날리는 눈의 매개에 의한, 눈발들이 허공에서 춤추는 세계 공간의 자아화이다. 그것은 자아와 세계를 하나의 고통 속으로 수렴하는 행위이다.

그 자아와 세계의 고통 속에서의 한 몸 됨이라는 인식은, "오늘은 왜 자꾸만 기침이 날까/ 내 몸은 얼음으로 꽉 찬 모양이야"(「聖誕木」)에서

처럼 몸—얼음의 고통스러운 자기 인식에로 유도된다. 얼음은 갇힌 물의 세계, 극도로 수축된 자아의 표상이다. 얼음의 굳음·부동성(不動性)은 "아버지, 여전히 말씀도 못 하시고 굳은 혀. 어느 만큼 녹아야 흐르실는지"(「위험한 家系·1969」)에 의하면, 부정적인 것으로 인식된다. 그것은 개체적 생명성의 지탱에 최소한도로 요구되는 온도 이하의 생물학적 죽음의 한계 상황과 결부된다. 따라서 얼음의 응고·마비 현상은 죽음과 불모의 잠재성을 품어 안고 있는 재앙의 부동성으로 연상된다. 그래서 "한때 너를 이루었던 검고 투명한 물의 날개로 떠오르려는가. 나 또한 얼마만큼 오래 냉각된 꿈속을 뒤척여야 진실로 즐거운 액체가 되어 내 생을 적실 것인가"(「이 겨울의 어두운 창문」)라는 시행이 낳아진다. 「이 겨울의 어두운 창문」에서 노래되는 고드름은 "외로운 천형을 견디며 매달려" 있는 존재로 인식된다. 그것은 "오오, 모순이여, 오르기 위하여 떨어지는 그대. 어느 영혼이기에 이 밤이 새도록 끝없는 기다림의 직립으로 매달린 꿈의 뼈가 되어 있는가"에서처럼 모순의 존재, 즉 솟아오르기 위하여 죽음에의 하강을 수락해야 하는, 비극의 존재됨을 보여준다. 녹아 흐르는 것은, 모순의 존재됨, 비극의 존재됨으로부터 풀려나는 일이다. 그것은 생을 적셔, 메마른 생이 품고 있는 죽음의 마비·응고를 허물어뜨린다. 물의 액체성·유동성은 그 자체로 생명의 즐거운 운동성의 조건이면서, 동시에 생명을 번성하게 하는 요소이다.

3

기형도의 시에 대한 비평은, 그의 갑작스러운 죽음 이후, 그리고 유고 시집 출간을 전후하여 단편적으로 이루어진다. 그의 시 세계는 평자들에 의해, '세계의 비극적 구조를 하나의 냉엄한 풍경으로 포착'(김훈,「기형도 시의 한 읽기」), '세계의 비극적 속성에 대한 위험한 눈치챔'(남진우,「유년의 환상에서 환멸의 도시로」), '의미와 목적이 없는 세계를 드러내고 있는 부조리시'(김준오,「목소리 시대시의 어조」), 그에게 익숙했던 '소외된 개별자, 썩어가는 육체, 전망 없는 미래, 헛것인 존재'를 따라 추악한 현실적인 것이 바로 시적인 것임을 보여준 '비극적 세계관의 표현'(김현,「영원히 닫힌 빈방의 체험」) 등으로 이해된다. 기형도의 시에 대한 평자들의 이해는 대체로 그의 시가 비극적인 것——그렇다, 비극이다! 비극이란 "큰 상처를 헤쳐 보이고 살갗으로 덮인 궤양을 내보여"[3] 주는 것이다——이라는 데 동의한다. 그의 좋은 시편들인「어느 푸른 저녁」「오후 4시의 희망」「장밋빛 인생」「죽은 구름」「흔해빠진 독서」「추억에 대한 경멸」「길 위에서 중얼거리다」「정거장에서의 충고」「질투는 나의 힘」등에서 한결같이 노래되고 있는 것은 현실의 부조리함을 머금은 채 흉하게 일그러진 자아의 세계였다. 그는「물 속의 사막」에서,

나는 헛것을 살았다, 살아서 헛것이었다

라고 노래한다. 헛것-삶, 혹은 삶-헛것의 체험과 인식에 깊이 침식되어 있는 이 젊은 시인의 시적 선택이 세계에 대한 비관주의적 인식의 심연 드러내기였다는 것은 어쩌면 너무나 당연한 귀결이다. "한마디로 입구 없는 삶"(「가수는 입을 다무네」)의 세계 속에서 이 불행의 징후에 민

---

3) 클리포드 리치,『비극』, 문상득 옮김, 서울대 출판부, 1985년 개정판 제1쇄 참조.

감한 감각을 지녔던 젊은 시인이 할 수 있는 것이라고는 "그렇다면 도대체 어디로 간단 말인가!"(「여행자」)라고 절망하여 울부짖거나, "나는 어디론가 나가게 될 것이다"(「오후 4시의 희망」)라고 막연한 기대와 희망을 토로하거나, 그것도 아니면 "나는 인생을 증오한다"(「장밋빛 인생」)라고 과격하게 뜻 없음으로 충만된 이 부조리한 삶―현실을 향한 거부의 열정을 보여주는 것뿐이다.

〔……〕 어쩌다가 집을 떠나왔던가
그곳으로 흘러가는 길은 이미 지상에 없으니   ―「정거장에서의 충고」

길을 찾아 집 떠나온 넋에게, 그곳으로 가는 길은 이미 없다는 막다른 인식은, 그 넋의 목적 없음으로 반향된다. 어느 날 불의의 습격처럼, 갑자기 삶의 이 원초적이고도 근본적인 무(無), 무목적성·없음의 세례를 받은 넋은, 부조리의 넋이 된다. 그 넋은 익명성의 세계의 거리에 흘러넘치는 죽음과 산 자들의 공포에 집요하게 사로잡힌 넋이기도 하다(「입 속의 검은 잎」). 그 넋에 의하면, 세계는 무목적적이고, 무질서한 곳이며, 비현실적이고, 낯선 곳이며, 지리멸렬하고, 부조리한 곳이다. 그래서 "길 위에서 일생을 그르치고 있는 희망이여"(「길 위에서 중얼거리다」)라는 시구가 생겨난다. 우리가 그 모든 것을 알았다면, "어둡고 축축한 세계" "아무도 들여다보지 않는 질서" "텅 빈 희망"(「오래된 書籍」) 속에 있다는 사실을 눈치 채고 말았다면, 우리는 어떻게 할 것인가? 다가오는 90년대 시의 한 징후였고 예감이었던 한 섬세한 자아는 이 세계의 부조리성과 뜻 있음의 결핍에 대한 진지한 성찰 끝에, 그의 넋에 각인된 악몽의 현실들의 다양한 이미지들을 보여주면서, 불안과 자학과 절망을 넘어서서, 삶의 한 원리를 제시한다.

> 나무들은 그리고 황폐한 내부를 숨기기 위해
> 크고 넓은 이파리들을 가득 피워냈다 　—「길 위에서 중얼거리다」

가득 피워낸 크고 넓은 이파리들에 의해 황폐한 내부는 숨는다. 숨은 황폐한 내부는 이미 황폐한 내부가 아니다. 나무는 그 자체로 풍성한 의미로 생성되면서, 동시에 그 내면 속에 있던 의미의 공동(空洞)을 지워버리는 것이다. 외관의 변화는 궁극적으로 본질의 변화를 이끈다! 크고 넓은 이파리들을 피워내는 것, 그것은 곧 보잘것없는 생활 속에서 끊임없이 의미를 길어내는 실존의 행위이다.

〔시인·문학평론가/1989〕

차가운 죽음의 상상력
―― 기형도론

정효구

1

3월이면 기형도가 우리 곁을 떠난 지도 꼭 3년이 된다. 그동안 사람들은 기형도의 안타까운 죽음 앞에서 여러 가지 형식으로 그를 기억하였으며 그를 향한 본격적 논의도 다양한 시각에서 풍요롭게 전개되었다. 따라서 어찌 보면 이 시점에서 기형도론을 또 쓴다는 사실 자체가 때늦은 감을 줄 수도 있을 것이고, 더욱이 진부하다는 느낌마저도 갖게 할 것임에 틀림없다. 뿐만 아니라, 나는 비록 서평의 형식을 취한 짧은 글이기는 하였지만, 이미 기형도의 시집에 대하여 나의 의견을 피력한 적도 있다(「죽음이 살다 간 자리」, 『작가세계』 1989년 가을호).

그럼에도 불구하고 내가 기형도론을 다시 이 자리에서 쓰지 않을 수 없었던 데에는 다음과 같은 까닭이 있다: 첫째, 지금까지 연재해온 '80

년대 시인들' 가운데 한 사람으로 기형도를 반드시 거론하고 싶다는 사실, 둘째, 서평의 형식으로 씌어진 이전의 글보다 더 본격적인 글을 써보고 싶다는 생각, 셋째, 아직도 기형도의 텍스트를 얼마간 새롭게 읽어낼 구석이 남아 있다는 사실이 그러하다.

  80년대 시단에서 기형도가 차지하는 자리는 사뭇 이채롭고 특징적이다. 굳이 유사한 경우를 들자면 내가 '죽음과 상처의 시'로 규정지었던 최승자의 경우가 기형도와 유사한 상상력을 보여주는 시인으로 제시될 수 있을까. 기형도의 시를 지배하고 있는 그 끔찍한 허무주의와 비극적 세계관이야말로, 80년대 시단의 지형을 완성하기 위하여 반드시 논의되어야 할 부분인 것이다.

2

  기형도의 시에는 오직 죽음만이 살아 있다. 그의 시집에서 줄곧 활발하게 움직이며 살아 있음을 증거하고 외치는 것들은 이상하게도 살아 있는 생명이 아니라 꺼져가는 죽음들이다. 그러나 이 죽음들은 체념과 나약함의 성질만 갖고 있는 것이 아니라 그 속에 분노의 힘을 간직하고 있다는 사실이 지적되어야 한다. 그의 시집에서 이러한 죽음들은 다양한 형태를 드러내며 하나의 거대한 고리를 이루는 가운데 침울하게 일렁인다. 나는 그 죽음의 형태들을 생각나는 대로 이곳에 나열해보기로 한다: 기형도의 시에는 빛이 없고 어둠만 있다, 따스한 체온이 없고 차가운 냉기만 박혀 있다, 환한 웃음이 없고 무거운 슬픔만 있다, 드높은 희망이 없고 딱딱한 절망만 있다, 화려한 말이 없고 굳어진 침묵만 있다, 발랄한 청춘이 없고 일찍 온 늙음만 있다, 낯익은 친구가 없고 낯선 세상만 있다, 아름다운 꽃밭이 없고 검은 외투만 있다, 평화는 간 데 없고 불안만 엄습해 있다, 풍요로움은 사라지고 가난만 남아 있다, 건장한 육체는 볼 수 없고 허약한 몰골만 존재한다. 어디 이뿐이겠는가. 기형도의 시집에는 이들 이외에도 수많은 죽음의 이미지가 페이지마다 얼룩처럼 박혀 있다.

이러한 전제 아래서, 나는 먼저 그가 바라본 인간들의 세상에 대하여 살펴보고자 한다. 기형도는 그의 작품 「안개」에서 다음과 같이 적고 있다.

이 읍에 처음 와본 사람은 누구나
거대한 안개의 강을 거쳐야 한다
앞서간 일행들이 천천히 지워질 때까지
쓸쓸한 가축들처럼 그들은
그 긴 방죽 위에 서 있어야 한다.
문득 저 홀로 안개의 빈 구멍 속에
갇혀 있음을 느끼고 경악할 때까지.

[……]

안개에 익숙하지 않은 사람들은 처음 얼마 동안
보행의 경계심을 늦추는 법이 없지만, 곧 남들처럼
안개 속을 이리저리 뚫고 다닌다. 습관이란
참으로 편리한 것이다. 쉽게 안개와 식구가 되고

멀리 송전탑이 희미한 동체를 드러낼 때까지
그들은 미친 듯이 흘러다닌다.

가끔씩 안개가 끼지 않는 날이면
방죽 위로 걸어가는 얼굴들은 모두 낯설다. 서로를 경계하며
바쁘게 지나가고, 맑고 쓸쓸한 아침들은 그러나
아주 드물다. 이곳은 안개의 聖城이기 때문이다. —「안개」 부분

　기형도가 바라다 본 인간들의 세상은 자욱한 안개로 덮여 있다. 그리고 이러한 세상 속에서 사람들은 "쓸쓸한 가축"이 되어 살고 있다. 그렇다면 안개로 덮인 세상이 의미하는 바란 무엇인가. 그것은 세상이야말로 어둠의 안개 혹은 죽음의 안개로 뒤덮여서 사람과 사람 사이가 철저히 단절돼 있다는 것을 의미한다. 안개는 세상 속에서 서로가 서로를 알아보지 못하도록 차단시킨다. 그리하여 사람들은 마침내 "저 홀로 안개의 빈 구멍 속에/갇혀 있음을 느끼고 경악"하지 않을 수 없는 것이다. 그러나 이미 인간들은 안개의 빈 구멍 속에 갇혀 서로가 서로를 인식하지 못하며 익명으로 무관하게 살아가는 데서 편안함마저 느끼고 있다는 데 문제의 심각성이 가로 놓인다. 이쯤 되고 보면, 인간들의 세상 속에서 타인은 나에게 하나의 사물이거나 지옥과 같은 존재에 불과하다. 따라서 타인은 나에게 살아 있는 생명으로 다가오지 않고, 언제나 죽음을 가져다 주는 사자와 같은 존재로 머물고 만다. 이때, 인간들은 더 이상 인간이기를 그치고, 기형도가 위 작품에서 말한바, "쓸쓸한 가축"의 모습으로 살아가게 되는 것이다. 기형도는 이와 같은 사실을 간파하고 이어서 다음과 같이 말한 것이리라: "가끔씩 안개가 끼지 않는 날이면/방

죽 위로 걸어가는 얼굴들은 모두 낯설다"고. 안개가 걷힌 후의 밝은 태양이란 안개 속에 길든 인간들에게는 무척이나 두려운 존재이다. 안개가 덮임으로써 모든 것이 감추어졌던 그 외롭지만 편안한 질서가, 빛의 도래로 인하여 일시에 깨져버리기 때문이다. 이처럼 어둠의 안개 혹은 죽음의 안개 속에 길들어버린 인간들, 그들은 살았으되 죽은 것과 같고, 아니면 살았으되 짐승의 삶을 사는 것과 다름없는 것이다. 따라서 이런 세상 속에서는 죽고 죽이는 일이 일상의 일과처럼 태연하게 벌어진다. 이를테면 위 인용 시에도 나오는 것처럼, 여직공이 겁탈을 당하고 죽임을 당한 일, 취객이 죽음을 맞이한 일, 그 취객이 쓰레기더미인 줄 알고 삼륜차가 취객을 덮친 일 등이 벌어지는 것인데, 어찌 보면 이런 세상 속에서는 생명을 살린다는 일이 오히려 어색하고 유난스러운 일일지도 모른다. 그러므로 그의 작품 「어느 푸른 저녁」의 일절이 말해주는 바와 같이, 사람들은 수많은 죽음을 보고서도 "곧 아무 일 없었다는 듯이" 태연하게 다시금 자신들의 일상 속으로 걸어가고 마는 것이다. 그들은 "가벼운 구름들같이" 다만, 서로를 통과해서 지나가버리면 그만인 것이다. 이런 행동이란, 현대인들에게 '습관'처럼 붙어 있는 것이다. 따라서 사람들은 그러한 삶 속에서 오히려 편안함을 느끼게 되거니와, 기형도는 이 사실을 놓치지 않고 "아교처럼 달라붙은 습관"의 힘을 지적한 것이다. 이런 안개의 세상 속에서, 사람들은 앞서 언급한 것과 같이 익명으로 무심하게 살아간다. 그러나 이 익명의 무심함은 무채색의 고요함과 적막감까지도 느끼게 하는 것이 사실이지만 실상 그 속에는 타인에 대한 공격과 분노의 표정이 감춰져 있는 것이며, 동시에 타인으로부터 자신을 지켜야 한다는 경계와 방어의 심리도 함께 깃들어 있는 것이다. 따라서 안개의 세상 속에서 사람들은 공격적인 난폭함의 극단을 달리고 있다. 그런가 하면 이런 세상 속에서 사람들은 "열차의 작은 진동에도 소스라쳐 깨어"날 만큼 위기감을 감추지 못하고 있다. 기형도는 작품 「조치원」에서 이 사실을 지적하고 있거니와, 그가 인간들의 세상 속에서 읽어낸 죽음의 얼굴들은 바로 앞서 언급한 내용들을 의미한다.

　기형도는 인간들의 세상에서 그들을 차단시키는 안개의 의미뿐만 아니라 그 속에 들어 있는 "안개의 빈 구멍" 같은 것을 찾아낸 적이 있다. 작품 「안개」의 일절에 이런 내용이 들어 있는데, 기형도는 이 빈 구멍마다에 세상 사람들이 하나씩 고립되어 갇혀 있다는 점을 강조하고 있다. 뿐만 아니라 기형도는 작품 「어느 푸른 저녁」에서 역시 이런 종류의 구멍에 대하여 강조하고 있기도 하다. 그는 이 작품의 일절에서 "대기는 그 속에 둥글고 빈 통로를 얼마나 무수히 감추고 있는가"라고 말하며, 이 확인으로 인한 놀라움 때문에 문장이 끝나는 자리에 느낌표까지 치고 있는 것이다. 여기서 그가 말하는 "대기 속의 둥글고 빈 통로"란, 세상 속에서 사람들이 만들고 사는 자신만의 밀폐된 동굴에 다름 아닌 것이다. 문제는 이런 빈 구멍 혹은 어두운 동굴이 사실은 세상 사람들을 살리는 안식처가 아니라 그들을 죽음으로 몰고 가는 고통의 자리라는 점이다.

　그렇다면 인간들의 세상이란 셀 수 없이 많은 구멍들 속에 각자가 죽음의 집을 지어놓고 살아가는 구멍들의 집합체에 불과하단 말인가. 안타까운 일이지만, 기형도가 읽어낸 인간들의 세상은 바로 그와 같은 죽음의 구멍들이 모인, 거대한 하나의 집합체와 같은 것으로 나타나 있다. 그래서 그는 다음과 같이 외친 것이라 생각된다.

　　세상은 온통 크레졸 냄새로 자리 잡는다. 누가 떠나든 죽든 우리는 모두가 위대한 혼자였다. 살아 있으라, 누구든 살아 있으라.

―「비가 2」 부분(이하 윗점 필자)

3

기형도는 인간들의 세상만을 죽음의 이미지로 파악한 것이 아니라 인간들이 함께 살아가는 자연과 그 인간들이 살아가는 데 쓰이는 물건들까지도 죽음의 이미지로 읽어내고 있다. 따라서 그의 작품 속에는 죽어 있는 자연 혹은 죽어 있는 물적 존재들이 가득히 들어차 있다. 기형도는 마치 인간이 가지고 있는 '죽음을 사랑하기'의 본능에 압도당한 사람처럼 인간과 함께 살아가는 것 일체, 혹은 인간이 사용하는 것 일체를 죽음의 세계로 파악하고 있는 것이다.

가령 다음과 같은 그의 시적 표현들을 살펴보기로 하자.

① 어떤 날은 두꺼운 공중의 종잇장 위에
　노랗고 딱딱한 태양이 걸릴 때까지　　　　　　　　―「안개」

② 낮은 지붕들 사이에 끼인
　하늘은 딱딱한 널빤지처럼 떠 있다.　　　　　　　　―「白夜」

③ 생선가시처럼 놀란 듯 새하얗게 서 있는 겨울나무들
　　　　　　　　　　　　　　　　　　　　　　―「조치원」

② 주인은 떠나 없고 여름이 가기도 전에 황폐해버린 그해 가을,
　〔……〕
　여름이 가기도 전에 모든 이파리 땅으로 돌아간 포도밭, 참담했던 그해 가을,
　　　　　　　　　　　　　　　　　　　　　―「포도밭 묘지 1」

인용된 위의 구절들에서 모든 자연은 자연 본래의 생명력을 상실하고 죽어 있는 존재로 변모되어 있다. 공중은 "두꺼운 종잇장"으로, 태양은 "노랗고 딱딱한" 것으로, 하늘은 "딱딱한 널빤지"로, 겨울나무는 "놀란 생선가시처럼 서 있는" 것으로, 계절은 여름이 가버리기도 전에 "황폐해버린 가을"로 죽음의 세계를 맞이한 것이다. 그에게는 이처럼 모든 유기체가 죽음의 무기체로 치환되어 보인다. 따라서 그는 자연을 통하여 자신의 생명을 더욱 확대시켜 나아가는 것이 아니라, 오히려 그것에 의하여 자신의 생명을 더 보잘것없는 것 혹은 숨 막히는 것으로 축소시켜 나아가고 있다. 뿐만 아니라 자연과의 관계에서까지도 무참한 단절감과 소외감을 경험한다. 따라서 그는 자연 속에서도 행복을 꿈꿀 수 없다. 그의 눈에는 모든 자연의 세계가 죽음 속에 빠져 있는 것으로 보이기 때문이다.

한편 기형도는 물적 존재들도 죽음의 이미지로 파악하고 있는데, 그 실례를 들어보면 다음과 같다.

① 검게 얼어붙은 간판 밑을 지나
　휘적휘적 사내는 어디로 가는 것인가.　　　　　―「白夜」

② 몇몇은 딱딱해 보이는 모자를 썼다　　　　　―「어느 푸른 저녁」

③ 감정이 없는 저 몇 가지 음식들도
　　마지막까지 사내의 혀를 괴롭혔을 것이다　　　―「죽은 구름」

④ 움직이지 못하는 건물들은 눈을 뒤집어쓰고
　　희고 거대한 서류뭉치로 변해갔다　　　―「기억할 만한 지나침」

　이처럼, 기형도는 유기체로서의 생명력을 본래부터 갖고 있지 않은 물적 존재까지도 다시금 더 깊고 철저한 죽음의 세계로 이끌어 넣는다. 죽어 있는 존재에 한 번 더 죽음을 덧씌워서 그것을 읽어내고자 하는 기형도의 상상력을 우리는 어떻게 이해해야 하는 것일까. 기형도는 위 인용 구절에서 나타나는 바와 같이, 간판을 "검게 얼어붙은" 것으로, 모자를 "딱딱해 보이는" 물체로, 음식들을 "감정이 없는" 것으로, 건물들을 "희고 거대한 서류뭉치"로 어둡게 치환시키고 있는 것이다. 인간들이 태어나면서부터 가장 먼저 구사하게 되는 것은 물적 존재를 유기체로 변화시켜 읽어내는, 이른바 의인화 혹은 정령화의 방법이라고 볼 수 있다. 말하자면 사람들은 검고 딱딱한 바위에도 생명을 부여하고, 메마르고 보잘것없는 모래알 하나에도 역시 황홀한 생명을 부여한다. 인간들은 이런 상상력을 구사함으로써, 세상의 모든 죽은 존재를 생명 있는 것으로 변화시켜 그가 살고 있는 생명의 공간을 더욱 확장할 수 있다. 그런데 기형도의 경우는 이와 정반대의 양상을 보여주고 있는 것이 아닌가. 그는 죽어 있는 물적 존재를 다시금 더 철저한 어둠으로 채색한다. 그는 생명의 확산이나 목숨의 연장을 꿈꾸는 것이 아니라, 생명의 축소나 그것의 단절을 지향하고 있는 것이다.

다음으로 우리는 생명의 중심인 인간의 신체를 기형도가 죽음의 이미지로 파악하는 모습을 만날 수 있다. 그는 자연과 물적 존재뿐만 아니라 그 속에서 우주의 중심으로 살아가는 인간들, 그 중에서도 그 인간들을 떠받치고 있는 육체까지 죽음의 이미지로 읽어내고 있는 것이다.

① 견고한 지퍼의 모습으로
　　그의 입은 가지런한 이빨을 단 한 번 열어 보인다.　　―「조치원」

② 무슨 딱딱한 덩어리처럼
　　달아날 수 없는
　　공원 등나무 그늘 속에 웅크린　　　　　　　　―「늙은 사람」

③ 그는 말을 듣지 않는 자신의 육체를 침대 위에 집어던진다.
　　그의 마음속에 가득 찬, 오래된 잡동사니들이 일제히 절그럭거린다.
　　　　　　　　　　　　　　　　　　　　　　　―「여행자」

④ 코트 주머니 속에는 딱딱한 손이 들어 있다.　　―「진눈깨비」

⑤ 나무토막 같은 팔을 쳐들면서 사내는, 방이 너무 크다
　　왜냐하면, 하고 중얼거린다,　　　　　　―「추억에 대한 경멸」

⑥ 어머니는 마른 손으로 종잇장 같은 내 배를 자꾸만 쓸어내렸다.
　　　　　　　　　　　　　　　　　　　　　　　―「바람의 집」

앞의 여러 인용 구절에서처럼 그는 살아 있으되 이미 죽어 있는 사물처럼 인간의 신체를 묘사하고 이다. 예컨대 "이빨은 견고한 지퍼의 모습"을 하고 있으며, 늙은 사람의 몸은 "무슨 딱딱한 덩어리" 모양으로 뭉쳐 있고, 여행자의 육체는 가방처럼 그 잡동사니들로 절그덕거리고 있다. 그런가 하면 코트 주머니 속의 손은 "딱딱"하게 굳어 있고, 사내의 팔도 역시 "나무토막"처럼 굳어 있다. 어디 그뿐인가. 어머니의 손은 말라 있고, 아이의 배는 "종잇장"처럼 말라붙어 있으며, 혀는 "흉기처럼 단단하"게 경직돼 있다. 기형도는 방금 실례로 제시한 것들 이외에도 이런 표현들을 숱하게 사용하고 있는데, 몇 가지만 더 제시해보면 다음과 같다: 기형도의 시에서는 사람의 몸이 "얼음으로 꽉 찬 모양"을 하고 있으며, 악수하는 손들은 하얗게 "말라 있"고, 두 팔은 "성냥개비"처럼 가늘고 딱딱하게 굳어 있으며, 얼굴은 "삶은 달걀" 모양으로 무표정하게 변해 있다. 이것은 이미 기형도의 정신과 상상력이 인간의 육체마저도 그 본래의 기능을 상실하고 죽음의 세계로 빠져버린 것으로 간주하고 있다는 사실을 시사하고 있는 셈이다.

여기서 나는 한 가지 사실을 더 지적해야 하겠다. 그것은 인간의 육체를 포함한 세계 전체를 죽음의 형상으로 바꾸어버린 기형도의 시에서는, 이 사실을 더 확실하게 입증이라도 해주듯이 "검고" "어두운" 색채가 밑그림을 두텁게 형성하고 있다는 것이다. 굳이 색채 심리학을 논의하지 않더라도, 검고 어두운 색채에 대한 집착이 죽음의 상상력과 쉽사리 이어진다는 것은 자명하다. 에리히 프롬도 지적하고 있듯이, '죽음을 사랑하기'의 본능에 집착하고 있는 사람 또는 그 본능을 지향하고 있는 사람들은, 암흑과 밤에 매혹된다. 기형도를 가리켜 꼭 이와 같은 본능의 욕구에 집착한 사람이라고 단정적으로 말할 수는 없어도 그의 시를 보자면 이런 짐작을 말끔히 떨쳐버린다는 것이 쉽지 않다. 기형도가 보여주는 어둠과 검은색에 대한 경사 현상은 그 정도에 있어서 어떤 시인과도 비교할 수 없을 만큼 극단적이기 때문이다. 잠시 그 구체적인 작품의 구절들을 인용해보기로 한다.

① 어느 교회의 검고 은은한 종소리 　　　　　　　　　—「나무공」

② 가끔씩 숨이 턱턱 막히는 어둠에 체해
　반 토막 영혼을 뒤틀어 눈을 뜨면 　　　　　　　　—「病」

③ 그렇다 나는 가끔씩 어둡고 텅 빈 희망 속으로 걸어 들어간다. 그 이상한 연주를 들으면서 어떨 때는 내 몸의 전부가 어둠 속에서 가볍게 튕겨지는 때도 있다. 　　　　—「먼지투성이의 푸른 종이」

④ 공중의 나뭇잎 수효만큼 검은
　옷을 입은 햇빛들 속에서 나는
　곰곰이 내 어두움을 생각한다. 　　　　　　　　　—「10월」

⑤ 그해 여름 땅바닥은 책과 검은 잎들을 질질 끌고 다녔다
　[……]
　내 입 속에 악착같이 매달린 검은 잎이 나는 두렵다
　　　　　　　　　　　　　　　　　—「입 속의 검은 잎」

⑥ 곧 유리창을 쏟아버릴 것 같은 검은 건물들 사이를 지나

낮은 소리를 주고받으며 ─「어느 푸른 저녁」

위의 인용 구절이 드러내는 바와 같이, 기형도에게는 세상이 온통 검고 어두운 색으로 보인다. 그는 교회의 종소리에서 검은색을 느끼고, 희망에서도 검은 우울을 보고 있으며, 햇빛마저도 검은빛을 띤 것으로 생각하고 있다. 그런가 하면 그는 여름의 무성한 녹음 속에서도 검은 잎을 보고 있으며 하늘 높이 솟아 있는 빌딩들에서도 검은색의 짙은 어둠을 감지하고 있고, 하늘을 비상하는 새 역시 검은 덩어리로 파악하고 있다. 시인의 이와 같은 세계 인식이 마침내 그로 하여금 "어둠에 체했"다는 고백을 하도록 만든 것일 터이며 자신의 입 속에 "악착같이 매달린 검은 잎"의 실체를 강하게 느끼도록 만든 것일 터이다.

검게 죽어 있는 단절의 세상 그 세상 속에서 검은 통속을 하나씩 지키며 갇힌 채 살아가는 인간들, 역시 검게 죽은 얼굴로 그 인간들을 감싸고 있는 자연, 그리고 이런 세계 속에 딱딱하게 죽은 모습으로 끼어 있는 인간의 육체, 이런 것들을 하나의 고리로 연결시키며 어둠의 공감을 우울하게 구축하고 있는 것이 바로 기형도가 보여준 작품의 세계인 것이다.

4

나는 지금까지 시인 기형도가 파악한 외적 세계를 논의해온 셈이다. 이제 내가 해야 할 일은 그와 같은 외적 세계에 둘러싸여서 혹은 그 세계와 상호 침투작용을 일으키면서 자신의 생애를 주도해나간 시인 기형도 개인의 문제에 관심을 집중시키는 일이다. 기형도는 그 누구보다도 그의 시에서 자기 고백적인 표현을 많이 사용한 사람이며, 또한 그 누구보다도 자신의 생애라는 문제를 놓고 심각하게 고민한 시인이기 때문에 이러한 작업의 필요성이 더욱 절실하다고 할 수 있다.

그는 우선 이 세상 속에 자신이 적응할 수 없었던 외톨이였음을 고백하고 있다. 그 외톨이 의식은 그의 시 전편을 지배하는 지독한 외로움의 감정과 이어지는 것인데, 그는 이 외톨이 의식을 작품 「대학 시절」에서 잘 드러내고 있다.

> 나는 플라톤을 읽었다. 그때마다 총성이 울렸다
> 목련철이 오면 친구들은 감옥과 군대로 흩어졌고
> 시를 쓰던 후배는 자신이 기관원이라고 털어놓았다
> 존경하는 교수가 있었으니 그분은 원체 말이 없었다
> 몇 번의 겨울이 지나자 나는 외톨이가 되었다
> 그리고 졸업이었다. 대학을 떠나기가 두려웠다 ―「대학 시절」 부분

위의 시에 따르자면 그는 왜곡된 세계를 보고 있었지만, 그 세계의 개선을 위하여 그 속으로 뛰어들지 못하고, 기껏해야 플라톤이나 읽는 백면서생에 불과하였다. 따라서 자연히 몇 번의 겨울이 지난 다음에는 "외토리"가 되어 홀로 동그랗게 남지 않을 수 없게 된 것이고, 그는 이런 사실을 인식하면서 세계에 대한 불만과 자신에 대한 불만을 동시에 느끼지 않을 수 없었던 것이다. 그의 이와 같은 불만은, 어찌 보면 불안의 다른 표현이기도 하다. 따라서 그는 "대학을 떠나기 두려웠다"는 말에서 드러나는 바와 같이, 대학을 떠나야 한다는 현실 앞에서 상당한 정

도의 분리불안과 퇴행심리를 노정한 것이 아닌가 한다.

그런데 그의 이런 외톨이 의식과 세계로부터 단절된 외로움의 감정은 이미 유년 시절부터 그를 지배하고 있었던 것으로 보인다. 여러 논자들에 의하여 주목받은 바 있는 그의 작품 「엄마 걱정」을 실례로 들어본다.

> 열무 삼십 단을 이고
> 시장에 간 우리 엄마
> 안 오시네, 해는 시든 지 오래
> 나는 찬밥처럼 방에 담겨
> 아무리 천천히 숙제를 해도
> 엄마 안 오시네, 배추잎 같은 발소리 타박타박
> 안 들리네, 어둡고 무서워
> 금간 창 틈으로 고요히 빗소리
> 빈방에 혼자 엎드려 훌쩍거리던
>
> 아주 먼 옛날
> 지금도 내 눈시울을 뜨겁게 하는
> 그 시절, 내 유년의 윗목 　　　　　—「엄마 걱정」 전문

여기서 시인의 다른 이름이라고 부를 수도 있는 시적 화자는, 지금 "찬밥처럼 방에 담겨" 있다. 그는 이 빈방 속에 갇혀서 "열무 삼십 단을 이고/시장에 간" 엄마를 기다리고 있다. 이미 해는 때 지난 열무처럼 시든 지 오래이다. 어둠과 추위가 그를 엄습하지만 여전히 엄마의 배추잎 같은 발소리가 들리지 않는다. 화자는 이런 상황 속에서 심각한 고립

감과 단절감 그리고 외로움과 두려움의 감정을 절감하면서 "천천히 숙제"하는 것을 통해서라도 그 고립감과 외로움을 극복해보고자 한다. 왜냐하면 이와 같은 상황 속에서는 숙제를 하고 있다는 그 사실, 다시 말하면 그가 무엇인가를 하고 있다는 사실 자체가 자신과 세계를 이어주는 구실을 할 수 있기 때문이다. 그렇지만 숙제를 하고 있다는 그 사실 자체가 외로움과 고립감을 극복하는 진정한 해결책이 될 수는 없다. 그러므로 찬밥처럼 냉기를 몸속에 품고 있는 위 작품 속의 화자는 마침내 "혼자 엎드려 훌쩍거리"게 된 것이다. 빈방 속에 냉기로 뭉쳐 홀로 남아 있는 자의 이 단절감과 외로움, 그것은 바로 기형도의 정신을 지배하는 가장 밑바탕의 정서가 되었던 것이다.

흥미로운 것은 이 단절감과 외로움이 그의 유년 시절에는 눈물을 훌쩍이도록 만들 만큼 정서적인 진폭을 가진 것이었다는 점이다. 그리고 대학 시절까지만 해도 이런 감정은 보호받을 수 있는 안식처 속에 놓여 있었다는 점이 특징적이다. 그러나 떠나기 두려운 대학을 빠져나와 황량한 사회의 한가운데로 던져졌을 때, 시인은 그 외로움과 단절감을 자신만의 내면 속에 굳게 가두어버리는 데 익숙해지고 만다. 그럼으로써 그는 정서적인 눈물도 좀처럼 보여주지 않고 유년의 퇴행심리도 여간해서 드러내지 않게 된다. 그러나 그는 자신이 혼자라는 사실, 지독히 외로운 공간에 놓여 있다는 사실을 끊임없이 그의 작품으로 드러내고 있다. 이렇듯 슬픔이 하나의 강력한 삶의 에너지와 힘이 될 수 있는 것과 같이, 외로움 또한 세상을 창조적으로 변용시킬 수 있는 강력한 에너지의 원천이 될 수 있는 것이라면, 특히나 슬픔과 외로움의 힘이야말로 창작의 세계에서 떼놓기 어려운 힘의 원천이 되고 있다는 데에 잠시라도 동의한다면, 기형도의 작품들은 바로 그가 가진 외로움의 힘에 의하여 만들어진 것이라 볼 수도 있을 것이다. 그러나 그가 상당한 수준의 시적 성취를 이룩하는 데 그 외로움과 슬픔의 힘이 크나큰 동력이 되었다는 사실을 백분 인정한다 할지라도, 그가 몸으로 견뎌야 했던 외로움은 그에게 엄청난 고통을 현실적으로 안겨준 것임에 틀림없다.

그런데 기형도가 유년 시절부터 체험한 이 외로움과 외톨이 의식은 세월이 지날수록 더욱더 심화되는 양상을 보여준다.

나를
한번이라도 본 사람은 모두
나를 떠나갔다, 나의 영혼은
검은 페이지가 대부분이다, 그러니 누가 나를
펼쳐볼 것인가, ―「오래된 서적」 부분

기형도는 위 인용 시가 말해주듯이, 모든 사람들이 "검은 페이지가 대부분인" 자기 자신으로부터 떠나갔다는 사실을 강조하고 있다. 그리하여 그는 "어둡고 텅 빈 방에 홀로" 있음을 무겁게 확인하게 되고, 어차피 인간이란 "위대한 혼자"임을 절감하게 된다. 그럼에도 불구하고 그는 인간을 "위대한 혼자"라고 규정지은 이 말을 부인이라도 하려는 듯이 램프의 따뜻한 빛을 갈망하고 있다. 그는 작품 「바람은 그대 쪽으로」에서 다음과 같이 속삭이고 있다: "그대, 내 낮은 기침소리가 그대 短篇의 잠속에서 끼여들 때면 창틀에 조그만 램프를 켜다오." 이처럼 기형도는 램프의 온기를 그리워하며 그것을 갈구하고 있지만, 그는 곧바로 자신의 이 갈망이 얼마나 무모한 것인가를 또한 깨닫고 만다. 그래서 그는 다음과 같이 말하고 있는 것이다: "불빛은 너무 약해 벌판을 잡을 수 없고, 갸우뚱 고개 젓는 그대 한숨 속으로 언제든 나는 들어가고 싶었다."
그는 램프의 불빛 대신 "그대의 한숨" 속을 선택하고 만 것이다.

이런 외로움과 소외된 자의 외톨이 의식 속에서 그는 점점 자기를 축소시키는 방향으로 나아가고 있다. 램프의 불빛으로 그 어두운 외로움의 실체를 밝혀보려는 의도를 포기한 채, 그는 자신이 지닌 외로움의 실체를 더욱 견고한 것으로 만들면서 스스로를 한 점 모래알 속으로 가두어버리고자 한 것이다.

이와 같은 징후 역시 그의 유년 시절부터 나타나기 시작하였거니와 작품 「위험한 家系·1969」에는 이 사실이 "아주 추운 밤이면 나는 이불 속에서 해바라기 씨앗처럼 동그랗게 잠을 잤다"는 말로 표현돼 있다. 여기서 중요한 것은 그가 추위와 가난과 외로움을 견디기 위해 "해바라기 씨앗처럼 동그랗게" 그것들을 응축시켜 끌어안았다는 사실이다.

한편 유년 시절 이후 기형도는 그 외로움을 '침묵'으로 응축시켜 그의 몸속에 담고 살아가는 모습을 그의 작품에서 보여주고 있다. 침묵이란 무엇인가. 그것은 세력을 확장시키며 밖으로 뛰쳐나가려는 말의 추동력을, 그와는 반대로 방 속에 담아놓고 굳게 잠가놓는 일이다. 따라서 침묵의 내면은 씨앗의 내면처럼 두터운 껍질로 둘러싸여 있는 셈이고, 그 속에서 말의 힘은 견고한 비닐봉지 속의 바람처럼 갇히고 마는 것이다. 그런데 이렇듯, 발산되지 않는 말의 힘, 혹은 발산되지 못하는 외로움의 덩어리야말로 그 정도가 심해지면 자폐된 공간 속에서 익사하고 마는 경향을 드러내기도 한다. 기형도가 자기를 축소시키기 위하여 선택한 침묵의 방식은 그의 시에서 이와 같은 경향까지도 보여준다는 점에서 특징적이다.

① 나는 침묵이 두렵다
　침묵은 그러나 얼마나 믿음직한 수표인가
　　　　　　　　　　　　　　　　　─「오후 4시의 희망」

② 내 뒤에 있는 캄캄하고 필연적인 힘들에 쫓기며
　나는 내 침묵의 심지를 조금 낮춘다　　　─「10월」

③ 내 그리움의 거리는 너무 멀고 沈默은 언제나 이리저리 나를 끌고
　다닌다.　　　　　　　　　　　　　　　─「바람은 그대 쪽으로」

　인용 시 ①에서 볼 수 있는 것과 같이 기형도는 사실상 침묵을 두려워하고 있다. 그러나 그는 인용 시 ③에서처럼 침묵의 힘에 의하여 항상 이리저리 끌려다닐 만큼 삶의 중심에 침묵의 자리를 마련하고 있으며 인용 시 ②의 뒷부분에 나오는 말처럼 침묵을 "믿음직한 수표"로까지 생각하고 있다. 사실 침묵은 두렵다. 그것은 천성적으로 외부를 지향하는 말의 방향을 틀어 안으로 돌려놓는 일이기 때문이다. 그러나 침묵은 또한 편안하기도 하다. 그것은 자기를 감추기에 가장 좋은 수단이 될 수 있기 때문이다. 기형도는 이와 같은 양면적 특성을 지닌 침묵 속에 그의 삶을 응축시켜 담아놓았던 것이다.
　하지만 기형도는 그가 선택한 삶의 방식과 그 방식에 의하여 전개된 자신의 생애를 폄하하고 경멸하기까지 한다. 요컨대 그의 삶 전체가 보잘것없는 흠집투성이에 불과하다는 것이다. 그는 이 사실을 작품「오래된 서적」의 일절에서 "나를/한번이라도 본 사람은 모두/나를 떠나갔다, 나의 영혼은/검은 페이지가 대부분이다, 그러니 누가 나를/펼쳐볼 것인

가,"라는 탄식조의 말을 통하여 전달하고 있다. 그러고는 이렇게 온통 "검은 페이지"로 가득한 흠집투성이의 어두운 생을 자기 자신마저도 "콘크리트처럼 잘 참아"온 것이 기적적이라고 그는 또한 밝히고 있다.

기형도는 자신의 생을 이와 같이 인식하고 되돌아보면서 그에 대한 반응을 여러 가지 형태로 보여주고 있다.

① 내 무시무시한 생애는/얼마나 매력적인가, ——「흔해빠진 독서」

② 아무도 내가 살아온 내용에 간섭하면 안 된다.
——「추억에 대한 경멸」

이처럼 그는 자신의 생을 "무시무시한" 것으로 규정짓고 있지만 그럼에도 불구하고 자신의 생애에 대한 타인의 간섭을 용납하지 않으려고 할 뿐만 아니라 그와 같은 생애가 "매력적"이지 않느냐고 반문까지 더하고 있다. 그러나 그의 내부에 자신의 생을 자존심으로 지키고자 하는 이런 욕망이 잠재해 있다 할지라도, 사실상 그는 자신의 생애에 엄청난 불만을 안고 있다. 더욱이 그는 "나의 생은 미친 듯이 사랑을 찾아 헤매었으나/ 단 한번도 스스로를 사랑하지 않았노라"(「질투는 나의 힘」)라는 말에서처럼, 자신의 생을 사랑하지 않았던 것이다. 그렇다면 그는 대부분의 사람들이 본능적으로 갖고 있는 나르시시즘의 황홀함도 체험하지 못한 특수한 경우란 말인가. 안타깝게도 기형도의 시에서는 이러한 나르시시즘의 흔적을 조금도 찾아볼 수 없다. 그 대신 그는 다음과 같은 말을 들려주고 있다: "나는 인생을 증오한다"고.

기형도는 이런 와중에서도 희망을 이야기한다. 그러나 그는 희망의 힘을 믿지 않는다. 이런 점에서 그에게는 미래의 청사진이 없다. 그는 다만 과거의 추억 속으로 그의 정신을 이따금씩 역류시킬 뿐이다.

그렇다면 그가 말하는 희망과 꿈의 실상은 구체적으로 어떤 모습을 갖고 있는가. 몇 개의 시구들을 인용해보기로 한다.

① 텅 빈 희망 속에서
어찌 스스로의 일생을 예언할 수 있겠는가 ―「오래된 서적」

② 길 위에서 일생을 그르치고 있는 희망이여
―「길 위에서 중얼거리다」

③ 내 일찍이 나를 떠나보냈던 꿈의 짐들로 하여 모든 응시들을 힘겨워 하고 높고 험한 언덕들을 피해 삶을 지나다녔더니, 놀라워라. 가장 무서운 방향을 택하여 제 스스로 힘을 겨루는 그대,
―「이 겨울의 어두운 창문」

기형도의 희망은 인용 시 ①의 경우처럼 "텅 빈" 모습을 하고 있다. 그런가 하면 인용 시 ②의 경우처럼 희망이야말로 그에게 있어서는 "일생을 그르치"게 만든 원인이다. 그리고 인용 시 ③에서처럼 꿈은 그에게 힘겨운 "짐"이 되고 있다. 뿐만 아니라 꿈과 희망을 갖는다는 사실이 그에게는 "가장 무서운 방향을 택하여" 삶을 모아가는 일로 여겨진다. 따라서 그는 아예 희망을 포기해버린다. 아니 희망이라는 말 자체를 그의 사전 속에서 지워버리고 만다. 그러나 중요한 것은 희망과 꿈을 포기하고, 더욱이 그것들을 자신의 삶 속에서 처음부터 제거해버리려고 노력

했음에도 불구하고, 실상은 그러한 노력이 그에게 평화와 안식을 가져다 준 것이 아니라, 오히려 알 수 없는 불안감과 불만감을 떨쳐버릴 수 없도록 만들었다는 사실이다. 다시 말하자면 기다림이란 "육체를 지치게 하는" 헛된 꿈에 불과하다는 것, 자신의 꿈은 이미 냉각된 지 오래라는 것, 희망을 갖는다는 것이 적잖게 거추장스럽다는 것을 그는 자신의 말로 여기저기서 고백하고 있음에도 불구하고, 자신의 "생 뒤에 남아 있을 망가진 꿈들" 혹은 "빵봉지 몇 개로 뒹구는 꿈"들을 생각하며 엄청난 심리적 고통을 껴안고 있었다는 것이다.

그런데 미래에 대한 희망과 꿈을 신뢰할 수 없을 때, 그리하여 마침내 희망과 꿈이 거추장스러운 존재로 바뀌어버릴 때, 사람들은 쉽게 그 정신의 방향을 과거로 돌려놓기 십상이다. 어찌 보면 삶이란 미래의 집 속에 자기를 미리 던져놓고 그것을 향하여 나아가는 일이기도 한데, 이 일이 불가능한 사실로 받아들여졌을 때, 사람들은 자연히 과거의 집을 꿈꾸지 않을 수가 없는 것이다. 기형도 역시 이런 맥락에서 과거에 대한 관심을 자주 보여준다. 특히 그는 과거의 추억을 자주 불러내는 것이 특징적인데, 그 추억은 누구도 어쩔 수 없는 강성의 힘이 아니라 난폭하고 경멸적이며 비극적인 모습을 보여주고 있다. 따라서 그는 과거의 추억을 불러내고 그것에 강한 집착을 드러내고 있지만, 이와 같은 일들이 차단된 미래의 자리를 대체해주지는 못하고 있다.

그렇다면 밝은 미래도, 아름다운 과거도 갖지 못한 사람이 내놓을 수 있는 말은 어떤 것인가.

① 그는 탄식한다. 그는 완전히 다르게 살고 싶었다.　　—「여행자」

② 나는 어디로 가는 것일까, 돌아갈 수조차 없이
　　이제는 너무 멀리 떠내려온 이 길　　　　—「길 위에서 중얼거리다」

③ 구름 밑을 천천히 쏘다니는 개처럼
　　지칠 줄 모르고 공중에서 머뭇거렸구나
　　내 가진 것 탄식밖에 없어
　　저녁 거리마다 물끄러미 청춘을 세워두고
　　살아온 날들을 신기하게 세어보았으니　　　—「질투는 나의 힘」

　기형도는 인용 시 ①에서처럼 "완전히 다르게 살고 싶었다"는 말을 위의 질문 앞에 내어놓고 있다. 사실 이 욕망은 너무도 당연한 것이다. 자신이 살아온 생에 불만이 있는 사람이라면 누구나 어렵지 않게 이런 생각을 한 번쯤 해볼 수가 있기 때문이다. 그러나 이런 꿈을 실현시키기 위하여 원점으로 돌아가기에는 그가 너무나 힘든 지점까지 이미 흘러왔다는 인식이 인용 시 ①을 통해서 나타나고 있다. 그리고 이 인식은 도대체 나야말로 "어디로 가는 것일까"라는, 이른바 궁극에 대한 관심과 함께 나타나고 있다. 여기서 시인은 이미 "완전히 다르게 살고 싶었다"는 욕망의 실현이 현실적으로 불가능하다는 것을 밝히고 있다. 그러면 이제 남는 것은 무엇인가. 그것은 "탄식"뿐이다. 왜냐하면 지금까지의 삶은 고작 "구름 밑을 천천히 쏘다니는 개처럼/지칠 줄 모르고 공중에서 머뭇거"린 것에 불과하다는 자기 인식이 엄습했기 때문이다. 이 말은 여태껏 그가 살며 만들어온 인생의 책이 거의 대부분 "검은 페이지"에 불과했다는 자기 인식과도 같은 것이다. 그러니 그가 이 시간까지 살아온 것은 어쩌면 스스로가 보아도 "신기"한 일이다.

나는 미래를 차단시킨 사람이 과거에 집착하는 모습을 기형도 시와 관련시켜 한 가지 더 언급하고자 한다. 여기서 먼저 지적되어야 할 것은 기형도의 시에서 "이미 늙었다"는 말을 자주 접하게 된다는 점이다. 작품 속의 화자는 분명히 청년의 얼굴을 하고 있는데, 그의 입에서 나오는 말은 이와 어울리지 않게 자신이 "늙었다"라는 것이다. 이처럼 작품 속의 화자가 나이와 걸맞지 않게 늙었음을 강조하는 것은 인생의 비밀을 그가 젊은 나이에 벌써 다 알아버렸다는 의미도 될 것이고, 따라서 생에 대한 의욕이 더는 없다는 의미도 될 것이다. 그러나 중요한 것은 그의 정신이 미래를 지향하고 있지 않다는 사실이다. 미래를 생의 도표에서 차단시킨 사람에게 남는 것은 과거뿐이려니와 과거만이 누군가의 생을 지배한다는 것은 바로 지금의 이 시점이 그에게는 생의 마지막 지점과 다르지 않다는 의미가 된다.

> 내 희망을 감시해온 불안의 짐짝들에게 나는 쓴다
> 이 누추한 육체 속에 얼마든지 머물다 가시라고
> 모든 길들이 흘러온다, 나는 이미 늙은 것이다
> ―「정거장에서의 충고」

이처럼 그는 희망을 상실한 자신의 현실을 "늙은 것"으로 단정 짓고 있으며 또한 작품 「病」의 일절에서처럼 "主語를 잃고 헤매이는/가지 잘린 늙은 나무"로 규정짓고 있다. 이런 상황 속에서 그는 다음과 같이 외친다: "이제는 내가 떠날 차례였다." 그는 미래의 희망을 갖지 않은 자신이 할 수 있는 일이란, 바로 그 미래 속으로 죽음을 안고 떠나는 일밖에 없음을 확인한 것이다.

이렇듯 자신을 한 점 죽음으로 몰고 가는 기형도의 상상력을 우리는 그의 시에서 흥미로운 이미지로 만날 수 있다. 기형도는 먼저 세상을 춥고 큰 어둠의 방으로 생각한다. 그는 이 방 속에 갇혀 있다. 그러나 이 큰 방이 거추장스러워 그는 작고 어두운 방에 찬밥처럼 자신을 가두고 만다. 하지만 이것으로도 안심할 수 없다. 그래서 그는 안개의 빈 구멍과 대기 속의 공기구멍에 집착하기 시작한다. 그래도 이것으로 그는 만족하지 못한다. 여기서 그는 검은 외투로 자신의 둘레를 좁혀간다. 그렇다면 기형도는 한 점 죽음으로 몰고 가려는 그의 의식을 여기서 멈추게 하였던 것인가. 그렇지 않다. 기형도는 다시 검은 외투 속에 가둬버린 자신을 압핀처럼 한곳에 꽂아버리고 만다. 이쯤 되고 보면 그는 자신을 더 이상 움직일 수 없도록 한곳에 고정시킨 셈이다. 그러나 그의 상상력은 자신을 압핀처럼 한곳에 꽂아서 고정시키는 것만으로 끝나지 않는다. 죽음을 지향하는 그의 상상력은 마침내 압핀처럼 꽂힌 그의 몸을 작품「聖誕木」의 일절이 말해주듯이 "얼음으로 꽉 채"우고 만다. 그리하여 이제 그의 몸은 냉각된 얼음으로 꽉 차버린 죽음 그 자체가 되어버린 것이다. 이런 사실을 염두에 두고 볼 때, 현실 속에서의 그의 죽음이 우연적인 것이라고 말할 수만은 없다. 그가 살아온 29년은 누가 보아도 죽음이 살다 간 자리임에 틀림없는 것이다.

〔문학평론가/1992〕

숲으로 된 성벽
─기형도, 미완의 매혹

남진우

1. 비명(碑銘)으로서의 시

　기형도의 시가 그로테스크한 것은, 그런 괴이한 이미지들 속에, 뒤에, 아니 밑에, 타인들과의 소통이 불가능해져, 자신 속에서 암종처럼 자라나는 죽음을 바라다보는 개별자, 갇힌 개별자의 비극적 모습이, 마치 무덤 속의 시체처럼─그로테스크라는 말은 원래 무덤을 뜻하는 그로타에서 연유한 말이다─뚜렷하게 드러나 있다는 데에 있다.

─김현, 「영원히 닫힌 빈방의 체험」 부분

　기형도는 죽음이 서로 삼투하고 있는 구조를 세계의 한 본질적인 운명으로 파악하고 있다. 〔……〕 그가 그 세계의 비극적 구조를 하나의 냉엄한 풍경으로 포착했을 때나 또는 세계의 구조로부터 떠나버린 인간의 내면풍경을 드러낼 때 기형도의 시들은 일정한 성공을 거둔다.

—김훈, 「기형도 시의 한 읽기」 부분

　기형도의 시는 실존의 우울과 초현실적 환상을 보여주고 있다. 그의 시가 우울한 것은 삶이란 자유로울 수 있지만 짧고 현기증 나는 한순간에 지워질 수밖에 없는 것이기 때문이고, 그의 시가 환상적인 것은 낯익은 현실이 사실은, 찬찬히 들여다보면, 낯설고 기이한 유기체 같기 때문이다.

—박해현, 「정거장에서의 추억」 부분

　유년의 넋과 꿈으로서의 책 읽기의 세계가 그의 출발점이었다면, 그것을 땅바닥에 질질 끌고 다니며 바스러뜨린 폭압적 현실의 세계는 그가 머무른 마지막 기착점이었다. 그의 시 세계는 이처럼 낙원을 잃었다는 상실의식과 그 잃어버린 낙원으로 되돌아가려는 회의의식으로 점철된 것이었다. 비극은 그에게 돌아갈 길이 없었다는 것, 그것뿐이다.

—박철화, 「집 없는 자의 길 찾기, 혹은 죽음」 부분

　기형도, 그리고 기형도의 시와 관련된 모든 담론들엔 죽음의 음산한 후광이 드리워져 있다. 뛰어난 재능을 가졌음에도 불구하고 젊어서 세상을 하직한 이 시인의 불우한 운명이 자아내는 애통한/애틋한 마음이 그 한켠에 자리 잡고 있다면 그의 시 속에서 빈번히 발견되는 죽음과 쇠락의 이미지들이 다른 한켠에서 이 시인의 시 읽기를 규정짓는 인자로 작용하고 있다. 그래서 마치 한용운이나 이육사를 대상으로 한 시인론들이 흔히 위인전의 함정에서 벗어나지 못하듯 기형도에 관한 대다수 글들은 그의 영정 앞에 바쳐진 진혼가의 성격을 띠어왔다. 기형도의 시

에 대한 보다 객관적이고 심층적인 접근에 꼭 도움을 준다고 할 수 없는 이러한 태도는, 그러나 어느 정도 필연적일 수밖에 없는 것인지도 모른다. 그는 그토록 젊은 나이에 죽었으며 그토록 순결한 모습만을 우리 가슴속에 각인시켜둔 채 저 세상으로 사라졌기 때문이다.

하지만 그가 지상에 남기고 간 유일한 흔적인 그의 시를 다시금 들춰보고 거기서 고독하면서도 고뇌에 가득 찬 한 실존의 내적 드라마를 엮어내려 하는 우리의 기도는 지금까지의 기형도론이 지향했던 것과는 다른 방향에 해석의 빛을 던지려고 한다. 먼저 우리는 그가 남긴 시에서 그의 육체적 죽음의 전조를 찾아내는 작업이 가능하기도 하고 매력적인 것이기도 하지만 반드시 생산적인 결과를 보장하지는 않는다는 점에 유의할 것이다. 우리는 가능한 한 시와 시인의 삶이 성서의 구약과 신약처럼 예표론적typology 관계를 맺고 있다는 관점에서 떠나 기형도의 시에 다가가려 한다. 인간의 삶을 수식하고 있는 부수적인 모든 것을 떨쳐버리고 그 본질인 '죽음을 향한 실존'을 냉엄하게 드러내 보이려 한 이 시인의 시도는 단단함이란 질료적 특성에 대한 남다른 관심, 강인한 응집력과 내구력을 지닌 언어 조직과 더불어 그의 시를 비명적(碑銘的) 글쓰기—돌 위에 새겨진 비명처럼 그의 시는 백지 위에 새겨진 일종의 비명일 수 있다는 점에서—의 한 전범으로 단정짓게 만들어왔다. 그리고 이러한 관점은 이 시인이 살아온 평탄치 못한 생애와 결부돼 한층 설득력 있게 받아들여져온 감이 있다. 많은 평자들이 공통적으로 지적하고 있듯이 기형도의 시는 그가 살아왔던 어려운 삶의 흔적들을 비교적 가식 없이 보여준다. 그 어려움이란 유년 시절의 물질적 궁핍과 성년이 된 다음 조우한 세계의 폭력성 및 허위성으로 요약될 수 있을 것이다. 도시 근교의 농촌에서 보낸 그의 어린 시절은 아버지의 사업 실패와 갑작스러운 병환으로 인한 가난, 어머니를 비롯한 나머지 전 가족의 생업 전선으로의 진출, 어린 시절 목격한 누이의 죽음 등 가족사적 불행으로 점철돼 있었다. 또 성년이 된 뒤 거대도시에 입성해 조직사회의 일원으로 활동하면서부터는 보람 없는 일상적 삶의 되풀이에 마모되어가는 실존의 덧없음을 누구보다 뼈저리게 체험한 듯하다. 우리는 그의 시가 주는 감동의 상당 부분이 바로 이러한 시인의 삶의 비극성을 기초하고 있다는 사실을 부인하지는 않는다. 그러나 또한 그의 시의 모든 것이 이처럼 시인의 생애로 환원돼서 설명될 수 있다고는 생각하지 않는다. 그러므로 우리는 이 글에서 기형도가 얼마나 어려운 삶을 살았고 심한 고통과 번민에 시달렸는가를 시를 통해 증명해내려 하기보다는 그러한 삶과 내적 갈등을 얼마나 섬세하게 언어로 포착하고 상상력의 작용을 통해 풍요롭게 변형시킬 줄 알았던가를 드러내는 데 주력할 것이다. 우리가 기억하고 사랑하는 기형도는 한낱 유년의 가난과 청년기의 실연, 그가 살던 시대의 정치적 폭압성 때문에 괴로워하던 청년에 그치는 것이 아니라 그 모든 것을 감각적이면서도 개성적인 언어 조직에 담아냄으로써 우리의 머릿속에서 영원히 지워지지 않게끔 한 시인으로서의 기형도이기 때문이다. 명심할 것은 한 사람의 자연인으로서의 기형도는 불행했을지 몰라도 한 사람의 시인으로서의 기형도는 정녕 행복했다는 사실이다. 그는 자신의 고통을 과시하기 위해 시를 쓴 게 아니라 아름다운 이미지의 힘을 빌려 자신의 고통을 띄워 승화시키기 위해 기를 썼고 또 그것에 성공했다.

　아울러 우리는 기형도의 시 세계가 시인의 돌연한 죽음으로 인해 미완으로 끝날 수밖에 없었으며, 많은 가능성에도 불구하고 모든 시편이 다 높은 완성도를 보여주지는 않는다는 사실을 인정하면서도, 일단 그의 시가 통일된 이미지의 망을 형성하고 있다는 전제하에 분석 작업을 진척시켜나가고자 한다. 기형도가 탐사한 언어의 협곡 사이에 난 가파른 단애를 우리는 실선이 아닌 점선으로나마 연결시켜 이해해줄 수밖에 없는 처지에 있는 것이다. 그리고 그럴 때만이 기형도의 시는 유물의 파편이 아니라 살아 있는 생명체로서 우리 앞에 그 역동적인 모습을 보여줄 수 있을 것이며, 나아가 그가 몸담고 활동했던 1980년대라는 시대적 배경을 넘어서 1990년대와 2천년대에도 여전히 의미 있는 문학적 성과물로 우리 곁에 숨 쉴 수 있을 것이다.

　기형도의 시를 경쟁적이라 할 만큼 온통 불행으로 포장하고 싶어 하는 일반적 충동에서 벗어나 그의 시 속에서 행복을 찾아 헤매는 한 지순한 영혼의 편력을 읽어내도록 해보자. 삶에 대한 비극적 통찰이 보다 조화롭고 희망에 가득 찬 삶에 대한 회원 위에 자리 잡고 있음을 추적해보자. 그러기 위해선 우리는 먼저 시인이 자신을 비극적 운명을 타고난 존재로 인식한 그 원초적 순간, 원초적 장면으로 되돌아갈 필요가 있다.

2. 안과 밖, 모성의 불과 바람 부는 거리

　　열무 삼십 단을 이고
　　시장에 간 우리 엄마
　　안 오시네, 해는 시든 지 오래
　　나는 찬밥처럼 방에 담겨
　　아무리 천천히 숙제를 해도
　　엄마 안 오시네, 배추잎 같은 발소리 타박타박

안 들리네, 어둡고 무서워
금간 창 틈으로 고요히 빗소리
빈방에 혼자 엎드려 훌쩍거리던

아주 먼 옛날
지금도 내 눈시울을 뜨겁게 하는
그 시절, 내 유년의 윗목   ―「엄마 걱정」 전문

 지상의 방 한 칸, 시인이 유년 시절 겪은 삽화의 한 토막을 담담하게 기술하고 있는 위 시의 1연에서 화자는 지상의 어느 한구석에 조그맣게 불을 밝히고 있는 방으로 우리를 데려간다. 그 방 안에서 한 소년이 울고 있다. 이유는 어머니가 그의 곁에 없기 때문이다. 가족의 생계를 책임진 어머니가 열무를 이고 시장에 나가 밤늦도록 돌아오지 않고 있는 것이다. 그 방 바깥은 어둠과 비의 세계이다. 방 안엔 불이 밝혀져 있는 데 비해 방 바깥은 어두우며, 방 안이 메말라 있는 데 비해 방 바깥은 습기로 가득 차 있다. 그러나 방의 내부와 외부는 모두 썰렁한 냉기(해의 시듦, 찬밥, 빗소리)를 내뿜고 있다는 점에서 동일하다. 모성의 상실이 따뜻한 온기의 부재로 나타나고 있는 것이다. 금간 창틈으로 스며드는 빗소리에 호응이라도 하듯 소년은 운다. 그 울음이 방 바깥의 비를 그치게 하고 어머니를 보다 빨리 오게 할 수 있을까. 아마도 그러지 못할 것이다. 제목과 달리 위 시에서 화자가 어린 시절 진정으로 걱정한 것은 어머니라기보다는 그 어머니로부터 단절된 자기 자신인 것이다. 유년 시절을 현재형으로 묘사하고 있는 1연과 달리 2연에선 화자가 서 있는 위치가 전면에 노출되어 있다. 이제 성인이 된 화자는 아주 먼 옛날 유년의 기억을 더듬고 있다. 그는 1연의 풍경을 머릿속에 떠올리며 다시 눈시울이 뜨거워진다. 추억 속의 풍경을 바라보며 화자는 자신이 아직도 그 빈방에서 홀로 어머니를 기다리고 있는 중이며, 상당한 세월이 흐른 지금에도 그 시절과 별로 달라진 게 없음을 토로하고 있다.

위 시에서 어머니의 부재는 단순히 생애의 어느 한 시점에 어린 화자가 겪은 일과성의 체험에 그치는 것이 아니라 이후 그의 무의식의 핵심에 자리 잡고서 그를 부단히 원래의 그 자리로 되돌아가게 만드는 원초적 장면primal scene이라 할 수 있다. 어린 화자의 울음은, 그런 의미에서, 단순히 내향적이었던 소년의 외로움과 쓸쓸함을 말해주는 것에 멈추지 않고 자신이 이 세계 속에 홀로 버려졌다는 것을, 다시 말해 이제 자신은 어머니의 영지에서 완전히 추방당했으며 다시는 그곳으로 복귀하지 못하리라는 것을 예감한 순간의 정서적 반응이라고 할 수 있다. 따라서 그 울음은 그 시간대에 고정되지 않고 이 시인의 생애 전체를 관통해서 울려 퍼지게 된다. 이제 그가 있는 곳이 어디이든 그는 항상 빈방에 버려진 자신을 발견하고 탄식하게 될 것이다. 어머니와의 별리 및 그로 인한 낙원 상실을 구체적이고 사실적인 정황을 들어가며 노래한 위 작품과 달리 시인은 다음 작품에서 같은 주제를 장중한 예언적 목소리를 빌려 보다 추상적이고 신화적으로 진술하고 있다.

내 유년 시절 바람이 문풍지를 더듬던 동지의 밤이면 어머니는 내 머리를 당신 무릎에 뉘고 무딘 칼끝으로 시퍼런 무를 깎아주시곤 하였다. 어머니 무서워요 저 울음소리, 어머니조차 무서워요. 애야, 그것은 네 속에서 울리는 소리란다. 네가 크면 너는 이 겨울을 그리워하기 위해 더 큰 소리로 울어야 한다. 자정 지나 앞마당에 은빛 금속처럼 서리가 깔릴 때까지 어머니는 마른 손으로 종잇장 같은 내 배를 자꾸만 쓸어내렸다. 처마 밑 시래기 한 줌 부스러짐으로 천천히 등을 돌리던 바람의 한숨. 사위어가는 호롱불 주위로 방 안 가득 풀풀 수십 장 입김이 날리던 밤. 그 작은 소년과 어머니는 지금 어디서 무엇을 할까?

—「바람의 집—겨울 판화 1」전문

「엄마 걱정」과 마찬가지로 위 시의 공간 역시 방 안/바깥으로 선명하게 양분되어 있다. 방 안은 어머니의 주재하에 있으며 방 바깥은 사나운 바람과 추위가 지배하고 있다. 그러나 "사위어가는 호롱불"이란 구절이 암시하듯 방 안의 평온은 방 바깥에서 불어오는 바람의 위협에 직면해 있다. 유년의 자아와 세계의 만남은 가슴 설레는 기대나 평안한 소속감을 안겨주기는커녕 막연한 불안감과 공포를 유발한다. 그는 어디선가 들려오는 울음소리를 듣고 그것이 무섭다고 호소한다. 그런데 더욱 의미심장한 것은 소년을 무릎에 누이고 있는 어머니가 무서움에 떠는 그 아이를 달래 안심시켜주기는커녕 그 울음소리의 진원지가 방 바깥의 어느 먼 곳이 아니라 바로 그의 내부임을 지적함으로써 그로 하여금 세계—삶의 비극성으로부터 눈을 돌리지 못하도록 한다는 것이다. 아울러 그녀는 그가 성장하면 그 울음소리 또한 따라서 커질 것이라는 불길한 신탁을 들려준다. 이러한 어머니의 말 속엔 이제 그가 더 이상 어머니의 치맛자락만 붙들고 살 수는 없으며 조만간 한 사람의 성인으로서 세상의 비극적 조건들과 정면에서 맞서 싸워야 한다는 의미가 실려 있다. 일 년 중에서 밤이 가장 길고 낮이 가장 짧은 동짓날 어머니는 어린 아들과의 결별을 선언하는 것이다.[1] 그 결별의 시각적 표상이 어머니의 손에 들린, 탯줄 자르기나 거세를 암시하는 칼이다. (깎는 칼은 무디고 오히려 깎이는 무가 시퍼렇다. 정신적 성숙의 고통스러움을 나타내는 이미지.) 어머니의 집도는 모자간의 근친적 일체감을 끊는, 그래서 그를 세상 속으로 놓아보내는 상징적 행위라고 할 수 있다. 즉 위 시에서의 어머니는 혈육에 대해 일방적인 헌신과 무조건적인 모성애를 발휘하는 살붙이가 아니라 화자를 정신적으로 성장시키기 위한 제의를 집전하는 여사제, 비개인적인 무서운 어머니의 형상을 하고 있다.[2] 다사롭고 안온한 것으로만 알았던 어머니의 품에서 추방된 그는 위험과 불확실성이 지배하는 밤의 바람 속에 내던져진다. 이때 어린 화자가 전신으로 느낀 일차적 감정이 무서움인 것은 당연하달 수밖에 없을 것이다.

이와 더불어 위 시에서 우리가 주목해야 할 또 하나의 요소는 시적 화자가 자신의 내부를 일종의 텅 빈 공동(空洞)으로 상상하고 있다는 점이다. 그의 내면은 가득 차 있는 것이 아니라 비어 있으며 이 공명 상자로부터 바람이 문풍지를 더듬는 듯한 울음소리가 발원한다. 그 내적 공동

---

1) 동지는 어둠과 빛의 전환점이라 할 수 있다. 일 년 중에서 음(陰)의 기운이 가장 충만한 날이자 밤이 짧아지고 낮이 길어지기 시작하는, 즉 양(陽)의 기운이 서서히 회복되기 시작하는 날이기도 하다. 예수 그리스도를 비롯, 신화 속의 주인공들은 흔히 동지를 전후해 태어난 것으로 되어 있다.
2) 굳이 프로이트나 융, 라캉의 이론을 들먹이지 않더라도 모든 인간관계 근원에 어머니의 원형이 자리 잡고 있다는 것은 오늘날 하나의 상식으로 통용되고 있다. 유아와 모친은 신비적 관여mystical participation의 관계에 있으며 인간 심성의 발달은 이것의 분화에서부터 시작된다. 어머니와의 심리적 동일성psychic identity에서 빠져나옴으로써 의식의 성장이 가능해지는 것이다. 그래서 원시인들의 성인식은 대개 어머니와의 결별을 나타내는 일련의 상징 구조로 이루어져 있다. 입사자들은 어머니의 자궁을 의미하는 깊은 숲속의 오두막집으로 안내되어 일정 기간 학습을 받고 할례와 같은 육체적 시련을 겪는 것이 보통이다. 그는 어머니의 일부로서의 자신을 죽이고 성인 남성으로 다시 태어나는 것이다. 기형도의 시에서 입사의 지도자가 어머니로 나타나는 것은 그의 아버지의 병환이란 전지적 사실과 관련이 있을 것이다. 아울러 칼-시퍼런 무가 암시하는 거세 모티프는 "나의 혀는 천천히 굳어갔다"(「입 속의 검은 잎」)와 같은 혀의 마비로 이어진다. 현실세계로의 입문은 언어의 박탈을 감수하고서야 가능하며 이 소외된 언어의 저장소가 바로 시인의 입이다.

은 그의 육체적 정신적 성숙과 함께 더 확대될 것이며 거기서 울려 퍼지는 울음소리 또한 더 커질 것이다. 빈방은 소년의 바깥에만 있는 것이 아니라 이처럼 그의 내부에도 자리 잡고 있는 것이다. 종잇장 같은 소년의 배는 이러한 내부의 밤과 밀접한 연관을 맺고 있다. 바람은 구멍을 낳고 구멍은 전재의 희박화, 무화를 초래한다.[3] 삶은 실체가 아니라 잔영으로 존재하는 것이다. 모성과 결별한 뒤 험난한 현실 속에 내던져진 존재는 오히려 현실감을 상실한 채 지상을 헛되이 떠도는 운명을 맞이하게 된다. 바람 소리=울음소리에 귀를 기울이던 소년은 이를 예감하고 마치 자신이 한없이 넓은 공간의 차디찬 침묵 속으로 빨려들어가는 듯한, "보이지 않는 거대한 숨구멍 속으로 빨려간 듯"(「어느 푸른 저녁」) 한 현기증을 느끼는 것이다. 어머니로부터의 떠남과 세계의 텅 빔에 대한 인식은 이처럼 같은 순간에 이루어진다.

이상의 분석을 통해 알 수 있듯이 이 시인을 사로잡고 있는 낙원 상실 의식은 유년 시절 경험한 어머니의 떠남/어머니로부터의 벗어남에 기초해 있다. 어느 날 생애의 "길모퉁이를 돌아서다가" "불현듯 존재의 비밀을 알아버린"(「나의 플래시 속으로 들어온 개」) 그는 이제 "위대한 혼자"(「비가 2」)로서 지상의 어둠·혼돈·고난과 대결해나가야 하는 운명에

---

[3] 기형도의 시엔 유난히 얇고 가느다란 것에 대한 경도를 보여주는 이미지가 많이 등장한다. 어머니는 "가늘은 유리막대처럼 위태로운 모습"(「폭풍의 언덕」)이며 아버지는 금방 녹을 것 같은 "가늘은 고드름"(「너무 큰 등받이의자」)이다. 누이는 "구부러진 핀"(「폭풍의 언덕」) "가늘게 휘청거리는 냉이꽃"(「위험한 家系·1969」)에 비유된다. 화자는 "아버지가 끊어뜨린 한 가닥 실정맥"(「폭풍의 언덕」)이며 "압핀처럼 꽂혀"(「소리 1」) 있다. 이 밖에도 "야윈 낮의 형상을 한 달"(「이 겨울의 어두운 창문」), "길쭉하고 가늘은 다리"(「여행자」), "헝겊 같은 배"(「폭풍의 언덕」), "엷은 그늘" "무엇인지 알 수 없는 희미한 빛깔"(「소리 1」) 등 점차 사라져가고 지워져가는 존재양태를 나타내는 표현들이 자주 나온다. 단단한 실체로 여겨졌던 삶의 구성물들도 점차 무화되어 "얼룩"만을 남길 따름이며 이내 그마저 사라지고 만다. 창문에 가득한 구름이 저 홀로 없어지듯(「죽은 구름」).

처해진다. 그리고 이러한 어둠·혼돈·고난의 집약적 상징이 바로 앞에서 지적한 바 있는 자아와 자아를 둘러싼 세계의 텅 빔이다. 그 텅 빔은 물질적 공복감을 암시하기도 하지만 보다 근원적으로 삶의 유한성을 나타낸다. 인간은 덧없는 물질의 감옥에 갇혀 있는 존재인 동시에 무한한 무(無)의 감옥에 갇혀 있는 존재이기도 하다. 예컨대 시인이 경제적으로 극도의 어려움을 감내해야 했던 어린 시절을 회상한 시에서 "올해에는 무들마다 웬 바람이 이렇게 많이 들었을까" "누이의 도시락 가방 속에서 스푼이 자꾸만 음악 소리를 냈다"(「위험한 家系·1969」)라고 말할 때 우리가 보게 되는 구멍은 물질적 빈곤에 대한 비유라고 할 수 있다. 그러나 시인이 "나의 영혼은/검은 페이지가 대부분이다"(「오래된 서적」)라거나 "공포를 기다리던 흰 종이들아"(「빈집」)라고 말할 때의 검은 페이지나 흰 종이가 가리키는 텅 빔은 공허 속에 내맡겨진 실존의 비극성을 표상한다.

그러나 우리는 텅 빔에 대한 이 시인 특유의 상상 체계를 더듬어 나가기 전에 잠시 우회의 길로 접어들어야 한다. 먼저 하나의 동심원을 머릿속에 떠올려볼 필요가 있다. 그 동심원의 중심에 울음 우는 화자가 자리 잡고 있다. 수면 위로 파문이 번져가듯 그 동심원이 조금 확대되면 불 켜진 실내가 등장한다. 그것이 더욱 확대되면 어둡고 습기 찬 바람 부는 거리(벌판) 풍경이 펼쳐진다. 만일 우리가 그 동심원을 더욱 확대시켜 아예 동심원 바깥의 공간으로 나아갈 수 있다면 어떻게 될까. 아마도 우리는 동심원 안의 풍경을 가만히 응시하고 있는 어떤 슬픈 시선과 조우하게 될 것이다. 화자의 육체—방—세계로 퍼져나가는 이 동심원의 경계선은 유동적이다. 화자는 그 동심원의 안에 머물 수도 있고 그 바깥을 돌아다닐 수도 있다. 그의 시선이 동심원의 중심, 시인 자신의 표현을 빌리자면 "내부의 유배지"(「비가 2」)라 부른 곳을 향할 때 낭만적 동경의 시가 쐬어지며 그가 과감히 방을 떠나 바람 부는 세계의 변방을 기웃거리며 돌아다닐 때 환멸과 공포의 감정으로 채색된 일련의 시편이 탄생하게 된다.

방 안에서 그가 하는 일은 어린 시절엔 「엄마 걱정」에 나오듯, 숙제를 하는 일이었을 것이다. 이것이 보다 발전하면 책 읽기와 시 쓰기 그리고 무엇보다 이 둘을 아우르는 시적 몽상으로 뻗어나가게 된다. 그 몽상의 중심엔 부드러운 모성의 불이 타오르고 있다. 그러나 그가 방에서 나와 거칠고 황량한 세계 속에 입문할 때 그는 진눈깨비·폭설·장마·가랑비·안개와 같은 축축한 물, 혹은 사나운 바람과 마주치게 된다. 그는 방을 떠나 길 위에 서 있지만 그의 마음은 항상 애초에 떠나왔던 그 방 주위를 맴돈다. 하지만 불행히도 그는 그 방으로 끝내 되돌아가지 못한 채 길을 가다 쓰러지고 말 운명이었다.

3. 유년의 떨리던, 짧은 넋

시인이 방 안에서 계속 머문다는 것은 낙원 상실 이후 도래한 자아─세계의 찢김, 그 이원성을 인정하지 않고 가상의 원초적 통일성 속에 자신의 영혼을 의탁한다는 것을 의미한다. 그것은 분리 이전의 충만한 일체감에 대한 향수이며 모든 갈등이 소거된 유아적 상태로의 회귀이다. 이러한 지향의 한가운데에 어머니=따스한 불이 존재한다. 바람이 불고 습기 찬 밖의 세계와 구분되는 방 안의 세계는 어머니의 따스한 품에 다름 아닌 것이다. 그 방 안엔 어머니가 밝혀둔 조그만 불이 빛나고 있다.

가정이나 신전의 중심에서 타오르는 둥근 화로를 지키고 있는 헤스티아(로마식 표기로는 베스타) 여신처럼 어머니는 사랑과 평화의 화신이며 신성한 불길 그 자체이다. 그 불은 이 시인의 시 속에서 높은 빈도로 등장하는 액체 이미지와 달리 전면에 드러나지 않고 은밀히 숨어 있다. 하지만 그 불씨는 기형도의 시의 저층에 묻힌 채 지속적인 영향력을 행사해왔다. 우리는 이미 「바람의 집」에서 어머니와 아들 간의 멀어짐이 "사위어가는 호롱불"이란 이미지로 나타남을 보았다. 유년 시절을 추억하고 있는 또 다른 시편에서 그것은 다양한 형태의 불 이미지로 변주된다.[4]

1) 알아? 얼음가루 꽉 찬 바다야

---

[4] 기형도의 시에 나타난 불 이미지에서 흥미로운 점 한 가지는 현대적인 조명 기구가 대개 부정적인 의미를 띠고 있는 반면 전통적인 점화 도구는 긍정적인 가치 부여를 받고 있다는 점이다. 「물 속의 사막」에 나오는 "와이셔츠 흰빛은 터진다"의 형광 불빛이나 「나의 플래시 속으로 들어온 개」에 나오는 플래시 불빛이 차갑고 섬뜩한 죽음의 불빛, 갑자기 습격해와서 존재를 파열케 하는 불빛이라면 '호롱불' '남폿불' '램프' '촛불' '성냥'은 화자를 보다 안온하고 다사로운 추억의 공간으로 인도하는 모성의 불빛, 집중된 불빛이라고 할 수 있다. 시인은 고달픈 삶에 시달릴 때 "침묵의 심지를 조금 낮추"(「10월」)며 그리움에 지칠 때마다 "떨리던 손으로 짧은 촛불을 태우곤"(「포도밭 묘지 1」) 한다. 시인의 이러한 바슐라르적 불꽃의 몽상은 다음 산문에서 매우 아름답고 환상적인 표현을 얻는다. "어제는 부산에 거대한 폭풍이 있었다고 했다. 나는 상상 속에 거대한 태풍의 나무를 생각했다. 그 바람으로 만든 둥글고 강철 같은 이파리, 구름 사이에 누군가 서 있었다. 그것은 바로 너였다. 너는 어둡고 세찬 바람 속에서 작고 가느다란 양초를 들고 있었다. 분명히 불꽃은 심지에서 타고 있었는데 너는 자꾸만 성냥을 그어대고 있었다. 이것 봐, 성냥을 아낄 줄 알아야 한다.〔……〕어둡다. 대낮이다. 이봐, 힘을 아껴봐. 난 벌써 잉크가 떨어지고 있다"(『짧은 여행의 기록』, 살림, p.62). 후배에게 보낸 편지의 일절인 이 대목은 기형도의 시의 주요 주제들 — 나무 바람 구름 촛불 심지어 강철의 단단함에 이르기까지 — 이 모두 진열돼 있는 한 편의 산문시이다. 만다라의 중심에 양초와 성냥을 든 '너'가 있으며 그 주위를 바람이 휩싸고 돈다. 그 바람은 지상의 나무에서 천상의 구름까지 뻗어 올라간다. 바람 속에서 초에 불을 붙이기 위해 자꾸 성냥을 그어대는 '너'의 환영은 기형도의 핵심 환상core-fantasy이었을 것이다. 이 바람 속에서의 성냥 켜기는 백지 위에 글쓰기의 주제와 겹쳐져 "잉크가 떨어지고 있다"는 말을 불러낸다. 불이 약해지는 것과 함께 글쓰기 또한 그 종점에 이른다.

이 작은 성냥물이 어떻게 견딜 수 있겠어
   어머니는 나보고
   소다가루를 좀 먹으라셔
   어디선가 통통 기타 소리가 들려
   방금 문을 연 촛불가게에 사람들이 몰려 있어
   ─「성탄목(聖誕木)─겨울 판화 3」부분

2) 어른이 돌려도 됩니까?
   돌려도 됩니까 어른이?

   〔……〕
   대보름의 달이여
   올해에는 정말 멋진 연애를 해야겠습니다
   모두가 불 속에 숨어 있는 걸요?   ─「쥐불놀이─겨울 판화 5」부분

3) 얼음장 위에서도 종이가 다 탈 때까지 네모반듯한 불들은 꺼지지 않
   았다.   ─「위험한 家系·1969」부분

  1)에서 화자는 자신의 몸이 얼음으로 꽉 차 있으며 자기 위엔 바람벽이 가로놓여 있음을 말하고 있다. 내면의 얼음과 외부의 바람 사이에서 화자는 성냥을 긋는 행위를 반복한다. 이 행위는 "크리스마스 트리" "사과나무" "은박지 같은 예배당" "기타 소리" 같은 시인의 유년 시절의 친숙한 풍경이나 사물과 연결되어 있다. (「먼지투성이의 푸른 종이」라는 작품에 나오는 "기타 소리가 멎으면 더듬더듬 나는 양초를 찾는다"라는 구절

로 미루어보아 시인은 소년 시절 종종 어두운 방에서 촛불만 밝히고 기타를 치거나 음악을 들었던 보양이다.) 즉 작은 성냥불이나 촛불은 무의식적으로 시인에게 "고향에 가고 싶은" 충동을 불러일으키는 것이다. 그 불은 2)에서의 정월 대보름의 쥐불놀이, 혹은 3)에서의 얼음장 위에서 타오르는 불과 친족 관계를 맺고 있다. 이러한 작은 불꽃은 시인의 "유년의 떨리던, 짧은 넋"에 다름 아니다.

> 살아가리라 어디 있느냐
> 식목제의 캄캄한 밤이여, 바람 속에 견고한 불의 입상이 되어
> 싱싱한 줄기로 솟아오를 거냐, 어느 날이냐 곧이어 소스라치며
> 내 유년의 떨리던, 짧은 넋이여   ―「식목제(植木祭)」부분

화자를 둘러싼 외적 조건은 동일하다. 캄캄한 밤과 바람이 그를 위협하고 있다. 그러나 그 속에서 화자는 자신이 "견고한 불의 입상이 되어" 불꽃나무처럼 피어오르기를 바란다. 그 싱싱한 불꽃에 대한 희원이 어려웠던 생활을 말없이 감내해야 했던 유년 시절을 아름답고 따뜻하게 회상하고 있는 시「위험한 家系·1969」의 맨 마지막에서 다음과 같은 도약하는 불꽃 이미지로 나타나고 있다.

> 보세요 어머니. 제일 긴 밤 뒤에 비로소 찾아오는 우리들의 환한 가게를. 봐요 용수철처럼 튀어오르는 동지의 불빛 불빛 불빛.

우리는 위 구절이 단순히 세상살이의 어려움을 완전히 체득하지 못한 순진한 영혼의 자기 다짐에 불과하다고 보고 지나쳐서는 안 된다. 위 구

절을 상투적 이미지의 나열로 이루어진 희망의 표현 정도로 여기고 말기에는 위 구절 앞에 제시된 시인의 유년 시절의 다사다난했던 삶에 대한 정보가 주는 감동의 진폭이 너무 크다고 할 수 있다. 그 불은 온갖 어려움에도 불구하고 피어오르는 것이지 저절로 주어진 게 아닌 것이다. 그 불은 유년 시절 그가 살던 마을에 들러 아이들에게 삶의 진정한 의미와 기쁨을 가르치고 떠난 떠돌이 사내의 입을 빌려 다음과 같이 표현되기도 한다.

어른들은 참된 즐거움을 두려워하기 때문이란다. 그들은 세상을 자물통으로 만들고 싶어한다. 그러나 세상은 신기한 폭탄, 꿈꾸는 부족에겐 발견의 도화선. ―「집시의 시집」부분

여기서 부정적인 대상을 표상하는 자물통과 긍정적 의미를 나타내는 폭탄, 도화선의 대립은 갇힘/열림, 내적 응고/외적 분출의 상반된 연상망을 거느리고 있다. 자물통이 세상을 차갑게 얼어붙게 만든다면 폭탄 도화선 속엔 용수철처럼 튀어오르는 동지의 불빛, 정월 대보름날 숨차게 돌리던 쥐불놀이의 둥근 불이 담겨 있다. 이 튀어오르는 불꽃이 밤하늘의 별과 연결될 때

저녁노을이 지면
신들의 상점엔 하나 둘 불이 켜지고 ―「숲으로 된 성벽」부분

하늘에는 벌써 티밥 같은 별들이 떴다 ―「위험한 家系·1969」부분

같은 이미지를 불러오며, 그 불빛의 반짝임이 청각 이미지와 결부될 때

그 이상한 연주를 들으면서 어떨 때는 내 몸의 전부가 어둠 속에서 가볍게 튕겨지는 때도 있다. —「먼지투성이의 푸른 종이」 부분

어디선가 통통 기타 소리가 들려 —「성탄목」 부분

같은 통통 튀는 기타 소리와 합류한다. 그것은 액체의 무거운 하강이나 수평적 흐름을 거부하고 수직으로 가볍게 비상하며, 지속적으로 이어지는 것이 아니라 순간적으로 나타났다 사라지기를 반복한다. 따라서 그것은 아름답지만 덧없고 덧없지만 아름다운 것이다. 이처럼 불꽃으로 타오르고 싶은 화자의 소망을 가장 잘 대변해주는 이미지는 아마도 그 내부에 큰 꽃을 숨기고 있는 식물의 작은 씨앗일 것이다.

둑방에는 패랭이꽃이 무수히 피어 있었다. 모두 다 꽃씨들을 갖고 있다니. 작은 씨앗들이 어떻게 큰 꽃이 될까. 나는 풀밭에 꽂혀서 잠을 잤다(5)

아주 추운 밤이면 나는 이불 속에서 해바라기 씨앗처럼 동그랗게 잠을 잤다. 어머니 아주 큰 꽃을 보여드릴까요?(6)

—「위험한 家系·1969」 부분

패랭이꽃이나 해바라기꽃의 씨앗은 그 내부에 저마다 불(태양)을 머금고 있다. 동그랗게, 마치 어머니의 자궁 속의 태아처럼 웅크리고 잠자는 소년은 언젠가는 큰 꽃으로 피어날 향일성의 꿈을 꾸고 있다. 웅크림

은 "스스로의 빛을 아껴두듯이 내 또한 지친 정신을 가을 속에서 동그랗게 보호하기 시작했"(「포도밭 묘지 1」)다는 구절처럼 스스로의 면적을 최소화함으로써 외부의 위험으로부터 자신을 보호하고자 할 때 취하는 자세인 동시에 "다음날 무엇을 보여주려고 나팔꽃들은 저렇게 오므라들어 잠을 잘까"(「위험한 家系·1969」)라는 구절처럼 내일의 영광(찬란한 꽃 핌)을 예비하기 위해 오늘 하루를 인내하는 자세이다. 이때 보호와 기다림의 대상은 언젠가 휘황한 모습을 드러낼 내면의 빛에 다름 아닐 것이다.

그러나 소년의 거듭된 다짐에도 불구하고 그 씨앗이 큰 꽃으로 피어나는 것은 결코 쉬운 일이 아니었다. "아버지는 흙 속에서 천천히 걸어 나오셨다. 봐라. 나는 이렇게 쉽게 뽑혀지는구나"(「위험한 家系·1969」)처럼 실패로 끝난 아버지의 꽃모종에 이어 화자의 꽃모종 또한 시련에 부딪히게 된다. 시인의 식물적 상상력은 큰 꽃으로 피어나 열매를 맺는 대신 그래서 울창하고 신비로운 숲을 이루는 대신 채 다 크기 전에 뿌리가 뽑히고 이파리가 부스러지는 곤경에 처해지는 것이다. 그 나무는 꽃을 피우기도 전에 온몸에 단풍이 든다. 너무 일찍 찾아온 조락과 조로의 운명 앞에서 시인은 비탄에 잠긴다.

　　내 얼굴이 한 폭 낯선 풍경화로 보이기
　　시작한 이후, 나는 主語를 잃고 헤매이는
　　가지 잘린 늙은 나무가 되었다.

　　가끔씩 숨이 턱턱 막히는 어둠에 체해
　　반 토막 영혼을 뒤틀어 눈을 뜨면

> 잔인하게 죽어간 붉은 세월이 곱게 접혀 있는
> 단단한 몸통 위에,
> 사람아, 사람아 단풍든다.
> 아아, 노랗게 단풍든다
>
> —「병」전문

위 인용에서 자기 얼굴이 낯선 풍경화로 보이기 시작했다는 것은 자기 내면에 분열이 일어났다는 것을 의미한다. 그는 자기 동일성에 심각한 회의를 느끼고 자신을 또 한 사람의 타인처럼 관찰하는 버릇을 익히게 된다.[5] "잔인하게 죽어간 붉은 세월"을 지내온 그 나무의 가지는 "봄빛이 닿는 곳마다 기다렸다는 듯 목을 분지르며 떨어지"는 절명을 택하거나 아니면 "부러지지 않고 죽어 있는 날렵한 가지"(「노인들」)처럼 추악한 생존을 택거나 해야 한다. "곧고 무뚝뚝한 나무"(「안개」), "검고 마른 나무"(「어느 푸른 저녁」)에선 "연거푸 물방울이 떨어지고"(「정거장에서의 충고」). "대지의 맛에 익숙해진 나뭇잎들"만이 그의 "초라한 위기의 발목 근처로 어지럽게 떨어질"(「10월」) 뿐이다. 그 나뭇잎의 색깔 또한 생명의 푸른빛을 머금고 있는 것이 아니라 망자의 혀를 닮은 '검은 잎'이다. "지나간 봄 화창한 기억의 꽃밭"은 자취를 감추고 "사방으로 인적 끊어진 꽃밭"엔 "썩은 꽃잎들끼리 모여 울고 있"(「도시의 눈」)다. 이러한 과정을 거쳐 나온 다음 구절은 이 시인이 제시한 가장 끔찍한 식

---

[5] 아마도 이렇게 된 데에는 어린 시절 불의의 사고로 세상을 떠난 작은 누이의 죽음이 큰 영향을 미쳤을 것으로 보인다. 이를 다루고 있는 작품 「나리 나리 개나리」에서 누이의 죽음은 잔잔한 어둠이 "이파리 하나 피우지 못한 너의 생애를/소리없이 꺾어갔던" 것으로 노래된다. 그렇게 본다면 같은 시에 나오는 "아아, 하나의 작은 죽음이 얼마나 큰 죽음들을 거느리는가"라는 구절은 아주 암시적이라 하지 않을 수 없다. 어머니와의 상징적 결별은 어머니의 또 다른 분신인 누이의 죽음에 의해 보다 확고해지고 세계와의 불화는 돌이킬 수 없게 되어버린 것이다. 이제 진정 "과거는 끝났다"(「종이달」).

물 이미지를 보여준다.

> 나무들은 그리고 황폐한 내부를 숨기기 위해
> 크고 넓은 잎사귀들을 가득 피워냈다. —「길 위에서 중얼거리다」 부분

나무의 황폐한 내부와 화려한 외관의 극명한 대조, 이것은 그의 비관주의의 뿌리가 얼마나 깊었는가를 단적으로 말해주고 있다. 외관이 화려하게 보이면 보일수록 그 내부는 더욱 황폐해져간다. 그 황폐함을 가리기 위해 나무는 다시 필사적으로 더욱 크고 넓은 잎사귀를 피어내야만 할 것이다. 기만적인 외관에 현혹되지 않고 그 내부를 투시하는 사람에게 드러나는 이 세계의 실체는 이처럼 참혹한 것이다. 이제 시인은 더 이상 방 안에 머물러 있을 수 없다. 그도 별수 없이 그의 "뒤에 있는 캄캄하고 필연적인 힘들에 쫓기며"(「10월」) 거리로 나서야 하는 것이다. 물론 때로 시인은

> 아아, 그곳에는
> 아직도 남겨져야 할 것이 있었다.
> 폐광촌 역사에는
> 아직도 쿵쿵 타올라야 할 것이 있었다. —「폐광촌」 부분

라고 외치며 자신도 "한때는 아름다운 불씨"였음을 주장하지만 한번 꺼진 불길을 다시 타오르게 할 수는 없었다. 그가 "천국이라고 말하였"으며 "언제나 푸르고 깊었"던 "내부의 유배지" "불더미 속에서 무겁게 터지는 공명의 방"(「비가 2」)으로는 절대 되돌아갈 수 없게 되어버린 것이

다. 이를 시인은 다음과 같이 은유적으로 표현해놓고 있다.

> 자고 일어나면 머리맡의 촛불은 이미 없어지고
> 하얗고 딱딱한 옷을 입은 빈 병만 우두커니 나를 쳐다본다.
>
> ―「10월」 부분

그를 비춰주고 감싸주던 불이 사라진 다음 시인이 만나게 되는 것은 딱딱한 옷을 입은 빈 병에 불과하다. 드디어 우리는 이 시인의 시 세계를 관류하고 있는 딱딱함과 텅 빔의 상관관계에 대해 본격적인 성찰을 해야 할 시점에 이른 것이다.

4. 딱딱한 구멍의 지옥

그가 어머니의 영지에서 이탈한 뒤 외부현실에 발을 내디딜 때부터 이 세계는 '방'이 아니라 '길'의 모습을 하고 나타난다. 피호성(被護性)의 공간을 박탈당한 그는 피투성(被投性)의 존재로서 이 세계를 떠돌게 된다. 방 안의 불과 대조되는 바깥세계의 전형적인 구성물인 안개, 진눈깨비, 비 같은 액체 이미지이다. "이 읍에 처음 와본 사람은 누구나/거대한 안개의 강을 거쳐야 한다"(「안개」), "문을 열면 벌판에는 안개가 자욱했다"(「입 속의 검은 잎」)처럼 이 세계의 축도라 할 수 있는 읍과 벌판은 물의 점령하에 있다. 시인의 산문의 한 구절에 의하면 "이 땅의 날씨가 나빴고" 그는 "그 날씨를 견디지 못했다"(「시작 메모」). 왜냐하면 여기서의 안개나 비 등은 기후나 자연 조건에 머무는 것이 아니라 이 세계의 폭력성과 허위성을 함축적으로 지시하는 상징이기 때문이다.

> 몇 가지 사소한 사건도 있었다.
> 한밤중에 여직공 하나가 겁탈당했다.
> 기숙사와 가까운 곳이었으나 그녀의 입이 막히자
> 그것으로 끝이었다. 지난겨울엔
> 방죽 위에서 취객 하나가 얼어 죽었다.
> 바로 곁을 지난 삼륜차는 그것이
> 쓰레기 더미인 줄 알았다고 했다. 그러나 그것은
> 개인적인 불행일 뿐, 안개의 탓은 아니다. ―「안개」부분

> 어둠 속에서 몇 개의 그림자가 어슬렁거렸다
> 어떤 그림자는 캄캄한 벽에 붙어 있었다
> 눈치 챈 차량들이 서둘러 불을 껐다
> 건물들마다 순식간에 문이 잠겼다
> [……]
> 담뱃불이 반짝했다, 골목으로 들어오던 행인이
> 날카로운 비명을 질렀다 ―「나쁘게 말하다」부분

사람들은 불의가 공공연하게 저질러지고 폭력이 횡행하는 세상을 짐짓 모른 체하며 기만적인 삶을 살아간다. 체제의 구조악이 낳은 비극도 "개인적인 불행"으로 치부되고 사람들은 일상에 길들여진 채 "가축들처럼"(「안개」) 순응적으로 살아간다. 습관이란 "참으로 편리한 것"(「안개」)이며 "아교처럼 안전"(「오후 4시의 희망」)한 것이기 때문이다. 따라서

아무도 서로가 "살아온 내용에 간섭하면 안 된다"(「추억에 대한 경멸」). 그들은 "좀 더 편안한 생을 차지하기 위하여"(「조치원」) 타인을 착취하기를 서슴지 않으면서도 자신의 욕망을 투사한 우상 앞에서는 "사내들은 울먹였고 감동한 여인들은 실신했다"(「홀린 사람」)는 식의 무반성적 열광을 나타낸다. 그 욕망과 열광마저 식고 나면 그들은 "나의 희망은 이미 그런 종류의 것이 아니었다"(「10월」)라고 항변의 뜻이 담긴 자탄에 빠지거나 "작은 고양이, 날카로운 이빨 사이로 독한 술을 쏟아 붓는, 저 헐떡이는, 사내"(「추억에 대한 경멸」)처럼 위악적인 행동에 몰입한다. 이처럼 공포스럽고 무의미한 세계를 시인은 홀로 무력하게 "흘러간다."

〔……〕 흘러간다
어디로 흘러가느냐, 마음 한자락 어느 곳 걸어두는 법 없이

—「식목제」 부분

그 흘러감은 많은 사람들이 없어지고 망자의 혀가 거리에 흘러넘친 그해 여름—1980년 5월을 이야기하는 것일까—의 끔찍한 기억(「입 속의 검은 잎」)을 거쳐 돌층계에서 총성을 들으며 플라톤을 읽고 목련철이 오면 친구들은 감옥과 군대로 흩어지는 암울한 세월(「대학 시절」)을 지나 진눈깨비 흩날리는 날 길에 떨어진 서류봉투를 주우려다 말고 이런 귀갓길은 언젠가 소설에서 읽은 적이 있다(「진눈깨비」)고 생각하는 직장인의 삶으로 이어진다. 만족스러울 리 없는 이런 황야에서의 삶을 통과하면서 시인은 다시금 쓰라린 회한에 사로잡힌다. 이 회한의 다른 이름이 자아와 세계의 텅 빔이다. 이미 우리는 앞에서 이 텅 빔이 물질적 육체적 차원에서 형이상학적 차원까지 폭넓게 걸쳐 있는 개념임을

확인한 바 있다. 아울러 이 텅 빔은 공간적 측면에서도 이중적이라 할 수 있다. 화자의 바깥세계의 텅 빔인 동시에 화자의 내면의 텅 빔이기도 한 것이다. 그가 머물고 있는 곳은 어디나 빈방이며 이 빈방 바깥에는 더욱 광활하고 황폐한, 다시 말해 빈 공간이 까마득히 펼쳐져 있다. 그 외적 텅 빔은 다시 화자의 내적 텅 빔으로 전이되어 화자로 하여금 자신의 몸 속에서 거대한 공동(空洞)을 발견하게 만든다.

> 문득 저 홀로 안개의 빈 구멍 속에
> 갇혀 있음을 느끼고 경악할 때까지.　　　　　―「안개」 부분

> [……] 텅 빈 희망 속에서
> 어찌 스스로의 일생을 예언할 수 있겠는가　　　―「오래된 서적」 부분

> 가끔씩 어둡고 텅 빈 방에 홀로 있을 때
> 　　　　　　　　　　　　　　―「먼지투성이의 푸른 종이」 부분

　자신이 서 있는 곳이 안개의 빈 구멍이든, 텅 빈 희망 속이든, 어둡고 텅 빈 방이든 시 속의 인물들은 불현듯 자신이 세계와 분리된 채 버려져 있음을 실감하고 경악하거나 삶에의 의지를 포기한 채 체념적인 반응을 나타내 보인다. 빈방은 유년 시절 화자가 찬밥처럼 담겨 숙제를 하던 방 혹은 성인이 된 그가 야근하던 불 켜진 사무실만을 지시하는 것이 아니라 이 시인 혹은 시 속의 등장인물을 둘러싸고 있는 시공간 전부를 가리키는 것이다. 그는 이 세상 어디에서도 자신이 머물 거처를 찾지 못하고 겉도는 존재에 불과하다. 왜냐하면 이 세상은 그를 받아줄 수 있는 모성

적 풍요로움과 넉넉함을 가지고 있지 못하기 때문이다. 그 세계는 "주인은 떠나 없고 여름이 가기도 전에 황폐해져버린 그해 가을, 포도밭 등성이"(「포도밭 묘지 1」)의 세계이다. 그 세계는 그 속에 살고 있는 인간을 향해 차가운 단절감과 적의를 드러내 보인다. 이 단절감과 적의의 시적 표현이 바로 기형도의 시에 자주 등장하는 딱딱함의 이미지이다. 가령 우리는 앞서 인용한 「안개」에서 "안개의 빈 구멍"이란 표현을 읽어볼 수 있었다. 안개는 부드럽게 유동하는 것이 아니라 그 내부에 구멍이 뚫려 있을 만큼 강밀한 어떤 것으로 상상되고 있는 것이다. 그래서 사람들은 "안개 속을 이리저리 뚫고 다니"는가 하면 안개가 내리면 "순식간에 공기는/희고 딱딱한 액체로 가득 찬다." 그 안개 속으로 한 사내가 사라지는 모습을 화자는 "한 사내의 반쪽이 안개에 잘린다"고 표현해놓고 있다. 안개는 액체라기보다 흡사 금속성의 날을 세운 덩어리처럼 인식되고 있다. 이 세계에서 공격의 칼날을 세우고 있는 것이 어찌 안개뿐이겠는가.

두꺼운 공중의 종잇장 위에
노랗고 딱딱한 태양이 걸릴 때까지   —「안개」 부분

하늘은 딱딱한 널빤지처럼 떠 있다   —「백야」 부분

어두운 차창 밖에는 공중에 뜬 생선가시처럼
놀란 듯 새하얗게 서 있는 겨울 나무들   —「조치원」 부분

그의 시 속에서 "물들은 소리없이 흐르다 굳고"(「길 위에서 중얼거리

숲으로 된 성벽

다.)"싸락눈들은 비명을 지르며 튀어오르"(「백야」)며 사람들은 "딱딱해 보이는 모자를 썼다"(「어느 푸른 저녁」). 생명의 온기가 제거된 세계는 "이 밤, 빛과 어둠을 분간할 수 없는/쨍쨍 빛나는, 이 무서운 백야/밟을수록 더욱 단단해지는 눈길"(「백야」)의 세계이다. 이처럼 사방에서 옥죄어오는 세계의 부정성에 대항하기 위해선 그 속에 사는 인간들 또한 무장을 서두르지 않을 수 없다. 그들은 "단단한 확신"(「이 겨울의 어두운 창문」) "단단한 각오"(「물 속의 사막」) "단단한 몸통"(「병」)으로 자신을 방어한다. 그들은 "콘크리트처럼" "잘 참아"(「오후 4시의 희망」)내야 하는 것이다.

〔……〕견고한 지퍼의 모습으로
그의 입은 가지런한 이빨을 단 한 번 열어 보인다.　—「조치원」부분

무슨 딱딱한 덩어리처럼
달아날 수 없는
공원 등나무 그늘 속에 웅크린　—「늙은 사람」부분

코트 주머니 속에는 딱딱한 손이 들어 있다　—「진눈깨비」부분

나무토막 같은 팔을 쳐들면서 사내는, 방이 너무 크다
왜냐하면, 하고 중얼거린다, 〔……〕　—「추억에 대한 경멸」부분

이 밖에도 우리는 이 시인의 시 속에서 "추억이 덜 깬 개들은 내 딱딱한 손을 깨물 것이다"라거나 "혀는 흉기처럼 단단하다"(「정거장에서의

충고」) "나의 혀는 천천히 굳어갔다"(「입 속의 검은 잎」)는 등 육체의 경직 마비를 나타내는 이미지를 쉽게 찾아볼 수 있다. 그것은 살아 있는 육체 속에서도 가차없이 진행되는 죽음(냉각된 육체의 부동성)을 의미하는 것이기도 하지만 적의로 가득 찬 세계에 내던져진 존재가 그 세계의 공격과 침입으로부터 자신을 보호하기 위해 취한 불가피한 조치로 읽혀질 수도 있다. 그것은 마치 갑각류의 생물이 단단하고 두터운 갑옷 밑에 연약한 살을 감추는 것과 같다. 그래서 때로 시인은 이를 '검은 외투'에 비유하고 있기도 하다. 누구든 추운 겨울을 대비하기 위해 "한 개쯤의 외투는 갖고 있는 것"(「조치원」)이며, 어느 저녁 "모든 신비로부터 자신을 보호하기 위하여" "검은 외투를 입은 그 사람들은"(「어느 푸른 저녁」) 환상적인 경험을 무시하고 태연히 거리를 지나간다. 「장밋빛 인생」에서의 건장한 사내나 「가수는 입을 다무네」에서의 중년 사내가 입고 있는 "두툼한 외투" "검은 외투" 역시 마찬가지이다. 그렇다면 이처럼 두터운 각질의 보호막 밑에 사람들이 보관하고 있는 것은 무엇인가. 그들의 내면의 공동을 채우고 있는 것은 무엇인가.

> 내 희망을 감시해온 불안의 짐짝들에게 나는 쓴다
> 이 누추한 육체 속에 얼마든지 머물다 가시라고
> ―「정거장에서의 충고」 부분

> 그의 마음속에 가득 찬, 오래된 잡동사니들이 일제히 절그럭거린다
> ―「여행자」 부분

그의 내면은 정거장이나 화물창고이며 그곳을 메우고 있는 것은 불안

의 짐짝이나 오래된 잡동사니 같은 것들뿐이다. 아니 이것들조차 그의 내부에 지속적으로 정주해 있는 것이 아니라 일시적으로 통과해 지나가는 것들에 지나지 않는다. 이것들 역시 조만간 흔적만 남기고 지워 없어질 것들이다. "휴일의 행인들은 하나같이 곧 울음을 터뜨릴 것만 같다"(「흔해빠진 독서」)"나 가진 것 탄식밖에 없어"(「질투는 나의 힘」)라는 구절을 보면 그 내부엔 울음과 탄식만이 가득 쌓여 있을 따름이며, "비닐백의 입구같이 입을 벌린 저 죽음"(「죽은 구름」) 같은 구절을 보면 죽음이 그 속에 도사리고 있는 것 같기도 하다. 또 공원 등나무 그늘에 앉아 있는 늙은이는 "그의 육체 속에/유일하게 남아 있는 그 무엇이 거추장스럽다는 듯이"(「늙은 사람」) 입을 벌리고 있다. 그리고 아마도 '그 무엇'조차 조만간 밖으로 쏟아져나오게 될 것이다. 내면에 있던 그 무엇이 밖으로 분출해나올지도 모른다는, 그래서 자신이 완전히 텅 비게 될지도 모른다는 강박적인 위기감은 다음 구절을 낳는다.

  곧 유리창을 쏟아버릴 것 같은 검은 건물들 사이를 지나
               ―「어느 푸른 저녁」 부분

  김은 비스듬히 몸을 기울여본다. 쏟아질 그 무엇이 남아 있다는 듯이
               ―「오후 4시의 희망」 부분

  엎질러질 것이 가난뿐인 거리에서   ―「흔해빠진 독서」 부분

  나의 눈빛 지푸라기처럼 쏟아졌네   ―「그 집 앞」 부분

그해 늦봄 아버지는 유리병 속에서 알약이 쏟아지듯 힘없이 쓰러지
셨다. ─「위험한 家系·1969」 부분

거리든 건물이든 인체든 모든 것의 내부엔 공동이 자리 잡고 있어서
그로부터 무언가가 쏟아져나오거나 쏟아져나올 것 같은 느낌을 준다.
딱딱한 고체의 칸막이로 나누어진 개별적 존재들의 안과 밖엔 이처럼
거대한 구멍이 패어 있는 것이다. 그 구멍 속의 내용물이 다 비워지고
나면 "그가 텅텅 울린다"(「오후 4시의 희망」)처럼 빈 용기(容器)에서 나
는 음향이 울려 퍼진다. 이러한 텅 빔에 대한 민감한 인식은 필연적으로
이 시인으로 하여금 대기 속의 무한한 허공에 시선이 미치도록 만든다.

가지를 막 떠나는 긴장한 이파리들이 공중 빈 곳을 찾고 있다.
─「바람은 그대 쪽으로」 부분

고단한 달도 야윈 낯의 형상으로 공중 빈 밭에 힘없이 걸려 있다.
─「이 겨울의 어두운 창문」 부분

나는 그때 수천의 마른 포도 이파리가 떠내려가는 놀라운 공중을 만
났다. ─「포도밭 묘지 1」 부분

언제나 내 눈물을 불러내는 저 깊은 공중들. ─「포도밭 묘지 2」 부분

공중엔 희고 둥그런 자국만 뚜렷하다 ─「길 위에서 중얼거리다」 부분

공중 빈 곳에 잠시 머물 자리를 찾다가 이내 힘없이 스러지고 마는 존재들. 마른 이파리나 눈물처럼 그들은 곧 소멸하고 말며 공중엔 희미한 자국만 남는다. 시인은 자신이 "구름 밑에서 천천히 쏘다니는 개처럼/지칠 줄 모르고 공 부분 머뭇거렸구나"(「질투는 나의 힘」)라고 말한다. 이처럼 기화 휘발하는 우발적 존재들의 사라짐을 나타내는 전형적인 이미지가 바로 어디선가 몰려왔다가 조만간 없어지고 마는 구름이며,

　　[……] 저 홀로 없어진 구름은
　　처음부터 창문의 것이 아니었으니　　　　　―「죽은 구름」 부분

　　구름들은 길을 터주지 않으면 곧 사라진다
　　　　　　　　　　　　　　　―「길 위에서 중얼거리다」 부분

　　자리를 바꾸던 늙은 구름의 말을 배우며
　　나는 없어질 듯 없어질 듯 생 속에 섞여들었네　　―「식목제」 부분

어렴풋한 흔적만 남기고 이내 사라지는 연기이며(연기는 불의 소멸을 알리는 신호이며 시인이 경도한 식물=풀잎의 자손과 결부돼 죽은 이들의 혼의 승천을 떠올린다),

　　[……] 어디선가 기다란 연기들이 날아와
　　희미한 언덕을 만든다　　　　　　　　　　―「10월」 부분

　　어느 틈엔가 낯선 풀잎의 자손들이 날아와 벌판 가득 흰 연기를 피워

올리는 것을 나는 한참이나 바라보곤 했네.　　—「포도밭 묘지 1」부분

어디쯤일까 내가 연기처럼 더듬더듬 피어올랐던　　—「식목제」부분

지상에 내렸다가 자취도 없이 녹아 없어지는 밤눈. 진눈깨비이다.

네 속을 열면 몇 번이나 얼었다 녹으면서 바람이 불 때마다 또 다른 몸짓으로 자리를 바꾸던 온실들이 엉켜 울고 있어. 땅에는 얼음 속에서 썩은 가지들이 실눈을 뜨고 엎드려 있었어. 아무에게도 줄 수 없는 빛을 한 점씩 하늘 낮게 박으면서 너는 무슨 색깔로 또 다른 사랑을 꿈꾸었을까.
　　—「밤눈」부분

천상도 지상도 아닌 공중이야말로 이 시인의 고유한 영역이었으며 그는 이 두 세계 사이에서 방황하는 눈송이였다. 시인의 예상에 의하면 그 눈송이는 "하늘과 지상 어느 곳에서도" "받아들여지지 않았"지만 "사나운 밤이 물러가면" "또 다른 세상 위에 눈물이 되어 스밀"(「시작 메모」) 것이었다. 위 시에서 2인칭으로 불리고 있는 그 눈송이는 유적지인 공중을 헤매며 "또 다른 사랑"과 "또 다른 세상"을 꿈꾼다. 그 눈송이는 수직의 무한히 빈 공간을 지나가는 속이 빈(열린) 존재이다. 그 존재의 내부를 들여다보면 "온실들이 엉켜 울고" 있다. 눈은 수분이 아니라 식물성의 섬유질로 이루어져 있는 것이다. 눈송이의 존재 방식은 삶의 덧없음에도 불구하고 지속되는 생명의 여린 싹, 얼음 속의 썩은 가지들도 실눈을 뜨고 있음을 보여준다. 이 얼음 속에서 눈뜨는 실눈이야말로 춥고 황량한 세계를 헤매고 있는 화자에게 주어진 유일한 구원의 희망일

것이며 아직도 그의 기억 속에 간직돼 있으면서 그를 손짓하는 유년 시절의 등불일 것이다. 어두운 도시 한복판을 가로지르는 그의 내면엔 항상 이 불꽃이 은은히 빛을 발하고 있었던 것이다. 하지만 만일 그 불마저 완전히 꺼지고 만다면? 그래서 끝없이 어둠 속에 그 혼자만이 영원토록 남는 유형에 처해진다면? 그래도 그는 자신의 삶을 지탱해나갈 수 있을 것인가.

5. 낭만적 영혼의 우울한 편력기

유년의 안온했던 방에서 나와 냉담하고 배타적인 도시를 방황하고 있는 시인에게 남은 희망은 언젠가는 그 유년의 방으로 다시 되돌아갈 수 있을 것이라는 실낱같은 희망이었다. 그가 「숲으로 된 성벽」이나 「집시의 시집」에서 제시한 조화롭고 투명하고 천진난만한 세계는 결코 잊혀질 수도 단념될 수도 없는 것이었다. (이때 그것이 시인이 어린 시절 실제로 겪은 것이 아니라 옛날이야기나 책 읽기를 통해 축조된 가상의 공간에 지나지 않는다는 지적은 별로 의미가 없다. 현실과 비현실에 대한 그러한 경직된 이분법은 한 실존의 내면을 해명하는 데는 아무런 도움도 주지 못한다.)

저녁노을이 지면
신들의 상점엔 하나둘 불이 켜지고
농부들은 작은 당나귀들과 함께
성안으로 사라지는 것이었다

성벽은 울창한 숲으로 된 것이어서
누구나 사원을 통과하는 구름 혹은
조용한 공기들이 되지 않으면
한걸음도 들어갈 수 없는 아름답고
신비로운 그 성 —「숲으론 된 성벽」부분

모든 풍요의 아버지인 구름
모든 질서의 아버지인 햇빛
숲에서 날 찾으려거든 장화를 벗어주어요
나는 나무들의 家臣, 짐승들의 다정한 맏형
(……)

나는 즐거운 노동자, 항상 조용히 취해 있네
술집에서 나를 만나려거든 신성한 저녁에 오게 —「집시의 시집」부분

그가 꿈꾼 세계는 이처럼 인간과 자연만물이 서로 자유롭게 교통하며 연대하는 물활론적 공동체이자 경험현실과 상관없이 자족적으로 존재하는 동화적 공간이었다. 물론 이 "아름답고 신비로운 성(城)"이란 공간과 "신성한 저녁"과 같은 시간은 현실세계에선 도달할 수 없는 거리에 있는 것이다. 그러나 그는 그 세계를 향해 지칠 줄 모르고 나아갔다. 그의 시에 짙게 표백돼 있는 괴로움의 호소와 자신을 무용한 희생자로 나타낸 이미지들은 이러한 꿈의 높이와 비례해서 증폭됐던 현실에 대한 환멸·절망의 소산이었다. 그는 대학 시절을 회고하며 졸업 후 그곳을 떠나기가 두려웠다(「대학 시절」)고 말하지만 그가 떠나기를 두려워한 것은 대

학만이 아니었다. 이미 그 이전에 그는 어머니의 방을 떠나왔고 고향을 떠나왔고 유년의 순수를 떠나왔고 드디어는 돌이킬 수 없이 그의 "둥우리가 아"(「조치원」)닌 거대 도시의 한 구석에 꽂힌 것이다. 유년 시절 "풀밭"에 꽂혀서는 잠시 동안이지만 충만한 잠을 잘 수 있었던 것(「위험한 가계·1969」)과 달리 "도시"에 꽂힌 사람에게 허락된 것은 낯선 세계가 주는 불안정과 권태 그리고 갈증뿐이었다.

> 김은 주저앉는다. 어쩔 수 없이 이곳에
> 한번 꽂히면 어떤 건물도 도시를 빠져나가지 못했다
> ―「오후 4시의 희망」 부분

> 〔……〕그는 낡아빠진 구두에 쑤셔박힌, 길쭉하고 가늘은
> 자신의 다리를 바라보고 동물처럼 울부짖는다. 그렇다면 도대체 또 어디로 간단 말인가!
> ―「여행자」 부분

도시를 무대로 한 그의 시의 등장인물은 "이곳까지 열심히 걸어왔"(「여행자」)으며 "무슨 영화의 주제가처럼 가족도 없이 흘러"(「가수는 입을 다무네」) 왔다. 그는 도시를 떠나 다시 "길고도 오랜 여행을 떠날"(「그날」) 것을 계획하지만 이 소망은 결코 이루어질 수 없는 것이다. 그는 "완전히 다르게 살고 싶었다"(「여행자」)고 말하지만 그의 일생은 기껏해야 "몇 개의 도회지를 방랑하며 청춘을 탕진하"(「흔해빠진 독서」)는 것에 지나지 않는다. 그는 현실에 좌절하고 자기 자신에 절망해 있지만 그곳을 벗어나 다른 어떤 곳으로도 갈 수 없는 처지에 있다. 그런 의미에서 끝없이 거리를 쏘다니는 것은 실제로는 위 인용처럼 한곳에 "꽂

혀" 있는, 정지해 있는 것과 다르지 않다. 끝없는 방황은 한없는 정체일 뿐이다. "모든 길들이 흘러온다, 나는 이미 늙은 것이다"(「정거장에서의 충고」)라는 구절이 의미하듯 그가 길을 가는 것이 아니라 길이 몸속으로 흘러들어와 고이는 것에 지나지 않는다. 행동과 행동의 부재는 사실 동일하다.[7] "밤 세시, 길 밖으로 모두 흘러간다 나는 금지된다"(「물 속의 사막」)에서 흘러감/금지는 대립적인 것 같지만 사실은 동일한 것의 양면에 지나지 않는다. 이러한 세계의 부정성 앞에 절망한 인물은 곧잘 울음을 터뜨리거나 탄식을 내뱉는다. 아니면 「장밋빛 인생」에 나오는, 고작 탁자 위에나 "나는 인생을 증오한다"는 구절을 그들 중의 한 사람은 어쩌면 어느 눈 내리는 날 밤 거리를 지나가다 다음과 같은 경험을 하게 될지도 모른다.

> 그리고 나는 우연히 그곳을 지나게 되었다
> 눈은 퍼부었고 거리는 캄캄했다
> 움직이지 못하는 건물들은 눈을 뒤집어쓰고
> 희고 거대한 서류 뭉치로 변해갔다
> 무슨 관공서였는데 희미한 불빛이 새어나왔다
> 유리창 너머 한 사내가 보였다
> 그 춥고 큰 방에서 書記는 혼자 울고 있었다!

---

[7] 우리의 논의와는 다르게 약간 다른 각도에서 이루어진 성찰이긴 하지만 신예 평론가의 다음과 같은 예리한 지적 역시 기형도의 시에서의 방황이 정지에 다름 아니라는 사실을 일깨워주고 있다. "책의 세계는 기형도의 자아 내부에 존재하는 바깥세상이다. '안에 존재하는 바깥' 그곳을 떠돌며 탐사하는 일, 바로 그것이 기형도의 시 쓰기이다. 때문에 그의 여행은, 그의 글쓰기의 대상은, 그의 자아라는 경계 안쪽으로만 국한된다"(임태우, 「죽음을 마주 보는 자의 언어」, 『작가세계』 1991년 가을호).

눈은 퍼부었고 내 뒤에는 아무도 없었다
침묵을 달아나지 못하게 하느라 나는 거의 고통스러웠다
어떻게 해야 할까, 나는 중지시킬 수 없었다
나는 그가 울음을 그칠 때까지 창밖에서 떠나지 못했다

그리고 나는 우연히 지금 그를 떠올리게 되었다
밤은 깊고 텅 빈 사무실 창밖으로 눈이 퍼붓는다
나는 그 사내를 어리석은 자라고 생각하지 않는다

—「기억할 만한 지나침」 전문

    우리는 위 시를 단순히 도시적 삶의 부정적 측면을 산문적으로 노래한 시편 가운데 하나로 여기고 지나칠 수도 있다. 그러나 우리는 위 시를 읽을 때 이 글의 서두에서 분석한 바 있는 「엄마 걱정」을 염두에 두어야 한다. 위 시는 「엄마 걱정」과 비교해볼 때 유년/성년, 시골/도시처럼 각기 상이한 시공간을 다루고 있지만 그 내적 형식은 하나의 원 장면에서 파생된 작품이라 할 수 있을 정도로 비슷한 구조로 이루어져 있다. 위 시 역시 「엄마 걱정」과 마찬가지로 1연의 풍경 묘사와 2연의, 풍경을 바라보는 자—보다 정확히는 얼마만큼의 시간이 흐른 다음 그 풍경을 기억 속에서 반추하는 자— 의 심경 토로라는 이중 구조로 이루어져 있다. 또한 위 시의 공간 배치 역시 사무실을 경계로 해서 안과 밖, 빛과 어둠, 메마름과 습기의 대조를 보여준다. 화자는 사무실 창밖에 서서 사무실 안의 남자가 울음을 그치기를 기다린다. 그리고 굳이 "나는 그 사내를 어리석은 자라고 생각하지 않는다"라는 언급을 덧붙인다. 아무 관련도 없는 다른 사람을 향한 이 공감과 이해는 무엇인가. 사무실 안의 우는 남자는 실은 사무실 밖에서 그를 지켜보고 있는 화자의 분신에 다름 아닌 것이다. 울음 우는 사람, 그 울음 우는 사람을 지켜보는 사람, 그리고 이를 다시 추억하는 사람은 모두 내적으로 연루된 서로의 분신인 것이다. 다른 사람들이 다 퇴근하고 난 뒤 사무실에 홀로 남아 울고 있는 그 남자는 어린 시절 어머니를 기다리며 홀로 훌쩍이던 소년의 이미지와 겹쳐진다. 과거와 현재가 겹쳐지듯 안과 밖이 겹쳐지고 나와 타자가 겹쳐져 하나가 된다. 이제 우리는 다음 시에서 관공서의 서기처럼 깊은 밤 사무실 안에서 홀로 오열하고 이는 화자의 모습을 만나게 된다.

밤 세시, 길 밖으로 모두 흘러간다 나는 금지된다
장마비 빈 빌딩에 퍼붓는다
물 위를 읽을 수 없는 문장들이 지나가고
나는 더 이상 인기척을 내지 않는다
[......]

장마비, 아버지 얼굴 떠내려오신다.
유리창에 잠시 붙어 입을 벌린다
나는 헛것을 살았다, 살아서 헛것이었다
우수수 아버지 지워진다, 빗줄기와 몸을 바꾼다

아버지, 비에 묻는다 내 단단한 각오들은 어디로 갔을까?
번들거리는 검은 유리창, 와이셔츠 흰빛은 터진다
미친 듯이 소리친다, 빌딩 속은 악몽조차 젖지 못한다

숲으로 된 성벽

물들은 집을 버렸다! 내 눈 속에는 물들이 살지 않는다

—「물 속의 사막」 부분

화자는 사무실 창가에 서서 사무실 바깥에 쏟아지고 있는 빗줄기를 바라본다. 위 시에서 "나는 더 이상 인기척을 내지 않는다"라는 구절은 「기억할 만한 지나침」에서의 "침묵을 달아나지 못하게 하느라 나는 거의 고통스러웠다"라는 구절과 얼마나 잘 조응하는가. 텅 빈 방이 텅 빈 빌딩으로 변했지만 그 텅 빔 속에 홀로 서 있는 화자의 처지와 심정은 조금도 변하지 않은 것이다. 그래서 그는 회한에 사로잡혀 소리지른다. "내 단단한 각오들은 어디로 갔을까" 하고. 이어서 그는 "내 눈 속에는 물들이 살지 않는다"고 선언한다. 그러나 우리는 이 구절을 비록 그는 현재 눈물을 흘리고 있지는 않지만 그의 내면은 온통 울음으로 가득 차 있다, 혹은 그 울음을 표시할 눈물마저 메마를 정도로 그는 지금까지 고통스러운 삶을 살아왔다는 의미로 받아들여야 할 것이다. 과연 다음 시에서 화자는 진눈깨비 내리는 저녁 거리를 걷다가 갑자기 눈물을 흘리며 탄식한다.

저 눈발은 내가 모르는 거리를 저벅거리며
여태껏 내가 한 번도 본 적이 없는
사내들과 건물들 사이를 헤맬 것이다
눈길 위로 사각의 서류 봉투가 떨어진다, 허리를 나는 굽히다 말고
생각한다, 대학을 졸업하면서 참 많은 각오를 했었다
〔……〕
취한 사내들이 쓰러진다, 생각난다 진눈깨비 뿌리던 날

하루 종일 버스를 탔던 어린 시절이 있었다
낡고 흰 담벼락 근처에 모여 사람들이 눈을 턴다
진눈깨비 쏟아진다, 갑자기 눈물이 흐른다, 나는 불행하다
이런 것은 아니었다, 나는 일생 몫의 경험을 다 했다, 진눈깨비

—「진눈깨비」부분

안/밖, 보여짐/바라봄의 구조로 이루어진 「엄마 걱정」이나 「기억할 만한 지나침」과 달리 「물 속의 사막」은 안(사무실)의 풍경만을 보여주며 「진눈깨비」는 바깥(거리) 풍경만을 전면에 부각시키고 있다. 이제 그는 안에서 우는 자를 바깥에서 공감하며 지켜보는 위치에서 벗어나 그 스스로 걸어가다 문득 눈물을 흘린다. 아무것도 아닌 그 무엇의 돌연한 나타남이라고밖에는 달리 설명할 길이 없는 심정의 미세한 변화에 의해서 그는 우는 것이다. 그 울음은 현재 화자가 처해 있는 지난한 삶의 조건에 대한 무의식적 반응인 동시에 성숙한 화자의 내면에 자리 잡고 있는 불우한 어린 시절, 어린 넋의 반향이라고 할 수 있다. 그 울음엔 추방당한 자의 비애와 차단된 미래에 대한 안타까움이 깃들어 있다. 그의 전락은 어느 한순간에 이루어진 것이 아니라 그 옛날 어머니와의 결별 이후부터 점진적으로 누적되어온 것의 결과이다. 시인은 자신이 다시는 그 원초적 공간으로 복귀하지 못하리라는 것을 알고 있으면서도 그것을 포기하지도 못한다. 이제 성인이 된 그는 실제의 어머니가 아니라 사랑하는 여인에게서 원초적 공간의 따스함과 평화로움을 누리려 시도한다. 다음 작품에서 시인은 잃어버린 시간, 떠나왔던 공간으로 회귀하고자 하는 낭만적 영혼의 지순한 꿈을 보여주고 있다.

어둠에 가려 나는 더 이상 나뭇가지를 흔들지 못한다. 단 하나의 영혼을 준비하고 발소리를 죽이며 나는 그대 창문으로 다가간다. 가축들의 순한 눈빛이 만들어내는 희미한 길 위에는 가지를 막 떠나는 긴장한 이파리들이 공중 빈 곳을 찾고 있다. 외롭다. 그대, 내 낮은 기침 소리가 그대 短篇의 잠 속에서 끼어들 때면 창틀에 조그만 램프를 켜다오. 내 그리움의 거리는 너무 멀고 침묵은 언제나 이리저리 나를 끌고 다닌다. 그대는 아주 늦게 창문을 열어야 한다. 불빛은 너무 약해 벌판을 잡을 수 없고, 갸우뚱 고개 젓는 그대 한숨 속으로 언제든 나는 들어가고 싶었다. 아아, 그대는 곧 입김을 불어 한 잎의 불을 끄리라. 나는 소리없이 가장 작은 나뭇가지를 꺾는다. 그 나뭇가지 뒤에 몸을 숨기고 나는 내가 끝끝내 갈 수 없는 생의 僻地를 조용히 바라본다. 그대, 저 고단한 燈皮를 다 닦아내는 薄明의 시간, 흐려지는 어둠 속에서 몇 개의 움직임이 그치고 지친 바람이 짧은 휴식을 끝마칠 때까지. ―「바람은 그대 쪽으로」 부분

화자는 어둠 속에 몸을 숨기고서 창가에 서 있는 여성을 바라본다. 그 여성이 창가에 켜든 조그만 램프는 화자의 영혼을 위무해줄 부드러운 열기와 빛을 발산한다. 그러나 화자는 그 여자, 램프를 향해 다가가는 데 실패한다. 그 여인이 서 있는 창가는 그가 "끝끝내 갈 수 없는 생의 벽지"에 위치해 있는 것이다. 그 여자와 일체가 되고자 하는 화자의 바람은 좌절되고 그는 다시 바람 부는 벌판에 홀로 서 있는 초라한 자신을 마주하게 된다. 창가에 램프를 켜든 여인과 어둠 속에 몸을 숨기고 이를 지켜보는 남자―이러한 풍경은 낭만주의 이후 숱한 시와 소설, 영화 등이 다루어온 모티프라고 할 수 있다. 속으로 애만 태울 뿐 언표될 수 없는 사랑의 비극성에 대해선 새삼 말을 덧붙일 필요가 없을

것이다. 욕망은 욕망하는 대상이 멀리 있으면 있을수록 더 강해지는 법이다. 가장 강한 욕망은 그런 의미에서 부재하는 대상에 대한 욕망이다. 사랑의 환영 없이 사랑이 유지될 수는 없다. 그러나 위 시에서 보다 중요한 것은 이러한 익숙한 클리셰를 이 시인이 화려한 수사를 동원해 다시 한 번 되풀이했다는 데 있는 것이 아니라 이러한 장면이 이 시인의 무의식 속에서 차지하고 있는 비중에 있다. 기형도의 시적 출발점이 어머니와의 신비적 합일의 결렬에 기초해 있으며, 그의 시적 탐침이 어머니의 방으로 되돌아가고자 하는 무의식적 충동에 이끌리고 있다는 우리의 가설이 수긍될 수 있는 것이라면, 위 시에 그려진 풍경이야말로 그러한 시적 궤적의 한 단락을 선명히 드러내주는 실례라고 할 수 있다. 즉 기형도의 몇몇 시편에 나타난 젊은 날의 실연 모티프를 시인의 실제 체험의 일부로 환원시켜 해석하는 김현과 달리 우리는 이들 시에 나타난 여성이 시인의 어머니—누이의 변형이라고 보는 입장에 서 있다. 시인이 생전에 그런 체험을 실제로 겪었는지 아닌지에 상관없이, 우리의 논의에서 보다 중시되어야 할 것은, 시인의 내면에 자리 잡은 원초적 여성성에 대한 그리움이며, 그 여성을 향해 나아가고자 했던 지난한 노력에 있는 것이다.[8] 하지만 위 시에서 암시돼 있는 바와 같이

---

[8] 「바람은 그대 쪽으로」와 실연을 주제로 한 몇 편의 시에 나오는 여성이 시인의 내면 속에 깃들인 여성적 성향의 투영이며 유년 시절 그의 어머니의 화신이라는 우리의 주장은 다음 두 구절을 비교해봄으로써 증명될 수 있다.

   처마 밑 시래기 한줌 부스러짐으로 천천히 등을 돌리던 바람의 한숨. 사위어가는 호롱불 주위로 방 안 가득 풀풀 수십 장 입김이 날리던 밤.   —「바람의 집」 부분

   불빛은 너무 약해 벌판을 잡을 수 없고, 갸우뚱 고개 젓는 그대 한숨 속으로 언제든 나는 들어가고 싶었다. 아아, 그대는 곧 입김을 불어 한 잎의 불을 끄리라. 〔……〕흐려지는 어둠 속에서 몇 개의 움직임이 그치고 지친 바람이 짧은 휴식을 끝마칠 때까지.   —「바람은 그대 쪽으로」 부분

그는 그 여인에게 다가갈 수 없었으며 그 여인의 방에 영원히 입장할 수 없었다. 이러한 시인의 내적 괴로움은 다음과 같은 가상의 실연 장면을 통해 거세게 분출된다.

그날 마구 비틀거리는 겨울이었네
그때 우리는 섞여 있었네
모든 것이 나의 잘못이었지만
너무도 가까운 거리가 나를 안심시켰네
나 그 술집 잊으려네
기억이 오면 도망치려네
[……]

이 세상에 같은 사람은 없네
그토록 좁은 곳에서 나 내 사랑 잃었네 　　—「그 집 앞」 부분

감상적 성향이 농후한 위 시에서 화자는 사람들이 모인 술자리에서 조그만 실수를 저지름에 따라 사랑하는 이를 잃고 만 것으로 설정돼 있다. 실연당한 청년의 가면persona을 쓴 화자의 비탄에 따르면 "이 세상에 같은 사람은 없"으며 "모든 추억은 쉴 곳을 잃"었다. 그 어떤 것도 원초적 상실을 대신해줄 수는 없는 것이다. 그래서 그는 필사적으로 사랑을

「바람의 집」의 어머니와 「바람은 그대 쪽으로」에서 화자가 사모하는 여성은 램프·호롱불, 바람·한숨·입김이란 동일 이미지의 섬세한 수식을 받고 있다. 어두운 밤 여인이 켜든 불빛 속으로 화자는 날아들어가고 싶어 하지만 그 소망은 좌절되고 이어서 깊은 고요와 적막이 자리 잡는다. 꺼질 듯 가녀리게 타오르는 불과 그 불을 휩싸고 도는 바람의 대비. 그리고 램프가 꺼진 뒤 찾아오는 긴 침묵. 그 과정에 덧없이 소모되는 생의 애처로움.

잃고 순간의 기억으로부터 달아나려 한다. 그러나 잊고 싶고 도망치고 싶은 의지와 달리 그의 마음은 항상 그 자리 그 공간 주위를 떠나지 못한다. 그 고통스러움을 다스리기 위해 시인은 자신이 사랑하는 이로부터 버림받은 것이 아니라 자신이 그 여자를 가두고 떠나왔노라고, 행위의 주객관계를 전도시켜 생각한다.

사랑을 잃고 나는 쓰네

잘 있거라, 짧았던 밤들아
창밖을 떠돌던 겨울 안개들아
아무것도 모르던 촛불들아, 잘 있거라
공포를 기다리던 흰 종이들아
망설임을 대신하던 눈물들아
잘 있거라, 더 이상 내 것이 아닌 열망들아

장님처럼 나 이제 더듬거리며 문을 잠그네
가엾은 내 사랑 빈집에 갇혔네 ―「빈집」 전문

사랑하는 이로부터 버림받은, 또는 버림받았다고 상상하는 화자는 자신이 능동적으로 문을 잠금으로써 자신의 사랑을 빈집에 가뒀다고 주장하고 있지만 실제로 갇힌 것은 그 자신일 것이다. 그는 평생을 빈집에 갇혀 사랑하는 이를 그리워하는, 혹은 역으로 사랑하는 이의 문밖에 서서 그에게 다가가고자 하는 "외로운 천형"(「이 겨울의 어두운 창문」)을 견뎌내야 하는 것이다. 그의 시적 여정은 이처럼 빈방(「엄마 걱정」)에서 시작해서 빈방(「빈집」)에서 끝났다. 빈방은 모성의 부재, 사랑의 부재를 의미하며 그 부재의 다른 얼굴이 세계의 폭력성과 허위성=인간을 둘러싼 삼라만상의 텅 빔이다. 그 모성·사랑을 되찾기 위한 시인의 시도는 자기 스스로를 그 빈방에 영원히 유폐시키거나 거리를 헤매다 지쳐 쓰러지고 마는 결과를 가져오고 말았을 따름이다. 사랑을 찾아 사랑이 부재한 세계를 통과하며 흘린 눈물과 쏟아낸 탄식이 곳곳에 혈흔처럼 묻어 있는 그의 시는, 그래서 우리 시대의 마지막 낭만주의자의 내면의 기록으로 읽힌다.

6. 사원을 통과하는 구름

기형도의 시는 우리 세계에서 모습을 감춰버린 아름답고 신비로운 성(城)을 찾아가는 언어의 순례이자 그 성을 은폐하고 그 성을 향해 가고자 하는 모든 노력을 좌절시키는 현실에 대한 강력한 비판이라고 할 수 있다. 그는 끊임없이 모든 장벽이 사라지고 모든 거리가 지워 없어진 그런 상태를 꿈꾸었다. 물론 그는 자신이 그 성에 영원히 도달할 수 없으며, 또한 도달할 수 없음으로 해서 그 성이 아름답고 신비로울 수 있다는 사실을 모르지는 않았다. 하지만 이 시인이 항상 이처럼 비극적 인식에 투철했던 것은 아니다. 매우 희귀하긴 해도 우리는 그의 시에서 그 성에 거의 다다르기 직전까지 나아간 시인의 모습을 발견할 때도 있다. 놀랍게도 그것은 그의 시에서 세계의 부정성을 의미하는 텅 빔이 존재들 간의 자유로운 소통을 가능케 하는 투명성―투과성으로 변환함으로써 이루어진다. 우리를 에워싸고 있는 텅 빔의 지옥이 일순간의 반전에

의해 무한히 자유롭고 충만한 공간으로 향하는 문이나 통로로 변할 수
도 있는 것이다.[9]

> 공기는 푸른 유리병, 그러나
> 어둠이 내리면 곧 투명해질 것이다. 대기는
> 그 속에 둥글고 빈 통로를 얼마나 무수히 감추고 있는가!
> ―「어느 푸른 저녁」 부분

> 성벽은 울창한 숲으로 된 것이어서
> 누구나 사원을 통과하는 구름 혹은
> 조용한 공기들이 되지 않으면
> 한걸음도 들어갈 수 없는 아름답고
> 신비로운 그 성
> ―「숲으로 된 성벽」 부분

그러나 이러한 비일상적이고 탈역사적인 지복의 순간의 현현은 극히 짧은 시간에 그칠 뿐 지속적으로 유지 확산될 수 없는 것이라는 근원적인 한계를 갖고 있다. 오늘날의 우리가 그 성의 외벽을 이루고 있는 숲의 나무를 자르고 들어가보았자 마주치게 되는 것은 '쓰러진 나무'와 '공터'에 지나지 않는 것이다. 기형도의 비극은 이러한 점을 선험적으로 깨닫고 있었으면서도 그것에 대한 추구를 단념하지 못했다는 데 있다. 그는 그 성을 향해 나아갔고―혹은 자신이 떠나왔다고 믿었던 그 성을 향해 돌아가고자 했고― 그 소망을 달성하지 못한 채 생을 끝마쳤다.

---

9) 기형도 시의 이러한 측면에 대해선 졸고 「신성한 숲」(『신성한 숲』, 민음사, 1993)을 참조할 것.

이를 두고 우리는 그의 시 속의 한 인물이 말하듯 "내버려두세요. 뭐든지 시작하고 있다는 것은 아름답지 않습니까"(「소리 1」)라고 담담하게 말하면 그만일까. 그러기엔 이 시인이 보여준 가능성에 거는 기대가 너무 컸다고 할 수 있지 않을까. 하여튼 한 가지 확실한 것은 이 시인의 시가 지금에 이르러선 또 하나의 아름답고 신비스러운 성이 돼버렸다는 사실이다. 그 성은 시인의 갑작스러운 죽음에 의해 더욱 짙은 안개 속으로 자신의 모습을 감춰버렸다. 그러나 그 성이 환상적으로 여겨지면 질수록 그 성에 대한 관심과 탐구욕 역시 더 증가할 수밖에 없을 것이다. 바라건대 앞으로 보다 많은 측량기사들이 보다 자주 기형도의 시라는 아름답고 신비스러운 성을 방문하여 그곳의 내부 구조에 대한 보다 정밀한 조감도를 작성해주기를.

이와 더불어 끝으로 지적하고 싶은 것은 기형도의 시가 이처럼 우리를 매혹시키는 요인 중의 하나는 그것이 미완이라는 점에 있을지 모른다는 사실이다. 등단 이전의 습작 시절 작품부터 등단 후 서서히 자기만의 독자적인 시 세계를 구축해가는 과정에 씌어진 작품까지를 한데 모은 유고시집 『입 속의 검은 잎』은 그만큼 다양한 가능성의 문들을 타진하고 있으며 조심스러운 모색의 편린을 담고 있다. 이 시인의 시엔 현실의 참혹함에 대한 엄정한 관찰과 인식이 있는가 하면 동화적이고 환상적인 인공낙원으로의 도피적 몰입이 있기도 하고 신성에 대한 갈망과 금욕적인 자기 단련이 있는가 하면 감상적인 나르시시즘의 흔적이 엿보이기도 한다. 지금 이곳의 존재-현실의 나신(裸身)을 직시하고자 한 이 시인의 노력이 소중한 것처럼 유년의 순진무구함에 대한 깊은 향수 또한 이 시인에겐 중요한 몫이었다. 따라서 이 시인이 죽기 직전 집중적으로 탐색한 세계가 죽음을 향한 실존의 비극성이라고 해서 이 시인을 오로지 이 분야만을 선택적으로 천착해온 시인으로 여기거나 "스스로의 일생을 예언한"(「오래된 서적」) 시인이라고 신비화하는 것은 그리 바람직한 태도라고 할 수 없을 것이다. 그런 점에서 기형도에 대한 앞으로의 연구는 이 글에서 우리가 한 것처럼 빈방에서 시작해서 빈방에서 끝나는 단선적 노선을 답습하지 말고 그 노선에 겹쳐 있거나 옆으로 새나간, 혹은 순환하는 무수한 다른 교차로와 사잇길들을 발굴해내고 조명해주는 쪽이 되어야 할 것이다.

비록 기형도의 생애는 짧았지만 그의 시가 남긴 여운은 아마도 오랜 기간 지속될 것이고 많은 사람들에게 감동과 영향을 미칠 것으로 판단된다. 그리고 그 감동과 영향이 지속되는 한 기형도는 영원히 살아 있는 현재형의 시인일 수 있다. 기억해야 할 것은 어떤 한계지점으로의 끝없는 접근, 이것이 기형도의 시의 미덕이자 기형도라는 인간의 진정성의 표지였다는 사실이다. 그는 그의 내적 명령에 충실했고 그럼으로써 1990년대 시의 첫 관문을 열고 나간 시인이 되었다. 기형도와 함께 이십대의 마지막을 보낼 수 있었다는 것을 다시 없는 행운이자 소중한 추억으로 간직하고 있는 필자는 변함없는 우정과 사랑을 지금도 저세상에서 그윽한 눈으로 이승의 우리를 지켜보고 있을 그에게 보내며 이 글을 마친다. 편히 잠들라, 너 아름다운 영혼이여. 너의 죽음과 함께 오욕으로 가득 찼던 우리의 1980년대 그리고 이십대의 청춘은 끝났다.

〔시인·문학평론가/1994〕

죽음, 혹은 순수 텍스트로서의 시
―『기형도 전집』에 부쳐

정과리

1

『기형도 전집』(문학과지성사, 1999)이 간행되었다. 그가 29세의 젊은 나이로 세상을 뜬 지 10년 만의 일이다. 어쨌든 그는 복을 누린 셈이다. 10년이 지나도록 그를 기억하는 사람들이 있음을 전집은 확인시켜주니까 말이다. 게다가 그 사람들은 단순히 그가 생시에 인연을 맺었던 사람들만이 아니다. 그가 죽은 후 그의 독자는 폭발적으로 늘어서 이제 그의 시는 시를 꿈꾸는 모든 문학청년들에게 일종의 관문이자 성소가 되었다. 그의 시는 시인의 의도와 상관없이, 이미 신화의 궤도에 진입하였다.

그의 시는, 그러니까, 시인의 죽음과 함께 태어났다고 할 수 있다. 이 말은, 문자 그대로 읽힐 필요가 있는데, 왜냐하면 등단 4년째의 무명 시인인 기형도의 시를 알거나 읽은 사람은 극소수에 지나지 않았기 때문이다. 그의 죽음은 그 무명 속으로 문득 틈입하였고, 그 순간 그것은 거대한 악기가 되었다. 새벽 삼류 극장에서의 돌연한 죽음, 그것은 아주 낯설고 특이한 죽음이었다. 가령 그 죽음은 채광석이 교통 사고로 죽은 것과는 사뭇 달랐다. 채광석의 죽음이 비록 예기치 않은 사고였긴 하지만 명백한 원인을 가지고 있는 것과는 달리 기형도의 낯선 죽음에는 원인이 부재하였다. 좀더 정확히 말하면 사람들은 그 원인을 알 수 없었다. 그 알 수 없는 원인은 몇 가지 우연적 사실들의 작용과 그 우연적 사실들의 내적 필연화의 과정을 통해 알지 못할 원인으로 바뀐다. 우선, 그가 무명 시인이라는 점. 다시 말해, 그는 거물 정객이나 유명 탤런트가 아니었기 때문에 죽음의 사회적 파장은 미미하였다. 다음, 근사(近似)한 원인이 있다는 점. 즉, 미진하긴 했지만 심장마비가 그의 죽음을 어느 정도 설명해주고 있었다. 그리고 한국 경찰의 간편한 수사 관행. 한국 경찰은 무명 시인의 뒤를 쫓아다닐 만큼 한가하지가 못했다. 이러한 요인들은 그의 죽음의 사회적 인지도를 크게 낮추었고 따라서 원인을 알 수 없는 죽음을 우연한 사고로 결말짓게 하였다. 그러나, 그는 시인이었다. 그리고 그가 죽은 곳은 풍속적 이탈이 일어나는 곳이었다. 이러한 요인들은 사회적 파장과는 다른 파문을 조용히 퍼뜨리고 있었다. 문화적 파문이 그것이었다. 죽은 사람의 신원은 동업자들과 동호인들에 의해 그 죽음에 파토스를 심어주었고 죽음의 장소는 그 파토스에 호기심을 붙여주었다. 술렁대는 파토스. 그때 죽음의 주체는 죽은 사람이 아니라 죽음 그 자체가 된다. 그리고 스스로 주체가 된 죽음은 더 이상 사건이 아니라 작동이다. 그것은 시간의 어느 한 지점에 머물지 않고 어슬렁거리고 휙휙 쏘다닌다. 그것은 검은 판타지가 된다. 그리하여 과거형으로서의 알 수 없는 원인, 즉 캐내야 할 추리적 대상으로서의 원인은 미래형으로서의 알지 못할 원인, 즉 감추어져 있다는 사실 그 자체로써 죽음을 신비로 만드는 물활론적 원인으로 바뀐다. 시인의 죽음은 판타지이고 신비다. 신비의 힘은 신체적 죽음의 몸통을 깔때기처럼 늘여 시인의 생(그러니까 시) 전체를 담도록 충동한다. 그 죽음의 깔때기는, 그의 시도 죽음이 아닐까? 아니, 죽음의 비밀이 아닐까? 라고 묻는다. 과연, 김현은 그의 시 전체가 이미 죽음 덩어리였다는 것을 밝혀낸다. '한 젊은 시인을 위한 진혼가'라는 부제를 달고 있는, 유고 시집(『입 속의 검은 잎』, 문학과지성사, 1989)의 해설(「영원히 닫힌 빈방의 체험」)에서 김현은 정확하게도 죽음의 운동성을, 그 무시무시한 불가역적인 진행을 철저하게 묘사한다. 그 진행 속에서 살아 있는 개별자로서의 인간의 모습은 "타인들과의 소통이 불가능해져, 자신 속에 암종처럼 자라나는 죽음을 바라다보는 개별자, 갇힌 개별자의 비극적 모습이, 마치 무덤 속의 시체처럼 뚜렷하게 드러나 있"는 것으로 돌변하고, 시인의 꿈은 온통 망가져, "죽음만이 망가져 있지 않은 시인의 유일한 꿈"이게 하는, "생각만 해도 '내 얼굴이 이지러'"지는 진행이다. 김현의 분석의 내용 속에서 죽음은 '무' 혹은 '허무'이지만, 그의 묘사 속에서 그것은 허무를 향한 가장 강력한 인력, 즉 어떤 다른 생명들보다도 생생하게 살아 있는, 펄펄 날뛰는, 에너지 덩어리이다. 아마도 그 자신 죽음과의 치열한 싸움을 벌이고 있던 중이었기 때문이리라. 그에게도 죽음은 곧 삶이었으며, 그 삶은 공포에 가득 찬 가증스러운 삶이었다.

아무튼 그렇게 해서 기형도 시는 태어났다. 그것은 우주의 빅뱅을 방불케 하였다. 그로부터 전혀 다른 시적 공간이 탄생했으니 말이다. 어떤 공간을 말하는가?

2

기형도에게 죽음은 의미의 종말이 아니라 의미의 시원이었다. 그렇다는 것은 기형도 시의 미학적 장소가 그의 작품들에 있지 않고 그의 시들과 그의 죽음 사이에 가로놓여져 있음을 알려준다. 죽음과 더불어 그의 시가 태어났으니 죽음이 없는 한 그의 시도 없는 것이다. 기형도 시의 핵자 혹은 중심은 그의 시 바깥에 있다. 혹은 그것은 그의 "영원히 닫힌 빈방"에 있는 게 아니라, 그 빈방과 바깥의 "공중" 사이에 있다. 이런 공간이 존재할 수 있는가? 그 물음에는, 우리가 기형도 시를 말할 때, 순전히 그의 시들만을 말하는 것이 아니라 기형도의 시와 그의 신체적 죽음, 그 죽음의 문화적 의미, 그 문화적 의미에 촛불을 켠 평론들 그리고 그곳으로 앞다투어 경배하러 모여든 독자들 전체를 한꺼번에 가리킨다는 진술로서만 대답이 가능하다. 김현에 의해 "그로테스크 리얼리즘"이라는 이름을 부여받은 후에, 그리고 그에 의해, "도저한 부정적 세계관"이라고 규정된 후에 수많은 기형도론이 씌어졌다. 전집 말미의 참고문헌에 의하면, 그를 다룬 산문(평문과 추모문을 합하여)은 모두 45편이나 되며, 그중 하나는 석사학위 논문이고 둘은 소위 '논문집'에 실린 연구 논문이다. 그리고 그를 "모티프로 한 시"가 21편이다. 이러한 사실은 죽은 기형도가 살아 있는 어떤 시인보다도 더 뜨거운 현재형으로 타오르고 있음을 보여준다. 그 타오르는 현재형은 과거까지도 침범해서 서둘러 그를 문학사 속에 편입시키고 싶어 하는 욕망을 낳을 정도이다(물론 이것은 바람직한 일이다. 문학사는 시인을 과거 속에 가두고 싶어 하겠지만, 시인은 문학사를 살아 있는 역사로 만들어줄 것이니까 말이다). 그러니까 기형도의 시는 오늘의 문학적 욕망이 집중적으로 투자된 일종의 다혈증의 장소이다. 그러니, 어떻게 그에 대해서 말할 때 순전히 그의 시 작품들 '만'을 두고 말할 수 있겠는가?

그의 시적 성취에 대한 조심스러운 유보들, 가령, "많은 가능성에도 불구하고 모든 시편이 다 높은 완성도를 보여주지는 않는다는 사실을 인정하면서도"(남진우, 「숲으로 된 성벽」, 『숲으로 된 성벽』, 문학동네, 1999, p.161)라든가, "김현의 단정 가운데 몇몇은 수정을 요하는지도 모른다"(장정일, 「기억할 만한 질주, 혹은 용기」, 『사랑을 잃고 나는 쓰네』, 솔, 1994, p.188) 그리고 무엇보다도 그가 "미완"인 채로 너무 일찍 죽었다는 빈번한 언급 등과 그에게 쏟아지고 있는 뜨거운 관심을 동시에 이해하려고 해도 우리는 불가피하게 기형도 시의 중심을 시 바깥에 놓을 수밖에 없다.

그리고 여기에 와서 우리는 앞 절의 질문에 대답할 수 있다. 어떤 시적 공간이 탄생했는가? 중심이 바깥에 있는 공간이 탄생하였다. 이 대답은 근본적인 전환을 가리킨다. 그것은 궁극적으로 자율성과 자족성(합목적성)이라는 문학의 고유한 자질이 붕괴되는 문학 공간이 탄생했다는 것을 뜻한다. 문학은 빛나는 보석 혹은 튼튼한 건물이 아니라 거대한 문화적 흐름 속의 특별히 색깔 진한 띠이거나 몸통은 없고 오직 신경만으로 이루어진, 따라서 체적도 무게도 없는 문자의 거미줄이다.

텍스트 이론에 기대어, 우리는 이러한 변화를 두고 문학의 대상이 작품에서 텍스트로 옮겨갔다고 간단히 말할 수 있다. 롤랑 바르트의 말을 직접 들어보자: "텍스트는 작품과 혼동될 수 없다. 작품은 유한한 대상이며, 물리적 공간을 차지하고 있는 계산 가능한 대상이다. 반면, 텍스트는 방법론적 영역이다. 텍스트는 나열될 수 없다. 〔……〕 작품은 손

안에 있지만, 텍스트는 언어 안에 있다. 〔……〕 텍스트는 언어일 뿐이며, 다른 언어를 통해서만 존재할 수 있다. 달리 말해, 텍스트는 '의미 생산significance'에 의한 작업 혹은 생산을 통해서만 체험된다"(「텍스트」, *Encyclopedia Universalis*, CD-ROM version, 1995).

작품에서 텍스트로 넘어가면서, 문학은 자율성으로부터 생산성으로 간다. 기형도의 시는 그 자체로서 존재하는 게 아니라, 온갖 이야기들을 낳음으로써만 존재한다. 또한 같은 맥락에서 의미 부여signification가 아니라, 의미 생산significance이 문제가 된다. 역시 같은 맥락에서, 텍스트는 본질적으로 '읽을 수 있는 텍스트texte lisible'에서 '다시 쓸 수 있는 텍스트texte scriptible'를 지향한다. 그처럼 기형도의 시는 수많은 산문들, 시들을 태어나게 함으로써 스스로 빛을 발한다.

기형도의 시는 순수-텍스트로 현존한다. 시라는 이름의 그의 관(棺)은 관(關)이다. 그것은 텍스트 이론의 실증이자 텍스트-실천의 원천을 이룬다. 바로 여기에 그의 시에 대한 열광의 비밀의 일단이 숨어 있다. 기형도 시의 존재태는 탈-현대성이라고 불리는 오늘날의 문화적 추이 혹은 문화적 욕망과 상징적 동형 관계를 이루고 있다는 것이 그 비밀의 열쇠이다. 이 동형 관계의 특성은 크게 두 가지로 구성된다. 우선, 시와 문명은 똑같이 개체성으로부터의 탈주의 운동을 보여준다. 기형도의 시가 저의 중심을 바깥으로 방출하듯이 현대 문명 혹은 문화도 멈추지 않는 원심 운동을 그린다. 운동하는 주체는 정착(뿌리내리다, 현실에 발을 단단히 딛다, 완성하다, 자리매기다 등 고전적 미학 혹은 윤리의 결정적 심급에 놓이는 동사들을 상기하라)에 의해서가 아니라, 이동에 의해서 자신을 나타낸다(이것이 컴퓨터 게임과 특수 영상 효과로부터 인터넷에까지 이르는 모든 현대 문명의 존재태이다). 그 나타남은 언제나 잠정적이다. 그가 자신을 드러내는 순간 이미 그는 성큼 다른 자리에 옮겨져 있다. 그러나, 이것만이 아니다. 이 탈주의 운동에 정면으로 역행하는 또 다른 운동이 있으니, 이 또한 시와 문명에 함께 참이다. 중심이 바깥에 있다는 말 자체가 그 역행적 운동을 가리킨다. 중심이 바깥에 있다는 것은 일종의 형용 모순이다. 이 형용 모순을 지탱하는 힘, 혹은 유지하려는 힘은 존재의 끝없는 경계 범람, 즉 중심의 사실상의 결여에도 불구하고 중심이라는 단어를 혹은 중심을 가진 존재의 상(相)을 포기하지 않으려는 욕망이다. 그 욕망이 존재의 현재태와 가능태를 혼동케 하고 예측된 가능태를 현재태에 동일시시킴으로써 '중심이 바깥에 있다'는 모순된 진술을 생산하는 것이다. 현대 문명과 문화가 탈-개체성, 탈-개별성을 원리로 가짐에도 불구하고 개인성의 신화를 최종의 알리바이로 내세우고 있는 것은 그러한 방법적 절차를 따라서이다(가령, SF 영화의 관객은 한편으로는 예측 불가능한 사건의 전개를 정신없이 좇으면서, 다른 한편으로는 미래의 사이보그를 현재의 자신에게 투사시킴으로써 자신의 존재적 개별성에 대한 확신을 얻는다). 기형도의 시도 그와 같다. 앞에서 기형도의 시를 말할 때는 단지 시 작품들만이 아니라 시·죽음·평·감상 등 일체를 함께 동시에 말하는 것임을 지적했었다. 그럼에도 불구하고 그 함께-동시에 말하기는 기형도라는 하나의 어사에 기대어 진행된다. 기형도 시를 향유하는 취향의 에너지는 모두 기형도라는 개인에게로 투자된다.

3

순수-텍스트의 존재태가 중심으로부터의 계속적인 이탈이라고 해도 그것을 수행하는 것은 여전히 주체이다. 주체가 움직이지 않는 한 어떤 운동도 발생하지 않는다. 그러나, 텍스트의 운동에서 주체가 텍스트를 생산하면서 동시에 행하는 것은, 롤랑 바르트가 정확하게 지적했듯이, 주체의 '상실'이다. 주체가 텍스트를 생산하는 데 쓰는 재료는 저의 몸일 수밖에 없다. 주체는 몸으로부터 언어의 실을 뽑아내 텍스트를 지으면서 저는 여위어간다. 따라서 텍스트의 주체는 주체 결여의 주체, 아니, 좀더 정확히 말해 주체 결여를 실천하는 주체이다. 기형도의 죽음은 여기에서 미묘한 위치에 놓인다.

그의 죽음은 그의 주체 결여를 선험적 조건으로 만들어놓았다. 그의 시의 텍스트-성은 그의 죽음과 더불어 탄생한 것이었다. 그런데 여기에는 주체의 작업이 개입되지 않았으며, 따라서 그의 텍스트-성을 결정한 것은 우선은 철저히 우연한 것이었다. 그 죽음 이후에 그에게 집중된 뜨거운 관심은 그 우연성을 필연으로 바꾸고자 하는 거대한 집단 무의식적 작업이라고 할 수 있는데, 그 작업의 방향은 기형도의 죽음이 탄생시킨 새로운 문학 공간을 변질시킬 수도 있는 것이다. 왜냐하면, 그 작업의 궁극적인 목표는 기형도를 부활시키는, 즉 되-살리는 것이기 때문이다. 실제로 기형도의 죽음이 열어놓은 새로운 문학 공간에서는 어떠한 되-살림도 개시될 수가 없다. 거기에서는 오직 계속적인 유랑, 즉 딴-살림만이 문제가 되기 때문이다. 그러나 그렇다고 해서 부활의 작업 자체를 도식적으로 끊어낼 수는 없다. 실천의 이름과 실천의 실제는 언제나 다소간 어긋나 있으며, 문제는 작업의 실상, 혹은 실상이 이름을 빙자해 벌이는 모험인 것이다. 생각해보면, 부활은 본래 성스런 존재들의 사건이다. 다시 말해 그것은 무엇에 자신을 바친 존재들, 즉 존재의 상실을 대가로 새로운 집단적 체험을 생산한 자들의 몫이다. 그 성스런 사건이 집단적 체험이기 때문에 그 부활의 작업 역시 궁극적으로는, 아니 원리적으로는 개체의 복원을 노리지 않는다. 그것은 개인을 빗대어 존재 상실이 곧 존재 생산이 되는 체험의 집단적 되풀이를 노린다. 부활의 작업은 그런 의미에서 의미의 복원이 아니라 의미 생산이다. 아니, 그것이어야 한다. 되-살림이 딴-살림이 되지 않으면, 그 작업은 필경 자기 기만으로 이어진다.

이 딴-살림으로서의 되-살림의 실천은 기형도 '이후'로 귀속된다고 생각하기 쉽다. 그러한 관점에서 그것을 살필 때 그것은 문화사회학의 할 일에 속한다. 한 문학적 대상을 둘러싼 심리적·정치적·경제적 반향 및 실천을 따지는 일이 되기 때문이다. 그러나 문학 비평의 작업은 화살표를 죽음 이전으로 돌린다. 다시 말해, 기형도의 시들 그 자체로부터 외면적으로는 일어나지 않았던 존재 상실의 노동을 캐내는 것이 문학 비평의 일이다. 그렇게 하는 이유는 기형도 시를 둘러싼 오늘날의 의미 생산에 대한 미학적·윤리적 근거를 찾아내는 일이 중요하기 때문이다. 그 윤리적 탐색은 오늘날의 의미 생산에 대한 정당성을 묻는다. 그 미학적 탐색은 오늘날의 의미 생산의 가능성을 잰다.

문학 비평의 방향 전환은 기형도의 시를 치명적인 물음 앞에 세운다. 기형도에 대한 열광은 단지 우연한 사건의 내적 필연화라는 문화적 개입의 결과에 불과한 것인가? 만일 그렇다면, 기형도의 시적 공간이 오늘날의 문화적 흐름에 '휩쓸렸다'는 것을, 다시 말해 '이용당했다'는 것을 뜻하게 되리라. 정말 그런가? 앞에서 언급했던 조심스러운 유보들은 그런 혐의의 실마리를 제공하는가? 또한 순전히 작품들만 가지고 본다면, 연륜이 짧은 시인들이 대개 그렇듯이 그의 시들에는 선배 시인들의 영향력이 거칠게 노출되어 있는 것도 사실이다. 김현은, "벤·릴케·샤르·첼란·정현종·오규원·고은...... 등의" 영향을 거론하고 있는데, 우리는 김현의 말없음표 안에 카프카·김수영·신경림·조세희·이인성·이성복을 넣을 수 있다. 그러나 선배 시인들의 직접적인 영향은 동시에 그것을 자신의 방식으로 재구성하겠다는 고집스런 태도와 팽팽히 긴장하고 있다. 가령, 단어·비유에서부터 정황 구성을 거쳐 구문에 이르기까지 그에게 가장 깊은 영향을 미친 시인은 이성복(『뒹구는 돌은 언제 잠깨는가』『남해 금산』의 시기)으로 보이는데,[1] 하지만, 이성복이 현실의 정황을 현란하고 숨가쁜 이미지로 변용시킴으로써 현실로부터 벗어나는 추동력을 생산하는 데 비해, 죽은 시인은 비슷한 이미지들을 가지고 현실의 정황을 차갑게 얼어붙게 하고 음산한 악령의 그림자로 덮어버린다. 이성복의 이미지들이 있을 수 있는 모든 색채들의 경연장이라면, 기형도의 이미지 공간은 철저히 흑백이다(혹은 흑백화이다).

이렇다는 것은, 기형도의 미완이나 피영향을 단순히 결점으로 받아들

---

[1] 이성복의 영향은, "하늘에는 벌써 튀밥 같은 별들이 떴다"(「위험한 가계·1969」)의 '튀밥'이나, "너는 아버지가 끓어뜨린 한 가닥 실정맥이야"(「폭풍의 언덕」)와 같은 비유의 층위에서부터, "양계장 너머 뜬, 달걀 노른자처럼 노랗게 곪은 달이 아버지의 길게 늘어진 그림자를 이리저리 흔들 때마다 나는 아버지의 팔목에 매달려 휘휘 휘파람을 날렸다. 내일은 펌프 가에 꽃 모종을 하자. 무슨 꽃을 보고 싶으냐. 꽃들은 금방 죽어요 아버지. 너도 올 봄엔 벌써 열 살이다"(「위험한 가계·1969」)에서 보이는 정황의 층위를 거쳐, "장마비, 아버지 얼굴 떠내려오신다"(「물 속의 사막」)의 구문에 이르기까지 폭넓게 산재되어 있다. 인용된 시구들과 비교될 수 있는 이성복의 시구를 인용해보기로 하자: 비유의 층위에서: "볏짚단 같은 어머니, 티밥같이 웃는 누이와 함께"(「모래내·1978년」), "너는 내가 떨어뜨린 가랑잎이야"(「꽃 피는 아버지」); 정황의 내용적 층위에서: "언덕배기 손바닥만한 땅에 아버지는/고추나무를 심었다/밤 깊으면 공사장 인부들이/고추를 따갔다/(......)/내버려두세요 아버지/얼마나 따가겠어요" "1932년 단밀 보통학교 졸업식/며칠 전 장날 아버지 떡 좀 사먹어요/그냥 가자 가서 저녁 먹자/아버지이...... 또! 이젠 너 안 데리고 다닌다" "아버지는 꽃 모종/하고 싶었지만 꽃밭이 없었다"(이상, 「꽃 피는 아버지」); 정황의 형태적 층위에서: 『남해 금산』 전반부에 두드러지게 나타나는 이중 정황 구조; 구문의 층위에서: "사랑하는 어머니 비에 젖으신다"(「또 비가 오면」).

이지 못하게 만든다. 그것들은 차라리 그의 시의 내재적 특성이 아닐까? 다시 말해, 외적 반향의 관점에서 보았던 그의 텍스트-성을 내적 구조로 열어놓는 통로가 아닐까?

기형도적인 죽음이 특이하긴 하지만 예외적인 죽음은 아니다. 그런 일은 언제든지 일어날 수 있다. 그것이 기형도의 시와 만나지 않았다면 그의 문학적 파장은 이렇게 길지 못했을 것이다. 오늘의 열광은 그만한 까닭이 있다고 보아야 한다. 그런데 죽음과 시의 만남은 단순히 시적 완성도라거나 새로운 이미지의 열림으로는 성사되지 못한다. 그것이 이루어지려면 '궁합'이 맞아야 한다. 다시 말해, 생의 조건의 구조적 삼투성을 서로에 대해 가지고 있어야 한다. 그 구조적 삼투성은 결국 기형도의 시에, 그의 죽음에 비견할 만한 탈-주체의 작업이 새겨져 있는가의 문제로 귀착하며, 그것은 시의 내재 분석을 통해서만 밝혀질 수 있다.

4

내재 분석이 작동되는 층위는 크게 세 가지이다. 시간·공간, 그리고 시간과 공간의 결합으로서의 시의 생이 그것들이다. 아시다시피, 시간·공간은 삶의 기본 형식이다. 왜 이런 기본 형식이 문제가 되는가? 기형도의 죽음이 연 공간이 문학의 존재태의 근본적인 전환과 연관되어 있기 때문이다. 위상기하학에서 말하는 의미에서의 존재의 좌표가 이동되었고, 그러니 생의 형식을 완전히 새롭게 꾸려야 하기 때문이다. 시간의 층위에서는 시의 생장, 그러니까, 습작 시절부터 죽기 직전까지의 시적 실천의 전개 혹은 변모를 볼 수 있으며, 공간의 층위에서는 의미 생산의 방법론이 나타나고, 생의 층위에서는 주체의 존재 방식이 드러난다.

1) 생장의 양태라는 측면에서

기형도의 시를 연도순으로 찬찬히 따라 읽어보면, 습작기 및 초기의 시들과 죽기 직전의 시들 사이에 주목할 만한 차이가 있음을 알 수 있다. 그 차이는 크게 두 가지 점에서 두드러진다. 하나는 어법이다. 가령, 초기 시에 빈번하던

> 아아, 고인 채 부릅뜬 몇 개 물의 눈들이
> 빛나며 또 사라져갔다 ―「폐광촌(廢鑛村)」(111), 1981[2]

의 영탄조는, 상당 부분

> 김은 갑자기 눈을 뜬다. 갑자기 그가 울음을 터뜨린다. 갑자기
> 모든 것이 엉망이다. 예정된 모든 무너짐은 얼마나 질서정연한가
> 김은 얼굴이 이그러진다 ―「오후 4시의 희망」(52), 1987

의 객관적 묘사로 바뀐다. 이 차이는 대체로 감정의 표현으로부터 감정의 묘사로 그의 시가 차츰 이행해갔음을 보여준다. 또 하나의 차이는 비유를 쓰는 방법이다. 초기의 시인은 수사에 대한 열정이 과잉되어 비유를 남발한다. 가령,

---

[2] 이 절(節)에 한해, 인용 시구의 시 제목 다음에 붙는 숫자는 씌어진(혹은 처음으로 발표된) 연도를 가리킨다.

> 어둠이 靜寂의 보자기를 펄럭여 세상을 덮고
> 온통 바람만 이삭처럼 툭툭 굴러다니는 都市에
> 페이지를 넘기면 막 가을이구나 ──「거리에서」(178), 1981

에서의 "정적(靜寂)의 보자기" "이삭처럼" "페이지" 등의 비유가 보여주듯이 미의 완성을 목표로 하지도 않고 자유 연상도 아닌, 좌충우돌식의 분출적인 표현 의지의 과잉을 드러내고, 다음과 같은 산문의 한 대목:

> 세상에 대한 나의 총포는 무엇인가, 나의 허약한 논리와 철학은 은어 비늘 한 개만큼의 각질도 아닌 부스럼 같은 더러운 것이었고 또한 나의 이 선험적인 감상은 무수히 은빛 갈기를 칼날처럼 번득이는 수만 평 갈대밭을 헤쳐나가는 빈자의 허기만큼의 값어치도 없는 것을, 문학이 나에게 구원이 되기에는 너무도 요원하고 아득한 수평선임을, 또한 나에게 경멸의 대상이 되기에는 아으, 나보다 먼저 읊고 있는 두뇌와 영감의 판관들에게 굴복당하고 '탄생치 않음의 인정'을 용납해야 하는 나의 기가 막히는 자존심 따위, 그렇다면 나의 문학적 근거는 무엇이었는가?
>
> ──「참회록」(319), 1982년 6월 1일

에 나타나듯, 비유의 과잉도 과잉이려니와, 과잉된 수사가 흔히 그러하듯 격정을 제어하려는 의도에서 출발한 수사가 거꾸로 감정을 격화시키는, 격정에 대한 조바심을 드러낸다. 이러한 수사의 과잉은 대체로 표현의 장소를 적절히 찾지 못한 표현 에너지의 범람으로부터 비롯되는데, 많은 뛰어난 시인들이 꼭 거쳐가는 단계이기도 하다. 그런데, 후기에 오면 수사의 과잉이 꽤 조절되어 비유가 스스로 정제된 미를 구성하게 된다. 원리적인 차원에서 비유의 꿈은 스스로 본의가 되는 것이다. 다시 말해, 비유는 본의를 치장하는(설득을 위하여, 혹은 감정의 자극을 위하여) 도구적 삶으로부터 해방되어 스스로 자율적인 음성과 구문을 획득하기를 꿈꾸며, 그것이 적절히 달성되었을 때 '비유가 살아 있다'고 말할 수 있다. 시인의 신춘문예(1985) 당선작인 「안개」에서

> 이 읍에 처음 와본 사람은 누구나
> 거대한 안개의 강을 거쳐야 한다
> 앞서간 일행들이 천천히 지워질 때까지
> 쓸쓸한 가축들처럼 그들은
> 그 긴 방죽 위에 서 있어야 한다.
> 문득 저 홀로 안개의 빈 구멍 속에
> 갇혀 있음을 느끼고 경악할 때까지. (33, 이하 괄호 안 숫자는 『기형도 전집』의 해당 면수를 가리킴)

비유는 초기 시처럼 남발되지 않고 안개 하나로 집중된다. 집중되지만, 안개의 '내포'(이 역시, 롤랑 바르트적인 의미에서의)는 훨씬 풍요롭다(이 풍요성에 대해서는 의미 생산의 절에서 다시 얘기될 것이다).

우선은, 변모만을 확인하기로 하자. 이 변모에 대해 우리는 다음 연속적으로 이어지는 세 가지 층위에서 이야기할 수 있다. 변모의 내용, 변모의 까닭, 변모의 절차가 그것들이다. 변모의 내용: 당연한 얘기지만, 시인도 인간인 법이어서 항상 변하고 있다. 따라서 기형도 시의 변모가 단순히 젊은 날의 과잉된 열정으로부터 벗어나 정신적 안정을 찾아가는 것을 뜻하는 것이라면, 그 변모를 특별히 다룰 까닭이 없다. 기형도의

경우는 그렇지 않다. 우선, 초기 시와 후기 시 사이에 전혀 변하지 않은 게 있으니, 이미지의 원소들이 그것이다. '눈' '안개' '바람' '구름,' 얇은 것, 딱딱한 것을 환기하는 이미지들, 가난을 지시하는 직유들, 수직적 하강의 동사들.

눈·안개·바람·구름 등 전집 전체를 가득 메우고 있는 단어들에 대해서는 예증을 생략하기로 한다.

얇은 것을 환기하는 이미지들: "한 장 바람의 형상"(「거리에서」, 1981), "구겨진 마른 수건처럼"(「이 쓸쓸함은……」, 1981), "지폐처럼"(「쓸쓸하고 장엄한 노래여 2」, 1981), "간유리 같은"(「폭풍의 언덕」, 1982), "시간의 간유리"(「우중(雨中)의 나이」, 1982), "몇 장 불의 냉각을"(「우리는 그 긴 겨울의 통로(通路)를 비집고 걸어갔다」, 1982), "한 장 열풍(熱風)에" "몇 장 지전(紙錢) 속에서" "사내들은 화투패마냥 모여들어"(이상, 「봄날은 간다」, 1985), "대지의 맛에 익숙해진 나뭇잎들"(「10월」, 1985), "종잇장만 바스락거릴 뿐"(「흔해빠진 독서」, 1988), "힘없는 책갈피는 이 종이를 떨어뜨리리"(「질투는 나의 힘」, 1989), "백색의 차량 가득 검은 잎들은 나부꼈다"(「입 속의 검은 잎」, 1989)

딱딱한 것을 환기하는 이미지들: "구르고 지난 자리마다 사정없이 눈(雪)이 꽂혔다"(「사강리(沙江里)」, 1981), "물이 쩍쩍 울고 있다"(「새벽이 오는 방법(方法)」, 1981), "하얗고 딱딱한 옷을 입은 빈 병"(「10월」, 1985), "그의 손은 장난감처럼"(「죽은 구름」, 1988), "나무토막 같은 팔"(「추억에 대한 경멸」, 1988), "혀는 흉기처럼 단단하다"(「정거장에서의 충고」, 1988)

가난을 지시하는 직유들: "새하얀 생선 가시/몇 개로 떠 있는"(「이 쓸쓸함은…」, 1981), "칼국수처럼"(「폭풍의 언덕」, 1982), "외상값처럼" "삶은 달걀처럼"(이상, 「봄날은 간다」, 1985), "찬밥처럼"(「엄마 걱정」, 1985), "튀밥 같은"(「위험한 가계(家系)·1969」, 1986), "공중에 뜬 생선 가시처럼"(「조치원(鳥致院)」, 1986), "빵 껍데기처럼"(「오후 4시의 희망」, 1987)

수직적 하강의 동사들: "우수수 떨어지는 노을"(「가을에」, 1980), "강(江) 속으로 곤두박질하며"(「새벽이 오는 방법」, 1981), "맑은 눈물 몇 잎을 뿌리면서 낙하(落下)하리라"(「쓸쓸하고 장엄한 노래여」, 1981), "황토빛 자갈이 주르르 넘어졌다"(「사강리」, 1981), "습습한 생의 경사들이 피난민들처럼 아우성치며 떠내려가는 것이 보인다"(「우중의 나이」, 1982), "우리 사이 협곡에 꽂힌 수천의 기억의 돛대"(「비가 2」, 1982), "송곳으로 서류를 뚫으며"(「종이달」, 1983), "나는 압핀처럼 꽂혀 있답니다"(「소리 1」, 1983), "한번 꽂히면 김도, 어떤 생각도, 그도 이 도시를 빠져나가지 못한다"(「오후 4시의 희망」, 1987), "낡아빠진 구두에 쑤셔박힌, 길쭉하고 가늘은/자신의 다리"(「여행자」, 1987), "술과 침이 가득 묻은 저/엎어진 망토"(「죽은 구름」, 1988), "그 긴 겨울을 견뎌낸 나뭇가지들은/봄빛이 닿는 곳마다 기다렸다는 듯 목을 분지르며 떨어진다"(「노인들」, 1988), "빗방울은 은퇴한 노인의 백발 위로 들이친다"(「그날」, 1989).

이상의 자료[3]는 기형도의 시가 처음부터 끝까지 공통된 심상의 권역

---

3) 여기에서 제시된 이미지들의 특성에 대해서는, '수직적 하강의 동사들'을 제외하면, 대부분 이미 다른 평자들에 해석된 바 있다. 여기에서는 단지 이 이미지들이 시간성을 초월하고 있는

속에 머물러 있었음을 보여준다. 그럼에도 불구하고, 초기와 후기 사이의 변화가 뚜렷이 감지된다면 그것은 무엇을 말하는 것일까?

간단히 말하면, 변하지 않은 것과 변한 것이 혼재되어 있다. 그러나 이 대답은 아무것도 설명하지 못한다. 이해를 위해서는 변함과 변하지 않음의 동시적 이유, 그것들의 공존의 양식이 밝혀져야 한다.

먼저, 변하지 않은 것부터: 위에 언급된 한결같은 이미지·비유·관점들은 심리비평가들이 항상적 주제 변이métaphores obsédentes라고 부르는 시의 바탕 세계를 이룬다. 얼핏 보아도 그 바탕 세계는 아주 부정적이다. 그리고 그 부정성은 단순히 상태의 부정성만을 뜻하는 게 아니라 행동의 좌절을 동시에 포함하고 있다. 전집 전체에 편재하는 수직적 하강의 동사들은 끝없는 추락, 아니 추락의 끝없음이 주체의 존재태 그 자체라는 것을 보여준다. 김현이 기형도의 시에서 "도저한 부정적 세계관"을 읽고, "누가 기형도를 따라 다시 그 길을 갈까봐 겁난다"고 쓴 것은 그 때문이다. 물론, 우리는 이러한 관점에 대한 아주 거센 항의의 목소리를 이미 들어 알고 있다. 기형도의 시 세계는 부정적 정황 사이로 긍정적 이미지들을 끊임없이 피워올렸으며, 그것은 "어머니와의 신비적 합일"로 되돌아가고자 하는 "무의식적 충동"(남진우)에 근거해 있다는 주장이다. 이러한 주장이 일리가 없는 것은 아니다. 그것은 상식적으로 그러하다. 아무리 극단적인 부정적 세계관이라도 생에 대한 긍정적 희원이 없이는 표명되지 못한다(그리고 김현의 해설이 그것을 부인하는 것도 아니다). 그러나 이 주장이 문학의 차원에서 설득력을 얻으려면 저 신비적 합일의 실내용을 보여줄 수 있어야 한다. 아쉽게도 남진우가 주

양상만을 읽으면 된다.

장의 근거로 인용하고 있는 시구들은 합일의 "결렬"을 보여주고 있다고 말할 수는 있지만 합일의 내용을 암시나마 한다고 말할 수는 없다. 「엄마 걱정」은 말 그대로 엄마가 부재하는 "빈방"의 체험을 보여주고 있을 뿐 엄마와의 행복한 합일에 대한 어떠한 기억도 암시하고 있지 않다. 게다가 이 시구는 어떠한가?

> 어머니 무서워요 저 울음 소리, 어머니조차 무서워요. 애야, 그것은 네 속에서 울리는 소리란다. 네가 크면 너는 이 겨울을 그리워하기 위해 더 큰 소리로 울어야 한다. 자정 지나 앞마당에 은빛 금속처럼 서리가 깔릴 때까지 어머니는 마른 손으로 종잇장 같은 내 배를 자꾸만 쓸어내렸다. 처마 밑 시래기 한줌 부스러짐으로 천천히 등을 돌리던 바람의 한숨. 사위어가는 호롱불 주위로 방 안 가득 풀풀 수십 장 입김이 날리던 밤, 그 작은 소년과 어머니는 지금 어디서 무엇을 할까?
>
> ―「바람의 집―겨울 판화 1」(101), 1988

이 시에 대해 남진우는 상세한 주석을 달고 있는데, 그 주석은 대체로 옳다. 이 시는 어머니의 떠남/어머니로부터의 벗어남의 의례를 그대로 보여주고 있다. 한데, 평론가는 그 결별/독립의 사건을 '낙원 상실'의 근거로 보고 있는데, 그러나 낙원 상실이 있으려면 먼저 낙원이 있어야 한다. 낙원은 어디에 있는가? 결별/벗어남의 이전 시간대가 낙원이라고 추정할 근거는 어디에도 없다. 차안이 지옥이라고 해서 피안이 극락이라고 누가 말할 수 있는가? 평론가는 이에 대한 보충 설명을 장을 바꾸어 내놓는다. 저 "사위어가는 호롱불"을 "어머니의 따스한 품"에서 타오르는 "신성한 불길"의 불씨에 대한 증거로 읽는 것이다. 그러나, 이것은 텍스트 바깥의 설명들(융의 정신분석을 포함한 신화비평류의)을 거의 도식적으로 텍스트에 적용한 외재적 해석이지 내재적 해석이 아니다. 물론 나는 외재적 해석이 옳지 않다고 말하는 것은 아니다. 다만, 외재적 해석이 의미를 가지려면 내적 구조가 그것을 받아들일, 아니 차라리 유인할 준비가 되어 있어야 한다.

물론 지옥을 그리는 자는 동시에 낙원도 창조하는 자이다. 모든 개념은 반대말을 통해서만 존재하니까 말이다. 하지만 이것은 평론가에 대해서는 적절하지만 시인에 대해서는 적절한 말이 아니다. 내가 말하는 것은 시인이 낙원을 말하지 않는 한, 그 추정적 낙원은 영원히 부재의 상태로, 무의 상태로만 존재한다는 것이다. 그리고 그것은 현실의 지옥과 추정적 낙원 사이에 영원한 빗장이 질러져 있다는 것을 의미한다. 시의 화자는 저 너머로 잠깐만이라도 건너갔다 올 수가 없다. 건너갔다 올 수가 없으니까, 거기에서 원조를 받기란 불가능하다. 그리고 그렇다면, 거기는 이미 낙원이 아니다. 신은 이곳에 결코 오시지 않을 것이다. 실로 여기에서 평론의 착종이 나온다. 평론가는 생의 약동의 흔적을 시인의 시에서 열심히 길어올리려고 하지만, 끊임없이, 그것도 꼼꼼히, 약동의 좌절의 표지들로 되돌아간다. 그의 글쓰기는 그가 긍정하는 것에 대한 부정으로 가득 차 있다(그리고 이 꼼꼼한 긍정의 부정에 남진우 비평의 미덕이 있다).

시를 꼼꼼히 읽으면 이 시의 세계가 상투적인 유년 신화(혹은 가족 소설)의 세계와 무언가 다르다는 것을 알 수 있다. 그 다름은 어머니와의 결별/독립의 집행자가 바로 어머니라는 데에 있다(대개는 아버지거나 나 자신이다). '나'는 이미 그것을 예감했는지 "어머니마저도 무서워요"라고 말한다. 어머니는 대뜸 그 말을 받아서 결별의 정당성을 '논'한다. 남진우가 적절히 풀이했듯이 어머니가 "무딘 칼끝으로 시퍼런 무를 깎"는 것은 그 "결별의 시각적 표상"이다. 무를 깎는 자는 어머니이며, 이 또한 어머니의 결별 집행을 '나'가 미리 예감하고 있음을 암시한다. 다른 시에서는 더욱 가혹하다. 똑같이 어머니에게 질문을 던지는 시,「폭풍의 언덕」의 한 대목:

어머니 왜 나는 왼손잡이여요. 부엌은 거대한 한 개 스푼이다. 하루종일 나는 문지방 위에 앉아서 지붕 위에서 가파른 예각으로 울고 있는 유지 소리를 구깃구깃 삼켜넣었다. 어머니가 말했다. 너는 아버지가 끊어뜨린 한 가닥 실정맥이야. (117)

에서 어머니는 나의 물음에 냉정하게 대꾸한다. 이 냉정한 대꾸는 앞 시의 어머니의 말이 기대는 윤리적 근거도 갖고 있지 않다. 어머니의 대꾸는 힐난에 가깝다. 꼭 힐난이 아니더라도 그것은 그냥 버림의 확인이자 실천일 뿐이다. 아들의 물음과 이 가차없는 버림 사이에 잠깐의 틈이 있다. 그 틈 동안에 "부엌은 거대한 한 개 스푼"이라는 환각과 문지방 위에 앉아 있는 나의 모습이 스쳐지나간다. 부엌이 거대한 스푼이라는 것은 부엌이 따뜻한 불씨의 장소가 되지 못하고 오로지 먹는 장소일 뿐이라는 것을 가리킨다. '나'가 문지방에 앉아서 "구깃구깃 삼켜넣"는 유지 소리는 부엌에서 엄마가 차려줄 음식은 먹거리가 아니라는 것을 뜻한다. 먹거리가 아니라면? 그것은 버림의 선언문[油紙]이거나 아버지의 죽음이 남길 뜻[遺志]이다(이 비유는 사실적 풍경과 약간 어긋난다. 여기에서 유지는 한옥에서 빗물이 드는 걸 방지하기 위해 기와 밑에 까는 기름종이를 가리킨다. 그런데 그 종이가 "예각으로 울고 있"다는 것은 집, 즉 가족 공동체의 위태로움에 대한 암시이지만, 그것을 삼킨다는 것에는 언어 놀이가 개입하고 있다. 즉, 애초에 은유(집)에 대한 제유로서의 유지가 별도로 독립적 은유가 되어 버림(받음)을 문서화(확정)하는 기능을 하는 것이다). 그렇다면, 이것은 어머니의 대꾸가 떨어지기 전에 '나'는 이미 버림을 운명처럼 받아들이고 있다는 것을 가리킨다.

그러니까, 버림 이전에 버림이 있었다. 그것은 어머니에 의한 결별/독립 이전에 나의 결별/독립이 있었다는 뜻이 아니라, 어머니의 그것에 대한 사전 수락이 있었다는 뜻이다. 세계가 그를 치기 전에 그가 먼저 세계의 칼날을 받아들이려 하였다. 여기에 와서 우리는 일기의 어느 모호한 대목을 이해할 수 있다.

> 개인이 스스로 가하는 능동적 전정은 스스로에게 일반적 마조히즘으로 작용되는, 일테면 '상쾌한 허무' 끝에 오는 '맑은 힘'을 사랑하는 가학성 변증 상태로서, 스스로의 관계 함정에서 벗어나오지 않는 한 전정 부분의 모든 기억이나 가치는 일시적이든 혹은 영구적으로 소멸되어진다.
> ―「참회록」(322), 1982년 6월 16일자 일기

이 대목을 위의 분석들과 연관시켜 생각하면 일기가 말하는 마조히즘이 무엇을 뜻하는가가 분명해진다. 그것은 자기 자신에 대한 자발적 처단을 뜻한다. 마조히즘을 가학성에 연결시키는 단어들의 불투명한 사용은 그 처단이 자발적이며 동시에 수동적이기 때문이다.

우리는 그것이 기형도의 실존적 선택의 문제가 됨을 알 수 있다. 문제가 된다? 왜냐하면, 그것이 실제로 실존적 선택이 된 것이 아니라, 선택의 강박관념에 시인이 시달렸기 때문이다. 그 선택이 왜 문제가 됐을

까? 적어도 그것이 무언가 이득을 제공하리라고 시인이 생각했을 것이라는 것은 의심의 여지가 없다. 자아가 이드의 충동을 포기함으로써 쾌락을 보존하듯이, 자발적으로 버림받음을 수락하는 것, 그리하여, 과거를 잘라내는 것이 과거를 보존하는 것보다 쾌락을 보존하는 데 도움을 줄 수 있다고 생각했으리라는 것이다. 그런데 그 생각의 동굴은 의외로 깊어 시인은 세상에 대해 고뇌하기에 앞서 선택에 고뇌하게 된다. '전정'의 일기 이전에 그는 이미 '마조히즘'의 보상력을 인지한다. 81년 3월 9일의 일기에서 그는

> 나의 외로움 그 가운데 있을 때, 내가 외롭지 않았을 때의 즐거움이나 쾌락에 대한 보상적 요소가 나의 외로움 속에 숨어 있다. 책이나 잠, 고민 등이 그것이며, 고통이 따르는 외로움의 보상은 인간에게 숨어 있는 마조히즘을 일깨운다. —「참회록」(314)

라고 쓴다. 이때 마조히즘이 쾌락의 보상을 가능케 하는 것은 외로움의 수락 덕택에 책이나 잠, 고민에 빠져들 수가 있기 때문이다. 그러나, 82년 6월 1일의 일기에 오면 시인은 그의 "마조히즘의 몽상"이 "끝없는 비상, 환상과 상상력 속으로 도피하는 〔자신의〕 백치의 모습"을 낳고, 결국 그를 "시시한 감상주의자"로 전락케 한다는 데에 한탄한다. 그것이 "운명을 기피하는 비등점도 등점도 아닌 상태의 안타까운 수액으로 떠돌"게 하고, 결국 그의 몽상을 "우울하고 음침한 북구의 〔……〕 몽상"에 그치고 말게 했던 것이다. 그리고 시인은 "다시 떠나든 잠들든 해야 할 때"임을 느낀다. 잠든다는 것은 무엇인가? 이제 그것은 더 이상 몽상의 세계로 빠져드는 것을 가리키지 않는다. 그것은 "무저항적 귀소 본능" 즉

죽음을 가리킨다. 그것은 몽상마저도 허용치 않는 죽음의 전면적인 수락을 의미한다. 그러나 물론 시인은 아직 죽지 않았으며 당연히 죽을 생각도 없다. 그래서 '떠난다.' 단, 그 떠남은 떠남의 일반적인 함의를 갖지 않은 떠남이다. 그것은 모험을 위한 떠남이 아니라 "무저항적 귀소본능"을 체현하는 떠남이 되리라.

이다음에 이어지는 일기가 앞에서 인용한 "능동적 전정"에 관한 일기이다. 능동적 전정은 그러니까 시인이 마조히즘이라고 명명한 것의 의미의 변전에 대한 일종의 결론으로서 제출된 것이다. 그 결론은 미묘하다. 한편으로는 능동적 전정이 집요히 강조된다. 다른 한편으로는 그것의 불가능성을 결국 인정하고야 만다. 능동적 전정에 대한 강조는 "상쾌한 허무"에 대한 기대(과거와의 단절을 통한) 속에서 나타난다. 그러나, 그가 얻은 결론은 그것이 결국 "환상 전정"에 불과했다는 것이다. 하지만, 그가 끊어버리려고 한 과거는 "그런데 꺾이지 않고 오히려 자가 동력으로 점점 살이 쪄오르는 가지들이 내게 보여준 실상은 내가 그토록 혐오했던 관계상의 믿음이나 관심같이 소중한 것들이었다."

청춘의 혼란기에 씌어진 일기라서 읽기가 불편스러울 정도로 오문이 많다. 얼핏 읽으면, 과거와의 단절은 불가능하며 과거와의 관계를 유지하는 것이 오히려 소중하다, 라는 뜻으로 읽힌다. 비록 이것이 친구들에 대한 얘기이긴 하지만 긍정주의자 비평가들이 유년 세계의 유의미성에 대한 간접적 증거로 활용할 만하다. 그러나, 아니다. 시인이 능동적 전정에 대해 한탄하는 이유는 그것이 "외형적 관계 단절로써 내면적 자기 감정 통제로 이어지는 무감각"으로까지 나아가지 못한다는 데에 있다. 즉 그는 능동적 전정을 81년의 마조히즘과 동의어로 사용하고 있으며 그가 목표로 하는 것은 '내면의 감정의 통제'이다. 거기에 이르는 수단인 전정은 부인된다 하더라도, 본래의 목표 자체는 여전히 시인의 끈질긴 의지를 이룬다. 또한, 시인은 관계의 회복의 문제에서 시간을 공간화한다. 즉, 그가 꿈꾸는 것은 과거적 관계의 회복이 아니라, 관계 그 자체이다. 그가 소중히 여기는 것은 '가지'이지 가지에 달렸던 열매가 아니다. 따라서 그 관계는 옛 관계의 부정과 새 관계의 확립을 선결적으로 요구하는 관계이다. 결국 시인의 실천적 결론은 바로 전의 일기에서 표명된 잠과 떠남의 동시성으로 귀결된다(시인은 이것을 "신데렐라 콤플렉스"라고 작명한다).

'전정'의 일기가 씌어진 82년은 습작기 및 초기 시의 영탄조와 과잉 수사학이 절정에 달했던 시기이다(덧붙이자면, 82년과 85년 사이는 초기와 후기가 혼잡하게 얽혀 있는 시기이다). 그렇다는 것은 일기의 전정과 시의 통시적 굴곡 사이에 밀접한 연관이 있음을 시사한다. 시인의 수사학적 놀이는 외형적 관계 단절의 시도들에 대응하며, 그것의 과잉은 그 시도의 실패에 대응한다. 수사학이란 은폐의 절차가 현시의 욕망을 불태우는 현상이자 방법론에 다름아닌 것이다.

상당히 긴 우회로를 거쳐(이 우회의 과정이 무의미했던 것은 아니다. 독자는 이 과정 속에서 시인의 부정적 세계관에, 아니 차라리 부정의 실천이라고 부를 수 있는 삶의 태도에 이르게 된 내력에 대해 알 수가 있었다), 우리는 시의 생장의 양태를 훑어볼 수 있게 되었다. 그 양태는 다음 세 문장으로 요약될 수 있다: 존재론적 단절은 일어나지 못한다. 반면, 그 단절에 대한 의지는 계속 강화된다. 그럼으로써 단절과 관계를 동시에 품은 새로운 형태의 시가 태어난다. 결과는 이중적이다. 단절의 실패는 시인이 한결같은 이미지 더미에 매달리게 된 까닭을 제공한다. 반면, 지속된 단절에의 의지는 그의 시가 변모하게 된 내력을 보여준다. 그는 변하지 못한 채로 변하게 되었다. 이 말을 시의 차원으로 옮겨보면 존재론적 단절을 하지 못한 채로 형태상의 무엇이 태어났다는 말이 된다. 그 무엇이 무엇인가. 그 무엇은 꺾꽂이다. 왜 그런가 하면, 한결같은 이미지 더미가 여전히 하반신을 이루면서 그 위로 새로운 '가지'가 붙었기 때문이다. 그 새로운 가지는 잘라내고자 했던 세계와의 다른 방식의 연결을 뜻한다.

> 자네가 보여준 믿음이나 우려는 정말 값진 것이므로, 너와의 가지는 나의 전정이 환상 그 밖으로의 소멸임을 내가 인식함으로써 톱날의 부위에서 벗어나야 함을 안다. ─「참회록」(324), 1982년 6월 1일

라는 마지막 전언은 문장이 정확하지 않은 채로 그것을 충분히 전달하고 있다. 문장이 정확하지 않은 부분은 "환상 그 밖으로의 소멸"이라는 부분이다. 이것은 나의 전정〔의 목표가〕 환상〔의〕 바깥으로의 소멸이라는 뜻으로 해석될 수도 있고, 나의 전정〔의 결과가〕 환상〔이라는〕 바깥으로의 소멸〔을 낳았다〕이라는 뜻으로 해석될 수도 있다. 전자로 해석할 때는 전정 자체가 부인되는 것이 아니라 전정의 장소가 문제가 된다. 후자로 해석하면 전정 자체가 문제가 된다. 그것이 무엇이든 "너와의 가지"가 새로운 방식의 연결임은 명백하다. 왜냐하면 그 가지는 그 이전의 교류가 "불만감"을 낳고 "자존심이나 교만이라는 습성적 바리케이드를 뚫지 못했음을 느"끼게 했기 때문이다. 또 하나 주목해야 할 것은 그 '가지'로 이어지는 두 존재는 "서로는 가장 비슷한 개별 언어 종족"이라는 점이다. 그러니까, 비슷하지만 이질적인 두 존재이어야 한다는 것이다.

그러니, 분명 이렇게 말할 수 있다. 시인의 존재론적 단절의 실패는

형태론적 꺾꽂이로 나아갔다고. 그런데 이 꺾꽂이를 통해서 시인은 개체적이고 독립적인 존재로부터 타자와의 공생적 존재로 나아간 것이다. 그 꺾꽂이의 주제학은 자기 안에 타자를 심기이다. 이것은 주체 바깥이 주체로 들어온 형상을 이룬다. 그러나 실제의 형상은 그 역구조가 될 수밖에 없다. 샴 쌍둥이가 아닌 한 두 존재가 한몸을 이루기란 불가능하기 때문이다. 그래서 개별자로서의 시인은 자신의 움직임이 자신을 타자에게 접붙이는 행위가 되기를 꿈꾼다. '잠'과 '떠남'의 동시성이 바로 그것이다. 그러니까 실제의 형상은 존재 결여를 실천함(잠)으로써 존재의 완성을 향해 가는 모습(떠남)으로 나타날 수밖에 없다.

2) 언어의 의미 생산의 층위에서

우리는 형태의 꺾꽂이가 시인의 실존적 선택이었다고 말할 수 있다. 그 꺾꽂이에 의해 그의 한결같은 이미지 더미는 성격과 기능을, 그리고 존재 양식을 완전히 달리하게 된다. 우선 이 선택은 생의 원천에 대한 부인의 선택이다. 이것은 당연히 어머니와의 상상적 세계에 머무는 선택이 아니며, 더 나아가 거세 콤플렉스도 아니다. 거세의 수락은 아버지의 그것을 둘러싼 소유의 변증법 속으로 주체가 참여하는 계기가 된다. 반면, 기형도의 선택은 소유의 변증법(인정 투쟁으로서의 삶)으로 들어가는 것을 애초에 포기하는 선택이다. 그것은 거세 콤플렉스가 아니라 부재 콤플렉스이다. 존재의 변증법(어머니의 남근이 '되겠다'는 욕망)과 소유의 변증법(아버지의 '남근'을 차지하겠다는 욕망)을 동시에 포기하는 것이 그 부재 콤플렉스의 의미이다. 이때 그의 항상적 이미지들은, 어떻게 변하겠는가?

부재 콤플렉스에 의해서 그의 이미지들은 어디로도 가지 못하고 그의 주변에서 맴돈다. 불쑥 튀어나갔다가도 되돌아온다. 그것들은 결정적인 어느 한계, 텅 빈 무에 부닥쳐 되튕겨지기 때문이다. 그 텅 빈 무를 지시하는 선명한 이미지가 "놀라운 공중(空中)"이다.

그렇게 가을도 가고 몇 잎 남은 추억들마저 천천히 힘을 잃어갈 때 친구여, 나는 그때 수천의 마른 포도 이파리가 떠내려가는 놀라운 空中을 만났다. 때가 되면 태양도 스스로의 빛을 아껴두듯이 나 또한 내 지친 정신을 가을 속에서 동그랗게 보호하기 시작했으니 나와 죽음은 서로를 지배하는 각자의 꿈이 되었네. 그러나 나는 끝끝내 포도밭을 떠나지 못했다. 움직이는 것은 아무것도 없었지만 나는 모든 것을 바꾸었다.

—「포도밭 묘지 1」(80~81)

우선 화자는 추억이 힘을 잃어갈 때 놀라운 공중을 만났다, 고 적었다. 그러니까 공중은 추억의 반대말이자 동시에 '힘 잃음'의 반대말이다. 그것은 추억이 주지 못한 힘을 준다. 그 힘은 무엇인가? 이어지는 진술은 그것이 "서로를 지배하는 각자의 꿈"과 동의어라는 것을 보여준다. 그것은 타자를 통해서 나의 에너지를 보존하는 것이다. 어떻게 그러한가? 나는 죽음을 꿈꾸고 죽음은 나를 꿈꾼다. 그래서 내가 본 것은 "수천의 마른 포도 이파리가 떠내려가는" 광경이다. 나는 죽음을 꿈꿈으로써 나를 보호한다. 그러니까 나는 실제로 죽어서 죽음 '너머로' 가는 것을 꿈꾸는 것이 아니다. 죽음을 꿈꾸긴 하지만 죽음 너머는 생각도 못한다. 나는 죽음을 장벽으로 되튕겨져 삶으로 되돌아온다. 나는 "끝끝내 포도밭을 떠나지 못했다." 그러니까 나는 움직이지 못했다. 그러나 움직이지 못했지만 모든 것을 바꾸었다. 죽음이 내게로 왔으니까 말이다. 그것이 내가 죽음을 꿈꾸듯이 죽음이 나를 꿈꾸었다는 말의 뜻이다. "참담했던 그해 가을, 그 빈 기쁨들"이라는 표현은 그래서 나온다. 참담했지만 기쁜 것이 아니라, 참담함으로써 빈 기쁨이다. 그 기쁨은 생의 기미를 발견한 자의 기쁨이 아니다. 그것은 '죽음'–'으로'–'사는' 자의 기쁨이다.

기형도의 후기 시에서 공중은 모두 되튕김을 야기하는 장벽이거나 텅 빔, 즉 무 그 자체이다. "두꺼운 공중의 종잇장"의 공중은 전자를, "고단한 달도 야윈 낯의 형상으로 공중 빈 밭에 힘없이 걸려 있다"(78)의 공중은 후자를 표상한다. 그 텅 빈 무에 의해 되튕겨지기 때문에 어떤 "아무리 빠른 예감이라도/이미 늦은 것이다 이미/그곳에는 아무도 없다." 이 되튕겨짐은 그런데 죽음으로 사는 삶을 낳았다. 그것이 어떤 삶인가? 싱싱하게, 즐겁게 살아 있는 듯이 보이는 현실적 존재들에게 재앙과 저주의 그림자를 드리우는 것? 아마 그럴 것이다. "이를테면 빗방울과 장난을 치는 저 거위는/식탁에 오를 나날 따위엔 관심이 없다." 그러나, "나는 안다, 가는 비……는 사람을 선택하지 않으며/누구도 죽음에게 쉽사리 자수하지 않는다"(65)는 것을. 아마 그럴 것이다? 아니다, 마지막 행은 그럼에도 불구하고 사람들은 죽음에게 쉽사리 자수하지 않을 것이라는 것도 시인이 알고 있다는 것을 보여준다. 그러니, "가는 비……는 사람을 선택(선별의 뜻이리라)하지 〔……〕 않는다"는 것을 내가 안다는 것이 무슨 의미가 있는가?

이 물음에 대한 대답을 잠깐 미루자. 우선은 죽음에 되튕겨져 세상으로 회귀하기 때문에 시인의 사물들이 어떻게 변하는가를 먼저 보기로 하자. 하나는 죽음의 자락에 휘감겨 혹은 텅 빈 무의 빛을 쐬어 모든 사물들, 풍경들은 철저히 흑백으로 변한다는 것이다. 이 흑백의 이미지는

나의 영혼은
검은 페이지가 대부분이다 ─「오래된 書籍」(47)

백색의 차량 가득 검은 잎들은 나부꼈다
나의 혀는 천천히 굳어갔다 ─「입 속의 검은 잎」(72)

처럼 색으로도 표현되기도 하지만, 대체로 색의 제거를 통해서 표현된다. 무슨 말인가 하면 가령,

金은 블라인드를 내린다, 무엇인가
생각해야 한다, 나는 침묵이 두렵다
침묵은 그러나 얼마나 믿음직한 수표인가
내 나이를 지나간 사람들이 내게 그걸 가르쳤다
김은 주저앉는다, 어쩔 수 없이 이곳에
한번 꽂히면 어떤 건물도 도시를 빠져나가지 못했다
김은 중얼거린다, 이곳에는 죽음도 살지 못한다
─「오후 4시의 희망」(51)

같은 시구에서, 인물의 형상을 철저히 제거하고(형상 묘사가 없을 뿐만 아니라, 형상 제거: "이곳에는 죽음도 살지 못한다") 동작·침묵·독백을 통해 냉혹하게 묘사하는 것, 그것이 정경의 흑백화이다. 형상이 부재함으로써 시에 남는 것은 딱딱한 형해(形骸)와 유령 같은 동작들, 떠도는 말들, 무거운 침묵만이 남는다. 이것은 '누아르'이다. 이것이 누아르라

는 것은 삶은 누아르이다, 라는 뜻이다. 삶이 누아르라는 것은 삶에는 색채, 다시 말해 형상이 없다는 뜻이다. 다음, 시인의 이미지들은 흑백으로 단일화되는 과정과 더불어 한 몸 안에 대립적인 두 개의 의미를 동시에 품는다. '죽음'—'으로'—'살기' 때문이다. 가령,

> 어둠 속에서 몇 개의 그림자가 어슬렁거렸다
> 어떤 그림자는 캄캄한 벽에 붙어 있었다
> 눈치챈 차량들이 서둘러 불을 껐다
> (……)
> 검은 잎들이 흘끔거리며 굴러갔다 　　— 「나쁘게 말하다」(42)

의 그림자는 위험한 그림자이면서(그래서 서둘러 차량들이 불을 끈다), 동시에 위험에 직면한 또는 위험에 떠는 그림자("어떤 그림자," 그리고 불 끈 차량, 흘끔거리는 검은 잎들도 어둠 속의 그림자가 된다)이기도 하다. 또한, "아아, 그때의 빛이여. 빛 주위로 뭉치는 어둠이여"(82)에서 빛은 어둠이고, "꽝꽝 빛나는, 이 무서운 백야(白夜)"(38)에서 백야는 가장 두꺼운 벽이다. "입 속의 검은 잎"도 마찬가지다. 내 입의 텅 빈 구멍은 "악착같이 매달린 검은 잎"이다. 「안개」 또한 그렇다. "곧 남들처럼/안개 속을 이리저리 뚫고 다닌다"의 안개는 숭숭 뚫린 분말성의 입자이지만, "순식간에 공기는/희고 딱딱한 액체로 가득 찬다"의 안개는 모든 것을 집어삼키는 거대한 액체이다. 자잘한 고체들은 거대한 액체이다. 이러한 의미의 동시성이 어떻게 가능한가? 모두가 흑백으로 환원되었기 때문이다. 그럼으로써 적과 동지가, 인식자와 존재자가, 일상인과 시인이 전부 하나같아졌기 때문이다.

여기에서 우리는 잠시 유보한 질문을 다시 만난다. 한 이미지가 두 개의 의미를 동시에 품는다는 것은 결국 주체 안에 주체와 타자가 동시에 들어선다는 것을, 즉 나와 죽음이 동시에 들어선다는 것을 뜻한다. 그리고 그렇다는 것은, 이 의미의 복수성이 역설적이게도 의미의 부재 혹은 죽음과 맞물려 있다는 것을 뜻한다. 느닷없이 생이 죽음의 의상을 입게 되기 때문이다. 저 의미의 복수성은 정감 혹은 사유의 수량적 풍요가 아니라 대극의 발생을 가리키는 것이며, 그 대극의 존재는 상대의 무화를 위해 기능한다. 대극은 저마다 상대에 대한 안개이다. '안개'는 한 시의 제목이라기보다 차라리 그의 시 전체의 상징이라고 할 만하다. 그「안개」를 다시 읽어보자.

3부 9연으로 구성되어 있는 이 시에서 1부는 우선 그 위치와 형태에 의해서 시 전체의 정경을 통어한다. 그 위치는 맨 앞에 놓인다는 것을 가리키며, 그 형태는 그것이 단 한 문장의 1행 1연으로 구성된 1부라는 것이다. 그 위치와 규모에 의해서 1부는 가장 밀도가 높은 시행이 된다. 즉 '첫머리'의 기능이 극대화되어, 이어지는 나머지 시행들을 압축하는 상징도의 역할을 한다는 것이다. 그 상징도에 이렇게 쓰여 있다.

아침저녁으로 샛강에 자욱이 안개가 낀다

이 문장은 문장 구성의 충분 요건을 거의 담고 있다. 때(아침저녁으로), 장소(샛강에), 주체(안개가), 동작(낀다), 방법(자욱이)이 다 들어 있는 것이다. 다만 까닭(왜)만이 빠져 있는데, 당연히 독자의 관심은 결여 쪽으로 움직인다. 왜 안개가 낀다는 것일까? 왜 화자는 이 말을 시의 앞머리에 두었나, 등등의 물음이 그 결여의 형태들이다. 나머지 시행들은 이 결여 위에서, 즉 그것을 지렛대로 하여 움직인다.

그러나, 이 질문들에 대한 대답이 그대로 시에 드러나는 것은 아니다. 문학은 모든 명제를 체험적으로 되풀이하기 때문에 질문 다음에 나오는 것은 그것의 구체화이거나 변주일 뿐이다. 2부는 7연으로 이루어져 있고 각각 7, 6, 6, 4, 5, 8, 6행으로 이루어져 있으며, 각 행은, 연들의 변주와 비슷하게, 음수에 미세한 변이를 보이며 가볍게 출렁인다. 게다가 문장들은 대부분 '~하다'체로 일관되어 있고, 틈틈이 '~고' 그리고 일탈의 내용을 되돌리는 '~만'의 연결 어미가 박혀 있다. 그러니까 2부 전체가 거의 단음조의 가락이며, 그렇다는 것은 2부의 복수 시행들이 1부 1행의 반영이라는 것을 가리킨다. 실제로 시의 내용들은 안개에 사로잡힌 읍(민)의 모습을 한결같이 전달한다.

그러나 이 모습들은, 즉 들린 자들의 행태는 말 그대로 단일하지 않다. 가령,

> 어떤 날은 두꺼운 공중의 종잇장 위에
> 노랗고 딱딱한 태양이 걸릴 때까지
> 안개의 軍團은 샛강에서 한 발자국도 이동하지 않는다.
> 출근길에 늦은 여공들은 깔깔거리며 지나가고
> 긴 어둠에서 풀려나는 검고 무뚝뚝한 나무들 사이로
> 아이들은 느릿느릿 새어나오는 것이다.

같은 구절에서 "깔깔거리며 지나가"는 "여공들"과 "느릿느릿 새어나오는" "아이들"은 동일하지 않을 뿐 아니라, 심지어 대립적이지도 않다. 그것들은 안개가 발생시키는 풍경의 얼른 연결이 되지 않는 두 가지 현

상이다. 물론 이 글들의 산문적인 해독이 그리 어려운 것은 아니다. "출근길에 늦은 여공들은 깔깔거리며 지나가고"는 젊은 처녀들만이 가질 수 있는 생기와 발랄함을 사실 그대로 지시하며, "아이들이 느릿느릿 새어나오는" 광경 역시 아침밥을 먹고 하나둘 길거리로 나오는 아이들의 모습을 있는 그대로 묘사한 것이다. 그러나, 이 사실적 묘사 안에는 다른 해석으로 난 여백들이 숭숭 뚫려 있다. "출근길에 늦은 여공들은 깔깔거리며 지나가고"를 사실 묘사의 차원에서 읽으면, 젊은이들은 삶의 열악한 조건을 충분히 이겨낼 수 있을 만큼의 활기를 스스로 가지고 있다, 는 꽤 상투적이고 긍정적인 뜻을 그 행이 포함하고 있는 것으로 볼 수 있다. 그러나, 다음 연의,

> 안개에 익숙하지 않은 사람들은 처음 얼마 동안
> 보행의 경계심을 늦추는 법이 없지만, 곧 남들처럼
> 안개 속을 이리저리 뚫고 다닌다. 습관이란
> 참으로 편리한 것이다. 쉽게 안개와 식구가 되고
> 멀리 송전탑이 희미한 동체를 드러낼 때까지
> 그들은 미친 듯이 흘러다닌다.
>
> 가끔씩 안개가 끼지 않는 날이면
> 방죽 위로 걸어가는 얼굴들은 모두 낯설다. 서로를 경계하며
> 바쁘게 지나가고

를 마저 읽고, 다시 생각하면, 그 시구는 앞에서의 그런 뜻이 아니라, 정반대로 여공들은 안개 속에 있을 때만 생기를 띤다, 는 뜻을 함의할

수도 있다. "느릿느릿 새어나오는" "아이들"의 묘사도 복합적 의미를 띠며, 그것은 앞의 '처녀들' 때보다 더 복잡하다. 무엇보다도 시행의 위치 때문이다. '처녀들'에 대한 묘사가 바로 앞 행 "안개의 군단(軍團)은 샛강에서 한 발자국도 이동하지 않는다"에 대응하고 있다면, '아이들'에 대한 묘사는 그 행에 대응하면서(처녀들에 대한 묘사와 대등절을 이루기 때문에) 동시에 처녀들의 묘사에 대응한다(그 두 모습의 이질성에 의해서). 전자의 측면에서 아이들의 묘사는 한편으로 자연스럽다. 안개에 사로잡혀 지배되어 있기 때문에 아이들의 움직임은 희미하고 느릿느릿하다. 그러나, 그 모습은 안개의 위력에 대해 새삼 놀람을 일으킨다. 지금은 안개가 풀리고 있는 중이 아닌가? 그런데도 여전히 아이들(발랄하기로 따지면 여공들보다 더할)의 동작은 잔뜩 주눅이 들어 있다. 게다가, 아이들의 움직임은 "새어나오는" 것으로 묘사된다. 그것은 마치 안개가 스며 퍼지는 모양을 환기시킨다. 앞 행의 가지들이 "풀려나는" 것은, 어휘적으로 안개가 '풀리는' 것에 조응한다. 하지만, 그 풀려나오는 가지들은 어떤 활기를 가지지 않고 "검고 무뚝뚝"할 뿐이다. 안개의 위력에 지배되고 있기 때문이다. 그리고 아이들의 '새어나옴'은, 가지들의 '풀려나옴'과 대립하면서, 안개에 동화되고 마는 분위기를 전달한다. 결국, "노랗고 딱딱한 태양" → "풀려나(오)는 검고 무뚝뚝한 가지들" → "새어나오는 [아이들]"로 이어지는 상황의 변주는 안개로부터 벗어나는 움직임이 그 자체로 안개 상황으로 환원되고 마는 과정이 된다.

후자의 측면에서, 즉 '여공들 묘사'에 대비해본 아이들의 묘사의 해석 가능성도 복합적이다. 우선, 그것은 독자에게 어떤 어색함, 혹은 호기심을 불러일으킨다. 왜냐하면, 고정관념에 근거하자면 여공들보다 아이들이 더 "깔깔거"려야 할 것 같고, 여공들이 더욱 처지고 "느릿느릿"해야 될 듯하기 때문이다. 이 어색함을 그대로 받아들일 때 여공들의 깔깔거림은 실체 없는 소리로서 기능한다. 여기는 안개가 낀 지역이기 때문이다. 그것은 활기찬 생명의 소리가 아니라, 유령의 소리다. 흐릿한 시야 저편 어딘가로부터 난데없는 웃음소리가 이 차갑고 무뚝뚝한 공간을 뒤흔든다. 그것은 섬뜩한 공포를 불러일으킨다. 반면, 저 어색함을 어색하지 않게 받아들일 때는, 여공들의 깔깔거림과 아이들의 느릿느릿한 새어나옴 사이에는 '그러나'라는 대조 접속사가 끼여들게 된다. 즉, 여공들은 깔깔거리며 지나가지만, 아이들은 느릿느릿 새어나온다. 다시 말해, 처녀들이 보여준 생기는 잠시일 뿐(지나가다), 이 공간의 존재들은 모두 안개에 사로잡힌다.

그런데 이 시행들은 한 겹을 더 가지고 있다. 이 시행들은 묘사인가? 왜냐하면, 이 시행들을 하나의 문장으로 닫는 마지막 어사가 "것이다"이기 때문이다. 그것은 이 한 문장이 같은 연의 앞 문장에 대한 설명으로 제시된 것임을 보여준다. 이것은 묘사가 아니라, 까닭을 담고 있는 진술이다. 그러나, 실제로 제시된 문장의 내용은 있는 그대로의 묘사이다. 까닭은 의문 덩어리로만 이루어져 있다.

결국 2연은 전부 세 겹으로 이루어져 있으며, 각 겹은 저마다 두 개의 면을 가지고 있다. 그 세 겹을 바깥에서부터 열거하면, 묘사/진술의 층위, 경쾌함/무거움의 층위(깔깔거림과 느릿느릿), 그리고 반대 구문/대등 구문의 층위(깔깔거리지만/깔깔거리고)가 그것들이다. 그리고 이 세 겹은 인과율적 연관을 가지고 있지 않다. 그것들은 저마다의 이중성으로 상대 층위의 이중성에 작용한다. 의미 생산의 잠재적 풍요는 여기에서 나온다. 그러나, 원래 의미의 무한은 의미의 부재와 사실상 동의어이다. 사실상 기형도의 시는 이 다양한 해석 가능성들에 결코 현실태를 부여하지 않는다. 그것은 1부 1연 1행의 결정적인 결여(왜)를 하나 감추고 있는 완성태의 문장으로 환원되어버린다. 그의 시는 의미의 잠재적 복합성과 의미 생산의 정지 사이에 얼어붙어 있다.

    그 속으로
    식물들, 공장들이 빨려들어가고
    서너 걸음 앞선 한 사내의 반쪽이 안개에 잘린다.

의 시구는 그로테스크하다. 그로테스크는 의미의 반쪽 면을 의미의 영원한 부재로 막아버리기 때문이다.
    의미 생산의 잠재 복수성은 의미의 무화와 맞물려 있다. 그렇기 때문에, 독자가 탐색해나갈 '왜'의 정체는 결코 드러나지 않는다. 그것은 부재로서 현존한다. 무의미로서만 의미하는 것이다. 1부 1연 1행의 문장은, 그러니까, 그냥 하나의 요건이 결여된 문장이 아니다. '왜'는 대답 없는 사건이고, 문장은 그 결여를 결여 그 자체로서 제시하는, 즉 결여로서 완성된 문장이다. 그리고 어떤 시행도 거기에서 벗어나지 못한다. 다만, 거기에서 벗어나려는 무수한 동작들이 다시 그 무덤 속에 파묻히는 광경을 목격할 뿐이다. 생의 궁극적인 의미 혹은 이유, 즉 '왜'는 암흑 속에 있다. 생의 의미뿐이랴? 이러한 정황을 두고 죽음이라고 이름 붙인다면 죽음의 이유도 똑같이 암흑 속에 있다. 죽음을 명명하는 행위, 그것은 생의 절차이고, 죽음에서 까닭과 미래를 캐는 행위이다. '왜'가 영원히 결핍된 곳에서는 죽음은 단지 하나의 즉자적 사건일 뿐이다. "바로 곁을 지난 삼륜차는 그것이/쓰레기 더미인 줄 알았다고 했다. 그러나 그것은/개인적인 불행일 뿐, 안개의 탓은 아"닌 것이다. 죽음뿐이 아니다. 심지어, 탈현실의 순간조차 거기에서는 무의미의 재확인만을 제공한다. "가끔씩 안개가 끼지 않는 날이면/방죽 위로 걸어가는 얼굴들은 모두 낯설다."

3부가 1부와 마찬가지로 1연으로 구성되면서 복수의 행으로 구성되어 있는 것은, "안개의 성역(聖域)"을 벗어날 수 있는 무수한 경우의 수들을 반영하면서, 그것들의 무차별적 동화를 보여준다. "누구나 조금씩은 안개의 주식을 갖고 있"는 것이다. 그러니, "여공들의 얼굴은 희고 아름다우며/아이들은 무럭무럭 자라(지만)" "모두들 공장으로 간다." 안개를 생산하는 무차별의 공장으로.

이렇다는 것, 즉, 모든 차별을 무차별화하고, 모든 일탈을 중성화시키는 이 공간, 혹은 이 세계 인식은, 김현이 적절히 지적한 것처럼 그것은 철저한 "자기 존재의 모습에 대한 앎"만을 가능케 한다. 바로, 가는 비⋯⋯는 사람을 선택하지 않으며, (그럼에도) 사람들은 누구도 죽음에게 자수하지 않는다는 것을 알게 한다. 세상이 죽음에서 벗어나지도 못하며, 죽음이 세상에 대한 저주가 되지도 못하는 것을 아는 것, 이것이 무슨 소용이 있는가?

그 소용은 시 안에 없다. 그것은 시 밖에 있다. 바로 그러한 시인의 앎을 읽는 독자에게 있다는 말이다. 어쨌든 독자는 시인과 더불어 그것을 알게 되지 않겠는가? 그리고 시인처럼 그도 삶과 죽음의 동시적 어려움을 알지 않겠는가? 또한 그리고, 죽은 시인과 달리 산 독자는 스스로 깊은 명상에 빠져들고 말지 않겠는가? 무거운 침묵과 무서운 고뇌의 명상 속으로. 그러니까 주체 안에 주체와 죽음을 동시에 들어서게 하는 시의 내적 구조는 바로 주체 밖에 시의 중심을 위치시키는 시의 효과에 반향한다.

3) 존재태의 층위에서

필경, 이것은 시인의 존재태에도 반향한다. 이광호가 날카롭게 포착해냈듯이, 기형도 시의 또 하나 두드러진 특징은 나와 그의 분화이다. 어느새 나는 내 밖에 낯선 그를 세워놓는다. 왜 그러한가? "죽음을 건조하게 묘사한 그의 많은 시편들에서 시적 화자는 관찰자 혹은 보고자의 자세를 취한다"(「묵시(默示)와 묵시(默視)」, 『환멸의 신화』, 민음사, 1995, p.96). 그 '그'는 실은 "대상화된 나"이다. 그리고 바로 앞의 논의를 상기한다면, 그 '그'는 타인들과의 구별이 사라진 '나'이다. 그러니까 나는 나 밖에 나를 세워 나를 그로 만들고 세상은 그를 통해 나 안으로 들어온다. 이 양상을 나는 굳이 예를 들어 분석하지 않으려 한다. 지금까지의 분석만으로 독자는 충분히 그 양태를 혹은 그 진위를 재볼 수 있을 것이다.

5

이로써 기형도 시의 내재 구조가 그의 죽음의 외적 반향에 적절히 상응한다는 가설이 어느 정도 밝혀진 셈이다. 그 비밀은 다소간 예기치 않은 곳에 있었다. 형태론적 꺾꽂이 혹은 흡지(吸枝), 그것은 타자를 주체 안에 넣는 행위 자체가 그대로 주체를 저의 바깥에 세우는 행위로 전화된다는 구조적 특성에 있었다. 그것은 오직 기형도만이 만들어낸 시의 존재태이다. 그 존재태는 그의 시를 순수-텍스트로 살게 하고, 또한 그럼으로써 사후의 그에 대한 열광을 가능케 한 원천이 되었다. 시인은 죽음으로써 타자 옆에 살고, 독자는 삶으로써 죽음 안으로 들어갈 통로를 그 시가 연 것이다. 순수-텍스트는 본래 고정된 장소와 확정된 부피를 갖지 못한다. 그러나, 그의 순수-텍스트는 놀랍게도 작품 안에 자리잡았다. 작품으로서 순수-텍스트가 되었고, 순수-텍스트로서 작품을 이루었다. 그 존재 방식 또한 시의 내적 구조에 그대로 반향한다. 그는 사후의 영광을 누릴 만한 시인이었다.

〔문학평론가/1999〕

삶의 어둠과 영원한 청춘의 죽음
―기형도의 시

오생근

1

1989년 3월의 어느 날 새벽, 시인 기형도는 만 29세의 한창 나이에 그를 아끼는 많은 사람들에게 충격과 슬픔을 안겨준 채 홀연히 세상을 떠났다. 만 30세가 되려면 아직 1년쯤의 시간이 남아 있는 나이였지만, 그럼에도 그가 그 나이에 세상을 떠난 것은, 그것이 아무리 우연적인 죽음이라도, 마치 30세 혹은 30대로 넘어가는 삶을 거부하겠다는 결연한 의지의 결과처럼 보였다. 물론 30대가 된다고 해서 '늙은 사람'이 되는 것은 아니다. 그러나 사람이란 누구나, 특히 20대의 젊은이들은 30대가 되면서부터 육체와 정신이 늙는다고 생각한다. 그런 점에서 기형도는 누구보다 '늙은 사람'이 되기를 싫어했던 시인이다. 그것은 그의 시 「늙은 사람」의 늙은이가 혐오의 대상으로서 "딱딱한 덩어리처럼" "공원 등나무 그늘 속에 웅크린" 모습과 "탐욕스런 눈빛"으로 묘사되는 것에서도 알 수 있다. 이 시의 화자는 "나는 혐오한다, 그의 짧은 바지와/침이 흘러내리는 입과/그것을 눈치 채지 못하는/허옇게 센 그의 정신과," "내가 아직 한 번도 가본 적 없다는 이유 하나로/나는 그의 세계에 침을 뱉고/그가 이미 추방되어버린 곳이라는 이유 하나로/나는 나의 세계를 보호하며/단 한 걸음도/그의 틈입을 용서할 수 없다"고 단호하게 말한다. 이처럼 그는 노인의 욕망과 경직성, 그의 기력이 쇠잔한 육체, 긴장을 상실한 무기력한 정신 등에 예민한 적대감을 표현하는 것이다. 그는 그러한 노인의 세계를 이해하고 싶지 않기 때문에 "그의 세계에 침을 뱉고," 자신은 결코 노인이 되지 않겠다는 듯한 태도를 보인다. 그것은 마치 인간의 운명적인 노인성 전염병이 퍼져나가는 세상에서 자기만은 그것에 감염되지 않겠다는 순진한 젊은이의 의지와 같다. 그리하여 화자는 그와 같은 노인을 추방하고 "그의 틈입"을 차단하기 위해 자신의 세계를 철저히 방어하는 태도를 취한다. '늙은 사람'에 대한 거부와, 늙음에 대한 젊은이의 결벽증적 자기 방어는 노인들이 나뭇가지들에 비유되는 「노인들」에서 겨울이 지나고 봄이 와도 "부러지지 않고 죽어 있는 날렵한 가지들은 추악하다"고 표현하는 것으로 이어진다. 시인은 사람이 아름답게 늙을 수 있다거나, 아름다운 노년도 가능하다는 것까지는 생각하지 않고 있는 것이다. 이때 시인에게 중요한 문제는 늙지 말아야 하는 일이고, 늙지 않기 위한 최선의 방법은 젊어서 죽는 길이다. 이런 관점에서 기형도의 죽음은 늙음이 틈입할 수 없게 영원히 젊음의 문을 닫아두려는 무의식적 의지가 실현된 것과 같다.

그리하여 『입 속의 검은 잎』이 그의 유고 시집으로 간행된 이후, 그는 이승에서의 나이가 20대의 한끝에서 정지된 젊은 시인으로서 젊은 독자들이 끊임없이 찾아 읽고, 공감하는 시인 중의 한 사람이 되었다. 20대의 푸른 나이에 삶의 종지부를 찍은 시인은, 비록 그의 육체적 삶은 소멸되었을지라도, 젊은 독자들의 영혼 속에 영원히 젊은 모습으로 각인되어 살아 있게 된 것이다. 시대를 넘어서 고뇌하는 젊은이들이 자기 동일시의 감정을 느끼는 청춘의 시인으로서 그는 윤동주를 연상시킨다. 윤동주 역시 29세의 아까운 나이에 세상을 떠났고 『하늘과 바람과 별과 시』라는 유고 시집을 남겼다. 윤동주와 기형도가 문학사에서 차지하는 비중이 어떻게 비교될 수 있을지는 모르겠지만, 두 사람 모두 20대의 시인으로서 문학에 젊음을 바쳤고, 저마다 자기의 시대에서 자신이 감당할 수 있는, 그러나 지탱하기는 어려운 가장 무거운 고통과 어둠의 아픈 의식을 시적으로 표현한 시인들이었다. 물론 두 시인 사이에는 같은 점보다는 차이점이 더 많을 것이다. 한 사람이 식민지 시대의 억압 속에서 그 사회 체제에 저항하는 정신을 서정적 언어로 표현하였다면, 다른 한 사람은 자본주의 시대와 도시화의 시대에 개인의 고립과 절망을 참담한 비극적 언어로 담아내었기 때문이다. 또한 식민지 시대의 지식인 시인은, 싸워야 할 적이 분명했고, 쟁취해야 할 목표가 뚜렷했던 시대에 살면서 그의 자아는 순수하고 의식이 투명하여, 자신의 시대를 어둠으로 파악하면서도 그 어둠을 넘어서는 희망은 강렬했을 것으로 보인다. 그러나 80년대 자본주의 시대의 시인은 비록 그 시대가 군사 정권의 억압적 상황과 지배 아래 있었다 하더라도 싸워야 할 적이 하나만이 아니었고, 싸움의 방식도 간단한 것이 아니었기에 그의 내면적 의식 속에서 시대적 불안과 죽음의 징후, 개인의 실존적 고통에 압도당하여, 어두운 절망의 언어를 벗어나지 못한 것이다. 「대학 시절」의 시구절을 인용해 말하자면 기형도는 총성이 울리는 교정에서 플라톤을 읽었고, "목련 철이 오면 친구들은 감옥과 군대로 흩어졌고/시를 쓰던 후배는 자신이 기관원이라고 털어놓았"던 혼란의 시대에 "몇 번의 겨울"을 보내면서 "외톨이"가 되었다는 것이다. 이러한 고립감은 마치 미로의 방황 끝에 삶의 의미와 목표와 희망을 상실한 자가 도달한 출구 없는 상황에서의 외로움과 같다.

기형도가 희망을 노래하기는커녕 얼마나 희망에서 멀리 떠나 있었던 시인인가를 보여주는지는 그가 「정거장에서의 충고」에서 "미안하지만 나는 이제 희망을 노래하련다"고 쓰면서도 결국은 절망을 노래할 수밖에 없었던 구절에서 확인되는 사실이다. 희망을 노래하지도 않고, 희망에 기대지도 않는 시인은 어둡고 우울한 내면과 황량하고 쓸쓸한 삶, 회상하고 싶지 않은 과거의 추억, 추억에 대한 경멸, 암담한 미래의 예감 등으로 그의 시를 어둡게 물들일 수밖에 없었다. 희망을 포기한 시인의 삶은 "희망을 포기하려면 죽음을 각오해야 하리"(「植木祭」)라는 시구처럼, 죽음을 의식하게 된다. 그 죽음은 젊음의 한복판에 있다. 젊음의 죽음을 산 그는 영원히 젊지 않은 시인이었지만, 우리 기쁜 젊은 날을 노래하며 청춘에 집착한 젊은 시인이 아니라, 삶의 공허와 무의미를 일찍부터 통찰하여 절망하면서 "나는 일생 몫의 경험을 다 했다"거나 "나는 이미 늙은 것이다"라는 비극적 인생관을 서슴없이 진술한 젊은 시인이었다. 그러나 그러한 삶의 무의미와 부조리, 죽음에 대한 실존적 인식 역시 젊은 시인의 특성임을 부인하기는 어렵다. 사랑의 기쁨과 삶의 환희를 노래하는 것이 젊은 시인다운 점이라면, 고통스러운 삶과 죽음의 세계를 누구보다 예민하게 포착하여 절망하는 것도 타협하거나 안주하지 않는 젊은 시인의 순수한 모습이다.

2

　절망적인 삶과 어두운 존재의 비의를 누구보다 일찍 간파한 시인의 시적 풍경을 지배하는 것이 어둠의 시간과, 어둠의 색깔이라는 것은 당연해 보인다. 그처럼 어둠의 이미지는 그의 시 도처에 산재해 있다. "긴 어둠에서 풀려나는 검고 무뚝뚝한 나무들"(「안개」), "가장 햇빛이 안 드는 곳"(「專門家」), "이 밤, 빛과 어둠을 분간할 수 없는/꽝꽝 빛나는, 이 무서운 白夜"(「白夜」), "어두운 차창 밖에는 공중에 뜬 생선 가시처럼/놀란 듯 새하얗게 서 있는 겨울 나무들"(「鳥致院」), "어둠 속에서 몇 개의 그림자가 어슬렁거렸다"(「나쁘게 말하다」), "나는 어둡고 축축한 세계에서/아무도 들여다보지 않는 질서" "나의 영혼은/검은 페이지가 대부분이다"(「오래된 書籍」), "검고 마른 나무들" "검은 외투를 입은 그 사람들" "검은 건물들"(「어느 푸른 저녁」), "어슴푸레한 겨울 저녁"(「추억에 대한 경멸」), "어둠 속에서 중얼거린다"(「길 위에서 중얼거리다」), "석탄 가루를 뒤집어쓴 흰 개" "밤 도시의 환한 빌딩"(「물 속의 사막」), "저녁의 정거장에 검은 구름은 멎는다"(「정거장에서의 충고」), "눈은 퍼부었고 거리는 캄캄했다"(「기억할 만한 지나침」), "검은 외투를 입은 중년 사내 혼자"(「가수는 입을 다무네」), "내 입 속에 악착같이 매달린 검은 잎"(「입 속의 검은 잎」), "어둑어둑한 여름날 아침" "어두운 방"(「그날」) 등. 어둠에 대한 이런 편향은 그의 시 전체를 어둡게 채색하고 있다고 말할 만큼 빈번히 발견된다. 위에서 인용한 예문들은 그의 시 전체를 대상으로 하여 이끌어온 것들이 아니고, 『입 속의 검은 잎』 중에서 1부만을 한정시켜 본 것이지만, 2부와 3부의 시들과 함께 『사랑을 잃고 나는 쓰네』와 새로 찾아낸 미발표 시들까지 포함한다면, 그것은 너무나 많아 열거할 수 없을 정도이다. 시인은 왜 이처럼 어둠과 밤을 선호하는 것일까?

어둠은 시인에게 싸우고, 극복해야 할 대상이 되기도 하지만, 대체로 친숙하고 편안한 시간과 공간으로 나타난다. 그에게 어둠은 존재와 사물을 은폐하기보다 그것들의 깊이와 새로움을 드러나게 해주기 때문이다. "공기는 푸른 유리병, 그러나/어둠이 내리면 곧 투명해질 것이다, 대기는/그 속에 둥글고 빈 통로를 얼마나 무수히 감추고 있는가!"(「어느 푸른 저녁」)는 어둠이 사물을 투명하게 인식시키고, 대기에 감춰져 있던 '통로'들을 드러나게 해주었음을 보여준다. 물론 "가끔씩 숨이 턱턱 막히는 어둠에 체해"(「病」) 화자가 고통과 불편함을 표현하는 경우도 있고, 밤이면 "누구나 아득한 혼자"가 되어, "문득 거리를 빠르게 스쳐가는 日常의 恐怖"(「노을」)에 전율하는 경우도 있다. 그러나 밤과 어둠의 시간은 시의 화자가 "아득한 혼자"가 되어 뼈저리게 사무쳐오는 외로움을 확인시키는 동시에, '그대'를 향한 그리움을 일깨우는 시간이 되어 있는 것이다. "단 하나의 靈魂을 준비하고 발소리를 죽이며 나는 그대 窓門으로 다가간다. 〔……〕 그대는 아주 늦게 창문을 열어야 한다. 불빛은 너무 약해 벌판을 잡을 수 없고, 갸우뚱 고개 젓는 그대 한숨 속으로 언제든 나는 들어가고 싶었다"(「바람은 그대 쪽으로」). 이처럼 '그대'의 창문으로 다가가, "그대 한숨 속으로" 들어가고 싶은 그리움과 사랑의 은밀한 욕망은 어두운 박명의 시간에 절실하게 솟아오르는 감정이다. 여기서 '그대'가 누구를 가리키는지는 중요하지 않다. 중요한 것은 어둠 속에서 외로운 자아가 절실히 그리워하는 사람이 존재한다는 사실이다. 그것은 특정한 사람이 아니라, 근원적인 그리움의 대상으로 볼 수도 있다. 그리움이 떠오르는 어둠은 또한 추억의 시간이다. 그러나 기형도의 시에서 추억의 세계가 각별히 아름답고 화사하게 그려지는 경우는 드물다. "너무 어두워지면 모든 추억들은/갑자기 거칠어진다"(「10월」)에서처럼 추억은 어둠과 함께 혼돈스러운 형태로 나타난다. "축축한 안개 속에서 어둠은/망가진 소리 하나하나 다듬으며/이 땅 위로 무수한 이파리를 길어"(「植木祭」) 올리듯이 시인은 희망과 절망의 교체 속에서 풍성하지 않고 연약한 추억의 '이파리'들을 일궈내기도 하는 것이다. 어둠은 그렇게 추억을 불러오지만, 그 추억은 아름답고 평화로운 느낌 속에서 정돈된 형태로 찾아오지 않고, 「그 집 앞」의 시구처럼 "쉴 곳을 잃"어버린 방황과 슬픔 속에서 상실감으로 다가온다. 추억의 그림에는 슬픔과 회한이 서려 있다.

어둠 속에서 떠오르는 추억은 대체로 '아주 먼 옛날' '그해 늦봄' '그해 가을' '그해 겨울' '어느 늦은 겨울날 저녁' 등 구체적인 시간이 아니라 막연히 지나간 시간을 가리키는 부사로부터 이끌려 온다. 추억의 시간은 현실의 정확한 시간과는 다른, 모호하고 불투명한 시간이다. 지나간 시간이 그렇게 표현되는 것은 화자에게 시간보다도 추억이 환기시키는 정신적 상황과 기억의 풍경이 더 중요하게 보이기 때문이다. 그러니까 「포도밭 묘지 1」에서의 화자는 "주인은 떠나 없고 여름이 가기도 전에 황폐해버린 그해 가을"로 시작하면서 "어둠은 언제든지 살아 있는 것들의 그림자만 골라 디디며 포도밭 목책으로 걸어"오고 있었음을 이야기하는 가운데, 그 당시의 어둡고 황량하고 쓸쓸했던 정신적 상황을 암시한다. 또한 이어서 화자가 "가을도 가고 몇 잎 남은 추억들마저 천천히 힘을 잃어갈 때"라고 쓸쓸하게 말하는 것은 결국 추억의 나무가 풍성한 나뭇잎과 탐스러운 열매를 맺지 않고, 늦가을의 나뭇잎 몇 개 안 남은 초라하고 헐벗은 상태임을 드러내준다. 그러한 추억의 주제를 보여주는 시들 중에서 어린 시절의 가족과 관련된 사연을 담은 시에 관심의 범위를 좁혀보자.

　기형도의 시에서 가족과 관련되는 어린 시절의 추억은 밝은 빛의 행복한 풍경을 그리기보다 대체로 어둡고 우울한 색조로 나타난다. 어린 시절의 어두운 가족의 풍경은 그의 시가 전반적으로 보여주는 어둠의 편향과 일치되는 것이면서, 동시에 그 어둠의 근원을 밝히는 중요한 근거가 되기도 한다. 어둠의 근원이 되는 요소는 시인의 어린 시절에 형성된 불행의 기억과 연결된다. 그 시들은 『입 속의 검은 잎』에 수록된 「물 속의 사막」「위험한 가계·1969」「집시의 시집」「나리 나리 개나리」「바람의 집」「삼촌의 죽음」「너무 큰 등받이의자」「폭풍의 언덕」「엄마 걱정」과 『사랑을 잃고 나는 쓰네』의 「달밤」과 「제망매가」 등이다. 그 시들 중에서 시인의 어린 시절 중풍으로 쓰러진 아버지가 중심적으로 나타나는 「물 속의 사막」과 「위험한 가계·1969」만을 분석의 대상으로 삼아보자.

　우선 「물 속의 사막」은 "밤 세시, 길 밖으로 모두 흘러간다 나는 금지된다"로 시작하면서 한밤중에 단절과 고립을 느끼는 화자의 정황을 표현한다. 여기서 계절은 장맛비가 퍼붓는 여름처럼 보인다. 화자는 창밖에 내리는 장맛비를 바라보면서 예전에 "장마통에 집을" 버리고 떠난 흰 개를 연상하고, 이어서 돌아가신 아버지의 모습을 떠올린다.

　　장마비, 아버지 얼굴 떠내려오신다
　　유리창에 잠시 붙어 입을 벌린다
　　나는 헛것을 살았다, 살아서 헛것이었다

우수수 아버지 지워진다, 빗줄기와 몸을 바꾼다
아버지, 비에 묻는다 내 단단한 각오들은 어디로 갔을까?
번들거리는 검은 유리창, 와이셔츠 흰빛은 터진다
미친 듯이 소리친다, 빌딩 속은 악몽조차 젖지 못한다
물들은 집을 버렸다! 내 눈 속에는 물들이 살지 않는다

―「물 속의 사막」 부분

어두운 창밖의 빗줄기와 함께 떠오른 '아버지'는 실패한 삶을 살아 회한이 많은 사람처럼 혹은 유령처럼, "나는 헛것을 살았다, 살아서 헛것이었다"고 말하고는 곧 사라진다. '아버지'가 빗줄기와 더불어 나타났으므로 화자는 비를 향해 "내 단단한 각오들은 어디로 갔을까?"라고 묻는다. 그것은 아버지가 삶의 희망과 의지를 일깨우는 존재이기는커녕, 오히려 실의와 좌절을 안겨주는 존재였음을 암시한다. 그러니까 아버지가 나타나는 모습은 악몽과 같다. 그러나 악몽은 밖에서 내리는 비와 다르게 젖지 않은 상태로 지속된다. 악몽이 물기에 적셔졌으면 가라앉거나 사라질 텐데, 그렇지 못한 것이다. "물들은 집을 버렸다! 내 눈 속에는 물들이 살지 않는다"는 마지막 행은 이 시의 앞쪽에 "흰 개는/그해 장마통에 집을 버렸다"는 구절과 유사성을 보이면서 '물이 없는 집'과 '눈물이 없는 눈'의 황폐한 내면적 상황을 서술하고 있다. 아버지는 그리움의 대상으로 떠오르지 않고, 음울한 악몽의 모습으로 나타나고 있는 것이다.

또한 「위험한 가계·1969」는 화자의 아버지가 중풍으로 쓰러진 후 가난과 불화로 점철된 집안의 어두운 분위기를, 시적 긴장으로 표현한 뛰어난 산문시이다. 다시 말해, 이 작품은 우울한 가족적 서사가 빠르고

경쾌한 서정적 시각 속에서 응축되어 나타난다. 이 시에서 집안의 분위기를 결정지으면서 시적 전개의 분기점을 이루는 사건은 '아버지의 쓰러짐'이다. 그것은 이 시를 여는 첫 문장에서 확인되는 사실이다. 첫 문장의 "그해 늦봄 아버지는 유리병 속에서 알약이 쏟아지듯 힘없이 쓰러지셨다"는 것은 '그해 늦봄'에 아버지가 중풍으로 쓰러졌다는 것과, 아무리 약을 쓰고, 병간호를 해도 아무런 효과가 없었다는 두 가지 사실을 동시에 함축한 표현이다. 이렇게 펼쳐지는 이 시의 시간적 상황은 "그해 늦봄"이 되기 전과 후로 나뉜다. 모두 6장으로 구성되어 있는 이 시에서 늦봄이 되기 전의 상황은 2장과 4장에서 보여지고, 늦봄 이후의 상황은 1장을 포함하여 3장과 5장, 6장에서 이어진다. 다시 말해서 이러한 시간적 상황은 A → B → A → B → A → A로 전개되어 있는 것이다. 이처럼 시간적 흐름이 진행하고 역행하는 구도 속에서 화자의 관점은 일정한 거리를 유지한 채, 다시 말해서 감상의 흔적을 보이지 않은 채 자신의 목소리를 포함하여 모든 가족들의 대화를 빠른 속도로 겹쳐놓아 가족 구성원의 개인적 입장과 가족의 전체적 상황과의 연결과 갈등의 관계를 긴장된 분위기 속에서 짐작하게 한다. 이 흐름 속에서 아버지가 쓰러지기 전과 쓰러진 이후의 가족적 풍경은 극도로 대비된다. 가령, 쓰러지기 전의 아버지는 "농장의 목책을 훌쩍 뛰어넘으며" 닭을 돌보는 일을 하거나 다정한 모습으로 아들에게 꽃 모종을 하자고 제안을 하는 젊은 모습으로 그려진다. 화자인 아들은 그러한 "아버지의 팔목에 매달려" 휘파람을 불기도 하고, 어머니는 칼국수를 만들어 식사 준비를 한다. 가족이 가장 행복했던 것으로 추측되는 초봄의 분위기는 이처럼 정겹고 화목하게 묘사되어 있다. 또한 4장에서의 아버지는 "지나간 날들을 생각해보면 무엇 하겠느냐. 묵은 밭에서 작년에 캐다 만 감자 몇 알 줍는 격이지"라면서 과거에 연연하는 일이 얼마나 부질없는 일인가를 현명하게 일깨우는 모습을 보인다. 그는 밭에서 천천히 걸어나오면서 "나는 이렇게 쉽게 뽑혀지는구나"라는 시적 표현의 여유를 보이기도 한다. 아버지는 마치 농경제 사회의 한 가장처럼 가부장적 권위와 질서의 중심적 위치에서 근면하고 지혜로운 어른으로서 아내와 자식으로부터 존경과 사랑을 받는 모습으로 묘사된다. 이것은 아버지가 얼마나 건강하고 근면한 사람이었으며, 동시에 사려 깊고 이해심이 많은 사람이었는지를 확연히 보여주는 요소들이다. 그러한 사람이 중풍으로 쓰러져 육체가 경직되고, 입이 마비된 것은 결국 살아 있는 죽음의 모습을 보여주는 것에 다름 아니다. '아버지의 쓰러짐' 이후 집안 형편이 계속 악화되어가는 일이 서술되는 흐름에서, 5장의 어린 화자는 학교에서 공부를 잘하여 월말고사의 상장을 받았지만, 그것을 누구에게도 자랑할 만한 집안의 분위기가 아니었으므로 그것을 종이배로 만들어 개천에 띄워버렸음을 말한다. 이것은 앞부분에서 밝은 모습을 보였던 것과 대비되어 소년의 고독과 절망이 극도로 심화되었음을 보여주는 사건으로 해석된다. 그런 후 이 시의 마지막 6장은 이렇게 서술된다.

그해 겨울은 눈이 많이 내렸다. 아버지, 여전히 말씀도 못하시고 굳은 혀. 어느 만큼 눈이 녹아야 흐르실는지. 털실 뭉치를 감으며 어머니가 말했다. 봄이 오면 아버지도 나으신다. 언제가 봄이에요. 우리가 모두 낫는 날이 봄이에요? 〔……〕 아주 추운 밤이면 나는 이불 속에서 해바라기 씨앗처럼 동그랗게 잠을 잤다. 어머니 아주 큰 꽃을 보여드릴까요? 열매를 위해서 이파리 몇 개쯤은 스스로 부숴뜨리는 법을 배웠어요. 아버지의 꽃모종을요. 보세요 어머니. 제일 긴 밤 뒤에 비로소 찾아오는 우리들의 환한 家系를. 봐요 용수철처럼 튀어오르는 저 冬至의 불빛 불빛 불빛.

—「위험한 가계·1969」부분

이 시는 봄에서 시작하여 이처럼 겨울로 끝나는 시간적 흐름을 보여준다. 초봄에 활기차게 일을 하던 아버지는 늦봄에 갑자기 쓰러지셨는데, 여름과 가을이 지나고 겨울이 되어도 그의 "굳은 혀"는 풀리지 않고 있다. 이 시 전체에서 보이듯, 가장의 병환으로 가난한 집의 아이들은 아버지를 원망하거나 집안에 대해 불만스러운 말을 털어놓기도 하지만, 어머니는 한 번도 실망하거나 짜증스러운 빛을 보이지 않는다. 어머니는 줄곧 아버지의 회복을 믿고, 그 회복을 위해서 모든 고통과 희생을 감수한 사람으로 표현된다. 그 어머니를 생각하며 아들은 추운 밤에 "이불 속에서 해바라기 씨앗처럼 동그랗게 잠을 잤다"고 말한다. 어머니를 위하는 어린 아들의 따뜻한 마음이 어쩌면 이렇게 아름답고 깊은 의미로 표현될 수 있을까? 놀라울 정도이다. 아들의 생각은 어머니에게 앞으로 자라서 해처럼 밝고 둥글고 큰 해바라기가 되어 어머니를 기쁘게 하겠다는 다짐으로 보인다. 그리하여 "제일 긴 밤 뒤에 비로소 찾아오는" 밝은 날은 "용수철처럼 튀어오르는 저 冬至의 불빛"과 같은 것으로 묘사된다. 제일 긴 밤은 동짓날의 밤인데, 그처럼 길고 추운 날 밤의 불빛이 어둠을 뚫고 "용수철처럼 튀어오르"는 것으로 형상화되어 이 시는 기형도의 시에서는 참으로 드물게 아름다운 희망의 꿈을 그리는 것으로 마감된다. 그러나 그 희망의 밝은 빛은 기형도의 전체적인 시적 어둠에 비해서 광도가 약하다. 그것은 자체적으로는 밝지만, 상대적으로는 밝지 못한 것이다. 결국 이 시는 시인의 어린 시절을 어둡게 만든 근원에 '아버지의 쓰러짐'이라는 사건이 절대적이었음을 보여준다.

3

　기형도는 집 안에서 누워 몽상을 즐기는 시인이라기보다 집 밖의 길에서 배회하는 길의 시인이자 도시의 시인이라고 말할 수 있다. 그 길이 화자의 유년 시절과 함께 기억되는 동네의 골목길이건, 성년의 화자가 목적 없이 배회하는 황량한 도시의 길이건, 길은 어둠과 함께 중요한 시적 공간을 형성하고 있다. 그러나 그것은 시인이 혼자서 생각에 잠겨 걷는 한적한 숲 속의 오솔길도 아니고, 사랑하는 이와 함께 손잡고 거니는 행복한 산책로도 아니다. 그 길은 "검고 마른 나무들"(「어느 푸른 저녁」)이 늘어서 있는 을씨년스러운 길이거나, "엎질러진 것이 가난뿐인 거리"(「흔해빠진 독서」)처럼 헐벗고 황량한 길이며, "어디선가 굶주린 구름들"(「길 위에서 중얼거리다」)이 몰려오는 어둡고 음산한 길이다. 그 길은 보행자가 안심하고 거닐 수 있는 안전하고 합리적인 길도 아니다. 그러니까 「정거장에서의 충고」에서처럼 "의심 많은 길들은/끝없이 갈라"져 가는 것이다. 그 길에서 화자는 "어디론가 가기 위해 걷고 있는 것이 아니다"(「가는 비 온다」)라고 진술하기도 한다. 그처럼 목적 없이 걷는 길이니까 길을 걷는 화자는 보행의 주체가 아닌 셈이다. 길이 이끄는 대로 발걸음을 따라 걷다 보니 보행의 주체는 사람이 아니라 길이고, 거리인 셈이다. 그러니까 화자는 "너무 많은 거리가 내 마음을 운반했구나"(「가수는 입을 다무네」)라고 탄식하거나, "나를 끌고 다녔던 몇 개의 길을 나는 영원히 추방한다"(「그날」)고 원망하며 '나'를 부르던 길을 거부하는 의지를 표명하기도 하는 것이다. 그러나 그 의지는 화자의 단호한 결심을 표현하는 것이라기보다 행위에 수동적이었던 사람이 자신의 행위를 이끌었던 어떤 능동적인 주체에게 확고한 자신도 없이 투정 부리듯, 한번 던져보는 말처럼 힘이 없어 보인다. 때로는 그 길 위로 비가 오거나 눈이 내리기도 한다. 이럴 때 사람들은 눈이 내리는 길은 얼마나 아름다울까 생각한다. 그러나 기형도의 시에서 눈 내리는 거리는 낭만적이지도 않고, 환상적이지도 않다. "눈은 퍼부었고 거리는 캄캄했다/ 움직이지 못하는 건물들은 눈을 뒤집어쓰고/희고 거대한 서류 뭉치로 변해갔다"(「기억할 만한 지나침」)는 표현은 주목할 부분이다. 눈 내리는 도시의 건물 풍경을 이처럼 "희고 거대한 서류 뭉치"로 딱딱하게 표현하는 시인이 누가 또 있을 것인가. 기형도는 관공서를 닮은 그 건물의 황량하고 쓸쓸한 모양에서 관료적이고 비인간적인 '서류 뭉치'를 연상하고 있는 것이다. "도시에 전쟁처럼 눈이 내린다"로 시작하는 「도시의 눈」은 눈 내리는 풍경을 비인간적이고 살벌한 전쟁에 비유하기도 한다.

눈 내리는 도시의 풍경이 아늑하고 평화롭게 그려지지 않는 것은 시인의 눈과 마음이 우울하게 닫혀 있기 때문이다. 시인은 도시에 내리는 눈에 대해서 어린아이처럼 감동하지 않는다. 그는 기껏해야 눈발을 바라보면서 "저 눈발은 내가 모르는 거리를 저벅거리며/여태껏 내가 한 번도 본 적이 없는/사내들과 건물들 사이를 헤맬 것이다"(「진눈깨비」)라고 자신의 떠도는 마음을 흩날리는 눈과 동일시할 뿐이다. 그러한 동일시에서 시인의 사념은 더 발전하여 눈 내리는 풍경 속에 자리 잡은 어린 날의 기억을 떠올리게 된다. 그러나 그 기억은 결코 상투화된 눈 내리는 날의 풍경처럼 화자가 어린 시절에 뛰어놀던 기억으로 연결되지는 않는다.

내린다 진눈깨비, 놀랄 것 없다, 변덕이 심한 다리여

> 이런 귀가길은 어떤 소설에선가 읽은 적이 있다
> 구두 밑창으로 여러 번 불러낸 추억들이 밟히고
> 어두운 골목길엔 불 켜진 빈 트럭이 정거해 있다
> 취한 사내들이 쓰러진다, 생각난다 진눈깨비 뿌리던 날
> 하루 종일 버스를 탔던 어린 시절이 있었다
> 낡고 흰 담벼락 근처에 모여 사람들이 눈을 턴다
> 진눈깨비 쏟아진다, 갑자기 눈물이 흐른다, 나는 불행하다
> 이런 것은 아니었다, 나는 일생 몫의 경험을 다 했다, 진눈깨비
>
> ―「진눈깨비」부분

시의 화자는 진눈깨비가 흩날리는 날 밤에 집으로 돌아가면서 떠오른 여러 가지 추억과 상념을 이야기한다. 그 기억 속에 "진눈깨비 뿌리던 날/하루 종일 버스를 탔던 어린 시절"이 삽입되어 있다. "하루 종일 버스를 탔던" 기억은 결코 행복한 기억이랄 수 없다. 왜 하루 종일 지루하게 버스를 타야 했는지는 알 수 없지만, 그 기억에 뒤이어서 자신의 의지와 상관없이 눈물이 흐르고, 화자는 자신의 처지를 불행하다고 생각하게 된다. "나는 일생 몫의 경험을 다 했다"는 것이 그러한 불행의 원인인지 결과인지는 분명하지 않다. 다시 말해서 젊은이가 보통 사람이 일생 동안 겪는 경험을 짧은 시간에 다 했기 때문에 불행하다는 것인지, 지금까지 살아온 자신의 삶이 불행함으로써 그것이 "일생 몫의 경험을" 다 한 것이나 다름없다는 것인지는 단정하기 어렵다. 그러한 해석의 모호성을 야기한 것은 시간적이거나 논리적인 접속사가 생략되어 있기 때문이다. 그러나 시적 서술의 흐름에서 "불행하다"는 진술 다음에, "나는 일생 몫의 경험을 다 했다"는 문장을 근거 삼아 본다면, 화자의 "불행하

다"는 자기 인식이 결국 미래에의 기대나 희망을 포기하게 되어 "일생 몫의 경험을 다 했다"는 과장된 언사를 표명하게 된 것으로 해석할 수 있다. 그러니까 결국 젊은 화자의 정신을 어둡게 짓누르고 있는 것은 불행한 삶의 의식이라는 것이 분명해진다.

목적지 없이 거리를 방황하는 화자의 심리와, 불행하다는 생각에 사로잡혀 집으로 돌아가는 화자의 마음은 별로 다를 것이 없다. 집에서 밖으로 나오거나, 밖에서 집으로 들어가거나 쓸쓸한 환멸과 우울한 상념은 크게 다르지 않다. 어떤 의미에서 도시를 배회하는 삶은 여행자의 삶이라고 말할 수 있다. 그러나 여행자에게서 연상되는 일상으로부터의 탈출, 자유로움, 경쾌함, 낯설고 새로운 삶의 발견, 정신과 육체의 건강함 등은 기형도의 '여행자'가 보여주는 모습과는 거리가 멀다. "그는 말을 듣지 않는 자신의 육체를 침대 위에 집어던진다"로 시작되는 「여행자」에서 '화자'는 마치 자신의 육체를 힘들게 끌고 다니는 짐처럼 생각한다. '그'에게는 육체가 부담스러운 존재처럼 느껴지듯이, 마음의 상태 또한 전혀 가볍지가 않다. "마음속에 가득 찬, 오래된 잡동사니들이 일제히 절그럭거린다"는 두번째 행에서 알 수 있듯이, 마음속의 잡다한 생각들은 여행자의 발걸음을 가볍게 할 수도 없고, 새로운 풍경을 새롭게 바라보게 하지도 못한다. 그는 여행 속에서도 자유로울 수가 없는 것이다.

그는 탄식한다. 그는 완전히 다르게 살고 싶었다. 나에게도 그만한 권리는 있지 않은가
모퉁이에서 마주친 노파, 술집에서 만난 고양이까지 나를 거들떠보지도 않았다

중얼거린다. 무엇이 그를 이곳까지 질질 끌고 왔는지, 그는 더 이상 기억도 못한다
   그럴 수도 있다. 그는 낡아빠진 구두에 쑤셔박힌, 길쭉하고 가늘은
자신의 다리를 바라보고 동물처럼 울부짖는다. 그렇다면 도대체 또 어디로 간단 말인가!
―「여행자」 부분

이 시에서 '그'는 여행자이면서 동시에 여행자가 아니다. 참다운 여행자가 되려면, 아무리 목적 없는 여행이라도 여행자가 여행의 주체가 되어, 여행을 계획해야 한다. 그러나 이 시의 '그'는 "무엇이 그를 이곳까지 질질 끌고 왔는지" 알 수 없다고 말한다. 그는 여행의 주체이기는커녕, 마치 피곤한 여행길에 끌려다니는 개처럼 자신을 표현하는 것이다. 물론 그가 여행의 주체가 되고 싶지 않았던 것은 아니다. "그는 완전히 다르게 살고 싶었다"는 것은 주체적인 삶으로서의 여행을 그가 꿈꾸고 열망했음을 보여주는 구절이기 때문이다. 그러나 현실은 그것을 가능하게 하지 못한다. 현실은 그에게 주체적인 삶의 여행을 불가능하게 할 뿐 아니라, 편하게 쉬고 꿈꾸는 시간을 허용하지도 않는 듯하다. 그리하여 화자가 "동물처럼 울부짖"으며, "도대체 또 어디로 간단 말인가!"라고 외치는 것은 개처럼 끌려가는 자신의 삶을 탄식하는 절망의 소리와 다름없다. 길은 이처럼 희망의 길도 아니고 새로운 삶의 발견으로 이어지는 길도 아니며, 일상의 굴레로부터 벗어날 수 있는 탈출의 길도 아니다. 그러한 길이 사방에 뚫려 있는 도시가 자유의 공간일 수 없는 것은 자명한 일이다. 그 길과 마찬가지로 기형도에게 도시는 사람의 소통을 자유롭게 하고 삶의 변화를 꿈꾸게 하는 공간이 아니라 방황과 좌절로 점철된 단절의 공간이다. "어쩔 수 없이 이곳에／한번 꽂히면 어떤 건물

도 도시를 빠져나가지 못했다"(「오후 4시의 희망」)에서 알 수 있듯이 도시의 폐쇄성과 경직성은 무서움이 느껴질 정도이다. 그 도시에서 화자에게 자유롭게 취할 수 있는 것은 바람뿐이라는 비유가 가능한 것은 그런 이유 때문이다. 그러한 도시는 "불빛 가득 찬 황량한 都市"이며, "밤 깊어 얼어붙는 도시"(「겨울, 우리들의 都市」)이고, "출구를 알 수 없는/ 거대한 도화지"(「거리에서」)의 도시이다. 도시는 결코 따뜻하고 열려 있는 공간이 아니라, 이처럼 폐쇄적이고 황량한 부정적 공간으로 그려진다.

4

기형도는 젊은 나이에 죽은 시인이지만, 살아 있는 동안 누구보다 죽음을 의식하고, 죽음의 문제를 깊은 탐색의 대상으로 삼은 시인이었다. 우리가 앞에서 의식적으로 시와 죽음에 관련된 어둠의 시들을 주목하였듯이 죽음의 주제는 시를 삶의 구원으로 생각했던 시인에게 무엇보다 절실한 문제였다. 김현은 『입 속의 검은 잎』의 해설(「영원히 닫힌 빈방의 체험」)에서 기형도의 시 전체가 죽음의 문제와 관련 있음을 주목하는 한편, 기형도의 시적 미학에 '그로테스크 리얼리즘'이란 이름을 붙이고 싶다고 말한다. "그의 시가 그로테스크한 것은, 그런 괴이한 이미지들 속에, 뒤에, 아니 밑에, 타인들과의 소통이 불가능해져, 자신 속에서 암종처럼 자라나는 죽음을 바라다보는 개별자, 갇힌 개별자의 비극적 모습이, 마치 무덤 속의 시체처럼 ─ 그로테스크라는 말은 원래 무덤을 뜻하는 그로타에서 연유한 말이다 ─ 뚜렷하게 드러나 있다는 데에 있다"

고 김현은 말한다. 나는 김현이 기형도에게서 "죽음을 바라다보는 개별자, 갇힌 개별자의 비극적 모습"을 보고 그것이 그로테스크한 이미지로 표현되었다는 것에는 동의하지만, 그렇다고 그의 시를 '그로테스크 리얼리즘'의 미학이라고 명명하는 견해에는 동의하고 싶지 않다. 바흐친이 말하는 '그로테스크 리얼리즘'의 개념은 기형도의 시보다 최승호의 시에 더 적합한 것으로 생각되기 때문이다.(이 점에 대해서는 최승호의 시를 비평한 「사막의 도시와 그로테스크 시학」에서 충분히 설명하였다.) 그러나 김현이 기형도의 시에서 죽음의 운동성을 보고, "죽음만이 망가져 있지 않은 시인의 유일한 꿈"이라고 해석한 것은 옳다. 김현과 다르지 않게 시와 죽음의 의미를 관련시켜 설명하는 작업의 연결 선상에서, 정과리는 「죽음, 혹은 순수 텍스트로서의 시」에서 "기형도에게 죽음은 의미의 종말이 아니라 의미의 시원"이었으며 기형도 시의 미학적 장소는 "그의 작품들에 있지 않고 그의 시들과 그의 죽음 사이에 가로놓여 있음을 알려준다"고 말한다. 결국 기형도에 대한 이러한 비평들은 그의 시와 죽음의 의미가 얼마나 밀착해 있는지를 보여주는 예들이다.

실제로 기형도는 그의 시적 진술에서 죽음에의 의지를 드러내거나 죽음의 풍경을 그리는 경우가 많았다. 우선 「장밋빛 인생」이란 시에서 인생을 찬미한다는 표현과는 정반대로 "나는 인생을 증오한다"고 씌어진 마지막 시구는 단순히 삶에 대한 혐오의 감정을 담고 있기보다 단호한 죽음에의 의지를 드러낸 표현으로 보인다. 시인은 그러한 의지의 시선으로 삶에서의 죽음 혹은 죽음의 분위기를 포착한다. 「어느 푸른 저녁」에서의 화자는 죽음의 현상과 분위기를 예감하면서 "모든 움직임은 홀연히 정지하고, 거리는 일순간 정적에 휩싸이는" 상태에 "보이지 않는 거대한 숨구멍 속으로 빨려 들어가듯" 하는 순간을 "조심해야 한다"고 말한다. 그러한 죽음의 분위기는 죽음의 구체적 형태로 대상화되기도 한다.

> 구름으로 가득 찬 더러운 창문 밑에
> 한 사내가 쓰러져 있다, 마룻바닥 위에
> 그의 손은 장난감처럼 뒤집혀져 있다
> 이런 기회가 오기를 기다려온 것처럼
> 비닐 백의 입구같이 입을 벌린 저 죽음 —「죽은 구름」부분

죽음은 이렇게 어떤 감정의 동반 없이 사물처럼 객관화되어 있다. 죽음은 삶과 대립되는 것으로 신비화될 필요가 없다. 죽은 남자는 살아 있을 때 '미치광이' 취급을 받았고, "동정심 많은 부인들"의 동정을 받기도 한 사람이다. 그의 죽음을 바라보며 화자는 "비닐 백의 입구같이 입을 벌린 저 죽음"이라고 말한다. "비닐 백"이 값싼 물건을 연상시킨다는 점에서 그 죽음은 귀중하고 존엄스러운 인간의 삶과는 정반대되는 모습이다. 화자는 냉정하고 무관심한 어조로 죽음을 이야기한다. 그것은 죽음에 관심이 없다는 것이 아니라 죽음이 아무렇지도 않게 느껴질 만큼 익숙해 있다는 의미로 해석된다.

「흔해빠진 독서」의 화자는 "휴일의 대부분"을 "죽은 자들에 대한 추억"으로 보낸다고 하면서 타계한 저자들의 책을 읽고 생각에 잠기게 되는 일을 "죽은 자들에 대한 추억"이라고 말한다. 죽은 자의 영혼을 생각하는 다음의 시에서 시인은 죽음을 이렇게 명상한다.

> 보아라, 쉬운 믿음은 얼마나 평안한 산책과도 같은 것이냐 어차피 우리

모두 허물어지면 그뿐, 건너가야 할 세상 모두 가라앉으면 비로소 온갖 근심들 사라질 것을. 그러나 내 어찌 모를 것인가. 내 생 뒤에도 남아 있을 망가진 꿈들, 환멸의 구름들, 그 불안한 발자국 소리에 괴로워할 나의 죽음들.
―「이 겨울의 어두운 창문」 부분

죽음은 '망우리'라는 공동묘지의 이름처럼 "삶의 온갖 근심들 사라"지게 한다. 그렇다면 왜 화자는 "내 생 뒤에도 남아 있을 망가진 꿈들, 환멸의 구름들"을 걱정하는 것이며, "나의 죽음들"이 왜 "그 불안한 발자국 소리에 괴로워"한다는 것인가? 그것은 죽음에 대한 모순된 인식으로서 죽음을 의식하면서도 죽음에 쉽게 함몰되지 않으려는 의지의 반영일 것이다. 다시 말해서 죽음이 모든 근심을 사라지게 한다는 것은 죽음과 삶을 대립시키고, 삶 이후의 죽음이라는 전후 관계에서 파악되는 인식인데, 기형도에게 죽음은 이렇게 이분법적으로 간단하게 파악되는 것이 아니다. 삶 속의 죽음이라거나 죽음 속의 삶을 생각하는 사람에게 죽음은 삶과 중복되어 시인은 모순된 인식을 드러낼 수밖에 없다. 기형도에게 죽음은 어디까지나 삶 속의 죽음이지, 죽음 이후가 문제되는 종교적이고 초월적인 죽음이 아니다. 그러니까 그는 죽음 후의 삶, 내세의 삶에는 관심이 없는 것이다.

삶 속의 죽음이라는 명제는 「포도밭 묘지 1」에서도 확인된다. "때가 되면 태양도 스스로의 빛을 아껴두듯이 나 또한 내 지친 정신을 가을 속에서 동그랗게 보호하기 시작했으니 나와 죽음은 서로를 지배하는 각자의 꿈이 되었네"에서 화자와 죽음은 이렇게 대립하고 갈등한다. 그러다가 시인은 자신을 무덤 속에 밀어넣기도 한다. "어느 궂은 날은 죽은 꽃 위에 잠시 머물다 흘러갔으므로/나는 일찍이 어느 곳에 나를 묻어두고/

이다지 어지러운 이파리로만 날고 있는가"(「植木祭」)는 바로 그러한 예를 보여주는 시이다. "나를 묻어"둔다는 것은 결코 삶이 마감된 죽음의 무덤을 염두에 둔 표현이 아니다. 그의 데뷔작 「안개」 역시 삶과 죽음이 혼합되어 있는 풍경을 보여준다. 이 시에서 죽음의 분위기를 연상시키는 안개는 삶을 가리고, 자라는 아이들의 모습을 감추는 부정적 현상이다. 그러나 사람들은 안개에 익숙해져서 안개 속을 자유롭게 이동하며, 안개의 존재를 특별히 의식하지 않게 된다. 이것은 죽음에 익숙해져서 죽음을 의식하지 못하고 사는 사람들의 삶을 비유한 것으로 보인다. 그러니까 "가끔씩 안개가 끼지 않는 날이면/방죽 위로 걸어가는 얼굴들은 모두 낯설다"는 진술은 사람들이 얼마나 죽음에 길들여져 있는지를 반어적으로 표현한다. 중요한 것은 죽음에 길들여지는 일이 아니라, 죽음을 의식하고 죽음을 극복하려는 노력일 것이다. 이러한 죽음은 대체로 삶을 은폐하는 것이지만, 죽음이 "假面을 벗는 삶"(「겨울·눈·나무·숲」)이 될 수도 있다. 이 경우 죽음은 적나라한 삶의 본질과 같은 것이 된다. 다시 말해서 죽음은 삶이며, 삶의 진실이 될 수도 있는 것이다.

   기형도의 시에서 죽음은 이처럼 여러 가지 모습으로 변형되어 나타난다. 그것은 구체적인 개별자의 죽음으로부터 생명의 삶을 침식하는 반생명적인 형태에 이르기까지, 혹은 삶에 드리운 죽음의 그림자에서부터 삶의 본질을 드러내는 모습으로 다양한 죽음의 의미와 형태를 보여주었다. 기형도는 죽음의 세계 앞에서 낯설어하거나 두려워하지 않고, 그 세계를 직시하였다. 이러한 죽음에의 시선과 의식에서 각별히 주목되는 것은 그가 죽음의 세계를 다양하게 보여주되 한결같이 죽음의 세계에서 당황하며 방황하지 않고, 죽음을 의식하는 어떤 의식적 긴장을 드러낸다는 점이다. 죽음에 대한 의식적 긴장은 결국 시적 긴장으로 연결되어,

그의 시를 낭만적 우울의 차원으로 떨어지게 하지 않고, 허무주의적 감상의 세계로 돌아가게 하지도 않는다. 그러니까 죽음을 바라보는 시인의 의식은 그 반대편에서 삶을 의식하는 정신과 팽팽하게 맞물려 그의 시를 긴장된 힘으로 살아 있게 한다고 볼 수 있다. 이러한 의식으로 기형도는 그의 시를 통해 죽음을 맞이할 준비를 하였다. 그에게 죽음은 노년의 죽음이 아니라 청춘의 내밀한 깊이에서 생성된 죽음이다. 그런 죽음을 보여준 점에서 그의 시는 죽음을 두려워하지 않는 젊음의 시라고 말할 수 있다. 그것은 죽음을 바라보면서도 공포에 질린 표정으로 움츠러들지 않고 오히려 영원한 젊음의 얼굴로 웃고 있는 시인의 모습을 떠올리게 한다.

〔문학평론가/2001〕

경악의 얼굴
── 기형도론

이성혁

1

많은 문학청년들이 시대와 문학의 엉킨 운명과, 변혁 운동에의 문학의 복무를 통한 정치적 문학의 가능성에 대해 심각히 생각하고 있었을 80년대의 막바지 1989년, 기형도의 첫 시집이자 유고 시집인『입 속의 검은 잎』이 발간되었다. 박노해와 백무산, 브레히트와 김남주의 시를 읽어나가던 문학도들에게 기형도라는 한 시인의 죽음과 그의 유고 시집은 이상한 울림으로 다가왔다. 그리고 기형도의 죽음과 그의 시에 깔려있는 죽음의 상징을 연결시킨 김현의 시집 해설은『입 속의 검은 잎』의 시편들에서 죽음에의 예감을 찾도록 이끌었다. 투쟁의 시를 찾으며 어두운 세상을 비출 빛을 찾던 문학청년들은 기형도 시가 그 반대의 더욱 더 어두운 것, 즉 '검음'을 탐사하고 감지하고 있다는 것을 느꼈다. 그들은 낮에 노동시를 읽고 이에 대해 동료들과 토론하였지만, 밤에는 혼자 기형도 시를 읽어나갔다. 그러나 '변혁에 복무하는 문학'이란 구호가 어느덧 문학청년들의 가슴을 사로잡지 못하게 되자 그들은 이제 대낮에 기형도의 시집을 손에 들고 다니게 되었다. 더 나아가 기형도의 시가 자신들의 어두운 무의식을 비추어주는 거울이라고 여긴 문학청년들은 이젠 자신의 어두운 무의식을 바라보는 것에 열중하기 시작했다. 그래서 그들은 기형도를 사랑하게 되었다. 그것은 지금 자신들이 죽어가고 있다는 것을 바라보며 사랑하는 일이었다.

그리하여 기형도의 시는 하나의 신화가 되었다. 메두사의 신화. 기형도의 시는 페르세우스의 방패에 비친 자신의 얼굴을 보고는 경악하며 죽는 메두사와 같다고 여겨졌다. 즉 그 시는 기형도라는 무명 시인의 죽음의 순간의 기록── 죽는 자신을 바라보며 쓰는 죽음의 기록──으로 여겨졌던 것이다. 많은 비평문들은 기형도라는 시인의 삶과 죽음을 시 텍스트와 연결시켜 이 메두사 신화를 더욱 굳혀나갔다. 그리하여 그의 시 텍스트가 하나의 구성된 미적 가상이라는 것을 종종 사람들은 잊게 된 것 같았다. 그의 텍스트가 시인의 삶과 떨어진 하나의 자율적 가상이라는 점, 방패에 비친 메두사 자체가 아니라 그 메두사를 미적으로 다시 구성한 카르바지오의 「메두사」와 같은 그림─예술[1]이라는 점을 간과하게 되었던 것이다. 우리는 메두사의 신화에 전율하지 않는다. 카르바지오의 메두사에 대한 그림에서 전율한다.

이 글은 기형도 시가 구성된 미적 가상물이라는 점에서 출발하여 텍

---

[1] 카르바지오의 「메두사」란 그림에 대해서는, 그것과 '전율의 미학' '에피파니로서의 강도와 수수께끼'라는 개념을 연관시켜 논의하고 있는 칼 하인츠 보러의 글(『절대적 현존』, pp.56~59)을 염두에 두었다.

스트를 살펴볼 필요성이 있다는 생각 아래 씌어지는 것이다. 그의 시가 죽음을 보여주었다면 그 죽음은 시인의 삶과 죽음에서 자율적인 어떤 가상적 구성물 속의 죽음이라는 점을 염두에 두어야 한다. 90년대의 기형도가 아니라 2000년대의 기형도를 끌어내기 위해서는, 쓸쓸히 극장에서 죽었다는 기형도의 전기적 그림자를 그의 시에서 벗겨내 그의 실제 죽음에 대한 어떤 부채 의식에서 벗어나는 것이 선행되어야 한다. 그리고 시인의 죽음에 대한 상징으로서 텍스트를 해석할 것이 아니라, 가상적으로 구성된 텍스트가 드러내고 있는 죽음의 의미를 재구성해보아야 한다. 이 재구성을 통하여 기형도라는 시인이 시를 통해 무엇을 보여주려고 의도했는가를 더 잘 이해할 수 있을 것이다.[2]

2

 선행 작업으로 기형도에 대한 조사를 비롯한 기존의 비평문들을 우선 살펴보자. 그 글들은 기형도 시 텍스트를 통해 '기형도'라는 '시인'을 상징으로서 재구성하면서 그를 재탄생시키려 한다. 그것은 기형도의 세계관이나 무의식을 유기적으로 재구성하는 것을 통해 시도된다. 기형도의 유고 시집 『입 속의 검은 잎』 해설에서 김현이 유년의 상처가 기형도 시의 핵이라며 그의 시에서 '도저한 부정적 세계관'을 찾아낸 이래, 기형도에 대한 평은 거의, 김현의 평에 찬성하든 반대하든, 기형도의 세계관을

---

[2] 그러나 재구성 작업이 시인의 의도를 투명하게 밝힌다고 할 수는 없다. 후술하겠지만, 재구성은 작업자의 욕망의 작동을 통해 이루어지는 것이다. 우리는 다만, 시인의 의도를 '상상'해볼 따름이다.

찾아내는 작업에 기울어져 있었다. 그리고 찾아낸 그 세계관은 기형도의 죽음에 대한 의식을 중심에 놓고 있었다. 김현보다 좀더 일찍 "그의 시는 유년의 설레임을 더 이상 진전시키지 않고 있다. 그는 죽음의 세계를 향해 곧바로 진입했던 것이다"(「기형도 詩의 한 읽기」)라고 이야기한 김훈, "그는 그가 통과한 궁핍과 끔찍한 불행의 유년에서 한 발자국도 벗어나지 못한, 닫힌 세계를 살다 간 것이다"(「유년의 죽음 혹은 공포의 형식」)라고 말한 이영준은 김현의 생각과 거의 같은 생각을 미리 표명했다고 할 수 있다. 그리고 "기형도 시의 뛰어난 점은 〔……〕 죽음의 이미지를 삶의 설명할 수 없는 심연에 대한 상징의 세계로 끌어올린 데 있다. 〔……〕 그것은 표현할 수 없는 죽음을 표현하려는 시 쓰기의 한 모험적 형식이라고 할 수 있다"(「묵시(默視)와 묵시(默示): 상징적 죽음의 형식」)라고 평한 이광호도 "우리 시대의 상징적 죽음의 형식에 관한 것, 혹은 그것의 '상호 텍스트성'에 관한 것"에 대해 이야기하려고 하면서 좀 더 넓은 맥락을 통해 기형도를 읽으려고 했지만, 역시 하나의 시대적 '세계관'으로서의 죽음에 그 해석의 초점을 맞추고 있었다.

물론 '도저한 부정적 세계관'이란 김현의 평에 반대하는 평문들도 있다. 「숲으로 된 성벽」이나 「집시의 시집」 등의 시를 들어 기형도의 시에서 "잃어버린 낙원으로 향하는 무의식적 움직임"(박철화, 「집 없는 자의 길 찾기, 혹은 죽음」)을 읽어내거나, 이런 박철화의 입장을 더 심화시켜, 김현이 기형도의 시를 그의 불행한 삶에 연결시켜 전기적으로 읽는다고 비판하면서, 기형도 시에 은밀하게 숨겨져 있는(무의식적인) 모성의 불을 찾아내고는, 그것이 지속적인 영향력을 끼치고 있다(남진우, 「숲으로 된 성벽」)고 주장하고 있는 평이 그 예이다. 그러나 두 평자 모두, 이러한 낙원과 모성에 대한 무의식적 지향이 좌절되고 마는 비극적 세계관을 기형도의 시가 보여주고 있다고 평하는 점에서, 김현의 관점과 완전히 다른 방향으로 나아간 것은 아니다.[3]

기형도의 시에 나타난 죽음을 재구성하는 행위는 기형도를 하나의 인간상으로 재생시키기 위해 뼈와 살을 붙이려는 행위에 다름 아니다. 다시 말해 그 작업은 그의 시를 통해 한 유기체로서 기형도란 시인을 재탄생시키는 일이다. "그의 작품 세계를 하나의 유기적 생명체로 간주하고, 그것을 단절이 아닌 일관된 흐름을 지니고 있다는 전제 하에서 살펴보고자 한다"라는 박철화의 말은 기형도 작품 세계를 유기적으로 재구성하려는 비평가들의 욕망을 명시적으로 드러낸다. 만약 모든 독서행위가 대상 텍스트에서 의식적이든 무의식적이든 자신의 모습을 발견하는 것

---

[3] 정과리가 최근 발표한 기형도론(「죽음 옆의 삶, 삶 안의 죽음」)은, 기형도 사후 그에 대해 문인들이 '열광'한 이유를 텍스트 분석을 통해 밝혀내려고 한 점에서 위에서 거론한 논자들의 비평 의식과는 다른 지점에서 출발하고 있다. "죽음과 더불어 그의 시가 태어났"기에 "기형도 시의 핵자 혹은 중심은 그의 시 바깥에 있"으며, 그것은 곧 "기형도의 시는 그 자체로 존재하는 게 아니라, 온갖 이야기들을 낳음으로써만 존재한다"는 것이다. 기형도의 시가 독자의 읽기를 통해서 존재한다는 주장에 대해선 필자도 동의한다. 하지만, '기형도의 죽음'이라는 사건을 특화시키려는 시도엔 찬성하지 않는다. 그는 "죽음과 시의 만남"이 "생의 조건의 구조적 삼투성을 서로에 대해 가지고 있어야 한다"라면서, 기형도의 물리적 죽음뿐만이 아닌 그의 시 텍스트 내에서의 타자-죽음과의 접속("꺾꽂이"라고 표현한)이 이루어졌기에 "시인은 죽음으로써 타자 옆에 살고, 독자는 삶으로써 죽음 안으로 들어갈 통로를 그 시가" 열 수 있었다고 말한다. 그럼으로써 그의 시는 순수-텍스트가 될 수 있었고 그에 대한 열광을 불러일으킬 수 있었다는 것이다. 그리하여 텍스트 외적인 것에 기형도 시의 중심이 있다고 하면서도, 동시에 김현의 관점을 되살리고 방어하려고 한다. 하나 이러한 논의는 기형도의 시를 기형도의 죽음과 분리하여 보려는 관점(남진우, 임우기 등)이 있다는 것을 설명하지 못하는 것 아닐까. 시인의 실제 죽음이 시 텍스트와 접속했기에 비로소 독자가 죽음 안으로 들어갈 수 있는 것은 아니다. 시에 죽음을 들여오는 시도는 있어왔고(가령, 김수영), 시인의 죽음이 아니더라도 독자는 시 속의 죽음으로 들어갈 수 있다. 또한 "기형도의 시들 그 자체로부터 외면적으로는 일어나지 않았던 존재 상실의 노동을 캐내는 것이 문학 비평의 일이다"라고 정과리는 말하고 있는데, 결국 이러한 비평 태도는 기형도의 일기에 의거하여 시인의 태도 변화를 드러내고 이에 의해 시를 설명하는 방향으로 나아가고 만다. 게다가 왜 비평은 글쓰기가 텍스트로 되는 '존재 상실의 노동을 캐내는 것'에 복무해야 하는가? 이는 그가 기대는 바르트의 (후기)비평관―텍스트를 즐기는―에도 어긋나는 것이 아닐까.

이라면, 기형도 시 세계의 재구성 시도는 발견되지 않았던 자신의 모습을 재구성하는 것이라고도 말할 수 있다. 정신분석학 용어로 말한다면 '역전이'가 일어난다고나 할까. 그래서 비평가들의 눈에 따라 기형도 시 텍스트는 다른 모습으로 재구성되는 것일 게다.

그러나 그러한 욕망을 탓하거나 잘못되었다고 말할 수는 없다. 그것은 욕망이기 때문이다. 누구도 욕망에서 벗어날 수 없다. 그들의 욕망은 게다가 풍요로운 해석을 낳기도 한다. 특히 기형도 시에서 현란하게 드러나는 이미지 군들의 깊이 있고 유기적인 해석은 이들 비평가들의 기형도론에서 이룬 성과라 할 것이다. 하지만 그만큼 깊이 있는 기형도론이 완성될 때마다 독자는 허전한 생각을 갖게 된다. 평문을 통해 기형도의 세계를 알았다고 생각한 순간 다시 어떤 무의미의 블랙홀 속으로 빠져 들어가는 느낌이 드는 것이다. 기형도 시 텍스트가 앞에 놓여 있지 않고 이젠 평문의 텍스트가 새로운 의미화를 기다리며 놓여 있게 된다. 그리하여 끝없이 연결된 텍스트의 미로에 우리가 놓여 있는 것인가 독자들은 잠깐 생각하게 되는 것이다. 비평가들은 그 미로의 아득한 통행을 기형도의 세계관 또는 무의식의 처음과 끝(가령, 유년의 상처에서 도저한 비극적 세계관에 이르는)이란 문을 만들어 차단시키려 하지만 결국 문은 완전히 잠길 수 없다. 들어가려고 하는 자는 문을 어떻게 하든 열 것이기 때문이다.

다시 말하지만 이들 비평가들의 작업이 쓸데없었다고 부정하자는 것이 아니다. '기형도의 세계관 또는 무의식'을 재구성하는 작업이 결국 비평가 자신의 욕망에 의한 '가상적 구성 작업'이라는 것을 인정하자는 것이다. 그럴 때 비평가는 앞에서와는 다르게 욕망할 수 있게 된다. 즉 텍스트의 뿌리를 찾는 일, 시인의 세계관 또는 무의식을 찾는 일에 비평가들의 욕망이 작용한다는 것을 인정한다면, 거꾸로 비평이 가상적 구성물임을 인정하고 가상을 구성하려는 욕망을 가동시켜 텍스트에서 텍스트로 미끄러지며 또 다른 텍스트를 짜내는 작업 또한 허용될 수 있을 것이다. 만약 텍스트가 시인의 산물이면서도 시인으로 환원되지 않는, 객관적으로 존재하는 무엇이라고 인정한다면, 산출된 시의 육체는 시인의 의식으로부터 떨어져 있는 것이라 생각되기 때문에, 더 나아가 의미의 감각화—육체화라고 할 시는 우리가 만지면서 느끼기에 따라 그 의미화가 달리 이루어질 수 있기 때문에, 그 작업은 가능하다고 말할 수 있다. 이때의 텍스트 만지기, 그것은 나의 욕망과 저 텍스트 사이에 어떤 새로운 접속을 일으키기이다.[4]

---

4) 다른 방식으로 말하면, 비평가는 텍스트를 좀더 세심히 맛보려는 미식가라고 말할 수 있지 않을까. 그 미식가는 텍스트의 의미를 재구성한다. 하지만 그 재구성된 세계를 비평가가 이미 가지고 있는 의식 세계의 반영물일 뿐이라고 말할 수는 없다. 그것은 텍스트와 평자가 만나는 사건을 통해 이루어지는 의미의 재구성이기 때문이다. 그 미식가는 유기적이고 완결적인 시 세계를 재구성하지 않는다. 그의 작업은 항상 미완이다. 살짝 벌려져 있는 텍스트(바르트)가 매혹적이면 비평가는 비평을 작동시킨다. 텍스트의 물질적 의미망은 비평가의 의미망과 접속되어 의미를 생산한다. 그것은 결정적이지 않다. 텍스트가 자신을 유혹하기를 기다리는 사람인 비평가는 동일한 텍스트라도 다른 만남—다른 의미 생산이 이루어질 것을 인정하게 된다. (지금 읽어내려고 하는 기형도의 시도 이러한 미완의 만남이 될 것이다.) 그러나 이는 비평가의 자의적 해석에 작업의 모든 것을 맡긴다는 의미는 아니다. 물질적으로 존재하는 텍스트의 의미망에 기반하여 분석과 해석이 이루어지기 때문이다. 이 해석은 텍스트의 내재적 분석에 한정되지는 않겠지만, 그 분석에 기대야 한다. 그러니까 비평가는 미식가여야 하지만 그에 그치면 안 된다. 어떤 음식의 맛을 보고는 맛의 섬세한 뉘앙스와 그 음식이 어떻게 만들어졌는가도 말할 수 있는 시식 전문가이기도 해야 한다. 그럴 때 그 맛의 감각도 좀더 풍요롭게 해석될 여지가 있을 것이다. 그 시가 어떻게 만들어졌는가를 알기 위해서는, 반복해서 말하지만, 시를 하나의 구성물로, 가상으로 여긴다는 전제가 필요하다. 그리고 비평은 그 가상적 구성물의 독특한 가상성—가상을 구성하는 방법—을 파악하여 그 시의 독특한 매력인 심미성—왜 이 음식이 맛있는가, 맛없는가—을 해명해야 할 것이다. 기형도 시는 텍스트 뒤에 저자가 있어 텍스트의 의미를 조정한다기보다는 텍스트들의 이음 속에서 그 의미화가 이루어진다.

3

 이 비평문은, 그러니까 기형도의 시 텍스트와 시 텍스트를 이어보고 만져보면서, 이 가상적 구성물들인 텍스트들에 드러나 있는 것을 필자가 말하고자 하는 욕망에 따라 재구성('시인'의 세계관이나 무의식을 재구성하는 것이 아닌)하여 텍스트를 다시 짜내려는 시도이다. 그래서 우선 기형도 시의 '가상성'을 부각시키려 한다. 이는 기형도 자신도 원하는 것일 게다. 그의 친구인 원재길은 10여 년 전의 글에서, "창작자와 시적 자아를 동일시하는 심리주의 비평의 어떤 그릇된 접근 방식은 시인 자신으로부터 이미 거부당하고 있다"(「대화적 울음과 극적 울음」)라고 말한 바 있다. 물론, 위에서 거론한 비평가들이 조야한 심리주의 비평에 빠졌다는 것은 아니다. 어쨌든 원재길은, 기형도가 가지고 있었던 의식과 기형도의 시 텍스트와의 동형성을 찾는 작업에서 벗어나 기형도의 시를 문학적 텍스트로서 다루어야 한다는 주장을 이미 하고 있었던 것이다. 그는 더 나아가 기형도의 여러 시편들이 "영화의 한 장면처럼 등장인물과 간단한 사건과 시간에 순연하는 구성이 있는 극적인 구조를 취한다"라고 말하고 있는데, 이는 기형도 시가 하나의 독특한 가상적인 구성물임을 지적하는 것이다. 하지만 그는 이에 대해 깊게 논의를 더 진전시키지 않았고, 그의 지적이 다른 논자들에게 그다지 주목받지도 않았다. 대개의 평문들에선 기형도 시의 등장인물들—낯선 '그'로 자주 등장하는—은 대상화된 '나,' 즉 기형도의 자아를 반영하는 인물로 취급되어 버리곤 했다. 즉 기형도 시가 '극적 구조'를 가진 하나의 가상적 구성물임을 주목하진 않았던 것이다.

1) 유리창 너머 한 사내가 보였다
그 춥고 큰 방에서 書記는 혼자 울고 있었다!
눈은 퍼부었고 내 뒤에는 아무도 없었다
침묵을 달아나지 못하게 하느라 나는 거의 고통스러웠다

—「기억할 만한 지나침」 부분

2) 김은 중얼거린다. 누군가 나를 망가뜨렸으면 좋겠네, 그는 중얼거
린다
나는 어디론가 나가게 될 것이다. 이 도시 어디서든
나는 당황하지 않을 것이다. 그래서 나는 당황할 것이다
그가 김을 바라본다. 김이 그를 바라본다
한번 꽂히면 김도, 어떤 생각도, 그도 이 도시를 빠져나가지 못한다
김은, 그는 천천히 눈을 감는다. 나는 블라인드를 튼튼히 내렸었다
또다시 어리석은 시간이 온다. 김은 갑자기 눈을 뜬다, 갑자기 그가
울음을 터뜨린다, 갑자기
모든 것이 엉망이다. 예정된 모든 무너짐은 얼마나 질서정연한가
김은 얼굴이 이그러진다   —「오후 4시의 희망」 부분

 1)에 등장하는 서기나 '김'을 대상화된 기형도 자신으로 파악하는 것은 한편으론 옳고 한편으론 그르다. 옳다는 점은 플로베르가 "마담 보바리는 나"라고 발언한 것과 같은 의미에서, 모든 허구적 인물들은 작가의 분신이라는 점에서 그렇다. 특히 시 같은 서정적 장르에서의 등장인물은 소설보다 더 농도 짙게 작가의 분신이 될 터이다. 하지만 그 등장

인물이 시인으로 결코 환원될 수는 없다는 점에서, 그 파악은 그르다. 소설과 마찬가지로 시에서도, 등장인물은 시 텍스트의 공간 내에서 자기 삶을 살게 되는 것이다. 서정시의 '나'는 시인의 자아에서 벗어나게 된 텍스트 속의 '나'이다. 시인의 자아에서 벗어나 새로운 생명을 받은 '나'를 구축하는 것, 그것이 서정시일 것이다.

위의 시에서 서기는 시인의 분신일 뿐 아니라 카프카적 의미에서의 서기, 관료 사회에서 자신의 삶을 무의미한 일에 탕진하고 있는, 우리네 삶의 형식의 상징으로서의 서기다. 유리창은 그 서기를 바라보고 있는 '나'와 서기를 갈라놓는다. 이 유리창 때문에, '나'는 울고 있는 서기에게로 가서 위로의 말 한마디 건네줄 수 없다. 하지만 유리창 덕분으로 '혼자 울고' 있는 서기를 발견할 수는 있다. 유리창은 타자와 소통할 수 없게 하는 칸막이이면서도 또한 각각 '혼자'서 서로를 바라보며 소통할 수 있게 한다. '나'와 '그'를 동일시함으로써, 각자 홀로 있는 '나'와 '그'가 어긋나버리고 있는 대위 구조를 보지 못한다면, 이 시가 뿜어내고 있는 의미를 붙잡기 힘들다. 원재길이 말한 '극적 구조'를 넓게 본다면 이 장면 역시 그 구조에 포함시킬 수 있을 터, 침묵의 극이라고 이름 붙일 수 있으리라.

1)의 서기의 울음을 조명하여 해명해주는 텍스트로 볼 수 있는 2) 역시, 독백의 극적 구조를 가지고 있다고 볼 수 있다. 여기서 등장하는 '그'와 '김'은 동일 인물의 분신들이다. 1)에서 시적 화자가 '나'라는 인물로 등장하는 것과 달리, 이 인물들을 바라보고 있는 시적 화자는 담론 배후에 있다. 한편 시 표면에 등장한 '나'의 독백 형식으로 '김'의 중얼거림이 나타난다. 홀로 있는 '김' 옆에서 '김'을 '바라보는' '그'는 사물화된 김의 삶을 바라보는 또 다른 김이라 할 수 있는데, 성으로만 표시되어

개성을 잃어버렸음을 표시하는 '김'보다 '그'는 더 몰개성적인 무엇으로 드러난다. 그리고 건물 밖으로 나가려고 하는 '김'이 울음을 터뜨리는 순간, 그와 김, 그리고 흐물흐물한 대명사가 되어버린 '나,' 또한 이를 바라보는 화자의 시선이 극적으로 어울리게 된다.

그런데 1)에서 서기의 울음을 볼 수 있는 순간은 바로 그들이 홀로 있음의 순간, 침묵의 순간이었다. 침묵이 깨지면 이 순간은 깨지고 말 것이다. 세계를 토막 내는 언어의 세계가 침묵할 때 순수한 존재 자체가 떠오르지 않겠는가. '두 시,' 삶이 무의미에 무너져 내리고 있는 순간을 깨달을 때의 그 침묵의 시간, 그 직후 터뜨리는 울음의 순간에 배치되는 사물과 인간들을 이 시들은 포착하려고 한다. 그렇다면 기형도 시의 극적 구성은 플롯을 시에 도입하는 방식으로 이루어지지 않는다. 바로 그 순간에 배치된 장면을 응축적으로 보여주기 위해 그 구성은 이루어지는 것이다.[5]

그런데 이 일상을 갑자기 전복시키는 '시간이 정지된 순간'은 기형도 시에서 중요한 모티프로 작동되곤 한다. 그는 「어느 푸른 저녁」의 시작

---

[5] 기형도는 어떤 삶의 덧없음과 소외를 좀더 잘 포착하기 위한 미학적 장치에 세심한 고려가 있었다. 극적 상황 구성은 기형도 시에 자주 보이는 기법이다. 「장미꽃 인생」이나 「종이달」「여행자」「조치원」「전문가」「죽은 구름」「소리 1」, 뒤에서 후술할 「어느 푸른 저녁」「입 속의 검은 잎」 등, 다수의 시들이 이러한 기법을 보여주고 있다. 자전적 내용이 짙은 시들도 극적 구성을 보여주고 있다고 생각할 수 있다. 그리고 그의 '우화시'라고 이름 붙일 만한 시들, 「전문가」「집시의 시집」「숲으로 된 성벽」, 그리고 이 시들보다는 덜 환상적인 「우리 동네 목사님」「소리의 뼈」 등도 역시 극적 구성을 보여주고 있다. 그런데 기형도의 다른 극적 구성의 시가 현실 공간에 환상을 접붙이는 형태로 나타난다면 이 우화시들은 환상적 공간을 직접 창출한다. 그 환상적 공간에서 순수성이 좌절되거나 파괴되는 장면들을 자주 볼 수 있는데, 이 장면들을 통해 그 우화시들은 현실에 감춰진 파괴성을 효과적으로 드러낸다. 그 우화시들에서 낙원 지향의 무의식을 보는 비평들은, 순수성이 파괴되는 현실을 보여주고자 한 시인의 비판적 의식을 무시하고 있다. 그러한 순수의 좌절과 파괴는 무의식적 낙원 지향의 좌절을 보여준다기보다는 그러한 좌절을 일으키는 현실에 대한 비판적 의미를 더 짙게 갖고 있다고 생각한다.

메모에서 다음과 같이 말한다.

> 가끔씩 어떤 '순간들'을 만난다. 그 '순간들'은 아주 낯선 것들이고 그 '낯섦'은 아주 익숙한 것들이다. 그것들은 대개 어떤 흐름의 불연속선들이 접하는 지점에서 이루어진다. 어느 방향으로 튕겨나갈지 모르는, 불안과 가능성의 세계가 그때 뛰어 들어온다. 그 '순간들'은 위험하고 동시에 위대하다. 위험하기 때문에 감각들의 심판을 받으며 위대하기 때문에 존재하지 않는다. 〔……〕 우리가 '말할 수 없는 것'에 관해 말할 수밖에 없는 것은 거의 필연적이며 이러한 불행한 쾌락들이 끊임없이 시를 괴롭힌다.

이 말할 수 없는 것을 말하는 형식이 기형도의 가상적 구성물——시——이라고 말할 수 있을 것이다. 그것은 어떤 순간을 포착하여 보여준다. 그 순간은 시간이 끊어졌다가 다시 이어지는 '어떤 흐름의 불연속선들이 접하는 지점'이다. 말하기 위해서는 어떤 연속선을 타야 한다. 그래서 불연속선들이 접하는 순간 자체를 말할 수는 없는 것이다. 텅 빈 그 순간, 침묵하는 그 순간을 말하기 위해선, 우회로를 빙빙 돌면서 간접적으로 말할 수밖에 없다. 즉 가상적 공간, 더 나아가 환상적 공간을 구성하여 그 순간을 암시할 수밖에 없다. 「어느 푸른 저녁」에서 시적 화자는 그 순간을 "어느새 처음 보는 푸른 저녁"이라고 말한다. 그 저녁엔 '검고 마른 나무들' 아래에서 사람들이 "가벼운 구름같이/서로를 통과해"가는 순간이 온다. 시에 따르면 이 환상적인 순간은 어떤 예감을 통해 감지할 수 있다.

나는 그것을 예감이라고 부른다. 모든 움직임은 홀연히 정지
하고, 거리는 일순간 정적에 휩싸이는 것이다
보이지 않는 거대한 숨구멍 속으로 빨려 들어가듯
그런 때를 조심해야 한다. 진공 속에서 진자는
곧, 아무 일 없었다는 듯이
검은 외투를 입은 그 사람들은 다시 저 아래로
태연히 걸어가고 있는 것이다. 조금씩 흔들리는
것은 무방하지 않은가
나는 그것을 본다

모랫더미 위에 몇몇 사내가 앉아 있다. 한 사내가
조심스럽게 얼굴을 쓰다듬어본다
공기는 푸른 유리병, 그러나
어둠이 내리면 곧 투명해질 것이다, 대기는
그 속에 둥글고 빈 통로를 얼마나 무수히 감추고 있는가!
누군가 천천히 속삭인다, 여보게
우리의 생활이란 얼마나 보잘것없는 것인가
세상은 얼마나 많은 법칙을 숨기고 있는가
나는 그를 향해 고개를 돌린다. 그러나 느낌은 구체적으로
언제나 뒤늦게 온다, 아무리 빠른 예감이라도
이미 늦은 것이다 이미
그곳에는 아무도 없다 　　　　　　—「어느 푸른 저녁」부분

"모든 움직임이 홀연히 정지"한 상태, 이 상태는 환상 속에서 구성될

수밖에 없다. 실제 상황의 묘사로는 이 상태를 그려낼 수 없다. 왜냐하면 그 상태는 볼 수 없는, 예감으로서만 감지할 수 있는 상태이면서, 예감했다고 알아차린 순간 없어지는 상태이기 때문이다. "아무리 빠른 예감이라도/이미 늦은 것이다"라고 시는 말하고 있지 아니한가. 이 순간은 그러니까 현실 묘사가 아니라 환상 속에서 구성될 수 있는 것이다. 이 환상은 의미의 블랙홀과 같은 상태다. "보이지 않은 숨구멍 속으로 빨려들어가듯" 의미는 사라지고 언어도 사라진다. 시인은 또 "이 순간 정적에 휩싸이는 것이다"라고 말한다. 그러나 그 순간은 역시 순간일 뿐이다. '검은 외투'—죽음의 외투—를 입은 사람들은 여전히, "태연히 걸어가고 있는 것이다." 사람들은 이 순간을 애써 외면한다. 그리고 그들의 딱딱하고 무미한 삶을 이어간다. 그리고 "나는 그것을 본다"고 시적 화자는 말하고 있다.(여기서도 시적 화자는 보는 사람이며, 증언하는 사람이다.)

그런데 블랙홀과 같은 그 순간을 느낀 순간, '나'에게 '그'가 다가온다. '그'는 '나'의 분신이라고 할 수도 있으며 동시에 메피스토펠레스적인 악마라고 볼 수도 있다. 그 악마는 말을 걸어온다. 그럼으로써 지금까지의 인생의 의미를 모두 무화시킨다. "우리의 생활이란 얼마나 보잘것없는 것인가/세상은 얼마나 많은 법칙들을 숨기고 있는가"라고 그 악마는 속삭인다. 다시 말해 모든 것이 무의미의 검은 구멍으로 사라지는 그 순간을 예감할 때 그 악마는 등장한다. 그리고 세상의 법칙, 즉 죽음으로 가는 삶의 법칙을 가만히 상기시킨다.

기형도 자신이 말한 '가능성'과 '불안'은 그 '순간'이 악마적인 것의 출현을 가져오기 때문일 것이다. 이 악마적인 것은 죽음을 지시한다는 점에서 '위험'한 것이지만, 그러나 시를 탄생시킨다는 점에서, 그리하여 말할 수 없는 것을 말할 수 있는 기회를 준다는 점에서 새로운 삶의 '가능성'을 주며 그래서 '위대'하다고도 할 수 있을 것이다. 무의 지경에 다다른 그때, 투명하고 푸른 공기가 나타난다. 그리고 바로 이때 감추어진 '둥글고 빈 통로'가 열린다. 그래서 악마적인 '그'가 말한 숨겨져 있는 '법칙'은 다만 죽음의 법칙만이 아니라 환상 속의 다른 통로를 뜻하기도 한다. 그래서 기형도 시의 환상은 양면적이다. 일상적 삶의 흐름 속에서 순간을 포착하기 위한 방법론으로 채택되는 그의 환상은, 우리의 삶을 무화시키는 블랙홀의 역할을 하면서도 동시에 감추어졌던 희망을 신비롭게 다시 떠오르게 하기도 한다. 이렇게 보면, 어쩌면 이 시는 시의 탄생과 그 탄생이 가져오는 양면성에 대한 알레고리를 보여주고 있는 것일지도 모른다.

4

파우스트가 "순간이여 멈추어라, 너 참 아름답구나"라고 외치는 순간, 메피스토펠레스는 그를 지옥으로 데려간다. 이때 아름다움의 순간은 죽음과 맞닿아 있다. 아름다움은 일상의 권태로운 세계를 무화시킨다. 인간은 권태의 세월보다 죽음을 무릅쓴 아름다움의 세계에 닿고자 하지 않는가?(그래서 아름다움은 치명적인 유혹이라 할 것이다.) 그러하기에 아름다움은 죽음의 세계에 맞닿아 있으면서도, 일상적 삶이 도리어 죽음과 같은 삶이라는 것을 드러내어 다른 삶을 희망하게 하고 지금의 삶을 어딘가로 움직이게 만든다. 파우스트의 드라마가 시작되는 것도 늙은 파우스트가 아름다움의 순간을 찾아 나서는 데서부터다. 물론 그는 끊임없는 생성을 젊음이라고 생각했고, 그래서 순간이여 '멈추어라'라고 만약 자신이 말한다면 자신을 지옥에 데려가도 좋다고 메피스토펠레스에게 말한 바 있다. 그러나 결국 파우스트는 자신이 매립제에 건설한 도시(악마의 도움을 받았기 때문에 가상의 세계라고 할 수 있다)를 바라보며 "순간이여 멈추어라, 너 참 아름답구나"라는 말을 토해내며 쓰러진다. 파우스트가 메피스토펠레스로부터 사들인 젊음은 결국 아름답다는 외침에서 끝이 나는 것이다. 그의 젊음과 행동은 결국 아름다움에 도달하기 위한 과정이었다. 그리고 아이러니하게도 그 '아름다움의 순간'이란 착지에서, 그의 젊음과 힘은 지옥으로 떨어진다.[6]

기형도 시가 포착하려던 그 "위험하고 동시에 위대하다"는 '순간'의 이중성도 아름다움에 대한 『파우스트』적 아이러니와 같은 맥락에서 비롯되는 게 아닐까. 그렇다면 기형도의 시는 『파우스트』적 주제를 밀고 나가고 있다고도 말할 수 있다. 이런 면에서 기형도 시가 가진 극적 요소를 또다시 발견할 수 있다. 그런데 파우스트가 먼지 풍기는 골방을 뛰쳐나와 '저 푸른 소나무의 세계'와 마주하고 행동으로 채운 삶을 살아나갔다면, 반면 기형도 시의 등장인물이 세상으로 나와 만난 세계는 이미 푸른 소나무는 다 뽑혀버린 근대 도시의 잿빛 세계일 뿐이다. 또한 파우스트는 "열망하며 노력하는 자"이기에 하늘은 죽은 그를 구원하지만, 반면 기형도의 시 세계에서 구원은 불투명하다. 하지만 기형도 시가 포착하고 드러내려고 한 것이 바로 아름다움과 죽음이 동시적으로 현현하는 순간의 아이러니라는 점에서, 『파우스트』가 보여준 아이러니와 주제적

---

6) 아도르노는 "모든 미가 죽음과 유사한 것은 예술 속에서 소멸하는 생명체의 다양성에 대해 예술이 부여하는 순수한 형식의 이념에 기인한다. [……] 미적 화해는 미학 외적인 것에 대해 죽음을 의미한다. 이러한 점이 예술의 비애이다"(『미학이론』, 홍승용 옮김, 문학과지성사, 1984, p.92)라고 말하고 있는데, 이 대목에서 시사하는 바가 있다.

으로는 여전히 연결될 수 있다.

그런데 기형도의 시가 드러내는 아이러니는 순간이 가져오는 그 이중성에 대해 시인이 팽팽한 긴장을 풀지 않음으로써 이끌려 나오는 것이다. 시작 노트와 「어느 푸른 저녁」을 다시 상기해보자. '아주 낯선 것들'이면서 '아주 익숙한 것들'이라는, 순간들의 이중성에 대한 긴장을 시인은 계속 놓지 않는다. 순간들의 이중성의 포착은 시적 대상에 대해 예민한 긴장의 끈을 시인이 풀지 않기 때문에 가능한 것이다. 아주 낯선 것들로의 '둥글고 빈 통로'를 마련하는 그 어떤 순간은, 우리가 언제나 부딪치는 일상에서의 어떤 순간이기도 하다. 그래서 '아주 익숙'하기도 한 것이다. 그 순간이 벌리는 환상은 우리 삶의 현장인 일상의 삶을 무화시키면서도 어떤 다른 세계로의 통로, 다른 삶의 세계를 열어놓는다는 것을 우리는 앞에서 본 바 있다.

기형도의 시는 이 이중적인 통로의 발견을 기록하는 데서 시작한다. 통로의 이중성은 '둥글고 빈'이라는 수식어에서 이미지화되어 있다. '둥근 것'은 아날로지의 세계를 상기시킨다. 아날로지는 모든 개체가 전체를 비추고 전체가 개체들을 끌어안는 조화의 세계 아닌가.[7] 그 세계는 둥글다. 하지만 그것이 비어 있다는 진술에서, '둥근 것'의 아날로지 세계는 곧 아이러니의 상태로 변화된다.[8] '둥글고 빈' 통로는 아름다운 아

---

7) 아날로지는 "우주를 상응의 체계로 보는 비전이며, 언어를 소우주로 보는 비전이다"(옥타비오 파스, 『흙의 자식들』, 김은중 옮김, 솔, pp.10~11).
8) 이 '둥근 것'의 이미지는 기형도 시 곳곳에서 발견되는데, '구멍'의 이미지 역시 마찬가지의 성격을 가진다. 뒤에서 살펴볼 「안개」에서도 구멍의 이미지가 등장하고 있다. 특히 딱딱하고 밀도 높은 나무공이 "가볍게 튀어오"르는 장면(「나무공」), 붉은 달이 "붉게 얇은 등을 축축이 적시던 헝겊 같은 달빛"을 떨어뜨린다는 표현(「비가 2 — 붉은 달」), "변화 중에서도 튕겨져 나가지 않으려고/고무풀처럼 욕망을 단순화"하는, 샐러리맨들이 들고 있는 서류 뭉치의 촉감을 주는 '종이 달의 모습(「종이달」) 등에선, 시인이 아날로지적인 '둥근 것'을 비틀어 아이러니한 무엇으로 전화시키고 있음을 확인할 수 있다.

날로지에로의 통로이기도 하지만 아이러니한 無에로의 통로이기도 하다. 이 둥글고 텅 빈 통로를 통과하여 다다른 어떤 다른 세계, 아름다움의 세계는, 그래서 아이러니하게도 공기 방울의 세계인 것이다.

> 저녁 노을이 지면
> 神들의 商店엔 하나둘 불이 켜지고
> 농부들은 작은 당나귀들과 함께
> 城 안으로 사라지는 것이었다
> 성벽은 울창한 숲으로 된 것이어서
> 누구나 寺院을 통과하는 구름 혹은 조용한 공기들이 되지 않으면
> 한걸음도 들어갈 수 없는 아름답고
> 신비로운 그 城
>
> 어느 골동품 商人이 그 숲을 찾아와
> 몇 개 큰 나무들을 잘라내고 들어갔다
> 그곳에는…… 아무것도 없었다, 그가 본 것은
> 쓰러진 나무들뿐, 잠시 후
> 그는 그 공터를 떠났다
>
> 농부들은 아직도 그 평화로운 성에 살고 있다
> 물론 그 작은 당나귀들 역시   ―「숲으로 된 성벽」 전문

성안은 "아름답고/신비"한 세계이다. 그 성안은 '시작 메모'에서 기형도가 말한 '위대한 순간'이 형상화된 세계일 수도 있다. 하지만 '위대하

기 때문에 존재하지 않는다'라는 말은 이 세계에도 역시 해당된다. '존재'가 차안의 세계에서만 가능할 수 있는 개념이라면 말이다. 그런데 이 세계는 신들이 사는 세계이지 않는가. 이 세계에서 신들과 농부들과 작은 당나귀는 평화롭게 공존한다. 시인도 '역시,' 평화로운 그 성에서 작은 당나귀들도 농부들과 살고 있다고 하고 있는 것이다. 이 세계에 거주하는 그 어느 하나라도 없어지게 된다면, 이 세계는 성립되지 않는다. 즉 이 세계는 아날로지의 세계다. 그런데 이 성은 공기와 같은 세계라서 "구름 혹은/조용한 공기들이 되지 않으면" 다가갈 수 없는 곳이다. 갑자기 시간이 멈추고 세계가 낯설어지면서 감각의 착란이 올 때의 순간, 그 순간이 열어놓는 어떤 '푸른 저녁'에 사람들은 "가벼운 구름같이/서로를 통과해" 갈 수 있었다. 즉 그 '순간'에만, "둥글고 텅 빈" 통로를 따라 사람들은 구름이 되어 이 성에 들어갈 수 있는 것이다. 이 성안의 세계는 바로 그렇게 구름——공기 방울——이 된 사람들이 어우러져 이루어놓은 환상 세계이다.

  이 공기 방울의 세계는 차안에 있지는 않다. 하지만 그 세계가 차안과 동떨어진 피안에 있다는 것은 아니다. 그 세계는 차안의 '공기' 안에 있다. 우리가 언제나 살아가는 일상의 시간 속에서, 공기와 공기 사이에서 언뜻 입을 벌린 블랙홀을 공기가 되어 통과하기만 한다면, 만날 수 있는 세계이다. 그러니까 이 성은 우리 머리 위에 있는 저 하늘에 떠 있는 것이 아니라 우리 뒤—옆—앞에 있다. 그래서 이 세계에 들어가려는 골동품 상인——차안 세계의 속성인, 살해를 자행하는 폭력성을 보여주는 등장인물——이 큰 나무들을 잘라내고 성안으로 들어가보려고 해보았자 헛수고가 될 수밖에 없다. 골동품 상인은 차안의 세계 뒤에 있는 세계를 알지 못한다. 그는 숲만 자르면 성에 도달할 수 있을 것이라는 삼차원적

인식에 머물러 있다. 그가 차안에서 아무리 폭력과 파괴를 행한다 해도, 이 숲으로 된 성벽의 안쪽은 여전히 평화로운 마을로 남을 것이다.

하지만 이 신비한 세계는 그만큼 불안하다. 앞에서 보았듯이, 우리가 이 세계에 도달할 수 있으려면 기화되는 수밖에 없다. '빈' 통로를 통해 들어가야 하기 때문에, 들어가려는 이는 빈 존재가 되어야 한다. 기화된 존재들에 의해 이루어진 공기 세계는, 어떤 물질성도 무게도 가지지 않는다. 그래서 모든 것들이 가볍게 둥둥 떠다닌다. 공중에 투사된 영상처럼 흩어졌다 모여지는 그런 세계다. 우리가 손으로 그 세계를 만지려고 하면, 그 세계는 곧 손가락 사이로 빠져 나가버릴 것이다. 이 아날로지 세계는 그래서 희망의 저편에 있을 뿐, 사람들은 이 세계에 도달하고자 하는 희망을 품을 수는 있겠으나 어느 전도와 착란의 순간이 아니면 도달할 수 없는 세계라는 점에서, 우리가 사는 이 차안에선 도달하기 힘든 세계다. 기형도가 희망에 대해 '어둡고 텅' 비어 있다는 표현[9]을 쓴 것

---

9) "나에게는 낡은 악기가 하나 있다. 여섯 개의 줄이 모두 끊어져 나는 오래 전부터 그 기타를 사용하지 않는다. '한때 나의 슬픔과 격정들을 오선지 위로 데리고 가 부드러운 음자리로 배열해주던' 알 수 없는 일이 있다. 가끔씩 어둡고 텅 빈 방에 홀로 있을 때 그 기타에서 아름다운 소리가 난다. 나는 경악한다. 그러나 나의 감각들은 힘센 기억들을 품고 있다. 기타 소리가 멎으면 더듬더듬 나는 양초를 찾는다. 그렇다. 나에게는 낡은 악기가 하나 있는 것이다. 그렇다. 나는 가끔씩 어둡고 텅 빈 희망 속으로 걸어 들어간다. 그 이상한 연주를 들으면서 어떨 때는 내 몸의 전부가 어둠 속에서 가볍게 튕겨지는 때도 있다."(「먼지투성이의 푸른 종이」 부분) 이 시에서 '빈방에 홀로' 있음, 끊어진 기타에서 나는 소리, 가끔 텅 빈 희망 속으로 들어갈 때의 가볍게 튕겨짐 등이, 이 글의 논의 전개상 주목된다. 정적이 시간을 정지시키면서 텅 빈 방을 환상적 공간으로 변화시키면서, 끊어진 기타에서 소리가 나오는 환상이 가능하게 된다. 소리는 정지 중인 시간에 급작스레 개입하여 그 공간을 파열시키고는, 어둡고 텅 빈 희망의 구멍을 마련한다. 일상적 시간의 정지와 어떤 순간의 도래(기타에서 나는 소리)가, 다른 세계로 가는 통로를 촛불의 빛처럼 어렴풋이 비쳐주기 시작하는 것이다. 이 시 역시 이 글에서 논의하고 있는 주제를 잘 드러내고 있는 시라 할 수 있다. 더 나아가 이 희망의 통로가 어둡다는 것, 그리고 통로의 저편은 "몸의 전부가 가볍게 튕겨"질 정도로 공기가 팽팽히 들어 차 있어서 들어가기가 어렵다는 것도 이 시는 보여주고 있다.

은, 바로 '숲으로 된 성벽' 자체가 비어 있어서 그 비어 있는 곳에 도달하고자 하는 희망은 빈 희망이 될 수밖에 없기 때문일 것이다. 전망이 보이지 않는 희망은 어두운 희망이다. 그래서 기형도의 시는 죽음을 각오하는 국면까지 보여주게 되는 것 같다.

  이제는 침묵의 목책 속에 갇힌 먼 땅
  다시 돌아갈 수 없으리, 흘러간다
  어디로 흘러가느냐, 마음 한 자락 어느 곳 걸어두는 법 없이
  희망을 포기하려면 죽음을 각오해야 하리, 흘러간다 어느 곳이든 기척 없이
                 ―「植木祭」부분

 기형도 시에서의 '죽음'은 시인의 우울한 세계관이나 유년의 기억 때문이라기보다는, 시적 화자가 희망을 포기하는 선택을 통해 '각오'한 것이다.[10] 이 죽음의 각오는 '둥글고 빈 통로'에 들어갈 때부터 이미 예정된 것이라고도 할 수 있다. 앞에서 보았듯이, 이 통로에 들어간다는 일은 다른 삶의 세계에 들어간다는 의미와 죽음의 세계로 들어간다는 의미를 동시에 가지고 있다. 그래서 통로 저편에 있을 숲으로 된 성벽에 도달할 수 있으리란 희망은 절망으로 전화될 소지가 있었던 것이다. 둥글고 빈 통로를 통해 도달할 수 있는 희망이란 결국 빈 희망이기에 그렇기도 하고, 숲으로 된 성벽이 아름답다고 외치는 순간 그 아름다움의 덫

---

10) 여기서 '기형도'의 각오 역시 '시적 화자'가 하는 각오, 즉 가상적 인물, 극적 인물의 각오다. 죽음을 각오하는 주체는 텍스트들의 이음 속에서 존재하게 되고 의미화되는 시적 화자, 즉 가상적 인물이다. 이 글에 등장하는 '기형도'란 주체들은 모두 이 가상적―극적 인물이다. 이 가상적 인물과 시인이 일치하는지 아닌지는 다른 문제다. 기형도 시의 공간은 가상적 공간이라는 점을 잊지 말아야 한다.

없음이 부각되면서 죽음이 드러나기 때문에 그렇기도 하다. 결국 아름다움에 대한 희망은 죽음을 가리키게 된다. 그리하여 그 성벽은 "침묵의 목책 속에 갇힌 먼 땅"이 되어버린다.

착란과 환상을 통해 대기에 구멍이 나는 순간을 포착하여 드러내려고 했던 기형도 시는, 이젠 아름다움에 대한 희망을 포기했을 때 드러나는 죽음으로 가는 구멍을 보여주기 시작한다. '푸른 유리병' 같던 공기는 점차 탁해지면서 '안개'로 오염되기 시작하는 것이다.

> 이 읍에 처음 와본 사람은 누구나
> 거대한 안개의 강을 거쳐야 한다.
> 앞서간 일행들이 천천히 지워질 때까지
> 쓸쓸한 가축들처럼 그들은
> 그 긴 방죽 위에 서 있어야 한다.
> 문득 저 홀로 안개의 빈 구멍 속에
> 갇혀 있음을 느끼고 경악할 때까지.
> ―「안개」 부분

푸른 대기 속의 둥글고 빈 통로는 '안개의 빈 구멍'으로 전화한다. 다른 삶으로 가는 '순간의 통로'가 안개에 의해 막혀버리고 순간이 가지는 죽음의 성질만이 드러난다. 이 순간은 안개로 뒤덮인 환상적인 마을을 구성함으로써 나타나고, 그 안개는 현 시대의 일상적 삶에 죽음이 얼마나 드리워져 있는가를 간접적으로 드러내는 기능을 한다. 차안 세계에 대한 네거티브 필름과 같은 기능을 하는 것이다. 이 네거티브 필름은, 흐리멍덩한 색깔인 안개의 색깔로 대상의 윤곽만 드러내면서, 생명 없고 답답한 무엇만을 보여준다.

시를 더 읽어보자. 죽음의 공기인 '안개'의 빈 구멍은 사람들을 빨아들여 그 속에 가두어 놓는다. '이 읍' 사람들은 '쓸쓸한 가축들'처럼 무리지어 있지만, 안개의 형식으로 존재하는 세계 속에서 무력할 뿐이고 서로가 서로에게 아무런 의미도 갖지 못한다. 그 읍은 "몇 가지 사소한 사건"이 일어나는 곳인데, 그것은 "한밤중에 여직공 하나가 겁탈당"하기도 하고, "방죽 위에 醉客 하나가 얼어 죽"지만 "바로 곁을 지난 삼륜차는/그것이 쓰레기더미인 줄 알았다고"(「안개」)도 하는 사건들이다. 겁탈당한 여직공과 얼어 죽은 취객은, 윤곽밖에 볼 수 없는 이 읍 사람들에겐 그들을 흐릿하게 바라보고 쓸쓸하게 고개를 숙여보는 정도의 의미만 가질 뿐이다. 그들 눈앞에서 타인들은 안개에 의해 지워지고, 그들은 제각기 "홀로 안개의 빈 구멍 속에 갇혀" 있게 된다.

안개는 사람들의 삶을 변화 없게 만드는 세계의 이미지라 할 수 있다. 또는 그렇게 변화 없이 사는 사람들의 삶을 이미지화한 것이기도 하다. 하지만 이 변화 없는 지속이 기억의 지속을 가져오진 않는다. 그 반대이다. 이 읍에선, "상처 입은 몇몇 사내들"이 "이 폐수의 고장을 떠나갔지만/재빨리 사람들의 기억에서 밀려"나버린다. 그러므로 이런 지속의 시간성은 텅 빈 시간성이다. 기억이 없이 사는 것은 텅 빈 삶이다. 그것은 현재와 과거와의 상호적인 울림이 없는 시간이고, 그래서 미래조차 가능하지 않는 시간이다. 왜냐하면 현재가 끊임없이 과거로 되어야만 미래가 있을 수 있어서, 과거가 존재하지 않으면 미래는 존재할 수 없기 때문이다. 그래서 안개는 "한 발자국도 이동하지 않는" 존재다. 움직이지 않는 존재는 죽은 존재다. 죽은 존재인 안개에 의해 살아가는 사람들 역시 죽은 존재이다. 안개는 독과 같다. 그러나 그 읍 사람들은 안개를 마약처럼 마신다. 안개를 편하게 느낀다.[11] 안개가 끼지 않으면 그들은 자신의 얼굴을 내보여야만 해서 "방죽 위의 얼굴들은 모두 낯설"어지고 "서로를 경계하며/바쁘게 지나가"게 되기 때문이다. 그리하여 그 읍은 '안개의 聖域'이 된다. 안개 속의 삶이 정상적인 삶이 된다. 그래서 "누구나 조금씩은 안개의 주식을 갖고 있"게 되기도 한다. 그리고 이 세계 속에서 "아이들은 무럭무럭 자라 모두들 공장으로 가"게 된다. 이 반어적 표현은, 안개가 '무럭무럭' 키우는 아이들의 삶이란 결국 검은 굴뚝과 폐수와 겁탈의 위험이 있는 공장으로 쓸쓸히 끌려가는 가축과 같은 삶임을 암시한다.

5

「안개」를 읽으면서, 시적 화자가 희망의 포기를 선택했을 때 기형도의 시가 발 딛고 있던 '순간'이 무서운 죽음의 세계——안개로 뒤덮인 읍과 같은——를 입 벌려 드러낸다는 것을 우리는 알 수 있었다.[12] 그런데 이

---

11) 이를 두고 안개가 이데올로기와 같은 것이라고도 말할 수 있을 것 같다. 현실의 가상성, 즉 우리가 현실이라 믿고 있는 가상이자 그 가상을 현실이라 믿게 하는 가상을 이데올로기라고 한다면 말이다. 이런 이데올로기에 대해 기형도는, 관용이 틀에 박힌 사고를 낳고 결국 맹신을 낳아 복종의 심성을 가져온다는 과정을 드러낸 「專門家」나, 열광이 자기 증식하여 이데올로기화되는 과정을 드러낸 「홀린 사람」과 같은 시에서 잘 비판하고 있다. 기형도의 시는, 죽음을 주제로 내세우는 시 역시도, 이런 이데올로기 비판이 밑에 깔려 있는 것이 많다. "예술은, 현실의 가상성을 드러내어 비판하는 기능을 갖는 가상"이라는 아도르노의 예술관에 비추어 보면, 「숲으로 된 성벽」과 같은 비교적 밝은 시에서뿐만 아니라 「안개」와 같은 음울한 시에서도 보이는 환상은, 현실의 이데올로기적 가상성과 폭력을 폭로하여 비판하는 효과를 갖고 있다.
12) 두려울 정도로 침전된 지속의 시간 속에 존재하는 죽음의 세계를 기형도 시는 네거티브 필름으로 '순간 포착'한다. 이때 기형도 시가 가지고 있는 지속과 순간의 변증법이 번득인다. 지속은 순간을 통해 그것이 지속임이 드러난다. 순간이 아니라면 지속의 흐름에서 벗어나지 못할 것이기에 그렇다. 지속에서 빠져나온 순간이, 그 직전의 지속이 지속임을 드러내는 것이

죽음의 세계──지옥──에서의 형벌은 "느릿느릿 새어나"와 계속 "미친 듯이 흘러다"(「안개」)녀야 하는 것이다. 「식목제」의 "마음 한 자락 어느 곳 걸어두는 법 없이" "어느 곳이든 기척 없이"라는 구절처럼, 이 형벌은 정착이란 있을 수 없게 만드는 것이다. 기억도 없이, 미래도, 삶도 없이 흘러 다녀야 한다. 오직 흘러 다님의 지속만 있을 뿐이다. 「안개」 속의 읍내 사람들은 명계(冥界)에 정착하지 못하고 이승을 떠돌아다니는 유령과 같은 존재였다. 삶을 잃어버린 이 유령이 떠돌아다니는 모습은 일군의 기형도 시의 한 주제를 형성시킨다.

> 내 희망을 감시해온 불안의 짐짝들에게 나는 쓴다
> 이 누추한 육체 속에 얼마든지 머물다 가시라고
> 모든 길들이 흘러온다, 나는 이미 늙은 것이다
>
> ──「정거장에서의 충고」 부분

기형도는 죽음을 무릅쓰고 희망을 포기했다. 그리하여 현실의 이면에 있는 죽음의 안개를 포착할 수 있었다. 이와 동일하게 안개에 중독된 유령들을 포착하기 위해선 희망을 억눌러야 한다. 시적 화자는 자신의 육체를 "희망을 감시해온 불안"들이 머무는 정거장으로 쓰려고 한다. 불안이 죽음을 예감할 때 느끼는 감정이라면, 불안을 머물게 한다는 말은 죽

다. 「안개」가 보여주는 몽롱함은 지속을 드러내는 어떤 '순간'을, 「어느 푸른 저녁」에서도 시도했듯이, 우회적으로 보여주기 위해 구축한 환상에서 비롯되는 것이다. 그 세계를 감싸고 있는 '안개의 빈 구멍'이 열려 '경악'하는 순간에야 비로소 침전되어 있던 지속의 세계가 드러난다. 한편으로 그 빈 구멍은 지속의 세계가 환상으로 재구성되면서 열리는 것이기도 하다. 앞에서도 말했듯이 기형도가 '희망의 포기'를 선택한 것은, 삶의 희망을 시인이 정말 포기했다기보다는, 이 지속과 순간의 변증법을 포착하기 위한, 또는 죽음과도 같은 현실 속의 어떤 세계를 열어 보이기 위한 시학적─정치적 고려에서 행한 것이라고 생각할 수 있다.

음들의 예감을 머물게 한다는 뜻이 된다. 그러기 위해선, 죽음들이 방문을 할 수 있도록, "모든 길들이 흘러" 와서 그 길을 통해 죽음이 자신의 육체 안으로 들어올 수 있도록 해야 한다. 그런데 길이 흘러오는 정거장으로 자신의 육체를 사용하려면 자신의 육체 자체가 걸어 다녀야 한다. 사실 길이 걸어올 수는 없는 법이니까 말이다. 그러니까 길이 육체 속으로 흘러온다는 말은 자신이 걸어 다니면서 만나는 길들을 육체 안으로 흡수한다는 뜻이다. 그리하여 걸으면서 길을 흡수하면서, 흡수한 길을 통해 불안——유령——을 만나고, 그 유령의 세계를 구성하는 환상으로 시가 구성되어나가기 시작한다.

 이 유령과의 대면을 보여주는 대목들을 소개하면 다음과 같다.「白夜」에선 "빛과 어둠을 분간할 수 없는/팡팡 빛나는 이 무서운 白夜" 속에서 "무슨 農具처럼 굽은 손가락들, 어디선가 빠뜨려버린/몇 병의 취기를 기억해내며" "천천히 걷고 있"는 한 사내를 보여준다. "휘적휘적 사내는 어디로 가는"지는 모르지만, 사내는 "문닫힌 商會 앞에서 마지막 담배와 헤어"진다. 그의 등에 "軍用 파커 속에서 칭얼거리는 어린 아들을 업은 채" 말이다. 담배 살 돈이 없을 이 사내는 아마 어린 아들과 함께 길에 쓰러져 쓸쓸히 얼어 죽을 것이다.「가는 비 온다」에서는, 어느 가는 비 오는 날, "나는 어디론가 가기 위해 걷"지 않는다는 시적 화자가 발길이 닿는 대로 걸으면서 전개하는 여러 상념들을 보여준다. 그 상념들은 "이런 날 동네에서는 한 소년이 죽기도 한다"나 "언젠가 이곳에 인질극이 있었다/범인은「휴일」이라는 노래를 틀고 큰 소리로 따라 부르며/자신의 목을 긴 유리조각으로 그었다"와 같은 죽음의 여러 모습이다. 주검을 직접 보여줄 때도 있다. 가령, "구름으로 가득 찬 더러운 창문 밑에/한 사내가 쓰러져 있다, 마룻바닥 위에/그의 손은 장난감처럼 뒤집혀져 있다"(「죽은 구름」)와 같은 구절이 그것이다. 여기서 추검은 감정이 절제된 채 서늘하게 즉물화되고 있다.

시적 화자가 우울하게 걸어가고 있는 거리엔 주검들과 죽음에 대한 상념을 유인하는 '낡은 간판'들이 널려 있다. 기후마저도 그러한 상념을 피워 올리게 만든다. 그의 눈에 포착되는 사람들은 곧 있으면 죽을 운명이거나 죽어버린 이다. 또는 삶의 의미를 상실한 사람들이다. 유령들이다. 이들은 회한과 외로움에 말라 죽어가는, 행복과는 거리가 먼 이들이다. 플랫폼에서 본 청년들은 "톱밥같이 쓸쓸해 보이"(「鳥致院」)고, 어느 카페에 들어온 사내는 "그것으로 탁자를 파내"면서 "나는 인생을 증오한다"(「장밋빛 인생」)라고 새겨 넣는다.

삶을 박탈당한 유령들의 포착은 시적 화자 자신이 유령처럼 '흘러다'니는 존재이기에 가능한 것이다. 그래서 시적 화자가 포착하고 있는 대상의 대부분인 흘러 다니는 사람들은 시적 화자 자신의 삶을 회고하는 촉매로 작용하게 된다. 그 사람들의 삶이 시적 화자의 삶과 다름없다는 점이 드러나면서, 시적 화자의 내면 독백은 다시 떠도는 자의 내면을 드러낸다.

    내린다 진눈깨비, 놀랄 것 없다, 변덕이 심한 다리여
    이런 귀가길은 어떤 소설에선가 읽은 적이 있다
    구두 밑창으로 여러 번 불러낸 추억들이 밟히고
    어두운 골목길엔 불켜진 빈 트럭이 정거해 있다
    취한 사내들이 쓰러진다, 생각난다 진눈깨비 뿌리던 날
    하루종일 버스를 탔던 어린 시절이 있었다
    낡고 흰 담벼락 근처에 모여 사람들이 눈을 턴다   —「진눈깨비」부분

진눈깨비 뿌리던 날, 시적 화자는 역시 거리를 걷는다.[13] 거리에서 그는 "취한 사내들이 쓰러"지는 것을 보고 정거해 있는 '빈 트럭'도 본다. '구두 밑창'으로 "추억들이 밟히"는 소리, "하루종일 버스를 탔던 어린 시절"이 밟히는 소리도 듣는다. 외로운 빈 트럭과 쓸쓸하게 쓰러진 취한 사내들에 대한 묘사가, 시적 화자의 어린 시절을 불러오는 회상과 절묘하게 어우러진다. 시적 화자 자신이 주체로서 추억들을 부른다기보다는, 저 진눈깨비 내리는 거리의 외롭고 쓸쓸한 모습이 기억들을 부른다. 그것들은 "찬밥처럼 방에 담겨/아무리 천천히 숙제를 해도/엄마 안 오" 시기에 "빈방에 혼자 엎드려 훌쩍거리던"(「엄마 걱정」) 기억과 같은 것들이다. 그가 거리에서 보고 있는 사람들 역시 엄마가 없어 빈방에서 혼자 훌쩍거린 기억을 감추고 있을 사람들이며, 현재에도 집에 들어가면 (집이 있다면) 빈방에 홀로 앉아 있을 사람들일 것이다. 죽어가는 이 유령들은 그러한 기억을 깊이 품고 살아가는 자들이다. 이는 시적 화자 자신도 저들처럼 그러한 기억을 품고 쓸쓸히 죽어가는 유령들 중 한 사람이라는 사실을 드러낼 것이고, 그래서 '죽음'을 발견하기 위한 '흘러 다니기'는 점점 시적 화자 자신 안에 있는 죽음의 흔적을 찾는 여행이 되어버리게 될 것이다. 시적 화자는 "곧 무너질 것만 그리워했"(「길 위에서 중얼거리다」)다고 말한다. '곧 무너질 것'들이 그의 삶 자체가 될 것이기 때문이다.

그리하여 죽음을 증언하려는 시적 화자 자신이 유령과 같이 떠돈다. 그는 "낡아빠진 구두에 쑤셔박힌, 길쭉하고 가늘은/자신의 다리를 보고

---

13) 물론 여기서도 시적 화자는 시인 기형도는 아니다. 극적 독백이 다시 도입되고 있는 것이다. 흘러다니는 자의 내면을 더욱 극적으로 드러내기 위한 장치로서의 시적 화자이다.

동물처럼 울부짖는다. 그렇다면 또 어디로 간단 말인가!"(「여행자」)라고 울부짖는 여행자와 같이, 떠돎을 그만둘 수 없는 유령이다. 환상적인 공간이 열리는 순간을 통해 드러난 죽음의 세계와 그 세계 안을 떠돌아다니는 유령적인 삶의 포착은, 이렇게 자신도 유령이라고 인식하는, 다시 말해 안개의 구멍을 바라보고 있는 자신도 안개에 중독되어버렸다는 점을 인식하는 시적 화자의 등장을 통해 완성된다. 이를 통해 죽음은 이 세계의 안과 밖을 점령해버린 가공할 어떤 것으로 드러난다.

유령의 세계를 증언하는 자신도 유령이 되어버렸다는 사실을 깨달을 때의 그 경악스런 순간은, 바로 메두사가 페르세우스의 방패에 비친 자신의 얼굴을 보았을 때의 그 놀람과 두려움의 순간과 같을 것이다. 그런데, 서두에서 언급했듯이, 기형도의 시는 바로 그 경악의 순간을 포착한 카라바지오의 「메두사」란 '그림'과 같은 것일 터, 시 텍스트는 그 경악의 순간을 재현한다기보다는 그 순간을 구성하여 현현하게 한다고 할 수 있다.[14] 시-예술 텍스트가 구성되기 이전에는, 우리는 그 경악의 순간과 맞서 대하지 못한다. 환상을 사용하여 순간을 포착하는 시-예술이 그 경악의 얼굴을 객관화할 때 비로소 경악의 순간은 우리 앞에 나타난다. 「입 속의 검은 잎」은 바로 자신의 얼굴을 본 메두사가 경악하는 순간을 객관화한 시라고 할 수 있을 것이다.

그의 장례식은 거센 비바람으로 온통 번들거렸다

---

[14] 또한 예술, 문학은 신화 자체, 더 나아가 신화의 재현도 아니다. 다음과 같은 아도르노의 말을 인용해본다: "예술 작품들이 인간에 의해 객관화되고 자립성을 얻게 됨에 따라 인간은 완화되지 않은 것, 혹은 아직 존재하지 않은 것으로서의 전율과 맞서게 된다"(아도르노, 앞의 책, p.134). 기형도 시는 자신의 얼굴을 보고 있는 메두사의 공포 자체가 아니라 그 공포에 질린 얼굴-전율-을 객관화한 예술 작품이다.

죽은 그를 실은 차는 참을 수 없이 느릿느릿 나아갔다
사람들은 장례식 행렬에 악착같이 매달렸고
백색의 차량 가득 검은 잎들은 나부꼈다
나의 혀는 천천히 굳어갔다, 그의 어린 아들은
잎들의 포위를 견디다 못해 울음을 터뜨렸다
그해 여름 많은 사람들이 무더기로 없어졌고
놀란 자의 침묵 앞에 불쑥불쑥 나타났다
망자의 혀가 거리에 흘러넘쳤다
택시 운전사는 이따금 뒤를 돌아다본다
나는 저 운전사를 믿지 못한다, 공포에 질려
나는 더듬거린다, 그는 죽은 사람이다
그 때문에 얼마나 많은 장례식들이 숨죽여야 했던가
그렇다면 그는 누구인가, 내가 가는 곳은 어디인가
나는 더 이상 대답하지 않으면 안 된다, 어디서
그 일이 터질지 모른다, 어디든지
가까운 지방으로 나는 가야 하는 것이다
이곳은 처음 지나는 벌판과 황혼,
내 입 속에 악착같이 매달린 검은 잎이 나는 두렵다

—「입 속의 검은 잎」 부분

  이 시에 나오는 진술과 사건들이 현실의 어떤 대응물을 지시한다고 본다면 곧바로 해석의 난점이 생길 것이다. 운전기사, 장례식, 망자의 혀, 없어진 사람들, 죽은 사람, 검은 잎, 그리고 이를 바라보는 '나' 등, 이들이 실제로 존재하는 대상이었다고 하더라도 이 시 텍스트 안에 배치되었을 때의 이 단어들은 그 대상들을 지시하지 않게 된다. 하나의 극적 공간 속에서, 이들은 새로 의미를 얻으며 움직인다. 이 움직임은 공포의 분위기에 맞추어진다. 어떤 가공할 권력에 의해 살육된 자들이라고 상상할 수 있는 '무더기'의 실종된 자들──망자들──의 말하지 못하는 혀─잘린 혀일까?──는 유령처럼 이 세상을 돌아다닌다. 그 유령들은 벌써 장례식 행렬에 "악착같이 매달"린 사람들 몸에 들어가 있을 것이다. 그리하여 그 혀들은 이제 "거리에 흘러넘"친다.

장례식은 살육당한 자들 중 한 명의 장례식일까? 그 죽은 이의 잘린 혀 역시 거리에 흘러 다닌다. 물론 그 혀는 아무 말도 하지 못할 것이다. 그러나 잘 들어보면 잘린 혀들이 내는 어떤 철버덕거리는 소리, 성대가 잘려나간 채 바람만 빠지는 쉿소리, 그 꿈틀대는 소리들을, 원한들을, 슬픔들을, 저주들을 들을 수 있을 것이다. 이 환청 속에서 시적 화자는 자신의 혀가 "천천히 굳어"감을 자각한다. 그것은 시신을 실은 "백색의 차량 가득" 나부끼는 검은 잎 때문이다. 살육이 자행되는 세계에서 살해당한 자들의 유령이 검은 잎일까? 그 유령들──검은 잎──이 입 속에 악착같이 매달릴 때 혀는 굳어져오고, 이윽고 그것은 죽은 자의 혀가 된다. 그리하여 시는 죽은 자의 혀로 씌어지게 되며, 시인은 죽은 자들이 지옥에서 겪는 고통을 대신 말해주는 무당이 된다.

온통 죽은 사람들만이 있는 세계에 시적 화자가 와 있음을, 그리고 그 자신이 바로 그 세계의 일원이 되어가고 있음을, 더 나아가 유령들이 시적 화자의 혀를 통해 죽음의 이 세계를 증언할 수 있도록 그에게 내리는 신들림을, 언제 살육될지 몰라 두려워하는("그 일이 언제 터질지 아무도 모른다.") 이의 음산한 어조를 통해, 이 시는 보여주고 있다. 아득한 공포의 순간[15]을 객관화시키는 이 장면에서 우리는 어떤 수수께끼를 동반

한 순간적 전율을 느끼게 된다. 기형도의 시가 도달한 한 극점은 바로 여기다. 환상적 공간이 뚫어놓은 순간의 구멍을 통해 나타나선 죽음을 퍼뜨리는 세계 안에서 떠돌아 다녔던 유령들이, 이 시에선 하나의 전율적인 공간에 모여들어 갑작스레, 충격적으로 우리 앞에 현현하기에 그렇다.

이 경악의 세계는 물론 가상의 세계이고 현실 세계로 치환되지 않는다. 하지만 기형도 시의 세계가 현실과 아무런 관련이 없다는 말은 아니다. 향유 대상으로서의 단순한 가상과는 달리, 이 가상 세계는 시어가 움직이는 과정 속에서 뿜어내는(메두사를 본 메두사), 자기 파열이 가져오는 전율을 우리에게 던져준다. 그 객관화된 전율과 맞닥뜨린 독자는 충격 속에서 일상적 시간의 지속이 파열되는 '순간'—새로운 현실—을 얻을 수 있다. 그 가상적 순간이 주는 충격 속에서, 독자는 일상적 시공간 안에 감추어진 안개와 같은 죽음의 습기를 감지하게 되는 것이다.

그런데 이 공포의 세계가 기형도 시가 열어놓은 '순간의 통로'를 통해 드러날 수 있었다는 점을 생각하면, 「입 속의 검은 잎」의 세계는 그 반대 극점이라 할 수 있는 「숲으로 된 성벽」의 세계와 연결될 수 있다고 희망할 수는 없을까. '순간의 통로'는 저 유토피아적인 미의 세계로, 숲으로 된 아날로지의 세계, 공기 방울 같은 환상의 세계로 길을 열어놓기도 하지 않았는가. 물론 아날로지의 세계가 급전하여 유령들의 세계, 경

---

15) 그러나 기형도의 시들이 보여주는 '시간이 정지된 순간'은, 시가 마련한 공간 안에서 일어나는 움직임들을 배제하지는 않는다. 아도르노는 "예술 작품들은 하나의 중지하는 것일 뿐만 아니라 동적인 것이기도 하다"(아도르노, 앞의 책, p.134)고 말한다. 「입 속의 검은 잎」에서도 영구차, 울음을 터뜨리는 아이, 넘실거리는 혀들이 움직이고 있다. 이 움직임이 일상적 시간 속의 움직임이 아니라 그 시간을 절단하는 순간 속의 움직임이라는 데에 이 시의 '순간성'이 있는 것이다.

악의 세계가 현현하는 것을 우리는 앞에서 보아왔다. 그러나 반대로, 경악의 세계가 급전하여 다시 저 아날로지 세계로 들어가는 통로가 열릴 수 있다고 생각할 수 있지 않을까. 즉 이 두 극점은 뫼비우스의 띠처럼 연결되어 있어서 경악의 세계는 다시 희미하게 '숲으로 된 성벽'으로 가는 길을 비출 수 있지 않을까. 유토피아적 세계는 부정성을 통해서만 희미하게 빛날 수 있다면 말이다.[16] 그렇다면 기형도 시는 일상적 삶과 사회에 대한 비판과 부정의 기능을 수행하면서, 동시에 세계와 화해하고 싶은 열망을 담는 용기가 되고 있다고도 말할 수 있을 것 같다. 하지만 이를 보여주기 위해선 두 세계의 연결 지점을 찾아내야 할 것이고, 이 작업은 또 다른 분석과 해석을 요하는 일일 것이다. 글을 마치는 이 시점에서도 비평적 재구성은 완성되지 않았다. 아니 결코 완성될 수 없을 것이다. 여전히 기형도 시 텍스트는 우리의 손길을 기다리며 몸을 열고 있다. 우리가 그 텍스트를 맛보는 비평을 계속 욕망하는 한.

〔문학평론가/2003〕

---

16) 이와 관련하여 생각해볼 만한 아도르노의 말을 인용한다: "예술 작품에서 나타나는 것은 결코 이상이나 조화가 아니다. 예술 작품의 화해적 요인은 단지 모순적인 것, 불협화음을 이루는 것 속에서 찾을 수 있을 뿐이다"(앞의 책, p.140).

새로운 직유의 수사학과 기형도 직유의 겉과 속

이아라[1]

이 연구는 두 가지 문제 제기를 전제로 출발한다.

첫째는 주요한 수사법의 하나로 취급되는 '직유(直喩)'에 대해 기존의 일반화된 시각이 과연 올바른가 하는 수사학적 문제 제기이다. 둘째는 기형도 시에 독특하게 표현된 '직유'에 대해, 그것을 일반화된 시각으로 과연 깊이 있게 이해할 수 있겠는가 하는 사례 분석적 문제 제기이다.

먼저, 직유는 은유(隱喩)와 함께 대표적인 수사법으로 자주 언급된다. 그러나 직유에 관한 독자적인 연구는 매우 드문 형편이다. 그보다는 은유 연구 과정에서 부수적으로 다루어져왔다. 그 드문 직유 연구조차 어학적 관심을 규명하고자 하는 국어학 연구자들에 의해 진행되고, 국문

---

1) 이 글의 모체인 석사학위논문 『직유를 보는 새로운 시각—기형도 시의 직유 연구』(연세대 대학원 국문과, 2005. 2)를 쓸 당시 필자 이름은 '이영주'였으며, 2008년 '이아라'로 개명함. 현 박사과정 수료.

학 연구자들에 의해서는 극히 소홀히 다루어지거나 사실상 외면받아왔다. 이는 또 세계적 추세이기도 하다. 그 이유는 직유를 보는 시각이 다음과 같이 일반화하여 있는 데서 찾을 수 있다. ① 직유의 작용은 분명하며 단순하다. 직유는 이미지를 강화함으로써 명확성, 구체성을 증진시킨다. ② 직유는 은유보다 열등한 수사이다. 직유가 밀도가 약한 초보적 표현인 반면 은유는 더 세련된 고차의 표현이다. 이 같은 두 관점이 결합하여, '직유는 사고나 표현의 명징성을 증진시키기 위해 채용되며, 함축과 암시를 특성으로 하는 시(詩) 장르보다는 산문적 묘사에 보다 적합하고, 문학의 본령이라 할 수 있는 시에서 비유의 핵심은 은유가 담당한다'는 관념이 나오게 된다. 그런데 이보다 더 문제가 되는 시각은, ③ 직유를 은유와 동일시하는 시각이다. 아리스토텔레스 이래로 서구 수사학에서 반복 재생산되어온 이 관점은 쉽게 말해, 직유란 '-처럼, -같이, -듯' 등의 비교 표시어가 붙은 은유라는 것이다. 이에 따르면 직유와 은유는 단지 언어 형태상의 차이일 뿐 본질적으로는 동일한 사유를 나타내며, 따라서 서로 대체 가능하다.

그런데, 실제 시 작품에서 직유 표현을 대할 경우 위의 3가지 기존 시각은 각각 다음과 같은 문제의식을 낳게 한다. ①에 대해서는, 직유가 오히려 명확성, 구체성을 훼손시킴으로써 독자(청자)의 이해를 돕기는커녕 어렵고 복잡하게 만드는 경우도 많은데 직유의 작용은 과연 분명하고 단순하기만 한가? ②에 대해서는, 직유 표현이 은유 표현에 뒤지지 않는 효과와 기능을 담당하는 경우도 많은데 두 표현과 수사법을 우열로 구분하고, 직유를 은유보다 하위(下位) 수사라고 단정할 수 있는가? ③에 대해서는, 직유와 은유가 동일하여 직유를 은유로 대체할 수 있다면, 왜 직유는 사라지지 않고 고도의 수사학이 구사되는 오늘날의 시에서도 여전히 빈번하게 등장하는가? 그것은 은유와 본질적으로 구별되는, 직유 고유의 작용과 영역이 있다는 증거가 아닌가?

이 같은 문제들을 탐구하기 위해 기형도의 시를 텍스트로 삼았다. 본고의 문제의식을 어떤 시인의 시에든 적용해볼 수 있겠지만, 기형도의 경우 직유 표현이 다양한 양상으로 나타나고 있어, 풍성한 고찰을 제공하리라보았기 때문이다. 그의 시 전체 97편(『기형도 전집』, 문학과지성사, 1999에 의거) 중 직유 표현이 등장하는 시가 66편이며, 이들 시에서 직유의 사용 빈도는 평균 2.78회이다. 양적으로 많을 뿐 아니라, 작품 안에서 직유가 수행하는 역할과 의미작용도 단순치 않은 경우가 많다.

한편, 기형도 연구의 입장에서 보면, 그간의 연구들은 비극적 세계관의 원천 추적 등 주제론적 접근과 이미지 유형 분석에 집중된 반면, 문체 연구 등 수사학적 접근은 빈곤한 양상을 보여왔다.[2] 수사학이란 작품이 스스로를 드러내는 방식임을 생각할 때 주제론 역시 수사학적 근거를 가지고 논의해야 타당성을 가질 수 있다고 본다. 기형도 시에서 직유는 핵심적 수사학 가운데 하나를 이루고 있어, '직유'를 통한 기형도 시 읽기는 그의 시 세계를 보다 심도 깊게 이해하기 위한 의미로운 수사학적 접근이 되리라고 생각한다.

따라서 본 연구의 목적은 첫째, 위 세 가지의, 직유를 보는 기존 시각에 어떤 한계가 있는지를 밝혀내고 '직유를 보는 새로운 시각'을 이론적으로 제시하는 데 있으며, 둘째, 이 새로운 수사학적 렌즈를 통하여 기형도의 시 작품을 분석함으로써 그의 시 세계에 대한 보다 심도 깊은 접근을 가능하도록 하는 데 있다. 아울러 '직유'를 보는 기존의 시각을 넘

---

2) 이경호, 「기형도의 시 세계 연구자료 읽기」, 『사랑을 읽고 나는 쓰네』, 솔, 1994 등 참고.

어선 지점에서 수사학적인 시 연구가 이루어지는 데 본 연구가 기여하기를 기대한다.[3]

1. 직유를 보는 수사학적 새 관점

1-1. 직유에 대한 기존 이해의 한계와 새 관점

제닝 J. F. Genung의 다음과 같은 글은 직유[4]의 작용과 역할에 대한 일반적인 생각을 대표하고 있다.

"매우 명징하게 보여주는 문채인, 직유는, 특별히 사고나 표현의 명징성을 높이기 위해 채용된다. 그래서 대화에서 보다 덜 감정적인 상황에서 더 자연스럽게 이용된다. 강한 감정에 싸여 있을 때, 사람들은 비교에 빠지지 않는다. 곧바로 통렬한 은유로 나아간다. 반대로, 상상력이 풍부한 시나 산문에서는, 직유가 매우 적절하다. 이유는 분명하다. 직유는 사고를 그림처럼 영상화시켜 보여줌으로써, 상상력이 자세히 설명해주기에 만족스러운 재료를 제공한다."[5]

직유에 대한 일반적인 견해는 사고나 표현의 명징성을 증진하기 위한 형용법이라는 것이다. 명징성은 이미지의 명확성과 구체성을 획득함으로

---

[3] 이 글은 필자의 석사학위논문(각주 1)을 요약한 것으로, 분량의 한계상 논지를 단순화하여 제시하였다. 이 글에서 펼치는 논의를 보다 정확하게 파악하고자 하면 석사학위논문 참고.

[4] 직유는 한 사물을 설명하기 위해 다른 유사한 사물을 끌어다 비교하는 비교법으로 '-처럼' '-같이' '-인 양' '-듯' 등의 비교표시어에 의해 표현된다. 여기서 설명하기 위한 목적이 되는 사물을 원관념, 본의 또는 주지 tenor라 하고, 이에 빗대지는 사물을 보조관념, 유의 또는 매체 vehicle라 한다.

[5] J. F. Genung, *The Practical Elements of Rhetoric with Illustrative Examples*, Boston : Ginn & Company Publishers, 1895, p. 86; 박갑수, 『일반 국어의 문체와 표현』, 집문당, 1998, p. 241에서 재인용.

써 확보되는데, 이에 대해 박갑수는 "명확성은 보다 잘 아는 사물과 연합될 때 얻어지며, 구체성은 보다 덜 추상적이거나, 덜 일반적인 것과 연합될 때 인상적인 것이 된다"고 설명한다.[6] 한편, 윌라이트P. Wheelright는 "문법학자들이 흔히 사용해온 우리가 잘 아는 은유(메타포)와 직유의 구분은 대체적으로 무시하는 것이 좋다"고 하면서도 "은유의 형식보다 직유의 형식이 현실감을 훨씬 더 강력히 드러낸다는 데는 의심의 여지가 없다"고 함으로써 직유의 효과에 대한 전통적 견해를 따르고 있다.[7]

정리하자면, 직유는 이미지를 강화함으로써 명징성과 구체성을 증진시키는 효과를 낳는다는 것이다. 이와 관련하여 기형도의 시에서 예를 들어본다.

> 나무토막 같은 팔을 쳐들면서 (「추억에 대한 경멸」)
> 고단한 달도 야윈 낫의 형상으로 (「이 겨울의 어두운 창문」)
> 검은 연기가 우산처럼 펼쳐지고 (「노을」)

위의 직유들은 보조관념을 통해 원관념의 이미지를 강화함으로써 명징성을 증진시키고 있다. 그런데 기형도 시에 나타나는 직유의 본령은 오히려 다음과 같은 직유들이다.

> 사투리처럼 몸을 뒤척이는 사내들
> 소지품마냥 펼쳐보이는 의심 많은 눈빛들
> 청년들은 톱밥처럼 쓸쓸해 보인다 (이상 「조치원」)

---

6) 박갑수, 같은 책.
7) 필립 윌라이트, 『은유와 실재』, 김태욱 옮김, 한국문화사, 2001.

비닐 백의 입구같이 입을 벌린 저 죽음 (「죽은 구름」)

위의 직유들은 이미지를 강화하여 명징성을 증진시키기보다는 명징성을 흐트러뜨리고 있다. 톱밥처럼 쓸쓸하다는 게 어떤 것이며, 사투리처럼 몸을 뒤척이는 게 어떻게 뒤척이는 것인가? '사투리'라는 보조관념과 '몸을 뒤척임'이라는 원관념 사이의 거리는 멀다. 이 먼 거리로 인해 명징성이 증진되기보다는 애매성이 생성되어 독자의 이해를 방해하고 읽는 속도를 느려지게 한다. 그렇다면 이러한 직유들은 대체 어떤 작용을 하고 있는 것인가. 직유가 가장 중요한 수사로 등장하는 시 「조치원」의 경우를 통해 좀더 자세히 살펴보자.

(전략)
마스크를 낀 승객 몇몇이 ①젖은 담배 필터 같은
기침 몇 개를 뱉아내고

(중략)
조치원에서 고등학교까지 마쳤죠. 서울 생활이란
내 삶에 있어서 ②하찮은 문장 위에 찍힌
방점과도 같은 것이었어요.
조치원도 패 큰 도회지 아닙니까?
서울은 내 둥우리가 아니었습니다. 그곳에서
지방 사람들이 더욱 난폭한 것은 당연하죠.
어두운 차창 밖에는 ③공중에 뜬 생선 가시처럼
④놀란 듯 새하얗게 서 있는 겨울 나무들.

한때 새들을 날려보냈던 기억의 가지들을 위하여
어느 계절까지 힘겹게 손을 들고 있는가.
간이역에서 속도를 늦추는 열차의 작은 진동에도
소스라쳐 깨어나는 사람들. ⑤소지품마냥 펼쳐보이는
의심 많은 눈빛이 다시 감기고
좀더 편안한 생을 차지하기 위하여
⑥사투리처럼 몸을 뒤척이는 남자들.
발 밑에는 몹쓸 꿈들이 빵봉지 몇 개로 뒹굴곤 하였다.

(중략) 그의 마지막 귀향은
이것이 몇 번째일까, 나는 고개를 흔든다.
나의 졸음은 ⑦질 나쁜 성냥처럼 금방 꺼져버린다.
설령 사내를 며칠 후 서울 어느 거리에서
우연히 마주친다 한들 어떠랴. 누구에게나 겨울을 위하여
한 개쯤의 외투는 갖고 있는 것.

사내는 작은 가방을 들고 일어선다. ⑧견고한 지퍼의 모습으로
그의 입은 가지런한 이빨을 단 한 번 열어보인다.
플랫폼 쪽으로 걸어가던 사내가
마주 걸어오던 몇몇 청년들과 부딪친다.
⑨어떤 결의를 애써 감출 때 그렇듯이
청년들은 ⑩톱밥같이 쓸쓸해 보인다.
(하략)
— 「조치원」 부분 (* 직유 보조관념과 직유 표시어를 숫자와 밑줄로 표시-필자)

새로운 직유의 수사학과 기형도 직유의 겉과 속

화자와 낙향하는 사내 간의 대화가 주요한 사건을 이루는 이 시에서, 먼저, 낙향하는 사내가 스스로에 대해 표현한 직유를 살펴보자.

서울 생활이란/내 삶에 있어서 ②하찮은 문장 위에 찍힌/방점과도 같은 것이었어요.

사내는 이 직유를 통해 서울에 정착하는 데 실패했음을 표현한다. 그러한 의미 전달의 작용은 하고 있으나, 이 직유는 시 전체의 양상으로 볼 때 리얼리티를 훼손시키고 있다. 사내가 '방점'에 대한 국어 지식을 생활 비유로 자연스럽게 사용할 만한 소위 지식인으로 보이지 않기 때문이다. 이같이 화자가 '사내'의 내면과 거리 두기에 실패하고 지나치게 개입했다는 데서, 화자가 사내에게 그 자신의 내면을 투영함으로써 사내와 자신을 동일시했음을 엿볼 수 있다.

어두운 차창 밖에는 ③공중에 뜬 생선가시처럼/④놀란 듯 새하얗게 서 있는 겨울 나무들

③④는 잎이 다 떨어진 앙상한 가지에 눈이 내려앉은 겨울나무와 생선가시와의 외양적 유사성을 매개로 이루어진 직유임을 쉽게 알 수 있다.

마스크를 낀 승객 몇몇이 ①젖은 담배 필터 같은/기침 몇 개를 뱉아내고

'젖은 담배 필터'는 '기침'이란 원관념을 설명하기 위해 동원되었는데 기침소리를 명징하게 전달해주는 것도, 기침하는 모습을 형상화하는 것

도 아니다. 둘 사이를 연결시키는 유사성은 대체 무엇인가. 담배와 기침은 둘 다 입으로 이루어지는 행위라는 면에서, 그리고 둘 다 건강보다는 불건강에 가까운 이미지를 갖는다는 면에서 연상의 거리가 가깝다. 하지만 그렇다고 둘 사이의 연결고리가 생기는 것은 아니다.

이러한 직유는 '명징성'을 증진시키기는커녕 애매성을 증가시키며, 독자의 이해와 신속한 형상화 작용을 유보시킴으로써 읽는 속도를 느려지게 한다.

⑤ 소지품마냥 펼쳐보이는/의심 많은 눈빛이 다시 감기고

'소지품마냥 펼쳐보이는'이라는 직유는 '의심 많은 눈빛'을 명징하게 드러내주는가. '소지품마냥'이라는 보조관념과 '펼쳐보이는'이라는 설명어의 결합은 자연스럽지 않다. '소지품마냥 싸매는' 또는 '소지품마냥 움켜쥐는'이 자연스럽게 어울리는 보조관념과 설명어의 쌍이 아닌가. (마치 '병풍처럼 접어놓은'보다는 '병풍처럼 쳐놓은'이 어울리는 것과 같다.)

사물의 잘 알려진 쓰임새나 형상과 같은 일반적인 인식에 따라 직유가 이루어질 때 명확성이 생겨나는데 일반적인 인식을 거스르는 직유는 그 반대의 효과를 낳는다. '소지품마냥 움켜쥐는'이라고 할 때 독자는 쉽게 넘어가지만, '소지품마냥 펼쳐보이는'이라고 하면 독자는 긴장하게 되고 이것이 어떤 특수한 경우인가 생각하지 않을 수 없게 된다.

그들은 영악하게 자기 것을 챙겨야 할 서울살이에서 순간의 흔들림에도 자기 패를 다 내보이고 마는, 서울살이에 동화되지 못한 자들임을, '소지품마냥 펼쳐보이는'이라는 직유로 암시하고 있는 것이다.

⑥사투리처럼 몸을 뒤척이는 남자들./발 밑에는 몹쓸 꿈들이 빵봉지 몇 개로 뒹굴곤 하였다.

이 직유의 작용 또한 명징성의 증진이나 이미지의 강화와는 거리가 멀다. 사투리처럼 몸을 뒤척이는 게 어떻게 뒤척이는 것인가. 이것은 몸을 뒤척이는 모양에 대한 어떤 이미지도 주지 않는다. 그러므로 독자는 이 구절을 이해하기 위해 시의 앞뒤 맥락과 '사투리'에 대해 깊이 생각해 보아야만 한다.

사투리란 무엇인가. 사투리는 표준어의 대립어로서 표준어가 아닌 모든 방언이 이에 해당한다. 서울은 표준어의 사회로서 모든 것이 표준화, 규격화, 일반화된 익명의 사회이다. 표준에 적응할 수 없는 개성적 존재, 익명이 아닌 실명으로 살고자 하는 이들에게 서울은 견디기 힘든 곳이다. 따라서 '사투리처럼 몸을 뒤척이는 남자들'이란 표현에서 불편함을 견디며 기차간의 한 자리를 지키는 모습과 함께, 생존을 위해 버티고 있지만 개별과 개성을 받아들이지 않는 사회를 못 견뎌 하는 이들의 속울음과 처절한 몸부림을 읽어내게 된다.

플랫폼 쪽으로 걸어가던 사내가/마주 걸어오던 몇몇 청년들과 부딪친다./
⑨어떤 결의를 애써 감출 때 그렇듯이/청년들은 ⑩톱밥같이 쓸쓸해 보인다.

먼저, 톱밥같이 쓸쓸해 보인다는 단순 직유가 등장하고 앞의 '어떤 결의를 애써 감출 때 그렇듯이'라는 문장형태의 보조관념과 결합하면서 확장 직유를 형성한다.[8] 그런데 톱밥과 쓸쓸함에서는 어떤 외적 유사성도 찾을 수 없다.

톱밥과 쓸쓸함의 연결고리를 찾아내기 위해서는 톱밥이 내포하고 있는 의미들을 생각해보아야 한다. 톱밥은 톱질과 대패질 과정에서 쓸려나온 목재의 부산물로서, 버려지는 것이다. 조치원역의 청년들에게서 톱밥 같은 쓸쓸함을 보는 것은, 서울로 또는 다시 조치원으로 내모는 그 무언가의 힘 앞에서 방황하고 불안해하는 소도시 소시민의 삶을 예감하는 탓이다.

　　나의 졸음은 ⑦질 나쁜 성냥처럼 금방 꺼져버린다.

'나의 졸음'이라는 원관념과 '질 나쁜 성냥'이라는 보조관념 사이에는 '금방 꺼진다'는 유사성이 존재한다. 잠들지 못하고 졸다 깨다 하는 상태를 '질 나쁜 성냥'이라는 구체적 사물에 빗대어 감각적인 이해를 도모하고 있다. 명징성을 증진시킨다는 직유에 대한 일반적 이해에 충실한 직유이다.

　　사내는 작은 가방을 들고 일어선다. ⑧견고한 지퍼의 모습으로
　　그의 입은 가지런한 이빨을 단 한 번 열어 보인다.

이 직유 역시 이미지를 강화시키는 작용을 한다. 입 매무새와 지퍼는 그 생김새와 움직임의 유사성 때문에 결합되었으며, 입 매무새를 통해

---

8) 단순 직유는 단어와 단어 또는 구가 서로 비유되는 직유이며, 확장 직유는 단어와 문장, 또는 문장과 문장이 비유되는 직유. 뒷장에서 소개되는 기존 직유 분류에 대한 서술을 참고하기 바람.

표현되는 결의와 다짐은 '견고한'이라는 수식어를 통해 표현되었다.
 지금까지 시 「조치원」에 등장하는 직유 표현들을 살펴보았는데, 직유가 반드시 명징성을 증진시키는 역할을 하지만은 않는다는 것을 알 수 있다. 오히려 그 반대의 역할을 하는 아래 직유들이 이 시에서 풍부한 의미망을 형성하고 있음을 알 수 있다.

　①젖은 담배 필터 같은 기침 몇 개
　⑤소지품마냥 펼쳐보이는 의심많은 눈빛
　⑥사투리처럼 몸을 뒤척이는 남자들
　⑨⑩어떤 결의를 애써 감출 때 그렇듯이/청년들은 톱밥같이 쓸쓸해 보인다.

 위의 직유 표현들은 원관념과 보조관념 사이에 외적인 유사성을 찾기 어려우며 따라서 명징성을 증진시키기보다는 오히려 명징성을 흐트러뜨림으로써 원관념과 보조관념 사이의 불명확한 공간에서 긴장을 생성해내며 내포적 의미를 생산해낸다.
 여기서 얻게 되는 중요한 중간 결론은 '직유는 이미지를 강화함으로써 명확성과 구체성을 증진시키는 수사'라는 기존의 이해는 직유의 작용에 대한 일면적 접근에 불과하다는 것이다. 따라서 직유를 보는 새로운 수사학적 관점이 요구된다.

1-2. 직유에 대한 기존 분류와 새로운 분류의 필요성

 한편, 직유를 분류하는 기존의 기준 체계로는 위에서 살펴본 직유의 작용을 이해하는 데 도움을 얻을 길이 없다.

기존의 직유 분류 체계를 살펴보면, 직유는 크게 기술적 직유(記述的 直喩: descriptive simile)와 강의적 직유(强意的 直喩: intensifying simile)로 나뉜다. 기술적 직유란 사물을 선명하게 기술하는 것을 목적으로 하는 직유로서 다시 단순 직유simple simile와 확장 직유enlarged simile의 두 가지로 나뉘며, 강의적 직유는 관용적 직유proverbial simile와 두운 직유alliterative simile[9]로 나뉜다. 단순 직유는 원관념과 보조관념이 단어나 구로 이루어진 직유로서 가장 간단하게 파악될 수 있는 비유법이며(예: 청년들은 톱밥처럼 쓸쓸하다), 확장 직유는 원관념이나 보조관념이 문장 형태로 이루어진 직유이다(예: 어떤 결의를 애써 감출 때 그렇듯이). 또한 한정 직유closed simile와 개방 직유open simile로 나누는 분류법이 있다. 전자는 비교되는 관점을 특정화하는 비유법이며, 후자는 비교되는 관점을 명시하지 않는 비유법이다. 이 같은 기존의 기준에 따라 시 「조치원」의 직유 표현들을 분류하면 다음과 같다.

직유 표현	직유 종류 1	직유 종류 2
① 젖은 담배 필터 같은 기침 몇 개	단순	개방
② 공중에 뜬 생선 가시처럼	단순	한정
③ 놀란 듯 새하얗게 서 있는 겨울 나무들	확장	한정
④ 소지품마냥 펼쳐보이는 의심많은 눈빛	기술적 (記述的) 직유	단순	한정
⑤ 사투리처럼 몸을 뒤척이는 남자들	단순	한정
나의 졸음은 ⑥질 나쁜 성냥처럼 금방 꺼져버린다	단순	한정
⑧ 견고한 지퍼의 모습으로 그의 입은 가지런한 이빨을 단 한 번 열어보인다	단순	한정
⑨ 어떤 결의를 애써 감출 때 그렇듯이	확장	한정
청년들은 ⑩ 톱밥같이 쓸쓸해 보인다	단순	한정

---

9) 중세 영시(英詩)에서 주로 쓰임.

위와 같이 분류해놓고 보면, 이러한 분류 체계로는 직유가 어떤 효과를 내는지 제대로 파악할 수 없다는 한계가 바로 드러난다. 형태상의 분류에 의한 이 같은 접근방식으로는 직유의 내용과 작용, 기능, 효과 등을 심도 있게 논의하기 힘들다.

이 때문에 형태에 주목하는 기존의 분류를 넘어서서 명징성을 벗어난 직유의 작용, 기능, 효과에 관여하는 보다 진전된 분류 방법에 대한 요구가 생겨난다.

2. 외연적 직유/내포적 직유와 기형도의 시
2-1. 외연적 직유와 내포적 직유

앞의 「조치원」의 분석들을 고려하여 직유의 새로운 분류를 제시하고자 한다.

우선, 일반적으로 알려진 대로 직유를 명유(明喩), 즉 명확하고 명징하게 드러내는 수사로 이해하는 관점에 부합하는 직유가 있다. 보조관념을 가까운 생활, 의식, 이미지 속에서 찾아내어 채용하는 경우로, 이런 비유는 언어공동체에서 익숙하게 받아들여진다. 원관념과 보조관념 사이의 연결이 쉽게 이루어지므로 의미 전달이 빨라서 그 효과가 즉각적으로 드러난다. 즉 원관념과 보조관념 사이의 거리가 가까운 특징을 갖는다. 이러한 직유를 '외연적 직유'라고 부르기로 한다.

이와 대조적으로 원관념과 보조관념 사이의 거리가 멀어 언어공동체에서 낯설게 여겨지는 직유가 있다. 원관념과 보조관념의 먼 거리 때문에 긴장이 생겨나고 그 공간에서 내포적인 함의가 생성된다. 이러한 직유를 '내포적 직유'라고 부르기로 한다. '외연적 직유'가 대개 추상적이거나 덜 알려져 있는 원관념을 명징하게 드러내기 위해 잘 알려진 것이나 구체적인 것을 보조관념으로 삼아 빗대는 것과 달리, 낯선 보조관념을 가져오거나 원관념과 보조관념 사이의 낯선 연결을 시도하는 '내포적 직유'는 독자(청자)로 하여금 낯선 만큼 벌어지는 거리를 따라잡도록 사유로서 유영할 수 있는 공간을 열어놓는다.[10]

이 새로운 분류를 「조치원」의 직유에 적용해보면 다음과 같다.

직유의 종류	직유 표현
외연적 직유	②공중에 뜬 생선 가시처럼 ③놀란 듯 새하얗게 서 있는 겨울 나무들 나의 졸음은 ⑥질 나쁜 성냥처럼 금방 꺼져버린다 ⑧견고한 지퍼의 모습으로 그의 입은 가지런한 이빨을 단 한 번 열어보인다
내포적 직유	④소지품마냥 펼쳐보이는 의심 많은 눈빛 ⑤사투리처럼 몸을 뒤척이는 남자들 ⑨어떤 결의를 애써 감출 때 그렇듯이 청년들은 ⑩톱밥같이 쓸쓸해 보인다

그런데 ⑥의 경우처럼 외연적 직유가 시의 전체 맥락에 의해 내포적 함의를 획득하게 되는 경우가 있게 된다. '질 나쁜 성냥처럼 금방 꺼져버린다'는 나의 졸음과 질 나쁜 성냥의 외연적 유사성(금방 꺼져버린다)에 의해 연결된 외연적 직유이지만, 앞에서 나온 내포적 직유 ①의 '젖은 담배필터'와 연결되면서 '젖은 담배필터 같은 기침 몇 개'가 획득한 내포적 함의가 '질 나쁜 성냥'에도 전이되고 있다.

그렇다면 다른 외연적 직유의 경우는 어떤가.

'공중에 뜬 생선가시처럼'은 앙상한 겨울나무와 생선가시의 외양적 유

---

10) 2004년 1월, 시 창작 과정 및 작품 분석을 내용으로 하는 문예세미나에서, 고규태 시인의 직유를 보는 기존 시각에 대한 문제 제기에서 시사점을 얻음.

사성에 의해 연결된 외연적 직유이다. 그런데 여기에는 시를 운용해나 가는 시인의 의식이 투영되어 있다. '생선가시'라는 보조관념을 '젖은 담배필터' '질 나쁜 성냥' '소지품마냥 펼쳐 보이는' '사투리' '톱밥' 등의 다른 보조관념들과 같이 놓고 보면, 이들이 일관된 의미구조를 형성하고 있음을 보게 된다.

생선가시란 살을 다 뜯어먹은 후 이용가치가 없어져 버리는 찌꺼기로서의 생선뼈를 일컫는 인간 중심적 관점의 표현이다. 이는 젖은 담배필터, 질 나쁜 성냥, 그리고 톱밥의 경우와 같이, 쓸모가 다했거나, 불량이어서 쓸모가 없거나, 또는 다른 사물의 가공과정에서 생겨난 부산물로서 출생부터 쓸모없거나 하는, 인간사회에서 '쓸모없음'으로 인해 '버려짐(폐기)' 처분을 당하는 사물이라는 공통된 의미를 형성한다. 소지품을 싸매는 게 아니라 펼쳐 보이는 영악하지 못한 사람들이 표준과 규격의 사회에 어울리지 못하고 사투리처럼 뒤척이는 삶의 실상을 화자는 창밖의 겨울나무에 투영하는 것이다. 그리하여 생선가시 같은 겨울나무의 풍경은 서울에서 영혼의 살점들이 날마다 뜯겨나가고 이젠 더 이상 뜯겨나갈 살점이 남지 않은, 그래서 이제는 뼈만 앙상하게 남은 채 낙향하는 사내, 또는 낙향자들의 풍경에 겹쳐진다.

이러한 직유의 특징은 1차적인 외연적 직유로부터 2차적인 내포적 직유 쪽으로 확장되고 있다는 것이다. 이는 시에서 사용된 직유의 보조관념들이 연합하여 일관된 의미 맥락을 형성하고 유기적으로 작용함으로써 개별 보조관념에서는 환기되지 않았던 내포적 의미가 부가적으로 생성되어 덧붙여지는 특수한 현상으로 기형도식 직유 구사의 특징이기도 하다.(예컨대,「오후 4시의 희망」에서는 '습관은 아교처럼 단단하다' '콘크리트처럼 나는 잘 참아왔다' '우린 언제나 서류뭉치처럼… 붙어 있네' '명함이나 타이프 용지처럼 햇빛 한 장이' 등의 개별적인 직유들이 연합하여 거대한 조직의 부분으로 전락한 삶에 대한 강한 지양으로 작용하며,「봄날은 간다」에서는 '햇빛은 분가루처럼' '외상값처럼 밀려드는 대낮' '사내들은 화투패마냥 모여들어' 등의 개별 직유들이 연합하여 유기적으로 작용함으로써 술집 여자의 삶을 형상화한다.)

2-2. 외연적 직유의 작용과 효과 ——「위험한 가계·1969」

외연적 직유들로 이루어진 시「위험한 가계·1969」를 통해 외연적 직유의 작용 양상을 살펴보자.

1

그해 늦봄 아버지는 ① 유리병 속에서 알약이 쏟아지듯 힘없이 쓰러지셨다. (중략)

2

(중략) 농장의 목책을 훌쩍 뛰어넘으며 아버지는 말했다. ⓐ네게 모이를 주기 위해서야. 양계장 너머 뜬, ② 달걀노른자처럼 노랗게 곪은 달이 아버지의 길게 늘어진 그림자를 이리저리 흔들 때마다 나는 아버지의 팔목에 매달려 휘휘 휘파람을 날렸다. (중략) 알아요 ⓑ나도 이젠 병아리가 아니에요. 어머니. (중략)

3

방죽에서 나는 한참을 기다렸다. 가을 밤의 어둠 속에서 큰누이는 ③ 냉이꽃처럼 가늘게 휘청거리며 걸어왔다. (중략) 작은누이가 중얼거렸다.

아버지 좀 보세요. 어떤 약도 듣지 않았잖아요. 아프시기 전에도 아무것
도 해논 일이 없구. 어머니가 누이의 뺨을 쳤다. 약값을 줄일 순 없다. 누
이가 깎던 감자가 툭 떨어졌다. 실패하시고 나서 아버지는 3년 동안 낚시
질만 하셨어요. 그래도 아버지는 너희들을 건졌어. 이웃 농장에 가서 닭
도 키우셨다. 땅도 한 뙈기 장만하셨댔었다. 작은누이가 마침내 울음을
터뜨렸다. ④죽은 맨드라미처럼 빨간 내복이 스웨터 밖으로 나와 있었다.
그러나 그때 아버지는 ⓒ채소 씨앗 대신 알약을 뿌리고 계셨던 거예요.

4

지나간 날들을 생각해보면 무엇하겠느냐. ⑤묵은 밭에서 작년에 캐다
만 감자 몇 알 줍는 격이지. 그것도 대개는 썩어 있단다. (중략) 하늘에
는 벌써 ⑥튀밥 같은 별들이 떴다. 어머니가 그만 씻으시래요. 다음날
무엇을 보여주려고 나팔꽃들은 저렇게 오므라들어 잠을 잘까. 아버지는
흙 속에서 천천히 걸어나오셨다. ⓓ봐라. 나는 이렇게 쉽게 뽑혀지는구
나. 그러나, 아버지. 더 좋은 땅에 당신을 옮겨 심으시려고.

5

(중략) 창문을 열자 어둠 속에서 바람에 불려 몇 그루 미루나무가 ⑦거
대한 빵처럼 부풀어오르는 게 보였다. (중략)

6

그해 겨울은 눈이 많이 내렸다. (중략) 아주 추운 밤이면 나는 이불 속
에서 ⑧해바라기 씨앗처럼 동그랗게 잠을 잤다. 어머니 아주 큰 꽃을 보
여드릴까요? (중략) 어머니. 제일 긴 밤 뒤에 비로소 찾아오는 우리들의

환한 가계를. 봐요 ⑨용수철처럼 튀어오르는 저 동지의 불빛 불빛 불빛.
―「위험한 가계·1969」 부분 (* 밑줄과 숫자 표시는 필자)

 가족 구성원들의 이미지가 직유를 통해 제시되고 있는데, 먼저 아버지에 대한 직유 세 가지를 연이어 보자. ① '아버지는 유리병 속에서 알약이 쏟아지듯 힘없이 쓰러지셨다'는 쏟아지는 알약들의 수습 불가의 불가항력적 느낌을 통해 아버지의 병환이 갖는 치명적인 이미지를 강화하는 외연적 직유로 작용한다. 쓰러진 아버지가 약으로 보낸 세월의 허망하고 무기력한 이미지와 약값을 대면서 더욱 기울어가는 가계의 위태로운 이미지가 중첩되고 있다. ② '달걀노른자처럼 노랗게 곪은 달이 아버지의 길게 늘어진 그림자를 이리저리 흔들 때마다'는 일차적으로는 '달걀노른자'와 '달'의 형태 및 색상의 유사성으로 매개된 외연적 직유이다. 한편, 달을 음식인 달걀노른자에 비유함으로써 자연물을 음식물에 빗댄 ⑥ '튀밥 같은 별들,' ⑦ '미루나무가 거대한 빵처럼 부풀어오르는'의 직유와 더불어 늘 굶주리는 아이의 시선을 표현한다. 그런데 '노랗게 곪은'이라는 표현으로 인해 '달걀노른자'와 '달'을 매개하는 핵심이 색깔이나 형태가 아니라 바로 '곪음'에 있음이 드러나면서, 이 직유는 내포적 직유로 확장된다. 굶주린 아이의 눈에 비친 음식물 지향을 나타내는 듯한 포즈를 취하다가 실제로는 굶주림을 해소시켜줄 수 없는 상한 음식물의 이미지를 제시함으로써, 희망의 어긋남, 불길함, 아버지가 쓰러지기 이전에 이미 내재되어 있는 가계의 위기에 대한 암시이자 전조로 작용하면서 내포적 직유의 효과를 내고 있다. 아버지의 목소리로 표현된 ⑤ '묵은 밭에서 작년에 캐다 만 감자 몇 알 줍는 격이지. 그것도 대개는 썩어 있단다'는 바로 앞의 진술 '지나간 날들을 생각해보면 무엇하겠느냐'를 강화시켜주는 강의적(强意的) 직유의 성격을 띠면서 외연적 직유의 효과를 낸다. 그러나 외연적 직유에 머물지 않고 아버지 자신의 현재 상황에 대한 해석과 함축을 표현함으로써, 곧 묵은 밭의 썩어 있는 감자 몇 알과 자신의 처지를 겹쳐놓음으로써 체념과 패배의식을 드러내는 내포적 직유의 효과를 내고 있다. 한편 그와 반대로 화자는 가계의 희망 쪽으로 나아가는 자기의 의지와 지향을 드러내고자 이 강의적 직유를 활용한다. 즉, 이 강의적 직유로 시작된 파트〈4〉를 "그러나, 아버지. 더 좋은 땅에 당신을 옮겨 심으시려고"로 끝냄으로써 무력한 아버지를 가계의 중심축으로 다시 굳건히 세우고자 하며, 그럼으로써 '희망의 가계'를 지향한다.

다음으로, 큰누이에 대한 직유 ③ '냉이꽃처럼 가늘게 휘청거리며 걸어왔다'와 작은누이에 대한 직유 ④ '죽은 맨드라미처럼 빨간 내복이 스웨터 밖으로 나와 있었다'는 일차적으로 외연적 직유이며 그 이미지는 대조적이다. 큰누이는 공장에서 야근까지 하지만, 화자는 큰누이에게 강인한 생활력의 소유자 같은 이미지를 부여하지 않는다. 오히려, 공장에서 돌아오는 그녀를 '냉이꽃처럼 가늘게 휘청거'린다는 직유로 표현함으로써 갸날프고 위태로워 보이는 누이를 향한 안쓰러운 마음을 드러낸다. 반면 작은누이에 대해서는, 얇고 보드라운 꽃잎을 가진 일반적인 꽃들과 달리 두껍고 우툴두툴한 표면에 진한 붉은빛 또는 진분홍빛을 띠는, 닭볏 비슷하게 생긴 맨드라미꽃의 이미지를 가져온다. 이 직유는 맨드라미와 내복 색깔의 유사성으로 매개된 외연적 직유이자, 억세 보이는 맨드라미와 작은누이의 당돌하고 야무진 이미지가 연결되는 외연적 직유이다. 그러나 이 직유가 빛나는 것은 외연적 직유에 머무르지 않고 누이에 대한 좀더 복합적인 화자의 심리를 담아내면서 내포적 직유의 효과로까지 나아가고 있다는 데 있다. '맨드라미처럼 빨간'이라 하지 않고 그 앞에 '죽은'이라는 수식어를 붙였다는 데 주목하자. '죽은 맨드라미처럼 빨간'을 오래 입어 바랜 내복 빛깔을 연상시키는 외연적 직유로 볼 수 있으나, 한편 '떨어진' '시든'이 아니라 '죽은'이라는 표현을 쓴 데서 복합적인 내포적 의미를 읽어낼 수 있다. 이 직유가 등장하는 장면은 작은누이가 아버지의 약값을 대면서 기울어가는 가계 상황에 대해 불만을 말하다가 어머니에게 뺨을 얻어맞고 울음을 터뜨리는 장면이다. 화자는 그 순간 누이의 스웨터 밖으로 나온 빨간 내복에 주목함으로써, 야무지고 강한 누이의 모습과 그런 누이의 매무새가 무너지는 균열의 순간을 동시에 포착한다. 이 직유는 겉보기에 야무지고 의연해 보이는 작은 누이의 위태로움을 담아내고 있으며, 그런 누이에 대한 화자의 연민과 안타까움, 위기감과 불안감, 불길함 등 복합적인 무거운 감정들을 담아내는 내포적 직유로 확장되고 있다.

한편 시적 화자인 '나'는 '병아리'라는 은유(ⓐ '네게 모이를 주기 위해서야' / ⓑ '나도 이젠 병아리가 아니에요')와 ⓑ '해바라기 씨앗처럼'이라는 직유로 표현된다. 이 은유와 직유는 각각 그 효과를 달리하는데, 은유에서보다 직유에서 화자의 현재 심리가 보다 분명하게 드러나고 있다. '병아리'는 ⓐ에서 부양해야 되는 어린 자식이라는 의미로 나타나고, ⓑ에서는 어린 자식이 그에 대응하여 나도 아주 어리지는 않다는 것을 표현하기 위해 자신을 병아리로 보는 부모의 시각을 그대로 가져다 놓은 것이다. 이 병아리 은유는 '자식' 또는 '어리다'의 의미를 강화시키는 효과에 그치고 있다. 이에 비해 ⓑ '해바라기 씨앗처럼'의 직유는 외연적 직유의 효과와 내포적 직유의 효과를 연속적으로 나타내고 있어 주목된다. 우선 외연적 직유와 관련해서는, 이불 속에서 동그랗게 웅크리고 잠을 자는 모습을 땅속에 묻혀 있는 둥그런 해바라기 씨앗과 연결시켜 이미지를 선명하게 부각시키는 효과가 있다. 이와 함께 이 직유는 바로 뒤에 나오는 '어머니 아주 큰 꽃을 보여드릴까요'와 상응하고, 앞의 파트 〈5〉에서 '작은 꽃씨들이 어떻게 큰 꽃이 될까' 생각하며 '꽃밭에 꽂혀 잠을 자'는 화자와 연결됨으로써 큰 꽃이 되고자 하는 화자의 지향을 담아내는 의미 확장이 이루어진다. 비록 지금은 추운 밤 이불 속에 있지만 어머니가 계속 강조하는 '봄'을 맞이하고 싹을 틔워서 마침내 '큰 꽃'으로 피어나 위험한 가계를 희망의 가계로 발전시키겠다는 의지와 지향을, 가장 큰 꽃인 '해바라기'와 그 안에 강인한 생명력을 품고 있는 '씨앗'의 결합으로 표현한 것이다. 이런 점에서 '해바라기 씨앗처럼'이라는 직유는 병아리로 은유된 현재의 자아를 벗어나 미래에 큰 역할을 하고자 하는 자신의 의지와 지향을 함축해냄으로써 내포적 직유의 효과를 극대화시키고 있는 것이다. 이 씨앗은 팽창, 성장의 의미를 내포하고 있어 ⑨ '용수철처럼 튀어오르는'의 직유, ⑦ '거대한 빵처럼 부풀어 오르는' 미루나무의 직유와도 유기적으로 연결되면서 내포적 의미의 확장을 지속시킨다.

앞의 4가지 직유(①아버지는 유리병 속에서 알약이 쏟아지듯 힘없이 쓰러지셨다. ②달걀 노른자처럼 노랗게 곪은 달, ③큰 누이는 냉이꽃처럼 가늘게 휘청거리며, ④죽은 맨드라미처럼 빨간 내복이 스웨터 밖으로 나와 있었다)는 적절한 보조관념을 통해 위험한 상태에 놓인 오늘의 가계를 드러내고 있으며, 뒤의 3가지 직유(⑦몇 그루 미루나무가 거대한 빵처럼 부풀어오르는 게 보였다, ⑧나는 이불 속에서 해바라기 씨앗처럼 동그랗게 잠을 잤다, ⑩용수철처럼 튀어오르는 저 동지의 불빛 불빛 불빛)는 위험한 가계에서 희망의 가계로 나아가고자 하는 화자의 의지를 역시 효과적인 보조관념을 통해 표현한다.

　결국, 위험한 가계의 구성원들의 이미지, 그들에 대한 화자의 심리, 위험한 가계의 현재 상황과 과거의 복선, 그리고 화자의 극복의지 등 모든 주요한 내용이 직유를 통해 드러나고 있는 것이다. 또한, 이 외연적 직유들 중 몇몇은 시적 맥락과의 유기적 관련 속에서 통합적 의미망을 구축하여 내포적 직유로 확장되면서 시의 핵심어구로 작용한다.

2-3. 내포적 직유의 작용과 효과 —「죽은 구름」/「빈 집」

　내포적 직유로만 이루어진 시「죽은 구름」에서 내포적 직유의 작용과 함께 직유와 은유의 연합 양상을 살펴보자.

> **구름으로 가득 찬 더러운 창문 밑에**
> **한 사내가 쓰러져 있다**, 마룻바닥 위에
> 그의 손은 ①장난감처럼 뒤집혀져 있다
> ②이런 기회가 오기를 기다려온 것처럼
> ③비닐 백의 입구같이 입을 벌린 저 죽음
> 감정이 없는 저 몇 가지 음식들도
> 마지막까지 사내의 혀를 괴롭혔을 것이다
> (중략)
> **어쨌든 구름들이란 매우 조심스럽게 관찰해야 한다**
> 미치광이, 이젠 빗방울조차 두려워 않을 죽은 사내
> (중략)
> 이따위 미치광이들이 어떻게 알고 찾아와 죽어갈까
> 더 이상의 흥미를 갖지 않는 늙은 개도 측은하지만

아무도 모른다, 저 홀로 없어진 구름은
처음부터 창문의 것이 아니었으니
　　　　　　　—「죽은 구름」부분 (* 숫자와 밑줄, 진한 글씨는 필자)

　이 시의 직유와 은유는 이해하기가 상당히 어렵다. 그런데 그것이 해결되지 않으면 이 시는 독해가 불가능하다. 이 시의 직유와 은유를 이해하기 위해 이 시의 특이한 구조에 주목할 필요가 있다. 시는 전체적으로 죽은 사내에 대한 진술로 이루어진 가운데, 시작과 끝부분, 그리고 중간에서 뜬금없이 구름에 대한 언급이 끼어든다(진한 글씨로 표시).
　'①마룻바닥 위에/ 그의 손은 장난감처럼 뒤집혀져 있다'는 원관념인 손과 보조관념인 장난감 사이에 어떤 외연적 유사성이나 공통성도 찾을 수 없는 내포적 직유이다. 손이 장난감을 가지고 노는 주체라면 장난감은 대상으로, 둘은 주체와 대상이라는 상반되는 관계에 있으며, 외연적 유사성도 없기 때문이다. 그러므로 이 두 사물의 연결 논리를 찾으려면 화자가 이 사내를 어떤 시선으로 바라보고 있는지 그 내면의식을 추적해야 한다.
　이 직유는 주체가 대상의 자리로 가는 방향성과 그에 대한 화자의 지양(止揚)을 표현한다. 손은 '일, 움직임, 노동, 생산'과 관련이 있는데, 그런 손을 무생물이면서 항상 수동적 대상의 자리에 있는 장난감에 비유함으로써, 생산할 수 없는, 생명력을 잃은 무생물적 느낌을 손에 부여하고 있다. 한편, 장난감처럼 뒤집혀져 있다는 것은, 이 직유의 보조관념이 '뒤집혀진 장난감'이라는 의미가 된다. 그렇다면 '뒤집혀진 장난감'을 보는 마음은 어떤 것일까.「나는 바퀴를 보면 굴리고 싶어진다」는 황동규의 시처럼, 사물의 본원적 쓰임새에 따라 그 사물을 쓰고 싶은 마음은 건강한 인간의 본원적 심성일 것이다. 이 직유에는 화자가 죽어 있는 사내의 손에서 발견한 것, 곧 손의 본원적 생동력을 상실하고 무생물화한 모습이 표현됨과 동시에 손 본래의 생명력과 활기를 가졌으면 하는 화자의 욕망과 안타까움이 담겨 있다. '장난감 같은' 것이 아니길 바라는, 강한 지양의 감정이 담겨 있는 것이다.

이어지는 '②이런 기회가 오기를 기다려온 것처럼/ ③비닐 백의 입구 같이 입을 벌린 저 죽음'이란 직유는 의미를 포착하기가 더욱 쉽지 않은데, 원관념이 시체나 죽음의 순간과 같은 구체적 형상이 아니라 추상적인 '죽음'인 데다가, 원관념인 '죽음'과 보조관념인 '비닐 백의 입구'를 서로 연결시키기가 힘들기 때문이다. 비닐 백의 입구같이 입을 벌리고 있는 것은 쓰러진 시신이 아니라 죽음 그 자체이다. '비닐 백(비닐 봉지)의 입구 같'은 미완의, 채워지지 않은, 무언가를 요구하는 죽음은 입 벌려 말하고 있다. 여기서 죽음은 매체이다. 강렬하게 무언가를 전하고 있는.

이 시에 감정의 직접 노출이 없고 화자가 리포터처럼 보고하는 형식을 따르고 있다 해서 화자에게서 냉담한 관찰자의 시선을 보아서는 곤란하다. 시신에 대한 묘사에서 집중적으로 등장하는 3가지 직유는 모두 내포적 직유로 화자의 사유가 어떠한 방향으로 나아가고 있는가를 드러내준다. 이어 '감정이 없는 저 몇 가지 음식들도 마지막까지 혀를 괴롭혔을 것'이라는 표현을 통해 사내에게 음식이란 미각의 만족과는 상관없는 오직 목숨 연장의 수단이었을 것이라고 화자가 생각해보았다는 것을 알 수 있다. '아무도 모른다. 오직 자신만이 홀로 즐겼을 생각/끝끝내 들키지 않았을 은밀한 성욕과 슬픔'에서는 화자가 사내의 내면에 대해 관심과 연민을 가지고 짐작해보았음을 내비친다. '아무도 모른다'는 아무도 모를 그것에 대해 생각해본 자가 쓸 수 있는 표현으로 '아무도 모르겠지만, 나는 그의 내면을 알 듯도 하다'는 것의 다른 표현이다. '어느 한때 쓸모가 있었을 저 어깨의 근육'이라는 표현을 통해서는, 사내가 행려자가 되기 이전에 어떤 삶을 살았을 것인가, 어떤 사연에 의해 이렇게 되었을까를 생각해보았다는 것을 알 수 있다. '이젠 빗방울조차 두려워하지 않을 죽은 사내'에서는 의(衣)보다는 식(食)과 주(住)가 가장 문제일 행려자에게 비가 얼마나 두려움일지를 화자가 알고 있다는 것이 드러난다.

이러한 주의 깊은 관찰의 표현들이 시의 중간(17행)에서 뜬금없이 등장하는 '어쨌든 구름들이란 매우 조심스럽게 관찰해야 한다'를 받쳐주면서, '구름'으로서 행려자를 가리키는 은유를 형성하고 있다. 이 은유가 다소 낯선 것은, '죽은 구름'이라는 제목에서도 그렇지만, 구름이 갖는 일반적 비유 구조에서 벗어나 특이하게도 구름을 생명체에 비유하고 있기 때문이다. 이 은유의 열쇠는 첫 행과 마지막 행에 나온다. 그냥 '구름으로 가득 찬 창문'도 아니고 '더러운 창문'도 아니라 '구름으로 가득 찬 더러운 창문'이라 한 것은 의미심장하다. 그리고 그 창문 밑에 사내가 쓰러져 있다. 이 두 가지 형상은 병치 은유를 이룬다. 사람이 구름이라면, 생(生)은 구름이 잠시 머무는 창문이다. 더러운 창문과 거지로서의 삶이 대응된다. 죽음이란 구름이 창문에서 사라져버리는 것과 무엇이 다르겠는가. 행려 사내의 죽음을 지켜본 화자의 결론은 그것이다. 구름은 처음부터 창문의 것이 아니었다(마지막 행). 인생은 창문에서 구름 사라지듯 어느 순간이 오면 순식간에 사라지는 것이다. 아무에게도 이해받지 못하고 미치광이로 취급받다가 객사한 행려의 죽음이야말로 인간으로서 가장 비참한 죽음일지도 모른다. 그러나 비참한 죽음이라 해서 영광스런 죽음이나 세상을 호령한 이들의 죽음보다 가볍겠는가. 그리하여 아무도 유심히 보지 않는 행려자들에 대하여 '어쨌든 구름들이란 매우 조심스럽게 관찰해야 한다'는 진술을 낳고 있다.

결국, 「죽은 구름」은 '장난감처럼 놓여 있는 손' '이런 기회가 오기를 기다려온 것처럼 비닐 백의 입구같이 입을 벌린 저 죽음' 등의 내포적 직유들로 죽음의 메시지와 화자의 지향성을 표현하고 있으며, 그것이 구름과 창문의 은유와 만나 행려자의 죽음에서 인간 보편의 죽음으로 증폭되는 사유를 보여준다.

사랑을 잃고 나는 쓰네//잘 있거라, 짧았던 밤들아/
창밖을 떠돌던 겨울안개들아/아무것도 모르던 촛불들아, 잘 있거라/
공포를 기다리던 흰 종이들아/망설임을 대신하던 눈물들아/
잘 있거라, 더 이상 내 것이 아닌 열망들아

장님처럼 나 이제 더듬거리며 문을 잠그네/가엾은 내 사랑 빈집에 갇혔네
— 「빈집」 전문

이 시에서 단 한 번 등장하는 직유 '장님처럼'은 시 속에서 결정적 역할을 하고 있다. 시의 제목이자 마지막 행에 가서야 비로소 출현한 '빈집'은 실연한 이의 절망적인 마음을 황막한 닫힌 공간으로 형상화해낸 빛나는 은유이다. 그런데 앞의 두 연을 이끌고 와 마지막 행의 '빈집'에 데려다 놓는 것이 바로 '장님처럼'이라는 직유의 작용이다.

화자는, 사랑할 때는 이 공간을 충만하게 채워주었을, 그러나 이제는 의미를 잃은 사물들에게 안녕을 고한다. 충만함에서 텅 빔으로, 의미에서 무의미로 옮겨가는 그러한 심리상태를 응축, 집약하여 형상의 옷을 입힌 것이 3연의 첫 행인 '장님처럼 나 이제 더듬거리며 문을 잠그네'이

다. '장님처럼'은 무엇의 직유인가. 우리는 '장님처럼'과 '더듬거리는'이 그 행위의 유사성에 의해 매개된 외연적 직유임을 쉽게 알 수 있다. 그런데 한발 더 나아가 보면 '장님처럼'은 '문을 잠그네'와도 매개된다. '장님'과 '문을 잠그는 것' 사이의 연관성을 찾아내기 위해서는 시의 맥락 속에서 '장님'이라는 어휘가 내포할 수 있는 의미영역들을 뒤져봐야 한다.

장님이란 볼 수 없는 자, 눈을 닫은(눈이 닫힌) 자, 빛을 잃은 자이다. 즉, 장님은 빛에 완전히 차단됨으로써 세계를 잃은 자이다. 사랑을 잃은 이가 마주하게 되는 현실은, 열림에서 닫힘으로, 얻음에서 잃음으로, 희망에서 절망으로 변화된 세계이다. 사랑을 잃은 이의 마음은 그리하여 외부의 모든 것으로부터 스스로를 닫아걸고 유폐시킨다. 세계로부터의 닫힘, 또는 스스로를 닫아 가두고 유폐시키는 심리 상태가 공간적으로 형상화된 것이 '빈집'이다. 그것은 눈은 닫으나 귀는 열어두는 식의 차단이 아닌, 전방위적 차단이다.

'장님처럼'이 외연적 직유와 내포적 직유의 두 차원으로 복합적 양상을 띠고 나타나는 것을 표로 나타내보면 다음과 같다. '장님처럼'이 ① '더듬거리며'와 결합할 때는 행위의 차원을 나타내는 외연적 직유가 되며, ② '문을 잠그네'와 결합할 때는 의식의 차원을 나타내는 내포적 직유가 된다.

비유어	비유 설명어	
장님처럼	① 더듬거리며	② 문을 잠그네
	행위의 차원	의식의 차원
	외연적 직유	내포적 직유 [장님: 열림⇨닫힘, 얻음⇨잃음, 희망⇨절망 사랑을 통해 눈뜸⇨전방위적 차단 (빈집에 유폐)]

이 둘 중 의미와 이미지의 형성에 훨씬 생산력 있는 직유는 내포적 직유임을 알 수 있다. 「조치원」에서도 의미 전개에 주도성을 발휘하는 직유들은 내포적 직유들이었고, 외연적 직유 중심으로 이루어진 「위험한 가계·1969」에서도 중요한 직유들은 모두 내포적 직유로 확장되고 있다.

3. 직유는 은유로 대체할 수 있는가

지금까지 기형도 시를 통해 직유의 효과와 작용에 대하여 살펴보았다. 그렇다면 이런 질문이 생길 수 있다. 이런 효과들은 직유가 아닌 다른 비유법, 이를테면 은유를 통해서는 얻을 수 없는가? 은유를 통해서도 얻을 수 있는 효과라면 굳이 직유의 효과라고 할 수 있겠는가?

이러한 질문은 직유를 은유와 근본적으로 동일한 것으로 보는 시각을 반영한다. 이제 우리는 직유를 은유와 대체 가능한 것으로 보는, 아리스토텔레스 이래 서구 수사학에서 반복 재생산되어온 뿌리 깊은 관점을 검토해야 할 필요에 이르렀다.

이 관점에 따르면, 직유와 은유가 보여주는 형태상의 차이는 표면적일 뿐 본질적인 사유에서는 동일하다. 즉 직유는 은유의 부연이고, 은유는 직유의 압축이며, 따라서 직유와 은유는 서로 대체 가능하다는 것이다.[11] 은유를 일탈로 보는 관점을 극복하여 진일보한 시각으로 평가받는

---

11) 아리스토텔레스, "은유는 디테일이 없는 직유이며, 이들은 대체될 수 있다."/ 키케로, " 은유는 직유의 생략형이다."(이상 김제홍, 「직유와 은유의 비교계량고」 참조) ; C. Brook-Rose, "많은 비평가들이 직유와 은유를 같은 것으로 간주하는 것이 사실이다."(*A Grammar of Metaphor*, London Secker & Warberg, 1958, p. 14)/C. Brooks와 R.P. Warren, "우리는 은유를 가장 넓고 포괄적인 의미로 사용했다. 우리는 직유와 환유 등등의 수사로부터 은유를 분리, 구별하여 사용하지 않았다. 우리의 견해로는 그와 같은 구별은 작가에게는 실제적으로 거의 중요하지 않다."(*Modern Rhetoric*, Third edition, Harcourt, Brace & World, 1970,

인지언어학 역시 직유를 은유로부터 구별해내지 않는다.[12]

일상생활의 비유 표현과 시 속에서의 비유 표현을 통해 직유와 은유의 의도와 효과가 과연 동일한지, 직유가 은유로 대체가능한지 검토해보고자 한다.

3-1. 직유와 은유는 어떻게 다른가

3-1-1. 언어의 형성 단계로 살펴본 직유와 은유 ―― 과정(직유): 완료(은유)

사오정이라는 신조어가 있다. 말귀가 어두운 사람을 가리키는 말로, TV 애니메이션「날아라 슈퍼보드」의 등장인물 사오정의 캐릭터에서 유래했다.

사오정이 단어로 자리 잡기까지의 과정을 생각해보자.

① 어떤 사람이 말귀를 잘못 알아듣고 엉뚱한 반응을 보이자, '너 꼭 「날아라 슈퍼보드」의 사오정 같다'고 하는 데서 출발한다. '사오정 같다'가 반복적으로 쌓여, ② 그 말의 의미가 사회의 언중에게 널리 공유되고 통용되는 표현이 되면서, '완전 사오정인걸' '사오정인데' '이 사오정!' 따위의 표현이 출현하게 된다. 이 단계가 되면 그 기원이나 유래를 모른다 해도 '사오정'이란 단어를 사용하는 데 지장이 없게 되고, '사오정'은 유래와 기원에서 떨어져 나와 독립적인 어휘로 자리 잡게 된다.

①이 직유의 단계이고, ②가 은유의 단계이다. 이처럼 언어는 직유의 과정을 거쳐 은유로 나아가 정착한다. 언어의 형성 단계에서는 직유가 은유의 전단계이다. 언어는 근본적으로 비유적인 인간의 인지구조를 반영한다.[13]

---

p. 435) (이상 박갑수, 『일반 국어의 문체와 표현』, 집문당, 1998 참조).
12) G. 레이코프·M. 존슨, 『삶으로서의 은유』, 노양진·나익주 옮김, 서광사, 1995.

초기엔 비유 대상(보조관념)과 비유 주체(원관념)가 명확히 드러나는 직유의 형태를 띠다가 점점 비유 주체(원관념)가 숨어 들어가 암시가 되어 깔리고 비유 대상(보조관념)이 전면에 부상하는 은유에서 새로운 언어로 확정되는 것이다. 그래서 은유는 명명(命名)이다, 개념화이다, 상징화이다, 라는 설명이 가능해진다.[14]

직유는 과정(진행) 중에 있는 표현이고 은유는 완료(정지) 상태에 있는 표현이다. 과정(진행) 중의 언어이기 때문에 직유가 갖는 가장 큰 특징은 방향성을 갖는다는 점이다. 즉, 직유는 벡터[15]를 지닌다. 그 방향성은 은유(확정)를 향하기도 하고, 반대로 은유(확정)로 가기를 거부하고 그 반대로 움직이기도 한다.

3-1-2. 지향과 지양(직유): 해석과 명명(은유)

여: 항상 차조심 하고 끼니는 꼭 챙겨 먹어. 라면은 끼니로 인정 안할 거야!

남: 너 꼭 내 색시 같다.

---

13) 인지언어학이 비유에 관심을 갖는 것은 이 때문이다: "인간의 개념체계는 근본적으로 은유적"(G. 레이코프·M. 존슨, 같은 책).
"니체에 따르면 모든 개념적 언어는 은유적인 대체의 결과인 셈이다. 개념들의 진리치는 부정될 수밖에 없으며, 존재와 언어 사이에는 근본적인 단절이 있다. 은유적인 전이는 비논리적인 비약과 단절의 역사를 자기 안에 숨긴다. 니체의 이런 언급은 모든 언어가 가지는 은유적 성격을 지적한 것이다……" (김상환, 『해체론 시대의 철학』, 문학과지성사, 1996, p. 238).
14) 오규원도 「시작노트」(『현대문학』 1994년 8월호, p. 229)에서 창작 방향을 밝히면서 다음과 같이 말하고 있다: "만약 우리가 명명하는 것이, 즉 정(定)하는 것이 세계를 끊임없이 개념화시키는 것이라면, 명명하는 사고의 근본인 은유적 사고의 축을〔……〕".
15) 물리학 용어인 '벡터vector'를 문학에 적용하여, 화자의 염원, 희망, 의지 등의 지향성을 가리키는 용어로 사용하고자 한다.

여기서 '내 색시 같다'는 직유가 향하고 있는 방향은 남자의 심리에 따라 달라진다. 남자가 여자의 행동을 마음에 들어할 경우, 직유는 확정을 향한다(정말, 내 색시였으면 좋겠다, 내 색시가 되었으면 좋겠다). 남자가 여자의 행동을 마음에 들어하지 않을 경우, 직유는 부정을 향한다(내 색시도 아니면서 웬 잔소리인가). 확정의 방향이냐, 부정의 방향이냐에 대하여 이후로는 '지향(志向)'과 '지양(止揚)'이라는 용어를 사용하기로 한다.

물처럼 바람처럼 살라 하네 (불교 게송偈頌)
들풀처럼 사는 사람들 (모임 이름)
비둘기처럼 다정한 사람들이라면 (노래 가사)

소리에 놀라지 않는 사자와 같이, 그물에 걸리지 않는 바람과 같이,
무소의 뿔처럼 혼자서 가라 (불교 경전, 『숫타니파타』)

살아봐야지/쓰러지는 법이 없는 둥근/
공처럼, 탄력의 나라의/왕자처럼 (정현종, 「떨어져도 튀는 공처럼」)

위의 예들은 모두 화자의 강한 지향을 담고 있다. 그런가 하면 지금부터 제시될 생활 속의 부정적 직유 표현들에서는 지양을 확인할 수 있다.

다시 못 볼 사람처럼 울고 그러니 → 울지 말길 바라는 화자의 희망
누가 쫓아오기라도 하는 것 같구나 → 속도를 늦췄으면 하는 바람
쥐 잡아 먹은 것 같다 → 립스틱을 그렇게 바르지 말았으면 하는 희망

한편, 은유는 완료와 정지, 상태를 표현한다. 직유의 벡터성이 화자의 지향을 담아낸다면, 은유는 완료와 상태를 나타내기 때문에 화자의 해석을 드러낸다.

예 1 침묵은 금이다 (격언), 그대 이름은 바람 바람 바람 (유행가 가사)
예 2 너는 내 속에서 샘솟는다/갈증이며 샘물인/
      샘물이며 갈증인 (정현종, 「갈증이며 샘물인」)
예 3 내 무엇이라 이름하리 그를?/(중략) 이마에 비추는 달,/나의 눈보다 값진 이,/바다에서 솟아 올라 나래 떠는 금성 (정지용, 「그의 반」)

예 1은 우리의 생활 속에서 흔히 사용되는 은유로, 상태의 표현인 은유가 화자의 해석을 드러냄을 보여준다. 예 3은 은유가 '명명'임을 그대로 보여주는 시구이다. 무언가를 명명한다는 것은 해석을 가하는 것이다. 예 2의 보조관념인 '갈증'과 '샘물'은 원관념인 '너'가 내 속에서 존재하는 상태에 대한 나의 해석을 담아낸다.

이처럼, 직유는 벡터를 드러내고 은유는 해석과 명명을 드러냄으로써 직유와 은유의 작용이 확연히 구별됨을 확인할 수 있다.

3-1-3. 참여(직유) : 소유(은유)

애같이 왜 그러니/이런, 완전히 애구나.

위의 두 표현은 각각 직유와 은유로 상대(청자)의 미성숙한 행동을 지적하고 있다는 점에서 표면적인 의미는 같다. 그러나 직유로 표현된 전자는 청자가 '애'가 아니지만 '애'를 향해 가고 있는 도상 중에 있으니 그 것을 알아차려 지양해줄 것을 요청하는 언술이다. 즉 '애처럼 행동하지 말라'는 의미가 담겨 있다. 반면, 은유로 표현된 후자에서는 청자가 '애' 의 상태에 머물러 있음을 표명함으로써, 청자를 비판하거나 빈정대는 의미가 담겨 있다. 즉, 은유를 '청자 = 애'로 표시한다면, 직유는 '청자 ⇒ 애'로 표시할 수 있다.

여기서 우리는 직유와 은유가 표면적으로 같은 의미를 담고 있다고 하더라도, 그것이 수행하는 작용과 효과는 다르다는 것을 알 수 있다. 직유의 경우 상호 커뮤니케이션을 통해 상황을 개선하고자 하는 의지가 담겨 있다. 즉 화자의 희망사항(지향)과 청자의 반응이 융합하여 어떤 결과를 일으키게 된다는 것이 표현의 전제가 된다. 직유는 참여(개입) 적이라는 특징을 지닌다.

이에 비해 은유의 의의는 의미화하는 데 있다. 즉 어떤 상태에 대하여 해석하고 명명함으로써 의미 부여를 하는 것이다. 명명하고 이름 붙이 는 것은 소유하고자 하는 욕망의 표출이다. 우리는 이것을 모든 이름 짓 기에서 추론해볼 수 있다. 예컨대, 여자 아이에게 미선(美善)이라는 이름 을 지어주는 행위는 아름다움과 착함을 소유한 자로 명명함으로써 실제 로 아름다움과 착함을 소유하게 되길 바라는 욕망을 표현한다.

따라서 은유와 직유가 단지 언어상의 차이일 뿐 본질적으로는 같은 것이며 서로 대체 가능하다고 보는 관점은 직유와 은유의 작용과 효과 의 차이를 인식하지 못하는 데서 비롯된 것이다.

그렇다면 실제로 시 작품에 나타난 직유를 은유로 대체해 보았을 때 시가 어떻게 달라지는지 살펴보기로 한다.

3-2. 직유를 은유로 대체했을 때 상실되는 것

3-2-1. 장님처럼 : 장님 (「빈집」의 경우)

시 「빈집」은 '사랑을 잃고 나는 쓰네'로 시작된다. 사실 '사랑을 잃고 나는 ~네'는 다소 상투적인 구문으로 어디선가 접해본 듯한 낯익은 표현이다. 그런데 이 구절의 참신성은 '사랑을 잃고'와 '나는 쓰네'의, 서로 먼 거리에 있는 표현의 결합에 있다. '사랑을 잃고 나는 우네' '사랑을 잃고 나는 헤메이네' '사랑을 잃고 나는 세상만사에 의미를 잃었네'가 아니라, '나는 쓰네'라는 의지적이고 적극적인 행위의 선언이 '사랑을 잃고'와 결합되어 낯설게하기의 효과를 낳는다.

'나는 쓰네'의 선언은 사랑의 상실을 수용과 체념으로 받아들이는 것이 아닌, 사랑의 상실에 대한 절망감과의 싸움에 놓여 있다. 이는 마치, '이 세상의 오직 한 사람 그대 떠나고 나는 물도 안 마시네'라는 표현에 담긴 상실의 절망과 거기에서 오는 삶의 의지 상실과 자기 방기가 우리의 관념 속에서 빨리 쉽게 연결되면서 별다른 사고과정을 요구하지 않는 것과 달리, '이 세상의 오직 한 사람 그대 떠나고 나는 밥을 먹네'의 경우에는 상실감의 절망과 적극적인 삶의 의지 사이의 괴리가 긴장감을 형성하면서 독자에게 멈춰 서서 생각하지 않을 수 없게 만드는 것과 같다. 긴장과 사고 사이에서 풍부한 의미가 생겨나게 된다. 상실감에 굴복하지 않으려는 대항 의지인지, 삶의 의미를 상실했음에도 불구하고 끊기지 않는 생에 대한 긍정인지 항의인지, 생이란 고해임에 대한 고백인지, 또는 지켜야 할 그 무언가가 남아 있음인지, 아니면 육체성에 대한 슬픔인지, 이는 뒤에 이어질 진술에 의해 밝혀질 것이기에 이어지는 진술을 더욱 주목하게 된다.

그러므로 '사랑을 잃고 나는 쓰네'의 엄밀한 의미는 '사랑을 잃고도/

사랑을 잃었으나/ 사랑을 잃었지만 나는 쓰네'일 것이다. 따라서 그것은 사랑의 상실에 대한 수용이 아니다. 화자는 사랑을 잃은 슬픔과 힘겹게 대치하면서, 사랑을 되찾기를 바라는 욕망, 상실이 아니라 소생이기를 바라는 희망을 버리지 못하고 몸부림치고 있는 것이다. 따라서 '장님처럼'의 직유가 등장하게 되는 것이다.

만약 이 부분이 은유가 된다면 의미는 달라지게 된다.

장님 되어 나 이제 더듬거리며 문을 잠그네/가엾은 내 사랑 빈집에 갇혔네 (굵은 글씨는 필자)

'장님 되어'에는 외부조건을 기정사실로 받아들이고 수용하는 태도, 즉 체념이 묻어 있다. 따라서 은유인 '장님 되어'는 완료된 상태를 나타내는 다음과 같은 표현에서나 어울린다.

그대 날 버리면 나 장님 되어 모든 것에 눈감으리 (○)
그대 날 버리면 나 장님처럼 모든 것에 눈감으리 (×) → 이 경우 직유는 효과가 반감됨.

3-2-2. 찬밥처럼 : 찬밥 (「엄마 걱정」의 경우)

열무 삼십 단을 이고/시장에 간 우리 엄마/안 오시네, 해는 시든 지 오래/나는 찬밥처럼 방에 담겨/아무리 천천히 숙제를 해도/엄마 안 오시네

이 시에서 '찬밥처럼'이라는 직유가 내포하는 것은 지금 내 처지엔 찬

밥의 요소가 있지만 완전히 찬밥은 아니라는 의미이다.[16] 찬밥은 아니지만 찬밥이 되어가고 있으므로 그러한 움직임을 돌이켜 찬밥에서 벗어나고자 하는 의지가 이 표현 속에는 잠재한다. 즉 '찬밥처럼'에는 '찬밥'을 지양하는 벡터가 있다.

이와 달리 '난 완전히 찬밥이야'라는 은유 표현을 생각해보자. 이것은 자신의 처지에 대한 해석이자 명명이며, 여기에 놓여 있는 심리는 체념으로서, 어떤 극복의지나 돌파의 가능성, 희망이 묻어 있지 않다. 따라서 이 처지를 극복하고자 하는 행위나 움직임으로 나아가지 않는다.

따라서 시 속에서 '찬밥 되어 밥에 담겨,' 또는 '나는 밥에 담긴 찬밥'이라고 표현한다면 뒤에 등장하는 '아무리 천천히 숙제를 해도'라는 행위와 서로 관련을 맺지 못하거나, 숙제를 천천히 하는 행위 속에 들어 있는 아이의 희망과 노력의 의미를 무화시키게 된다. 또한 그다음에 이어지는 '엄마 안 오시네'의 진술에 담겨 있는 화자의 실망이 독자에게 실감 있게 전달되지 않는다. '찬밥'의 은유 속에는 이미 실패와 실망이 전제되어 있기 때문이다. 찬밥이 은유가 될 때 엄마를 기다리는 아이의 절실성은 급격히 해소되고 만다.

3-2-3. 죽은 맨드라미처럼: 죽은 맨드라미 (「위험한 가계·1969」의 경우)

시 「위험한 가계·1969」에서 '죽은 맨드라미처럼 빨간 내복이 스웨터 밖으로 나와 있었다'라는 직유 표현에는 작은 누이에 대한 안타까움과 작은 누이가 죽은 맨드라미처럼 되지 않길 바라는 지양의 욕구와 회복

---

[16] '-처럼'은 '-이 아니다'의 의미를 내포한다. 직유는 유사성과 차이성을 동시에 드러낸다. 예컨대, '너는 꼭 인형 같구나'는 너는 인형과 비슷하다는 의미와 함께 너는 인형이 아니라는 의미를 동시에 표현한다. 보다 자세한 내용은 필자의 석사학위논문 p.57을 참고하기 바람.

의 갈망이 깃들어 있다.

이를 만약 '스웨터 밖으로 나온 빨간 내복은 죽은 맨드라미였다'라고 은유로 표현한다면 어떤 효과가 날까. 이 은유에는 누이의 상태가 돌이킬 수 없을 만큼 이미 부정적인 상태라는 발견이 있다. 이러한 인식은 제목의 '위험한'과도 어울리지 않는다. '위험한'은 쓰러져가는 과정 속에 있는 위태로움을 뜻하는 것으로 완료가 아닌 '진행형'적 표현이다. 따라서 위험한 가계의 일원인 작은 누이에 대해서도 부정적 방향의 벡터를 갖는 직유 표현이 어울린다. 그렇지 않고 이미 완료된 인식을 담고 있는 은유로 표현했다면 제목도 '무너진 가계'가 되었을 것이다.

이 장(3.)에서 논의한 직유와 은유의 작용과 차이를 정리해보면 다음과 같다.

직유	은유
과정(진행)	완료(상태)
벡터(지향과 지양)	명명, 해석, 의미화
참여(개입)	소유(지배)

이처럼 직유와 은유가 동일한 사유를 담고 있지 않으며 다른 작용과 다른 효과를 나타낸다는 사실, 따라서 직유와 은유의 쓰임새가 달라 서로 상호대체될 수 없다는 결론은 직유를 은유보다 열등한 수사로 보는 관점에도 수정을 요한다. 쓰임새와 의미 작용이 다르므로 우열을 가르는 것이 불가능하다. 은유를 쓴다고 해서 보다 세련된 표현이 되는 것이 아니며, 직유를 써야 할 자리와 은유를 써야 할 자리가 각기 달라진다.

4. 결론

이 연구를 통해 얻은 결론은 크게 네 가지이다.

첫째, 구체성과 명징성을 증진시킨다는 일반적이고 전통적인 직유 이해는 실제 시 읽기에서 그 효용성보다는 한계를 노출하고 만다. 오히려 구체성과 명징성을 훼손시키는 등 깊이 있는 직유 표현이 들어 있는 시 작품을 바로 읽고 이해하기 위해서는 직유를 보는 새로운 수사학적 관점이 요구되며, 표현 형태를 알아보는 데만 도움을 주는 전통적인 직유 분류와는 다른 새로운 직유 분류가 필요하다. 이에 따라 본 연구는 '외연적 직유'와 '내포적 직유'라는 용어를 제안하며 새 분류를 제시하였다. 이러한 수사학적 새 관점으로 시 작품에 접근할 경우 직유 표현을 보다 깊이 있고 효과적으로 이해할 수 있다.

둘째, 직유와 은유는 근본적으로 동일한 수사이므로 상호 대체 가능하다는 기존의 직유 이해는 수정되어야 한다. 생활 속의 직유 표현부터 시작품 내의 직유까지 다양한 예시를 통해 검토해 보았을 때 직유와 은유는 동일한 사유를 표현하지 않으며 그 작용과 효과가 다름을 확인하였다. 직유는 과정을 나타내고 은유는 완료된 상태를 나타낸다. 발화자의 의식이 벡터(지향)를 가짐으로써 상황에 참여하고 개입하여 영향을 미치고자 할 때 직유가 나오며, 발화자가 자신이 발견한 바를 해석하고 의미화하여 인식체계 내에 새로이 자리매김하고자 할 때 은유가 나온다. 그 사례 분석으로서 기형도 시의 직유 표현들을 은유로 대체해 본 결과, 화자의 지향성이 상실되면서 전혀 다른 시가 되는 모습을 확인할 수 있었다.

셋째, 직유와 은유가 그 의도와 효과와 쓰임새에 있어서 모두 다르다면 각각 써야 할 자리가 달라지며 따라서 두 표현의 우열을 가르는 것은 불가능하다. 직유보다 은유를 씀으로써 보다 세련된 수사가 되는 것이 아니라, 직유를 써야 할 자리에 은유를 쓰면 수사적 실패가 될 뿐이다.

넷째, 이처럼 '직유를 보는 새로운 수사학적 관점'으로 '직유의 새 분류'를 통해 기형도의 주요 작품을 살펴본 결과 직유가 시를 이끌어가는 동력으로 작용하고 있으며, 특히 화자를 통해 작자의 지향성(벡터)과 의지를 강력히 나타내려 한 경우 '내포적 직유'를 사용하고 있음을 확인했다. 단순히 감각적 인지 차원을 넘어 보이지 않는 내적 본질에 대한 시인의 통찰과 속마음을 밖으로 드러내기 위해 내포적 직유를 사용하고 있다. 그런 점에서 고통스런 자기 내면 응시 속에서 몸부림치다 일찍 세상을 뜬 기형도에게 내포적 직유는 하나의 필연이라 하겠다.

[2005]

기형도 연보

1960년   3월 13일(음력 2월 16일) 경기도 옹진군 연평리 392번지에서 출생. 3남 4녀 중 막내. 부친(奇宇民)의 고향은 연평도에서 건너다보이는 황해도 벽성군인데 6·25를 만나 당시 황해도 피난민의 주 이동로인 연평도로 건너왔다. 면사무소에 근무해 전쟁이 끝난 후에 대부분의 피난민이 섬을 떠난 것과는 달리 이곳에 정착했다.

1964년   일가족이 연평을 떠나 경기도 시흥군 소하리(현 광명시 소하동 701-6)로 이사. 소하리는 급속한 산업화에 밀린 철거민·수재민들의 정착지가 되기도 했고, 도시 배후의 근교 농업이 성한 농촌이었다.

1967년   시흥초등학교 입학. 상장을 라면 박스에 담을 정도로 많이 탄 그의 성적은 늘 최상위권이었다.

1968년   부친이 직접 지은 집에서 가족이 살게 됨. 부친은 마을 개발에 앞장서는 한편, 성실히 농사를 꾸려나가 집안은 유복한 편에 속했다.

1969년   부친이 중풍으로 쓰러짐. 얼마 없던 전답은 약값으로 남의 손에 넘어가고 모친(張玉順)이 생계 일선에 나서다.

1973년　신림중학교 입학. 3년 내내 최상위권의 성적.

1975년　5월, 바로 위 누이가 불의의 사고로 죽음. 이 사건이 깊은 상흔을 남기다. 이 무렵부터 시를 쓰기 시작했다.

1976년　2월, 신림중학교 졸업. 졸업생 대표.
　　　　3월, 중앙고등학교 입학. 교내 중창단인 '목동' 2기의 바리톤으로 활동. 문학 서클에는 들지 않았으나 백일장에서는 여러 번 상을 받았다.

1979년　2월, 중앙고등학교 우등 졸업.
　　　　3월, 연세대 정법대 정법계열 입학. 교내 문학 서클 '연세문학회'에 입회, 본격적인 문학 수업 시작.
　　　　12월, 교내 신문인 『연세춘추』에서 제정·시상하는 '박영준문학상'에 「영하의 바람」으로 가작 입선.

1980년　3월, 정법계열에서 정치외교학과로 진학. '80년의 봄'이 시작됨. 철야 농성과 교내 시위에 가담하고 교내지에 「노마네 마을의 개」를 기고했다가 형사가 찾아오는 등 조사를 받기도 했다.

1981년　3월, 병역 관계로 휴학. 대구·부산 등지로 여행.
　　　　7월, 방위 소집되어 안양 인근 부대에서 근무. 안양의 문학 동인인 '수리'에 참여, 동인지에 「사강리」 등 발표. 시작에 몰두, 초기작의 대부분을 이때 쓰고 습작을 정리했다.

1982년　6월, 전역. 양돈 등 집안일을 도우면서 창작, 독서에 몰두. 「겨울 판화」 「포도밭 묘지」 「폭풍의 언덕」 등 다수의 시, 소설을 이때 썼다.

1983년　3월, 3학년 1학기로 복학.

12월, 교내 신문인 『연세춘추』에서 제정, 시상하는 '윤동주문학상'에 시 「식목제」로 당선. 신춘문예에 응모하여 최종심에 오르내리다.

1984년 10월, 중앙일보사 입사.

1985년 1월, 동아일보 신춘문예에 시 「안개」로 당선.
2월, 연세대 정치외교학과 졸업. 신문사에서는 수습 후 정치부로 배속. 「전문가」「먼지투성이의 푸른 종이」「늙은 사람」「이 겨울의 어두운 창문」「백야」「밤눈」「오래된 서적」「어느 푸른 저녁」을 발표.

1986년 문화부로 자리 옮김. 「위험한 가계·1969」「조치원」「집시의 시집」「바람은 그대 쪽으로」「포도밭 묘지 1, 2」「숲으로 된 성벽」 등 지속적으로 작품 발표. 문학과 출판을 담당, 관련 인사와 활발한 교유.

1987년 여름에 유럽 여행. 「나리 나리 개나리」「식목제」「오후 4시의 희망」「여행자」「장밋빛 인생」 발표.

1988년 여름, 휴가를 이용 대구·전남 등지로 홀로 여행(여행기 「짧은 여행의 기록」). 문화부에서 편집부로 옮기다. 「진눈깨비」「죽은 구름」「추억에 대한 경멸」「흔해빠진 독서」「노인들」「길 위에서 중얼거리다」「물 속의 사막」「바람의 집—겨울 판화 1」「삼촌의 죽음—겨울 판화 4」「너무 큰 등받이의자—겨울 판화 7」「정거장에서의 충고」「가는 비 온다」「기억할 만한 지나침」 발표.

1989년 「성탄목—겨울 판화 3」「그 집 앞」「빈집」「질투는 나의 힘」「가수는 입을 다무네」「대학 시절」「나쁘게 말하다」 발표. 가을에 시집을 출간하기 위해 준비하다.
3월 7일 새벽, 서울 종로의 한 심야 극장에서 숨진 채 발견되다. 사인은 뇌졸중. 만 29세 생일을 엿새 앞두고 있었음.
3월 9일, 경기도 안성 소재 천주교 공원묘지에 묻힘.
유작 「입 속의 검은 잎」 「그날」 「홀린 사람」 발표되다.
5월, 유고 시집 『입 속의 검은 잎』(문학과지성사) 출간.

1990년 3월, 1주기를 맞아 산문집 『짧은 여행의 기록』(살림출판사) 출간.

1994년 2월, 5주기를 맞아 미발표작과 문단 동료, 선후배의 추모 작품을 담은 『사랑을 잃고 나는 쓰네』(솔출판사) 출간.

1999년 3월, 10주기를 맞아 앞서 나온 유고 시집과 산문집, 추모 문집을 한데 묶는 한편, 새로 발견된 유고 가운데 시 20편과 단편소설 1편 등을 포함한 『기형도 전집』(문학과지성사) 출간.

2009년 3월, 20주기를 맞아 사후 20년간에 걸친 기형도 시인의 문학적 연대기와 그 시의 현재적 의미를 밝히는 핵심적인 평론들, 그리고 시인의 인간적 면모를 엿볼 수 있는 지인과 문우의 산문들을 한데 묶은 『정거장에서의 충고—기형도의 삶과 문학』(문학과지성사) 출간.

발표 시 연도 및 출전

1985년 「안개」(동아일보)/「전문가」「먼지투성이의 푸른 종이」「10월」「늙은 사람」(『언어의 세계』 3집)/「이 겨울의 어두운 창문」「백야」(『학원』 3월호)/「밤눈」(『2000년』 4월호)/「오래된 서적」(『소설문학』 11월호)/「어느 푸른 저녁」(『문학사상』 12월호)

1986년 「위험한 가계·1969」「조치원」「집시의 시집」「바람은 그대 쪽으로」(『시운동』 8집)/「포도밭 묘지 1」(『한국문학』 10월호)/「포도밭 묘지 2」(『현대문학』 11월호)/「숲으로 된 성벽」(『심상』 11월호)

1987년 「나리 나리 개나리」(『소설문학』 2월호)/「식목제」(『문학사상』 4월호)/「오후 4시의 희망」(『한국문학』 7월호)/「여행자」「장밋빛 인생」(『문학사상』 9월호)

1988년 「진눈깨비」(『문학과 비평』 봄호)/「죽은 구름」「추억에 대한 경멸」(『문예중앙』 봄호)/「흔해빠진 독서」「노인들」(『문학사상』 5월호)/「길 위에서 중얼거리다」(『문학정신』 8월호)/「물 속의 사막」(『현대시사상』)/「바람의 집—겨울 판화 1」「삼촌의 죽음—겨울 판화 4」(『문학사상』 11월호)/「너무 큰 등받이의자—겨울 판화 7」(『80년대 신춘문예 당선 시인선집』)/「정거장에서의 충고」「가는 비 온다」「기억할 만한 지나침」(『문학과사회』 겨울호)

1989년 「성탄목—겨울 판화 3」(『한국문학』 1월호)/「그 집 앞」「빈집」(『현대시세계』 봄호)/「질투는 나의 힘」(『현대문학』 3월호)/「가수는 입을 다무네」「대학 시절」「나쁘게 말하다」(『외국문학』 봄호)/「입 속의 검은 잎」「그날」「홀린 사람」(『문예중앙』 봄호)

미발표 시 창작 연도

「입 속의 검은 잎」

「병」(1979. 10)/「나무공」(1980)/「사강리」(1981. 2)/「폐광촌」(1981. 4)/「폭풍의 언덕」(1982. 4)/「비가 2」(1982. 6)/「겨울 판화」(1982. 7)/「소리 1」(1983. 8)/「종이달」(1983. 11)/「소리의 뼈」(1984. 7)/「우리 동네 목사님」(1984. 8)/「나의 플래시 속으로 들어온 개」(1984. 8)/「봄날은 간다」(1985. 2)/「엄마 걱정」(1985. 4)

「사랑을 잃고 나는 쓰네」

「달밤」(1979. 7. 31)/「겨울·눈(雪)·나무·숲」(1980. 2)/「시인 2—첫날의 시인」(1980. 2)/「가을에」(1980. 10. 13)/「허수아비—누가 빈 들을 지키는가」(1980. 10. 17)/「입·눈(雪)·바람 속에서」(1980. 가을)/「새벽이 오는 방법」(1981. 3. 19)/「쓸쓸하고 장엄한 노래여」(1981. 4~9)/「388번 종점」(1981. 5. 6)/「노을」(1981. 9. 8)/「비가—좁은 문」(1982. 1)/「우중의 나이—모든 슬픔은 논리적으로 규명되어질 필요가 있다」(1982. 7. 1)/「우리는 그 긴 겨울의 통로를 비집고 걸어갔다」(1982. 겨울)/「레코오드판에서 바늘이 튀어오르듯이」(1984. 2. 17)/「도로시를 위하여—유년에게 쓴 편지 1」(1984. 10. 18)/「가을 무덤」(연도 미상)

새로 찾아낸 미발표 시

「껍질」(1978.3)/「귀가」(1979.7)/「수채화」(1979.7)/「팬터마임」(1979.8)/「풀」(1979.9)/「꽃」(1979.9)/「교환수」(1979.12)/「시인 1」(1980.2)/「아이야 어디서 너는」(1980.3)/「고독의 깊이」(1980.6)/「약속」(1980.11)/「겨울, 우리들의 도시」(1981.4)/「거리에서」(1981.8)/「어느 날」(1981.9)/「이 쓸쓸함은……」(1981.10)/「쓸쓸하고 장엄한 노래여 2」(1981.10)/「얼음의 빛―겨울 판화」(1982.7)/「제대병」(1982.8)/「희망」(연도 미상)

참고 문헌

기형도에 관한 글

가명현, 「기형도 시의 인물 연구」, 한남대학교 교육대학원 석사학위논문, 2003.
강진호, 「문인의 죽음과 문학의 운명: 요절로 문학을 완성한 기형도와 김소진의 문학」, 『문예중앙』 1997년 가을호.
고성만, 「기형도 시의 성장 모티프 고찰」, 전남대학교 교육대학원 석사학위논문, 2003.
김 현, 「영원히 닫힌 빈방의 체험」, 『입 속의 검은 잎』, 문학과지성사, 1989.
김 훈, 「기형도 시의 한 읽기」, 1989년 4월 시운동 팸플릿.
김경복, 「유배된 자의 존재 시학」, 『문학과 비평』 1991년 봄호.
김동원, 「흔들리는 길: 우리 시대 젊은 시인 9인의 행보」, 『문학과사회』 1991년 가을호.
김승희, 「타나토스, 그 파멸의 성스러움들」, 『현대시학』 1989년 9월호.
김영승, 「새벽, 맑은 연못에 떨어진 몇 방울 푸른 잉크」, 『문학사상』 2008년 11월호.
김유중, 「세기말의 언어: 기형도론」, 『문학정신』 1991년 8월호.
김정란, 「미완의 테스트락티스, 또는 비어 있는 중심」, 『언어의 세계』, 1993.
김정화, 「기형도 시의 죽음의 동력 연구」, 건국대학교 교육대학원 석사학위논문, 2001.
김준식, 「무너짐과 견딤의 시학」, 『현대시』 1992년 6월호.

김준오, 「목소리 시대 시의 어조」, 1989년 4월 시운동 팸플릿.
남진우, 「숲으로 된 푸른 성벽」, 『사랑을 잃고 나는 쓰네』, 솔, 1994.
———, 「시인의 죽음, 시의 탄생」, 1990년 봄 시운동 팸플릿.
———, 「신성한 숲」, 『비평의 시대』 1집, 1991.
———, 「유년의 회상에서 환멸의 도시로」, 1989년 4월 시운동 팸플릿.
문관규, 「기형도 시 연구」, 서울시립대학교 대학원 국어국문학과 석사학위 논문, 1997.
———, 「기형도 시에 나타난 은유 양상 고찰」, 『서울시립대전농어문연구』, 1997년 3월.
박영선, 「기형도 시 연구」, 서강대학교 교육대학원 석사학위논문, 1998.
박철화, 「집 없는 자의 길찾기, 혹은 죽음」, 『문학과사회』 1989년 가을호.
박해현, 「정거장에서의 추억: 고 기형도론」, 『문학정신』 1989년 9월호.
반경환, 「시인과 개성」, 『문예중앙』 1991년 8월호.
———, 「절망과 행복」, 『문학정신』 1990년 6월호.
성민엽, 「부정성의 언어, 그 사회적 의미」, 『오늘의 시』, 1989년 하반기.
성석제, 「기형도, 삶의 공간과 추억에 대한 경멸」, 『사랑을 잃고 나는 쓰네』, 솔, 1994.
신범순, 「새로운 육체의 천의 성」, 『현대시학』 1992년 8월.
연세문학회, 「절망 속으로, 고 기형도 학형의 작품 세계」, 『제44회 연세문학의 밤 자료집』, 1988년 11월.
오생근, 「'집'과 시적 상상력」, 『동서문학』 1994년 겨울호.
———, 「삶의 어둠과 영원한 청춘의 죽음—기형도의 시」, 『동서문학』 2001년 6월호.
원재길, 「대화적 울음과 극적 울음」, 『세계의 문학』 1989년 가을호.
유형희, 「이상과 기형도 시의 작가 의식 비교 연구」, 『대전어문학』 13집, 1996년 2월.
유희석, 「기형도와 1980년대」, 『근대극복의 이정표들』, 창비, 2007.
이경호, 「기형도의 시 세계 연구 자료 읽기」, 『사랑을 잃고 나는 쓰네』, 솔, 1994.
이광호, 「조로(早老), 그리고 세기말적 시 쓰기」, 『위반의 시학』, 문학과지성사, 1993.
———, 「묵시(默視)와 묵시(默示): 상징적 죽음의 형식」, 『사랑을 잃고 나는 쓰네』,

솔, 1994.
이광형, 「기형도 시의 상상력 연구」, 강원대학교 국어국문학과 석사학위논문, 2001.
이남호, 「외로움과 실존의 위기감」, 동아일보, 1989. 3. 22.
이성혁, 「경악의 얼굴―기형도론」, 대한매일 신춘문예 평론 당선작, 2003.
이영주, 「직유를 보는 새로운 시각―기형도 시의 직유 연구」, 연세대학교 대학원 국어국문학과 석사학위논문, 2005.
이영준, 「유년의 죽음 혹은 공포의 형식」, 1990년 봄 시운동 팸플릿.
이용호, 「폐허 속에서의 꿈꾸기」, 『문학과 의식』 34호, 1996년 10월호.
임태우, 「죽음을 마주보는 자의 언어」, 『작가세계』 1991년 가을호.
장석주, 「길없음의 시학」, 『한국문학』 1989년 4월.
―――, 「기형도 혹은 길 위에서의 중얼거림」, 『현대시세계』 1989년 가을호.
―――, 「빈집의 시학」, 『현대시세계』 1992년 여름호.
장정일, 「기억할 만한 질주, 혹은 용기」, 『사랑을 잃고 나는 쓰네』, 솔, 1994.
정과리, 「정신 분석에서의 은유와 환유」, 『은유와 혼유』, 문학과지성사, 1999.
―――, 「죽음 옆의 삶, 삶 안의 죽음」, 『문학과사회』 1999년 여름호.
―――, 「죽음 혹은 순수 텍스트로서의 시」, 『무덤 속의 마젤란』, 문학과지성사, 1999.
정현종, 「견디기 어려운 삶」, 1990년 봄 시운동 팸플릿.
정효구, 「기형도론」, 『현대시학』 1992년 2월호.
―――, 「죽음이 살다 간 자리」, 『작가세계』 1989년 가을호.
정 훈, 「약시와 투시, 그 황홀한 눈[眼]의 운명―기형도론」, 부산일보 신춘문예 평론 당선작, 2003.
조남현, 「신예들의 저력과 가능성」, 『문학사상』 1988년 6월호.
최동호, 「80년대적 감성의 자리잡기」, 『문학사상』 1988년 12월호.
황인숙, 「이 세상에 같은 사람은 없네」, 1989년 4월 시운동 팸플릿.
―――, 「내가 아는 기형도」, 『현대시학』 1989년 9월호.
허미랑, 「기형도 시 연구―화자를 중심으로」, 성균관대학교 교육대학원 석사학위 논문, 2003.

기형도를 모티프로 삼은 시

김영승, 「희망 913」, 『사랑을 잃고 나는 쓰네』, 솔, 1994.

나희덕, 「그 말이 잎을 물들였다」, 『사랑을 잃고 나는 쓰네』, 솔, 1994.

남진우, 「심야상영관」, 『죽은 자를 위한 기도』, 문학과지성사, 1996.

박덕규, 「심장이 큰 남자」, 1990년 봄 시운동 팸플릿.

성석제, 「파리는…… 찾아다닌다」, 『낯선 길에 묻다』, 민음사, 1991.

송재학, 「정거장에서」, 『사랑을 잃고 나는 쓰네』, 솔, 1994.

심재상, 「숨바꼭질―기형도에게」, 『누군가 그의 잠을 빌려』, 문학과지성사, 1995.

양선희, 「그날」, 1990년 봄 시운동 팸플릿.

엄원태, 「잠겨진 문」, 『소읍에 대한 보고』, 문학과지성사, 1995.

오규원, 「그 까페―기형도 시인에게」, 『사랑을 잃고 나는 쓰네』, 솔, 1994.

원재길, 「안성 공원묘지에서 서울 사이」, 1990년 봄 시운동 팸플릿.

이문재, 「두 사람의 척탄병」, 『사랑을 잃고 나는 쓰네』, 솔, 1994.

이상희, 「짧은 회상」, 1990년 봄 시운동 팸플릿.

―――, 「귀로」, 『사랑을 잃고 나는 쓰네』, 솔, 1994.

임동확, 「고의적 형벌―짧은 여행의 기록에 답함」, 『사랑을 잃고 나는 쓰네』, 솔, 1994.

장석주, 「기형도 시집을 읽는 오후」, 1990년 봄 시운동 팸플릿.

전연옥, 「안개―기형도의 「빈집」을 위하여」, 1990년 봄 시운동 팸플릿.

조병준, 「물에 대한 추억―형도에게」, 『사랑을 잃고 나는 쓰네』, 솔, 1994.

채호기, 「기형도」, 『슬픈 게이』, 문학과지성사, 1994.

최승호, 「그로테스크한 죽음 앞에서」, 1990년 봄 시운동 팸플릿.

황인숙, 「진눈깨비 1, 2―죽은 벗에게」, 『우리는 철새처럼 만났다』, 문학과지성사, 1993.